Scrinium

Preziosità letterarie

proposte da Giorgio Bárberi Squarotti

N. 19

R I M E

DIVERSE DI MOLTI ECCELLENTISSIMI AUTORI

(GIOLITO 1545)

A cura di

Franco Tomasi e Paolo Zaja

Edizioni R E S

© Edizioni Res
Prima edizione Ottobre 2001
ISBN 88-85323-37-5

Stampato con il contributo dell'Università degli Studi di Padova
Dipartimento di Italianistica

INTRODUZIONE

Le ragioni di un'edizione.

Se il ruolo decisivo delle antologie nella storia del petrarchismo è dato critico ormai assodato, meno sicura sembra la conoscenza e lo studio diretto dei loro concreti esiti testuali. La coscienza che la forma antologia sia stata il miglior veicolo di diffusione dei testi lirici a partire dagli anni Quaranta del XVI secolo, sintomo di quella "tendenza espansiva ed associativa" caratteristica del fare letteratura almeno fino agli anni Sessanta, non sempre ha suscitato attenzioni critiche capaci di superare la semplice elencazione di . autori e di edizioni o le osservazioni a volo d'uccello[1]. E questo vale anche per il celebre *Libro primo,* citato più spesso nelle storie letterarie per il suo valore di comodo spartiacque che per studiarne ragioni e forme. Si tratta di una lacuna nel panorama degli studi sulla lirica del Cinquecento, ancor più avvertibile se si ricorda quanta influenza questa antologia, con le sue diverse ristampe, abbia esercitato nella storia del petrarchismo europeo[2]. La riproposta del testo, quindi, unita alla ricostruzione delle vicende del suo allesti-

1 – Per lo studio delle antologie nel Cinquecento ecco i titoli più significativi: V. BRANCA, *Le raccolte di rime e le collezioni di classici,* in *Notizie introduttive e sussidi bibliografici,* Parte Terza, Milano, Marzorati, 1960, pp. 1-35; *A Bibliography of Sixteenth-Century Italian Verse Collections in the University of Toronto Library,* compiled by Julius A. Molinaro, Toronto, University of Toronto Press, 1969; A. QUONDAM, *Petrarchismo mediato. Per una critica della forma "antologia",* Roma, Bulzoni, 1977 (cfr. la recensione di M. ARIANI, in "Il contesto" 3, 1977, pp. 209-216); F. ERSPAMER, *Petrarchismo e manierismo nella lirica del secondo Cinquecento,* in *Storia della cultura veneta,* a cura di M. Pastore Stocchi e G. Arnaldi, *Il Seicento,* 4/1, Vicenza, Neri Pozza, 1983, pp. 189-222; L. G. CLUBB - W. G. CLUBB, *Building a Lyric Canon: Gabriel Giolito and the Revival Anthologists, 1545-1590 (part I),* in "Italica", 3, 68 (1991), pp. 332-344; R. RINALDI, *L'industrializzazione della letteratura,* in *Storia della civiltà letteraria italiana,* vol. II, *Umanesimo e Rinascimento,* Torino, Utet, 1993, tomo II, pp. 1826-1867; G. MASI, *La lirica e i trattati d'amore,* in *Storia della letteratura italiana,* vol. IV, *Il primo Cinquecento,* Roma, Salerno, 1996, pp. 595-679; M. L. CERRÒN PUGA, *Materiales para la construcciòn del canon petrarquista: las antologìas de Rime (libri I-IX),* in "Critica del testo", II/1 (1999), pp. 259- 290 (la stessa studiosa annuncia nell'articolo la prossima pubblicazione di un suo catalogo bibliografico di antologie liriche cinquecentesche per i tipi di Olschki).
2 – Basti ricordare il celebre caso di Ronsard che annotò un volume nel quale sono rilegate insieme la ristampa del '46 del *Libro primo* e la ristampa ('48) del *Libro secondo* ; cfr. R. LEBÈUGE, *Un volume de vers italiens annoté par Ronsard,* in "Bulletin du bibliophile", 1951, pp. 273-280; per una interessante analisi dei modi del riuso di componimenti del *Libro primo* da parte di Du Bellay cfr. J. DELLA NEVA, *Variations in a Minor Key: Du Bellay's Imitations of Giolito Anthology Poets,* in "French Forum", 2, 14 (1989), pp. 133-146.

mento, vuole essere un contributo per un'analisi più aderente e diretta delle forme storiche della lirica italiana dagli anni Quaranta in poi del Cinquecento.

1. Il libro e i modelli.

Come è noto, il primo volume edito da Giolito nel 1545 aprì una fortunatissima serie di antologie, che ben presto divennero un genere editoriale di tale successo da indurre gli stampatori e i curatori a diversificare l'offerta per resistere all'agguerrita concorrenza: alla contesa serie che seguirà al primo volume dell'editore veneziano si affiancheranno, infatti, raccolte per singoli generi (stanze, satire, rime spirituali, ecc.) e, più in generale, verrà dichiarata (e spesso rimarrà solo una dichiarazione) una maggiore attenzione alla curatela dei libri, tanto per le attribuzioni quanto per la correttezza ortografica e filologica dei testi, anche se bisognerà attendere Ruscelli, e un diverso clima culturale, per arrivare a risultati apprezzabili.

Con l'edizione del '45 siamo però nella fase aurorale, non ci sono ancora modelli da migliorare, ma solo l'idea generica di organizzare una raccolta di poeti contemporanei accomunati dal nome di Bembo, che apre il libro, e di Aretino, che lo chiude con un capitolo e un sonetto in lode di Carlo V: sembrerebbero questi i due poli ideali attorno ai quali prende forma l'idea di lirica e di letteratura di Giolito e Domenichi. Al magistero bembiano ed alle sue teorie dell'imitazione, che ne fanno una sorta di padre della lingua, si unisce la spregiudicata fiducia nella professione delle lettere di Aretino, cui arrise un grande successo. Rispetto a questo quadro bisogna però fare un passo indietro: il primo libro di Giolito non è un organico e rigoroso sistema, non prevede infatti un'organizzazione rigida di autori e di testi, ispirata a precisi criteri geografici o di qualità letteraria; risponde piuttosto a diverse istanze culturali, commerciali e sociali, talvolta in contrasto tra loro, che il curatore, spesso attento soprattutto ad ossequiare i suoi amici, cercherà di mediare. La presenza di Bembo in apertura della raccolta, quasi giudice dell'ortodossia linguistica e letteraria, diventa allora simbolica piuttosto che normativa, come dimostra il fatto che non tutti gli autori presenti sono meccanicamente riconducibili nell'alveo del petrarchismo bembesco. Anzi, proprio il plateale riconoscimento dell'autorità di Bembo, quasi un atto dovuto cui il curatore non si è sottratto, sembra consentire una certa libertà nelle scelte editoriali[3]. Ad Aretino, invece, sono probabilmente più affini molti degli

3 – L'importanza di Bembo viene enfatizzata anche con piccoli accorgimenti tipografici: la sua sezione è aperta da una titolatura su più righe e l'*incipit* del primo sonetto ha l'unica iniziale silografica di tutto il libro. Inoltre, nella ristampa del '46 nell'indice finale il nome di Pietro Bembo è il solo ad avere tutte le lettere maiuscole. Per questi aspetti cfr. anche R. FEDI, *Bembo in antologia,* in ID., *La memoria della poesia. Canzonieri, lirici e libri di rime nel Rinascimento,* Roma, Salerno Editrice, 1990, pp. 253-263.

autori presenti soprattutto per lo stile di vita e, per alcuni, per le speranze
riposte nella letteratura intesa come vero e proprio mestiere: nonostante ciò,
anche il suo ruolo è destinato ad essere messo in discussione, tanto che
nella prima ristampa, come vedremo, gli si sostituirà in chiusura lo stesso
Domenichi. Nella lettura del *Libro primo*, insomma, non va ricercato un ra-
zionale e coerente disegno del petrarchismo, quanto piuttosto una generica
idea dell'urgenza del contemporaneo, sempre controbilanciata dall'episodicità
delle scelte commerciali: le ragioni culturali vivono infatti in un dialogo con-
tinuo con le necessità e le possibilità editoriali, l'antologia viene prendendo
una specifica forma anche sulla base del materiale disponibile, forma che
dovrà restare estremamente elastica nel corso della composizione per la ne-
cessità di doverla adattare a nuovi inserimenti. Anche la presenza di Bembo,
come vedremo al centro di una piccola *querelle*, risente di condizionamenti
materiali e pratici: il suo nome resta, evidentemente, un sigillo, una sorta di
ossequioso riconoscimento, ma nella scelta dei testi da pubblicare prevale
la ricerca dell'inedito, che sarà denominatore comune di tutta l'antologia,
anche a scapito della qualità o della coerenza.

Per cogliere le ragioni letterarie e commerciali che possono aver sug-
gerito all'editore veneziano l'idea di comporre la raccolta può essere utile
osservare quali precedenti possano aver esercitato la funzione di modelli.
Nel genere della lirica, ad esempio, c'erano diverse tipologie di libro an-
tologico capaci di influenzare, in modo diverso, le scelte di Giolito: l'e-
dizione degli eredi di Filippo Giunta nel 1527 dei *Sonetti e canzoni di
diversi antichi auttori toscani in dieci libri raccolte,* ristampato a Venezia
nel '32 dai da Sabbio con il titolo *Rime di diversi antichi autori toscani
in dieci libri raccolte,* fu certamente un precedente molto significativo.
Rispetto alla Giuntina Giolito e Domenichi scelsero però una via diversa,
proponendo nello stesso ·genere editoriale un prodotto alternativo - se
non opposto - a quello fiorentino. Là, infatti, pur in un dibattito i cui
confini erano quelli stabiliti dalle *Prose* del Bembo, prevaleva un'idea di
continuità storica in nome del primato della tradizione fiorentina, impli-
citamente considerata unica erede della letteratura nazionale. Nella lettera
prefatoria al volume Bernardo Giunta riconosce la perfezione di Petrarca,
ma invita i "giovani amatori de le toscane rime" allo studio degli autori
fiorentini antichi, dato che, almeno sino al Trecento, la lingua poetica
era vissuta nel segno della continuità, e aggiunge: "né il divino Dante ne
le sue amorose canzoni indegno fia in parte alcuna riputato di essere
insieme con il Petrarca per l'uno de duoi lucidissimi occhi de la nostra

lingua annoverato"[4]. Il modello di antologia organizzata da Giolito, pur nella sua approssimazione, rovescia quel quadro, e, forte dell'*auctoritas* linguistica bembiana, legittima un'immagine della letteratura sovraregionale e tutta schiacciata sul contemporaneo.

Esso oppone quindi ad una storia della letteratura italiana in chiave toscana, e con essa ad un'idea di lingua fiorentina in evoluzione nel tempo, l'immagine di una tradizione fondata sul solo Petrarca, o forse sul Petrarca ipercorretto e regolarizzato di Bembo, nella quale la *koinè* linguistica, priva di stimmate regionali della tradizione, permetteva alla letteratura contemporanea di farsi unica erede di quel modello.

Del resto, un altro modello che dovette essere presente a Giolito, cioè alcune antologie veneziane composte da un numero assai ridotto di autori, già si faceva carico, sia pure in sordina e senza pretese così ampie, di un'idea di letteratura opposta a quella della Giuntina. Il pensiero va, ad esempio, all'antologia di *Rime del Brocardo e d'altri autori* (Venezia 1538) curata da Francesco Amadi, nella quale, oltre a Brocardo, si trovano Francesco Maria Molza e Niccolò Delfino[5]; la piccola raccolta, pur in chiave antibembesca (sulla quale sarà bene tornare), era portavoce di una linea militante in appoggio alla lirica moderna, magari privilegiando solo un numero esiguo di punte d'eccellenza, ciò che ne costituisce la principale differenza rispetto al *Libro primo* di Giolito. Per di più essa raccoglieva e cercava di legittimare con un'edizione tre voci molto ammirate, ma pur sempre confinate nei circoli semiclandestini della diffusione manoscritta[6]. E non sarà testimonianza se-

4 – *Sonetti e canzoni di diversi antichi autori toscani*, vol. II *Testo,* a cura di D. De Robertis, Firenze, Le Lettere, 1977 [ristampa anastatica dell'edizione Giunti, 1527], AA 1r; Bernardo Giunta aggiunge nel repertorio delle *auctoritates* da studiare anche gli autori fiorentini più antichi: "né meritano oltre a ciò (se bene in qualche parte più leggiadria ed ornato in loro avreste tal volta desiderato) di essere a 'l tutto sepolti molti altri nobili ed antichi scrittori, i quali se bene si considereranno, quanti e quali concetti, quante poetiche figure ed ornamenti sotto un poco di oscurità, che loro solamente arrecò la rozza povertà de' primi tempi, non solo degni di essere letti da ciascheduno gli troverremo, ma ancora di essere insieme con gli altri di non poco conto e stima onorevolmente collocati", *Ivi.* Sulla Giuntina cfr. l'introduzione di De Robertis all'edizione citata; C. DIONISOTTI, *Machiavelli e la lingua fiorentina*, in *Machiavellerie*, Torino, Einaudi, 1980; G. GORNI, *Di qua e di là dal Dolce Stile (in margine alla Giuntina),* in ID., *Il nodo della lingua e il verbo d'amore*, Firenze, Olschki, 1981, pp. 217-241; N. CANNATA SALAMONE, *L'Antologia e il canone: la Giuntina delle Rime Antiche (Firenze 1527),* in "Critica del testo", II/1, 1999, pp. 221-247.
5 – Per una analisi della raccolta, ricca di spunti interessanti anche in prospettiva del primo volume di Giolito, cfr. S. BIANCHI, *Un manoscritto autografo di rime di Francesco Maria Molza ed una piccola raccolta a stampa del 1538*, in "Filologia e critica", XVII (1992), 1, pp. 73-87.
6 – Molza, che secondo Bianchi "autorizzò implicitamente la pubblicazione di almeno quarantasei suoi sonetti in quella raccolta" (*Un manoscritto ...* cit., p. 82), non aveva a quell'altezza, nonostante la grande fama, opere edite; cfr. R. FEDI, *In obitu Raphaelis,* in *Studi di filologia e critica offerti dagli allievi a Lanfranco Caretti*, I, Roma, Salerno, 1985, pp. 195-223; S. BIANCHI, *Un manoscritto ...* cit.; R. FEDI, *Uno sconosciuto sonetto di Francesco M. Molza*, in *Forma e parola Studi in memoria di Fredi Chiappelli*, a

condaria dell'interesse verso questa antologia di letteratura contemporanea la richiesta fatta da Benedetto Varchi, proprio uno dei protagonisti della vita culturale padovana degli anni Quaranta che molto contribuì a promuovere l'idea di letteratura e di pubblico che animerà il libro di Giolito, all'amico Dolce di procurargli una copia delle "rime de Brocardo, dove sono quelle del Molza"[7], che in Padova non erano più disponibili solo qualche anno dopo l'edizione.

Vale la pena ancora di ricordare, sia pure solo di passaggio, la fisionomia del petrarchismo proposto dall'edizione del '38 che, come si è detto, appare eterodosso rispetto alla lezione bembesca, solidale con questa circa l'idea di una lingua nobilitata e sovraregionale, ma aperto ad un più franco dialogo con la tradizione classica. È il caso di sottolinearlo, perché nell'antologia di Domenichi a questa istanza, che sarà assai ben rappresentata, si aggiungerà, senza nessuna contraddizione, quella dell'autorità di Bembo, posto, come si è ricordato, in apertura del libro.

Tra le antologie veneziane precendenti al *Libro primo* vanno inoltre ricordate *Le terze rime del Molza, del Varchi, del Dolce et d'altri* (Venezia, Curzio Navò e fratelli, 1539), ristampate nel '40 e nel '42, e i *Capitoli del sig. Pietro Aretino, di Lodovico Dolce, di Francesco Sansovino, et di altri acutissimi ingegni* (stampati, con titoli leggermente diversi, per ben tre volte nel '40 - una da Curzio Navò - ed ancora nel '41): si tratta di raccolte di dimensioni ridotte (non più di cinquanta pagine) e piuttosto spartane nella veste tipografica, che però ebbero un grande successo a Venezia, come dimostrano le numerose ristampe. Le ragioni del gradimento del pubblico sono da cercare nella fama di cui godevano nella città lagunare gli autori antologizzati[8], secondo un modello che il volume di Giolito tenterà di riproporre in un'operazione di respiro più ampio, cercando cioè di assecondare i gusti del pubblico dell'intera penisola.

Anche le raccolte di testi per musica, pur godendo di una tradizione autonoma sin dagli inizi del Cinquecento, devono però aver svolto una "funzione catalizzatrice"[9], non solo con la ricca produzione di antologie di ma-

---

cura di D. J. Dutschke, P. M. Forni, F. Grazzini, B. R. Lawton, L. Sanguineti White Roma, Bulzoni, 1992, pp. 341- 350; S. BIANCHI, *Apocrifi molziani in alcuni antichi e moderni manoscritti e stampe,* in "Studi e problemi di critica testuale", 50 (1995), pp. 29-39; di secondo piano appare forse la figura di Delfino, del quale non ci sono altre rime a stampa oltre a quelle contenute nell'antologia.

7 – *Novo libro di lettere scritte da i più rari auttori e professori della lingua italiana,* Venezia, Gherardo, 1544 (anastatica di questa edizione e della ristampa del '45 a cura di G. Moro, Bologna, Forni, 1987), CXL, p. 297.

8 – In particolare, le piccole antologie di capitoli di autori veneziani, oggi molto rare, rispecchiano gli interessi e i gusti della vita cittadina, con l'eco delle polemiche aretiniane o con la proposta di *divertissements* per l'intrattenimento mondano.

9 – R. RINALDI, *L'industrializzazione* ... cit., p. 1826.

drigali che fiorisce negli anni Quaranta[10], ma anche con i volumi editi qualche decennio prima da Petrucci, volumi che già fornivano un interessante esempio nel quale accanto a Petrarca, modello celebrato, si cominciavano a trovare alcune voci della lirica contemporanea. È il caso, per fare solo un esempio, del volume *Frottole*. *Libro undecimo* (Fossombrone, 1514), introdotto da una lettera di licenza concessa da Leone X e firmata da Pietro Bembo, nel quale vengono proposti assieme a componimenti di Petrarca alcuni testi di Pietro Barignano, Baldassar Castiglione e dello stesso Bembo[11].

Infine, un ruolo davvero non secondario deve averlo giocato anche il genere editoriale dei libri di lettere di diversi, che dai primi anni Quaranta conobbe un notevole fortuna[12]. Le affinità tra i due tipi di antologia sembrano forti tanto nella veste tipografica dei libri, quanto nella rappresentazione del mondo letterario che essi offrono. Per quanto riguarda la forma materiale basterebbe osservare i titoli delle due raccolte edite nel '42, sulla scia del successo dell'Aretino, rispettivamente da Curzio Navò e da Paolo Manuzio: *Lettere de diversi eccelentissimi signori a diversi huomini scritte. Libro primo* cui fa riscontro *Delle lettere volgari di diversi nobilissimi huomini et eccelentissimi ingegni* [...] *libro I*. Non è difficile coglierne un'eco evidente nel titolo della Giolitina, *Rime diverse di molti eccellentiss. autori nuovamente raccolte. Libro primo*, all'insegna dell'eccellenza dei diversi, e soprattutto, della volontà, esplicitamente dichiarata, di porsi all'inizio di una serie. Ma è anche il senso culturale dell'operazione editoriale ad essere simile: i libri di lettere di diversi, infatti, presentano un omogeneo *milieu* letterario, vivo soprattutto nella fitta serie di relazioni e accomunato da una elitaria padronanza

10 − Utile, ai fini del discorso che si sta facendo, osservare le edizioni musicali di Gardane che cominciò a lavorare a Venezia dal 1538 grazie alla protezione di Leone Orsini; cfr. M. S. LEWIS, *Antonio Gardane Venetian Music Printer (1538-1569). A Descriptive Bibliography and Historical Study,* New York and London, Garland Publishing, 1988 (in part. vol. I, 1538-1549).
11 − *Frottole. Libro undecimo,* Ottaviano Petrucci, Fossombrone 1514, edizione critica a cura di F. Luisi, edizione dei testi poetici a cura di G. Zanovello, Cleup, 1997. La lettera di Pietro Bembo (Roma, 22 ottobre 1513) si trova a p. 10. Di Pietro Barignano è edito il madrigale *Come avrò dunque il frutto,* riedito da Domenichi nel *Libro primo* (cfr. III, 13), componimento che era stato utilizzato come intermezzo musicale nella messa in scena della *Venexiana* (cfr. *Frottole. Libro undecimo ...* cit., p. 15); di Baldassar Castiglione vi è la ballata *Queste lagrime mie, questi sospiri,* anch'essa riedita nel *Libro primo* (cfr. XXIII, 1), parte dell'egloga *Tirsi* (si tratta della canzone di Jole); mentre di Pietro Bembo, che in questo caso dovette approvare l'edizione del suo testo, la canzone *Giogia* (sic!) *me abonda al cor tanta e sì pura* (72 nell'edizione Dionisotti). Per una analisi della fortuna di questi libri e del rapporto con le antologie Giolitine cfr. A. BALDUINO, *Appunti sul petrarchismo metrico nella lirica del Quattrocento e primo Cinquecento,* in "Musica e storia", III (1995), pp. 227-278, in part. p. 276.
12 − Cfr. almeno *Le "Carte messaggiere". Retorica e modelli di comunicazione epistolare: per un indice dei libri di lettere del Cinquecento,* a cura di A. Quondam, Roma, Bulzoni, 1981.

della lingua, proposta come modello per gli studiosi; obiettivo, quest'ultimo, ancora implicito nella prima Giolitina, ma dichiarato apertamente nei volumi successivi[13]. Le affinità tra le lettere e le rime organizzate in forma collettiva sono allora profonde, poiché appartengono ad un medesimo clima culturale, nel quale lo scambio e la condivisione del sapere è pratica fondamentale perché afferma e legittima il sistema stesso. La scelta della raccolta acquista così un valore simbolico e modellizzante. Non a caso nel *Libro primo* di Giolito c'è una altissima incidenza di rime di corrispondenza, per loro natura assimilabili alla forma epistolare, il che contribuisce a fare dell'antologia una sorta di rappresentazione di una aristocratica società letteraria, nel segno della condivisione del linguaggio petrarchesco, inteso in senso lato[14].

Tra i diversi volumi miscellanei di lettere quello edito da Gherardo nel '44, e ristampato per le cure di Giovanni Clario nel '45, è particolarmente utile, perché in esso vi è una documentazione molto interessante dell'ambiente, tra Padova, Venezia, Piacenza, Como e Bassano, che darà vita all'edizione di Giolito. Il libro è una preziosa fonte di testimonianze, come vedremo di grande rilievo, perché fornisce, con intenti più edonistici che educativi, uno spaccato dei rapporti e degli interessi che muovevano Gabriele Giolito, Domenichi e il suo *entourage*[15]. E proprio dalla personalità del curatore sarà bene partire per osservare più attentamente la storia della formazione dell'antologia.

13 – Nel *Libro terzo* edito da Cesano nel '50 il curatore Andrea Arrivabene dichiara, nella dedica della raccolta, che lo scopo è quello di "giovare in tutto quello che mi è stato possibile a le persone studiose, e massimamente quelle che si dilettano di questa nostra lingua"; più esplicito ancora Ruscelli che giustifica gli ampi materiali di commento "per utile et comodo de gli studiosi", in *I fiori delle rime de' poeti illustri*, Venezia, Sessa, 1558, c. **iij *v*.
14 – L'importanza delle rime di corrispondenza sarà sancita tipograficamente dal *Libro terzo* (in realtà *quinto*, Venezia, 1552) edito da Giolito per le cure di Ludovico Dolce. In una edizione complessivamente molto più elegante ed ordinata rispetto ai primi volumi della serie, vi è per ogni autore una sezione finale, separata da un elemento paratestuale, dedicata esclusivamente alle rime di scambio. Anche nel *Libro primo*, comunque, le numerose rime di corrispondenza sono segnalate al lettore con l'enfatizzazione del nome del destinatario, stampato con tutte le lettere maiuscole (cfr. la *Nota al testo* per i criteri di trascrizione di questa soluzione tipografica).
15 – Si veda quanto afferma Moro: "il fine della divulgazione di tante lettere di *negozi* non è quello di fornire ammaestramenti politici, né tanto meno di formare il segretario ideale, bensì quello di compiacere il lettore in quel gusto particolare che consiste nel contemplare i retroscena dei *maneggi*, da cui i comuni mortali erano (e sono) esclusi", *Novo libro* ... cit., p. LXVII (corsivi dell'autore).

2. *Lodovico Domenichi e la Libreria della Fenice.*

Il segno personale di Lodovico Domenichi condizionò la composizione dell'antologia, tanto che molti autori presenti in essa vi si trovano più per l'amicizia con il piacentino che per il loro prestigio letterario. Domenichi era arrivato a Venezia nei primi mesi del '44[16], già conosciuto nel mondo veneziano per la sua partecipazione all'Accademia degli Ortolani nella natia Piacenza, da lui animata assieme a Doni, Bartolomeo Gottifredi, Girolamo Mentovato, Luigi Cassola e al nipote di questi, Anton Maria Bracciforti (tutti accolti nell'antologia)[17]. Si aggiunga che alle linee programmatiche di quella esperienza, naufragata nei primi anni Quaranta a causa dei difficili rapporti con i Farnese, Domenichi rimarrà sostanzialmente fedele durante tutta la sua carriera di poligrafo, rivendicando, in forza di uno spirito irriverente ed anticortigiano, l'indipendenza culturale. Inoltre, proprio grazie all'Accademia Domenichi ebbe modo di allacciare molte relazioni con letterati che cercò di incensare nel primo anno della sua permanenza a Venezia, pur dedicando una attenzione particolare alla promozione dei suoi amici piacentini.

Alla composizione del *Libro primo* concorse, almeno come raccoglitore di testi, anche il poligrafo bassanese Giuseppe Betussi[18], già da qualche anno

16 – Manca una moderna monografia sul Domenichi: interessanti informazioni, relative soprattutto al periodo fiorentino e all'adesione alle idee riformate, si trovano in A. D'ALESSANDRO, *Prime ricerche su Lodovico Domenichi,* in *Le corti farnesiane di Parma e Piacenza (1545-1622),* a cura di A. Quondam, Roma, Bulzoni, 1978, II - *Forme e istituzioni della produzione culturale,* pp. 171-200, ed anche nella voce del *Dizionario Biografico degli Italiani* curata da A. Piscini (vol. 40, Roma, 1991, pp. 595-600); utile anche C. DI FILIPPO BAREGGI, *Il mestiere di scrivere: lavoro intellettuale e mercato librario a Venezia nel Cinquecento,* Roma, Bulzoni, 1988. Tra le fonti erudite cfr. D. POGGIALI, *Memorie per la storia letteraria di Piacenza,* Piacenza, Niccolò Orcesi, 1789, I, pp. 221-293; A. SALZA, *Intorno a Lodovico Domenichi,* in "Rassegna bibliografica", VII (1899), pp. 204-209.
17 – Delle attività dell'Accademia, probabilmente nata ad imitazione di quella dei Vignaiuoli, è una testimonianza diretta la *Lettera di m. Antonfrancesco Doni fiorentino, con sonetti d'alcuni gentili huomini piacentini in sua lode* (Stampata in Piacenza, ad instantia del s. Barbassoro principe dell'Academia per Gio. Maria Simoneta Cremonese, 1543). Le opere di Doni e Domenichi forniscono poi altre interessanti informazioni: cfr. A. DONI, *Lettere,* Venezia, Scotto, 1544; ID., *Dialogo della musica,* Venezia, Scotto, 1544; G. BETUSSI, *Il Raverta,* Venezia, Giolito, 1544; L. DOMENICHI, *Dialogo delle imprese,* Venezia, Giolito, 1562. In generale per l'attività degli Ortolani cfr. F. S. QUADRIO, *Della Storia e della Ragione d'ogni Poesia,* Bologna, Ferdinando Pisarri, 1739-52, I, pp. 91-92; C. POGGIALI, *Memorie per la storia ...* cit., I, pp. 224-25; L. CERRI, *L'Accademia degli Ortolani MDXLIII,* in "Strenna piacentina", XXII (1896), pp. 71-79; L. MENSI, *Dizionario biografico piacentino,* Piacenza, Del Maino, 1898, pp. 229-39; M. MAYLENDER, *Storia delle Accademie d'Italia,* Bologna, Cappelli, 1926-30, IV, pp. 146-149; A. DEL FANTE, *L'accademia degli Ortolani (rendiconto di una ricerca in corso),* in *Le corti farnesiane ...* cit., pp. 149-170.
18 – Per Betussi basti il rinvio a L. NADIN BASSANI, *Il poligrafo veneto Giuseppe Betussi,* Padova, Antenore, 1992.

a Venezia all'arrivo di Domenichi, con il quale era in contatto da tempo,
forse fin dalla comune frequentazione all'università di Padova, verso la fine
degli anni Trenta. Il bassanese, ormai affermato nell'ambiente editoriale ve-
neziano, aveva più volte dimostrato la sua familiarità con l'ambiente piacen-
tino invitando Domenichi e Bartolomeo Gottifredi, principe dell'Accademia
degli Ortolani, a raggiungerlo nella città lagunare, luogo ideale per valorizzare
le loro qualità[19]. Del resto le affinità tra Domenichi e Betussi sembrano dav-
vero molte, non solo perché complici in diverse operazioni editoriali, non
ultima proprio l'antologia, ma per la capacità di entrambi di alternare im-
portanti collaborazioni editoriali, volgarizzamenti ed opere creative in tempi
rapidissimi, con una particolare sensibilità nel prevedere i gusti e le attese
del pubblico. Due poligrafi che, forse meglio di altri, interpreteranno in modo
efficace i bisogni del mondo editoriale e le istanze culturali dei primi anni
Quaranta, certo nella scia di Aretino, ma anche abbastanza spregiudicati per
seguire una strada personale, senza limitarsi ad un lavoro di *routine* com-
merciale. Per entrambi l'esordio ufficiale nella società letteraria, dopo un at-
tivo lavoro di collaborazione editoriale[20], avvenne con la stampa di un'opera
personale: due trattati amorosi per Betussi, *Il dialogo amoroso* del '43 e *Il
Raverta* (Venezia, Giolito, 1544), e la raccolta delle *Rime* (Venezia, Giolito,
1544) per Domenichi[21]. Queste ultime mostrano, nel segno di un discreto

19 – Cfr. *Dialogo amoroso*, Venezia, Al segno del Pozzo, 1543. Domenichi (e con lui
Doni) mantenne con Bartolomeo Gottifredi dei rapporti di grande amicizia, cercando
anche di promuoverne le opere. Nell'antologia inserì nove suoi componimenti, che
raddoppiarono poi con la prima ristampa. Nella breve vita della stamperia fiorentina
di Doni, questi, forse in collaborazione con Domenichi, curò nel '47 l'edizione dello
Specchio d'amore, che lo stesso Doni ricorderà così nella *Libraria* : "chi si diletta di
leggere cose amorose, che sieno non meno argute che piacevoli, legga un dialogo
dottissimo e pien di leggiadria e d'invenzione, del Gottifredi, uscito fuori sotto il suo
nome e del Cipolla, academico Ortolano, che egli vedrà veramente una cosa bellissima.
Specchio d'amor" (*La Libraria di Anton Francesco Doni*, a cura di V. Bramanti, Milano,
Longanesi, 1972, p. 87; nella stessa opera Doni cita un altro trattato del Gottifredi,
ancora manoscritto, *L'amor santo delle monache*). Per un riesame complessivo della
figura di Gottifredi cfr. R. SCRIVANO, *Bartolomeo Gottifredi trattatista e poeta*, in
"Yearbook of Italian Studies", I (1971), pp. 265-295 e poi in ID., *La norma e lo scarto.
Proposte per il Cinquecento letterario italiano*, Roma, Bonacci, 1980, pp. 107-137.
20 – Domenichi, in particolare, aveva collaborato a diverse opere tra le quali ricordiamo
la fortunata ripulitura linguistica dell'*Innamorato* (*Orlando innamorato, insieme co i
tre libri di Nicolo de gli Agostini, nuouamente riformato per Lodouico Domenichi*,
Venezia, Scotto, 1545), alcuni volgarizzamenti (*Libro del ben della perseueranza. Tra-
dotto in lingua volgare per Lodouico Domenichi*, Venezia, Al segno del Pozzo, 1544;
Polibio historico greco tradotto per M. Lodovico Domenichi, Venezia, Giolito, 1545) oltre
a numerose curatele, in specie per i tipi di Giolito.
21 – Lo stretto legame che univa Betussi e Domenichi è testimoniato anche dalla
richiesta rivolta dal bassanese al Senato Veneto della licenza, ottenuta il 13 novembre
1543, per stampare, tra le altre cose, le rime del piacentino: "concessa la licenza a
Giuseppe Betussi di stampare e vendere: la Urania del Chavalier Cassola, il libro primo
delle rime del ditto Giuseppe; le rime di Lodovico Domenichi" (ASV, Capi del Consiglio

mestiere, una spiccata vocazione sociale, enfatizzata dal paratesto, allestito in modo da esibire un nutrito numero di dedicatari e amici; in questo modo la raccolta appare sia un omaggio al pubblico aristocratico, sia una autorappresentazione, nel linguaggio della lirica, di Domenichi come poeta al centro delle relazioni sociali nella città veneziana. Il volume è infatti diviso in tre libri, partizione forse non immemore di quella del Petrarca con il commento di Vellutello che proprio in quei mesi Domenichi andava preparando per Giolito, ciascuno dei quali è preceduto da una lettera prefatoria ad una nobildonna (Bona Sforza; Isabella Sforza; Ippolita Borromea); il corredo paratestuale si arricchisce, nella parte finale, di una fitta serie di sonetti di corrispondenza e di tre lettere ad amici e protettori (Iacopo Lionardi, Collaltino di Collalto, Camillo Caula[22]). Il vero collante del libro, scevro da intenzioni narrative, sembra proprio la dimensione sociale orientata ad un dialogo elettivo.

Domenichi, dunque, quando nella seconda metà del '44 Giolito decise di affidargli l'allestimento dell'antologia, era in un momento di crescente fortuna, forte di una posizione invidiabile (ben presto invidiata), ormai saldamente inserito nell'ambiente delle officine editoriali, in specie di quella giolitina, e al centro di una fitta trama di relazioni sociali, maturate anche durante la permanenza a Venezia.

3. *Tra furto e omaggio: i casi di Bembo e Aretino.*

Come già osservato, Domenichi attribuì un generico valore strutturale all'*incipit* e all'*explicit* del libro con la scelta di due figure diversamente rappresentative per la lingua lirica contemporanea. La necessità commerciale di confezionare una antologia di testi inediti imponeva però il non facile compito di trovarne un certo numero anche di due autori molti noti e con edizioni personali già a stampa, correndo inoltre il rischio di suscitare le loro reazioni. Domenichi, e con lui Giolito, affrontarono con una certa spregiudicatezza il problema; stamparono infatti, senza richiedere permessi, i testi disponibili nella circolazione manoscritta nel modo più disinvolto e silenzioso possibile, anche se l'operazione non mancò di suscitare risentite reazioni, come dimo-

dei Dieci, Notatorio, r. 13, c. 76 r-v); il Senato Veneto concederà il 4 luglio 1544 a Giolito il privilegio (10 anni) per il *Raverta* di Betussi e le *Rime* di Domenichi (ASV, Senato Terra, r. 13).
22 – Collaltino di Collalto e Camillo Caula erano militari con spiccati interessi per le novità culturali della città veneta, e saranno entrambi presenti nell'antologia. Caula, inoltre, affascinato dagli ambienti religiosi filoriformati, fu un interlocutore privilegiato da Domenichi proprio per le discussioni teologiche (diverse lettere tra i due si trovano nel *Novo libro* … cit.); a lui Domenichi invia la traduzione del *Libro del ben della perseveranza* di Agostino.

strano le correzioni e cassature introdotte con la prima ristampa dell'antologia.

Particolarmente interessante è la vicenda dei componimenti di Bembo[23], editi mentre questi era ancora in vita e ben attento a non permettere edizioni non autorizzate delle sue opere[24]. I sedici sonetti e la canzone inclusi nella prima edizione dell'antologia erano tutti inediti a quell'altezza cronologica. Sono testi databili a partire dal '36-'37, cioè posteriori di qualche anno all'edizione da Sabbio delle *Rime* (1535), con la sola eccezione di tre sonetti già apparsi in una piccola antologia veronese di carattere popolare[25], sulla quale sarà opportuno ritornare. Il desiderio dell'editore di assicurarsi un 'colpo' commerciale, mettendo in testa all'antologia degli inediti del veneziano, fece nascere però una *querelle* tra Domenichi, Gradenigo e Bembo. Fu infatti il genero di Bembo, Pietro Gradenigo, con l'aiuto di Girolamo Querini, a scoprire l'edizione nei primi giorni di dicembre del '44 e ad intervenire con decisione, da un lato cercando - invano - di sospendere o far ritirare la Giolitina, dall'altro dando immediata notizia dei fatti all'illustre suocero:

> Al medesimo [Pietro Bembo] a Ugobio
> Questi giorni a dietro mi sono venute alle mani le rime di V.a S.a
> R.ma fatte in morte, impresse con molti errori in compagnia di
> più altre di diversi auttori, del che ne ho sentito grandissimo dolore
> et dispiacere, sì come quegli a cui debitamente tocca di risentirsi
> dell'onore di V.a S.a R.ma. Laonde, volendone io di ciò far quella

,23 – Un'analisi dettagliata della situazione dei componimenti di Bembo nella stampa giolitina in R. FEDI, *Bembo in antologia* ... cit., che non tiene però conto della ristampa del '46; e poi in P. TROVATO, *Per la storia delle* Rime *del Bembo*, in "Rivista di letteratura italiana", IX (1991), 3, pp. 465-508.
24 – Qualche mese prima della composizione della Giolitina Bembo aveva bloccato, grazie al genero Gradenigo, una edizione che Paolo Manuzio doveva aver deciso di stampare, come si apprende dalla riverente risposta dell'editore a Bembo: "Il Mag.co M. Pietro Gradenigo mi ha mostro un capitolo di una lettera di V. Sig. Reverendissima dove quella commette, che mi avertisca a non stampare alcuna delle sue compositioni. Il che io non pensava però di fare senza sua saputa, e ora, sapendo qual sia l'animo suo, tanto più volentieri l'ubidirò, non havendo altrove indirizzati i pensier miei, che a fare alcuna cosa, ond'ella conosca quanto le son servitore [...] Di Vinetia alli XXI d'Aprile MDXLIIII", *Lettere da diversi re e principi e cardinali e altri uomini dotti a mons. Pietro Bembo scritte* (ristampa anastatica dell'ed. Sansovino, 1560), a cura di D. Perocco, Bologna, Forni, 1985, III, 47, c. 61r-v.
25 – *Opera nova nella quale si contiene uno Capitulo del signor Marchese del Vasto, Stanze del signor Alvise Gonzaga, Sonetti di monsignor Pietro Bembo e del divino Pietro Aretino*, in Verona, per Antonio Putelletto Portese, ad instantia de G. Antonio Dento detto el Cremaschino, 1542; i sonetti presenti nell'edizioncina sono, secondo la numerazione di Dionisotti, il 139, 131 e il sonetto ad Aretino poi rifiutato da Bembo. Per una descrizione più completa del libretto cfr. F. PIOVAN, *Per la datazione del sonetto del Bembo al Varchi*, in "Italia Medioevale e Umanistica", XXVII (1984), p. 314, n. 10 e R. FEDI, *Bembo in antologia* ... cit., p. 256, n. 10. Va detto che molti componimenti degli autori presenti nella Giolitina (ma non solo di essi) apparvero nel corso degli

provisione che per me si potesse, non essendo ancora l'opera usci-
ta in mano d'alcuno, me n'andai subito a ritrovare il M.co ms.
Girolamo Quirini, al quale mostrai i dui primi fogli dove si con-
tengono i detti sonetti, con i quali andammo di presente a ritruovar
l'impressore, dimandandogli chi fosse stato quel presontuoso, che
aveva avuto ardire di far imprimere le compositioni di V.a S.a R.ma
senza averne di ciò fatto moto a llei, et intendendo ch'egli era
stato un certo Dominichi, che non si trovava presente, facemmo
al detto impressore quella reprensione che se gli conveniva, im-
ponendogli che non dovessi dar fuora l'opera fin a tanto che non
si avesse di ciò risposta da V.a S.a R.ma. Con tutto ciò costui non
è rimaso di publicarnela, per la qual cosa mi parebbe ben fatto,
se così paresse a llei, che prima che 'l detto volume si andasse
più divolgando, ella ne mandasse uno esempio corretto et ordinato
come le piace, a fine che, non potendosi oggimai vietar che queste
rime non siano lette e vedute da ciascuno, esse con questa seconda
impressione andassero in mano de gl'uomini purgate e corrette
nella guisa che V.a S.a R.ma le ha ridotte, tuttavia mi rimetto in
ciò al prudent.mo suo giudizio. Quale sia l'ingiuria fatta a queste
rime potrà ella vedere per li fogli ch'io ho dati al M.co Quirini, et
ora le si mandano con queste lettere. [...]

Di Vinegia[26]

L'identificazione del nostro curatore con "un certo Dominichi", per di
più "presontuoso", non lascia dubbi sulla distanza tra il mondo aristocratico
di Bembo, che in quegli anni sembrava addirittura vicino al soglio pontificio,
e la furbesca operosità dell'emergente Domenichi e, più in generale, tra la
vecchia generazione di letterati attiva nei primi anni del Cinquecento, pur
genialmente attenta ai nuovi mezzi di comunicazione, e quella, assai più

anni Quaranta in antologie di poche carte destinate ad uno smercio immediato, che
andrebbero forse studiate più sistematicamente, poiché sono rappresentative degli
interessi del pubblico e si pongono in una zona intermedia tra la diffusione manoscritta
privata e la stampa più dichiaratamente rivolta al grande mercato. Utile a questo
proposito A. COMBONI, *Notizia di una rarità bibliografica*, in *Operosa parva per Gianni
Antonini*, Studi raccolti da D. De Robertis e F. Gavazzeni, Verona, Valdonega, 1996,
pp. 181-188. In questa tipologia di raccolte sono assai interessanti per la straordinaria
somiglianza del titolo con la Giolitina queste due raccolte: *Rime diverse di molti eccell.
Auttori*, In Venetia, Ad Instantia di Alberto di Gratia detto il Thoscano; *Rime di molti
eccellentissimi auttori con alcune stanze amorose* [...], In Vinegia, A istanza di Iacopo
Modenese, 1545; quest'ultima, in particolare, edita probabilmente dopo il *Libro primo,*
potrebbe testimoniare uno dei primi tentativi di copiare, anche solo nel titolo, il fortunato
volume di Giolito.
26 – Biblioteca Nazionale Marciana, Ms. It. X, 23 (6526), cc. 6v-7r; la lettera era già
stata segnalata in V. CIAN, *Fra i penetrali del patriziato veneziano cinquecentesco.
Pietro Bembo e Pietro Gradenigo*, in "Atti dell'Istituto Veneto di Scienze, Lettere ed Arti",
CVI (1947-1948), II, pp. 93-94 e poi edita in P. TROVATO, *Per la storia ... cit., p. 481.

spigliata, nata attorno agli anni Dieci. Ma la lettera nascondeva, come ha illustrato Trovato, altre tensioni sotterranee, tutte interne ai rapporti, non proprio sereni in quei mesi, tra Bembo e il genero, desideroso di riconquistarne la stima perduta[27]. La risposta di Bembo del 20 dicembre del '44 appare infastidita, ma anche pacata e distante: solleva infatti il genero da responsabilità dirette (affidate a Querini), anche se dichiara il desiderio di poter leggere le rime, che evidentemente non gli erano state spedite, come sembrava promettere la lettera di Gradenigo:

> [...] Quanto alle mie Rime, impresse da quelli Stampatori senza mio ordine, e incorrette, poscia che altro non se ne può, avrò pazienza, come che mi sia molto noioso ad averla. Scrissi sopra a ciò al Mag. M. Ieronimo Quirino quello che io desiderava si facesse per ischifare altri cotali disordini, che avenir potrebbono se non vi si provedesse. Sarete con Sua Magnificenza, e pigliatene insieme quello espediente che vi parrà il migliore. La nuova impressione delle mie *Rime,* che dite aver data ad esso M. Girolamo che me la mandi, io non ho avuta. Ben la vedrei volentieri.[28]

Difficile dire se la copia richiesta arrivò nelle mani di Bembo, che certo non poteva esserne molto soddisfatto, non solo per lo stato redazionale dei testi, ma anche per le numerose sviste, tali in qualche caso da sfigurarne il senso. Non sembra però probabile che sia stato lui a proporre delle correzioni, né tanto meno Gradenigo, comunque in possesso di un manoscritto di inediti che servì per l'edizione delle rime bembiane di Giolito del '48; certo è che la ristampa dell'antologia curata un anno dopo dallo stesso Domenichi modificherà sensibilmente la lezione di almeno tre sonetti, sia con ritocchi attribuibili al curatore, sia con vere e proprie varianti d'autore. Che dei testi di Bembo, nonostante il suo accurato controllo, esistesse una circolazione manoscritta a Venezia, in particolare degli inediti, è lo stesso Gradenigo a confermarlo in una lettera del febbraio '44: "faccio ben intender a V.a S.a R.ma che, delle non impresse [rime], ne ha più d'uno esempio per questa città"[29]. Inoltre, va osservato che le correzioni interessano solo un

---

27 – Pietro Gradenigo aveva sposato la figlia di Bembo, Elena, nel luglio del 1543, con grande soddisfazione del padre; più tardi il genero richiese con insistenza una copia manoscritta delle poesie di Bembo, che, sospettoso, lo accontentò inviandogli "una patacca, sia pure d'autore" (P. TROVATO, *Per la storia ...* cit., p. 480); i rapporti si fecero più freddi verso la metà del '44 quando Gradenigo, che non sembrava nemmeno molto oculato nel gestire il suo patrimonio, aveva tradito la giovane moglie in attesa del primo figlio.
28 – P. BEMBO, *Lettere,* edizione critica a cura di E. Travi, vol. IV (1537-1546), Bologna, Commissione per i testi di lingua, 1993, n. 2463, p. 517.
29 – Sempre dal ms. It. X, 23 (6526), segnalata da Cian ed edita in P. TROVATO, *Per la storia ...* cit., p. 477.

testo di pentimento (I, 16: *O Sol, di cui questo bel sole è raggio*) e due testi
di corrispondenza, l'uno ad Aretino (I, 8: *Ben è quel caldo voler voi ch'io
prenda*) e l'altro a Varchi (I, 7: *VARCHI, le vostre carte pure e belle*), per i
quali ultimi si può ipotizzare una diffusione manoscritta più vivace, se non
altro per l'interesse degli stessi dedicatari (entrambi i testi sono presenti, ad
esempio, nell'*Opera nova* veronese[30]).

Lo dimostra molto bene il caso del
sonetto al Varchi che, ancora manoscritto, era stato oggetto delle critiche di
Castelvetro, il cui *Parere sopra il sonetto di Pietro Bembo a Benedetto Varchi*
dovette trovare un Bembo particolarmente attento, "tanto da indur*lo* [...] ad
una sostanziale revisione [...], che equivalse in più punti ad una tacita, ma
non per questo meno evidente, accettazione delle critiche del modenese"[31].
Il passaggio dalla prima redazione dell'estate del '36 a quella definitiva, col-
locabile almeno nel '42, anno della sua pubblicazione nell'*Opera nova* citata,
doveva essere stato testimoniato dalla circolazione manoscritta che docu-
mentava diverse fasi della revisione del testo, come dimostrano le lezioni
introdotte nella ristampa dell'antologia giolitina. Queste, infatti, ci presentano
uno stato ibrido fra la primissima redazione e quella finale, soprattutto nelle
due quartine sulle quali Bembo concentrò il suo impegno correttorio[32]. Assai
poco probabile, dunque, che Bembo possa aver suggerito personalmente
queste varianti già superate nel '45 e distribuite per di più a macchia di
leopardo. La cosa risulterebbe ancora meno probabile se si presta fede al-
l'ipotesi di Moro, secondo il quale potrebbe essere stato proprio un intervento
di Bembo all'origine del provvedimento che il senato veneziano, nel febbraio
del '45, prese contro gli stampatori, con il quale li si obbligava a chiedere
il consenso agli autori prima di stampare[33]. Ancor meno credibile che Gra-
denigo, sia pure in possesso di un manoscritto "patacca" (Trovato), abbia
limitato i suoi interventi a così pochi testi: aspetterà la morte del suocero

30 − L'interesse, anche negli strati più bassi del pubblico, per una poesia che rappre-
senta un dialogo aristocratico fra grandi personalità o comunque legata a importanti
eventi storici doveva alimentare la diffusione manoscritta di pezzi sciolti: questo feno-
meno è osservabile anche nell'*Opera nova* veronese, nella quale i testi sono quasi tutti
di corrispondenza (Bembo al Cardinal Farnese, ad Aretino; Luigi Gonzaga all'Ariosto;
Aretino al doge e in morte di Giovanni de' Medici).
31 − F. PIOVAN, *Il sonetto* ... cit., p. 313; il testo del *Parere* di Castelvetro, nel quale
è anche contenuta una redazione antica del sonetto, si legge in F. DONADI, *Un sonetto
del Bembo nel commento, inedito, di Lodovico Castelvetro*, in "Atti dell'Istituto Veneto
di Scienze, Lettere ed Arti. Classe di scienze morali, lettere ed arti", 131 (1972-73), pp.
29-84.
32 − Cfr. *Nota al testo* e scheda biografica di Bembo.
33 − *Novo libro* ... cit., pp. XXIII-XXIV; oltre ad essere irritato per il suo inserimento
nell'antologia, Bembo aveva motivo di lamentarsi anche per il gruppo di sue lettere
stampate nell'edizione del '44 del *Novo libro*. Il documento del senato veneziano è
pubblicato in H. F. BROWN, *The Venetian Printing Press 1469-1800*, London, 1891
(ristampa anastatica, Amsterdam, Heusden, 1969), p. 211.

per perdere ogni timore reverenziale e correre da Giolito a far stampare,
con il suo nome in bella evidenza, la terza impressione delle *Rime* di Bembo.

Possibile allora che le varianti attestate dalla Giolitina siano da addebitare a
redazioni provenienti dalla circolazione manoscritta veneziana, che Dome-
nichi sfruttò ben volentieri, desideroso di migliorare la scarsa qualità dei testi
denunciata da Gradenigo. In ogni caso, la piccola *querelle* illustra come il
progetto dell'antologia fosse ispirato soprattutto dalla mentalità commerciale
di Giolito, alla quale si sposò la spregiudicatezza, in questa occasione ai
confini della furfanteria, di Lodovico Domenichi. Prevalse, infatti, la volontà
di pubblicare testi inediti, senza che si sottilizzasse troppo sulla loro qualità.
Questo criterio dovette essere prioritario anche rispetto al problema dell'or-
ganizzazione dei testi: l'abbozzo di suddivisione tematica delle rime di Bembo
pubblicate (in vita per la Querini, in morte per la Morosina, inframmezzate
da rime di corrispondenza, e poi di pentimento), per altro non ignota ad
alcuni manoscritti miscellanei[34], non è infatti così rigorosa da far ipotizzare
un'attenta selezione rispetto ad un più corposo gruppo di testi.
    Diversa la situazione per la scelta della chiusa del libro, la cui vicenda
è forse meno complessa rispetto a quella di Bembo, ma altrettanto signifi-
cativa. L'antologia era stata dedicata da Lodovico Domenichi a Diego Hurtado
de Mendoza, ambasciatore cesareo a Venezia, collezionista di manoscritti pre-
ziosi e personaggio di spicco per i vasti interessi culturali, del resto non
inconsueti negli ambasciatori stranieri nella città veneta[35]. Se il curatore non
si preoccupò per aver inserito all'interno del libro componimenti o dichia-
ratamente anti imperiali o di omaggio alla casa reale francese, gli dovette
sembrare opportuno almeno chiudere l'antologia con un capitolo e un so-

---

34 – A titolo di esempio, il Marciano It. IX, 202 (6755) contiene cinque sonetti, quattro
dei quali a Elisabetta Querini ed uno alla Morosina, con una piccola commistione che
sarà anche nella Giolito.
35 – Originario di Granada, fu militare dotato di grande curiosità per la filosofia e le
scienze. Divenne ambasciatore a Venezia dal 1538 e nel '47 fu trasferito, sempre come
ambasciatore, a Roma, dove non svolse con grande fortuna i suoi uffici, al punto da
essere destituito qualche anno più tardi. Nell'ultimo periodo della sua vita, rientrato in
Spagna e ormai lontano dalla vita politica, fu anche accusato di illeciti finanziari
commessi durante il periodo veneziano. Negli anni del soggiorno italiano raccolse un
numero notevolissimo di manoscritti greci, latini e arabi che formavano una ricchissima
biblioteca, confluita alla sua morte in quella dell'Escorial. Per la biografia cfr. M. L.
CERRÒN PUGA, *Materiales para la costruccion* … cit., pp. 252, n. 9; una ricostruzione
della biblioteca in A. HOBSON, *Renaissance Book Collecting: Jean Grolier and Diego
Hurtado de Mendoza, their collection and bindings,* Cambridge, Cambridge University
Press, 1999. Fu ancora oggetto di attenzioni da parte di Domenichi negli anni successivi
alla Giolitina, infatti gli dedicò l'edizione del *Teatro* di Giulio Camillo (Firenze, Torren-
tino, 1550).

netto filo-imperiali di un autore celebrato[36]. I due testi di Aretino, tra l'altro già presente nella parte centrale dell'antologia, erano però già noti, poiché li aveva recitati personalmente all'imperatore ed erano stati poi stampati per i tipi di Biagio Perugino (1543)[37], una edizione "di consumo", che fu con ogni probabilità esaurita presto, tanto da rendere i testi ancora meritevoli di attenzione[38]. Anche in questo caso, però, la prima soluzione deve aver sollevato qualche problema se Domenichi decise di eliminare capitolo e sonetto nella ristampa, pur lasciando gli altri componimenti dell'Aretino all'interno della Giolitina. Si può ipotizzare una non documentata richiesta dell'autore di togliere il capitolo e il sonetto; o forse, meglio, si può immaginare che Domenichi, accortosi del successo dell'impresa, abbia voluto approfittare per porre esplicitamente il proprio sigillo sull'intera operazione (è sua infatti la sezione finale, notevolmente ampliata, nella ristampa), quasi a segnalare che se nella prima redazione Aretino era stato l'unico autore degno di concludere l'antologia aperta da Bembo, ora quel posto doveva spettare a lui. Una operazione del genere poteva però anche irritare Aretino, e Aretino non era Bembo, confinato nella capitale e, in fondo, lontano dal mondo di Domenichi. Aretino era molto vicino e troppo influente nell'ambiente veneziano per rischiare di affrontarlo a viso aperto, pena il bando dalla città lagunare, come il caso di Nicolò Franco insegnava[39]. Agli occhi dell'ingegnoso Domenichi si profilava però una ottima soluzione di compromesso: curatore del terzo volume delle lettere aretiniane proprio a cavallo tra il '45 e il '46, stava stampando in quel libro il capitolo e il sonetto: si poteva così considerare al riparo da pericolosi attacchi, potendo spacciare la cassatura del testo nell'antologia come rispettosa tutela nei confronti di Aretino[40].

36 – Già la Cerròn Puga osservava questa discordanza negli orientamenti politici dei poeti antologizzati (*Materiales para la costruccion* ... cit., pp. 254, n. 12); a Giulio Camillo e all'Alamanni citati dalla studiosa, andranno aggiunti alla schiera dei poeti che indirizzano le loro rime alla corte francese anche Bartolomeo Ferrino (V, 3), Francesco Coccio (LXXIX, 1), Lelio Capilupi (LXXX, 2).
37 – *Il capitolo e il sonetto di M. Pietro Aretino in laude de lo imperatore, et a sua maestà proprio da lui recitati* (Venezia, Biagio Perugino), 1543; per una descrizione dell'opuscolo e della situazione dei testimoni del capitolo, tra i quali non è comunque segnalata la prima stampa dell'antologia di Giolito, cfr. P. ARETINO, *Poesie varie,* a cura di G. Aquilecchia e A. Romano, Roma, Salerno, 1992, pp. 307-308.
38 – Come è noto, per questi fogli sparsi di grande successo o, come diremo oggi, di consumo, il successo è inversamente proporzionale alle possibilità di conservazione.
39 – Per una dettagliata analisi dei rapporti intrattenuti da Aretino con i diversi poligrafi attivi a Venezia tra gli anni Quaranta e Cinquanta cfr. P. LARIVAILLE, *Pietro Aretino,* Roma, Salerno, 1997, in part. pp. 264-288.
40 – Il capitolo si trova a cc. 30r - 34v del terzo libro di lettere (*Al Magnanimo signor Cosimo De' Medici Principe di buona volontade. Il libro terzo delle lettere di messer Pietro Aretino,* Venezia, Giolito, 1546). Le ultime lettere di Aretino in questo volume sono del febbraio de '46 e la dedicatoria, sempre a sua firma, è del gennaio dello stesso anno; probabile quindi che le fasi conclusive della ristampa dell'antologia e della composizione del libro di lettere abbiano occupato quasi nello stesso periodo Domenichi

4. *La struttura del libro: autori, criteri di scelta, raccolta del materiale e dispositio del* Libro primo.

Si è già detto che la scelta degli autori da inserire nell'antologia non dovette rispondere a criteri rigorosi e programmatici, ma nacque piuttosto da un adeguamento della volontà di proporre un ampio panorama della lirica contemporanea alle contingenze del momento. Sono diverse, quindi, di volta in volta le motivazioni che giustificano la presenza di un poeta; ma anche in assenza di un progetto coerente, è pur sempre vero che la quantità dei testi pubblicati per ciascun autore finisce per esprimere un giudizio, anche sommario, sulla sua qualità. Sono inutili classifiche precise, perché, come detto, spesso la scelta cadde su quanto era disponibile, senza selezioni troppo meditate. È però evidente, ad uno sguardo d'insieme, che un gruppo di rimatori gode nel libro di una posizione di rilievo; come è altrettanto importante osservare che circa i due terzi (63 su 91) hanno un numero di componimenti inferiore a cinque e che in questo folto gruppo si trovano molti dei personaggi, talvolta persino dilettanti, in rapporti di amicizia con Domenichi, Betussi e Giolito.

Tra gli autori presenti con più di quindici testi nella prima edizione troviamo, in ordine decrescente:

Giovanni Guidiccioni (73), Lodovico Dolce e Francesco Maria Molza (30), Tommaso Castellani (27), Giulio Camillo (23), Giovanni Muzzarelli (19), Giovanni Antonio Clario (18)[41], Pietro Bembo (17), Pietro Barignano (16).

Se osserviamo questi autori e, in particolare, la situazione editoriale delle loro opere negli anni precedenti la stampa della Giolitina, abbiamo un'ulteriore conferma del fiuto editoriale degli ideatori dell'antologia. Con le sole eccezioni di Dolce, Clario e Bembo, tutti gli altri presenti in questa sorta di piano nobile del libro sono accomunati dal fatto di essere morti prima del '45 senza una edizione personale delle rime, nonostante la loro celebrità,

Per una datazione della ristampa (febbraio-marzo 1546) cfr. § 5. *La prima edizione (G1) e le ristampe (G2, G3).*
41 – A suo nome compaiono tredici sonetti; sembra però ragionevole attribuire a lui anche quelli di Giulio Roselli Acquaviva (2), Gioambattista Corradi (1) Antonio Corradi (1) e Gianluca Benedetto (1), pseudonimi che Clario aveva utilizzato anche nel *Novo libro di lettere,* secondo il bizzarro costume di scrivere di suo pugno lettere a nome di amici o parenti. Si veda quanto scrive l'editore Gherardo in una lettera del 29 luglio 1545 a Clario: "voi [Clario] avete scritto XXIIII lettere, in nome de gli amici vostri [...] io comendo sopra modo la liberalità vostra, ma non m'appago già della soverchia modestia, che si conosce in voi e però con vostra pace si leggeranno nella tavola col titolo di voi lettere, che vi è paruto scrivere a questo e a quello", *Novo libro ... cit.,* CCXXXI, p. 487. Per la sua figura e per i rapporti con l'ambiente veneziano si veda l'introduzione di Moro al *Novo libro* (in part. pp. LXXIII-LXXVII). Tutti i suoi componimenti - compresi quelli a nome d'altri - furono cassati nella ristampa dell'antologia; ma per la questione cfr. § 5. *La prima edizione (G1) e le ristampe (G2, G3).*

spesso testimoniata da una ricca tradizione manoscritta, magari in miscellanee private. Barignano e Muzzarelli erano morti ormai da tempo, Castellani e Guidiccioni nel '41, mentre Camillo e Molza proprio nei primi mesi del '44. Pubblicarne le rime era quindi una grande opportunità editoriale, poiché garantiva l'interesse del pubblico, e quindi anche il probabile successo del libro, e perché non si rischiavano pericolose polemiche o proteste. Si prenda, ad esempio, il caso di Francesco Maria Molza, autore assai celebrato nel corso della sua esistenza ma morto senza una edizione ordinata e corretta delle sue numerose rime volgari. Qualcosa, a dire la verità, era già stato pubblicato, grazie ad iniziative piuttosto corsare, come nel caso dell'antologia delle rime di Brocardo, Delfino e Molza ('38), che cercava di approfittare dell'interesse sorto attorno alla *Ninfa tiberina*, oppure di alcuni capitoli editi da Navò nel '39, già ricordati. Mancava però una edizione esplicitamente autorizzata dal poeta che pure, negli ultimi mesi della sua vita, con la collaborazione di Trifone Benci, cercò di sistemare i suoi materiali in vista di una loro organica pubblicazione. La morte impedì il completamento del progetto, lasciando proprio la vasta produzione volgare in una situazione particolarmente caotica. Molti allora si mossero per raccogliere le carte del poeta, non ultimo Alessandro Farnese, che voleva onorarne la memoria con una edizione e che vide frustrato il suo proposito perché il figlio di Molza, Camillo, al quale aveva affidato l'incarico nell'agosto del 1546, non giunse mai ad una conclusione. Ma i tempi di una certa editoria veneziana erano però troppo rapidi e sbrigativi per attendere *placet* ufficiali, soprattutto se si ricorda quanto fosse acceso l'interesse per le liriche volgari di Molza quando questi era ancora in vita, come testimonia una lettera di Paolo Manuzio (datata cinque giorni prima della morte del poeta), che denuncia un tentativo di edizione pirata a Venezia:

> S'io m'avessi così imaginato che vostra signoria si ritrovasse in Modona come teneva per certo che la fosse a Roma, quando nel ritorno mio di Firenze passai di costì non averei per gran fretta lasciato di visitarla. Ora, la cagione perch'io le scrivo è questa: ho sentito che alcuni qui in Vinegia intendono di mettere in stampa alcune composizioni volgari della signoria vostra, il che quando così fosse, lascio pensare a lei quanto si verria a diminuire nel giudizio de gli uomini la fama de gli scritti suoi, perché ella sa la trascuraggine ed ignoranza di questi stampatori. A me invero ne dispiacerebbe: prima per l'amore ch'io le porto, onde sono costretto disiderare che l'opre sue escano correttissime; dipoi perché

già buona pezza m'era caduto nell'animo di farle stampare io e
di porvi tutta quella diligenza che alle mie proprie son solito di
porre; laonde, intendendo per via di alcuno amico mio che quella
si ritrova in grande ozio, quantunque (il che forte mi grava) non
troppo ben disposta del corpo, mi è paruto di darlene aviso: a
fine che, s'ella disidera, come certamente disidera, che non sieno
istraziati gli scritti suoi, avanti che la cosa vadi più inanzi possa
farne una scielta di quelli che più le paiono degni di lei e, pia-
cendole, mandarmeli. Parmi di soverchio a dirle la cura che ne
averò, perché mi credo ch'ella sia già chiara dell'affezione ch'io
porto a lei ed alla laude sua, la quale invero poco meno cerco
che la mia. Tanto solamente promettole, che passeranno a stampa
per le mani mie e non d'altra persona. [...]
         Di Vinegia, li XXIII di febbraio [1544][42]

Con la morte del poeta i timori di guai legali che avevano trattenuto, o
quasi, gli editori vennero di colpo a mancare: immediatamente sono mandate
in stampa alcune piccole edizioni, fra le quali ricordiamo nel '44 i *Sonetti
del Molza, et d'altri eccellentissimi Auttori, non più visti, né posti in luce*,
stampata a Venezia per i tipi di Antonio detto il Cremaschino, operina di
carattere popolareggiante (vi sono, piuttosto "istraziati", tre sonetti del Mol-
za)[43]; a Ferrara nel '45 sarà edita *La Nimpha tiberina del Molza eccellentiss.
Novamente posta in luce con le altre sue rime. Et de altri diversi autori non
più vedute in stampa* con una serie più cospicua di autori[44]. In questa scia

42 – La lettera fu pubblicata da Gennaro Angelini con data erronea (*Lettere inedite
d'illustri scrittori del sec. XVI annotate da G. A.*, Roma 1882, pp. 31-34); un controllo
sul manoscritto della Biblioteca Nazionale di Firenze (II,VII,129) eseguito in vista
dell'edizione delle lettere di Molza da Andrea Barbieri, che qui si ringrazia per la
segnalazione, ha permesso di correggerne la data. Manuzio, interessato alle rime di
Molza, aveva chiesto, qualche giorno prima di scrivere la lettera citata, notizie ad Annibal
Caro, che il 6 febbraio 1544 così aveva risposto: "Quella de le cose del Molza vi riuscirà,
ma sarà un poco lunghetta, perché non si truova in Roma ed è ammalato. Egli si portò
seco di qua i suoi scartafacci, con animo di far quel che voi dite, ma la malatia l'ha
assassinato. A la sua tornata, se si riavesse un poco, m'affido che lo farebbe, perché
n'ha voglia, ed io ne lo solliciterò quanto posso", in A. CARO, *Lettere familiari*, a cura
di A. Greco, Firenze, Le Monnier, 1957, vol. I, n. 217, pp. 293-294.
43 – *Sonetti del Molza, et d'altri eccellentissimi Auttori, non più visti, né posti in luce.
Nuovamente stampati ne l'inclita città di Venetia*, 1544. Nell'ultimo foglio si trova
l'indicazione dello stampatore (Ad instantia de Gio. Antonio detto el Cremaschino). Due
dei tre sonetti dell'edizione veneziana sono editi con varianti anche da Giolito: *Signor,
se miri a le passate offese* (XVI, 29); *Poi ch'al veder di chi nel sommo regno* (XVI, 28);
il terzo a nome di Molza è *Perché nel Mare ogni suo rivo altiero*. Completano il
volumetto un sonetto del Caro (*Questo al buon GUIDICCION solenne e sacro*), anche
questo presente poi nella Giolitina (XXXIX, 8), quattro sonetti di "Ioseppe Parmegiano",
una terza rima, la *canzon sopra la gatta*, e quattro sonetti adespoti. Va ricordato che
lo stesso Cremaschino sembra essere regista anche dell'*Opera nova* stampata a Verona
con i testi di Bembo che abbiamo citato precedentemente.
44 – *La Nimpha Tiberina del Molza eccellentiss. Novamente posta in luce con le altre
sue rime. Et de altri diversi autori non più vedute in stampa*, Ferrara, 1545. Da notare

si inserirono anche Domenichi e Giolito allestendo una ampia sezione (30 testi, saliti a 33 nella ristampa) per il poeta modenese, nella quale si può individuare anche una approssimativa partizione tematica se non prossima ad una idea di canzoniere - così come era percepito nel Cinquecento - almeno ispirata a criteri organizzativi simili[45]: secondo uno schema già visto per Bembo, si succedono infatti componimenti indirizzati a donne, in vita e in morte, e, infine, di carattere spirituale. Non è facile, qui come altrove, attribuire la responsabilità ultima di questo ordinamento, anche se probabilmente è il frutto di una accettazione passiva degli antigrafi manoscritti, in qualche modo già testimoni di una coerenza tematica. Esemplificativo, in questo senso, il caso di Guidiccioni che inviò, probabilmente in vista di una stampa, un manoscritto di suoi componimenti ad Annibal Caro perché questi lo aiutasse a perfezionarne la veste stilistica; da questo esemplare, sul quale Caro annotò le proprie correzioni, morto Guidiccioni dovette essere poi tratta qualche copia, poiché l'edizione di Giolito segue, con minime differenze, la sequenza dei testi allestita dall'autore e le lezioni introdotte da Caro[46].

Per motivi di opportunità commerciale analoghi a quelli dei casi illustrati anche gli altri autori "eccellenti" trovarono spazio nell'antologia: le liriche di Giulio Camillo, ad esempio, morto il 15 maggio del '44, non erano state edite se non in qualche piccola antologia popolareggiante, come anche quelle di Muzzarelli, Barignano e Guidiccioni, vero *leader* per l'altissimo numero di testi accolti. Per alcuni di essi, anzi, l'unica forma di edizione nel corso del secolo resterà l'antologia: da questo punto di vista la raccolta di Domenichi, pur con le sue sbavature e l'approssimazione organizzativa, costituirà una sorta di canone non solo per il tipo di pubblicazione, ma anche per gli autori scelti, tanto che più della metà di quelli ospitati nel *Libro secondo* (1547) erano già presenti, ovviamente con testi diversi, nel *primo* ; ed anche la seconda generazione delle antologie, caratterizzata dalla ricerca di una

che tra i sonetti di Molza presenti in questa piccola edizione si trovano anche i tre che saranno aggiunti da Domenichi nella prima ristampa dell'antologia (cfr. Appendice 1-3).
45 – I tre sonetti aggiunti in G2, tutti di carattere encomiastico, non trovarono una loro collocazione logica all'interno della suddivisione di G1 e perciò furono stampati in coda a quelli già editi.
46 – Copia di questa raccolta si trova nel ms. Trivulziano 982 (H 139) descritto da Giulia Bologna (*I manoscritti in rima del sec. XVI conservati alla Biblioteca Trivulziana di Milano*, in *Studi in onore di Alberto Chiari*, vol. I. Brescia, Paideia, 1973, pp. 169-215, in part. pp. 201-206); anche l'originale inviato a Caro, il ms. Palatino 344 della Biblioteca Palatina di Parma, dovrebbe presentare la stessa seriazione, almeno stando alla fascicolatura del manoscritto ipotizzata da Emilio Torchio (*Le rime di Giovanni Guidiccioni*, Tesi di laurea [rel. R. Tissoni], Univ. di Genova, 1998-1999), che sta curando l'edizione critica delle rime del lucchese.

più articolata organizzazione dei libri, riprenderà buona parte del canone di poeti stabilito nel '45[47].

Tra gli autori presenti con molti componimenti, vale la pena spendere alcune parole per Lodovico Dolce e Tommaso Castellani, perché sono due casi tra loro complementari rispetto ai pur generici principi che devono aver guidato la distribuzione dei testi all'interno del libro.

Castellani rientra nella tipologia di autori descritti sopra; infatti, nonostante la discreta notorietà, non circoscritta alla sua patria bolognese, non aveva avuto in vita una propria edizione a stampa. Con lui, inoltre, Domenichi era in contatto, come testimoniano sia lo scambio di sonetti che si può leggere nelle *Rime* di Castellani stampate a Bologna in concomitanza con la Giolitina[48], sia la piccola corona di sonetti che Domenichi compose per la morte del bolognese, stampata nelle *Rime* del piacentino[49]. Nella sequenza degli autori dell'antologia Castellani è molto prossimo a Bembo e fa parte di una prima, cospicua sezione che comprende prevalentemente autori di grande fama, spesso presenti con molti testi, come quelli che abbiamo visto, oppure con pochi, ma pur sempre significativi per la loro notorietà, e solitamente già morti. Vediamo la successione degli autori in questa prima parte dell'edizione del '45:

> Pietro Bembo (17), Vincenzo Martelli (6), Pietro Barignano (16), Giovannni Andrea Gesualdo (11), Bartolomeo Ferrini (3), Niccolò Amanio (8), Tommaso Castellani (19), Marco Cavallo (4), Giulio Camillo (22), Giovanni Muzzarelli (19), Baldassare Stampa (3), Andrea Navagero (6), Jacopo Marmitta (2), Francesco Beccuti detto il Coppetta (3), Battista Dalla Torre (8), Francesco Maria Molza (30), Bartolomeo Carli Piccolomini (3), Lodovico Ariosto (3), Francesco Capodilista (1), Paolo Canal (4), Giovanni Guidiccioni (73), Antonio Brocardo (2), Baldassare Castiglione (3), Ippolito de' Medici (1), Vincenzo Querini (1=27 stanze); Giovanni Cotta (1), Trifone Gabriele (2), Ercole Bentivoglio (4), Gian Giorgio Trissino (3).

47 – Valga come caso esemplare di questa evoluzione endogena del genere editoriale dell'antologia la ripresa delle rime di Bembo nei *Fiori* di Ruscelli: pur avendo questi a disposizione un *corpus* di testi ampio (non ultima l'edizione delle *Rime* del Bembo del '49) senza particolari problemi di autorizzazione, ristampa tutta la serie delle rime presenti nel *Libro primo* nello stesso ordine, limitandosi ad aggiungerne altre.
48 – I due sonetti sono: *Come allhor quando a le stagion migliori* di Domenichi, e *Voi che ne i verdi vostri anni migliori,* risposta per le rime di Castellani, in *Rime di m. Thomaso Castellani,* Bologna, Zaccherelli, 1545, c. 44v. Nello scambio, Domenichi gioca il ruolo del poeta giovane che omaggia il maestro più anziano, e questi gli profetizza un grande futuro. L'edizione di Castellani fu curata dal fratello, Bernardino; per il rapporto tra questa edizione e la Giolitina cfr. scheda biografica di Castellani.
49 – Si tratta di quattro sonetti: *Poi che Thomaso nostro illustre e chiaro* ; *Castellan mio, ch'in grembo al tuo Fattore* ; *Turba i tuoi chiari e liquidi cristalli* ; *Hor c'ha la morte il Castellan divino.*

Spicca, tra l'altro, un po' a sorpresa per questa altezza cronologica, la presenza di un gruppo di poeti rappresentante della sperimentazione lirica volgare in Veneto agli inizi del secolo: in particolare, Navagero, Canal, Capodilista[50], Cotta, Querini e Brocardo, alcuni già compagni di Bembo nelle prime esperienze liriche e tutti molto noti in terra veneta ancora intorno alla metà del secolo, a giudicare dalle testimonianze dei manoscritti miscellanei, nei quali costituiscono quasi una serie canonica di classici della lirica volgare[51]. La loro distribuzione non appare quindi del tutto casuale, anche se non formano una sequenza continua, ma sembrano alternati tra loro con sapienza, in nome di una *varietas* ad uso del lettore, del resto tipica delle miscellanee manoscritte coeve.

Il gran numero di rime di Lodovico Dolce (secondo per numero di testi con Molza in G1) non è probabilmente giustificato dalla loro qualità (sono forse tra le più scialbe dell'intero libro), quanto dal ruolo di primo piano da lui occupato nella fabbrica di Giolito (e forse anche da una sua specifica incontinenza versificatoria); più che un semplice collaboratore era, infatti, una sorta di complice e socio, instancabile nella sua produzione, ma anche attento a difendere, rispetto ai più giovani e scalpitanti collaboratori, una posizione di privilegio. È quindi un significativo rappresentante della seconda parte del libro, nella quale è genericamente riunita la vasta schiera delle amicizie dell'*entourage* di Giolito e di Domenichi.

Se spostiamo la nostra attenzione dal gruppo degli autori presenti con molte rime verso il grande insieme degli altri siamo colti, almeno ad una prima lettura, dalla sensazione che si tratti di presenze casuali e di conseguenza poco spiegabili; se però osserviamo con maggior attenzione le aree

50 – Dubbia resta l'attribuzione a Capodilista del sonetto a lui ascritto nella Giolitina, la cui paternità potrebbe invece spettare a Guidiccioni; cfr. scheda biografica.
51 – Senza alcuna pretesa di esaustività, si citano a titolo di esempio il marciano It. IX, 202 (6755), nel quale troviamo, fra gli altri, Vincenzo Querini (anche con le ottave edite da Domenichi), Paolo Canal (del quale ci sono, tra le altre cose, anche i sonetti editi da Domenichi), Giovanni Cotta, Trifone Gabriele, Andrea Navagero, Pietro Bembo (cfr. soprattutto cc. 164r-165r per la serie a Elisabetta Querini, presente in Giolito); e il marciano It. IX, 203 (6757) con Giovanni Cotta, Vincenzo Querini, Trifone Gabriele, Paolo Canal, Antonio Brocardo, Francesco Capodilista. Questi due manoscritti sono molto interessanti anche per gli autori non veneti antologizzati, che in parte corrispondono alle scelte fatte da Domenichi nella prima sezione: segno quindi di una ideale continuità nell'individuazione di un canone di autori moderni ormai considerati classici. Utile per un esame della complementarità tra la diffusione manoscritta privata e quella a stampa nella lirica veneta del Cinquecento A. BALDUINO, *Petrarchismo veneto e tradizione manoscritta*, in *Petrarca, Venezia e il Veneto*, Atti del Convegno (Venezia, 30-31 ottobre 1974), a cura di G. Padoan, Firenze, Olschki, 1976, pp. 243-270; per una recente ricognizione dei manoscritti citati sopra cfr. A. GNOCCHI, *Tommaso Giustiniani, Ludovico Ariosto e la compagnia degli amici*, in "Studi di filologia italiana", LVII (1999), pp. 277-293.

di provenienza di questi personaggi e i legami che spesso possiamo anche
desumere dagli scambi epistolari, cominciamo allora a percepire l'esistenza
di una fitta trama di relazioni che lega le diverse figure, al centro della quale
troviamo il più delle volte Domenichi, Betussi e il suo cenacolo letterario.
Particolarmente preziose in questo lavoro di ricostruzione degli ambienti e
dei gruppi letterari sono le testimonianze fornite dalle lettere edite da Ghe-
rardo nel '44 e nel '45. Domenichi infatti, probabilmente dopo che una parte
cospicua dell'antologia era stata approntata, cominciò a richiedere agli amici
testi da stampare, per farli conoscere sotto l'etichetta di un nome importante
come quello di Giolito[52]. Tra questi vi fu, ad esempio, Giovanni Antonio
Volpi, un letterato comense, dei più intimi del circolo di Giovio, come te-
stimoniano molte lettere di Doni[53], certo non celeberrimo, ma conosciuto da
Domenichi almeno dai tempi dell'Accademia degli Ortolani. Il 6 settembre
1544, ringraziando Domenichi per le rime che gli aveva spedito, Volpi scrive:

> [...] M'incresce non potervi mandare delle mie rime volgari, come
> mi richiedete: perché parrà ch'io vi neghi cosa che mi dimandiate:
> ma la gentilezza vostra m'iscuserà, sapendo ella come io sia non
> meno trascurato e negligente, ch'io sia senz'arte in tali cose. Però
> io vi dico e giuro a Dio, ch'io de quante baie feci mai non ve ne
> potrei mostrare una linea; e in questo so che mi avrete a caro:
> mentre conoscereteme avere avuto maggior giudicio in disperderle
> che in comporle. Pur vi mando questo sonetto, fatto pur ora per
> compiacervi, e una oda, ch'io scrissi al signor Lelio Capilupo. Voi
> giudicatele, e secondo il vostro giudicio, e lasciatele vedere e na-
> scondetele.[54]

L'apparente disinteresse e la modestia con cui Volpi sembra giudicare le
sue rime ben presto dovettero lasciare spazio al nervoso timore del letterato
di provincia di venire escluso dall'opportunità offertagli da Domenichi. Non

---

52 – Una testimonianza di questo metodo di raccolta delle poesie è anche offerta dalla
lettera scritta da Valerio Buongioco il 24 settembre 1544 in risposta alla richiesta fatta
da Domenichi: "In stampa io vi dissi già, ch'io non v'andrei volentieri se non co i
capitoli, ma più per desio, e per *** (sic!) che di fama o d'onore. Pur dovendovi andar
per gentilezza, senza il Merlo nol farei; il quale è in Udine, e spero che fra quindici
giorni sarà a noi [...]", *Novo libro ... cit.*, CCIII, pp. 430-431.
53 – Tra le altre, una lettera di Luigi Raimondi, che tra poco vedremo coinvolto nella
Giolitina, del 3 settembre 1544 ricorda la permanenza di Doni a Como ("quella
dimestichezza ch'io ebbi quando eravate qui ch'andassimo in barca in compagnia del
signor Gio. Antonio Volpe al Museo di monsignor Giovio", *Novo libro ... cit.*, CXCVI,
p. 415); una risposta a questa si legge nei *Tre libri di lettere del Doni* (Venezia, Marcolini,
1552), pp. 359-360, nella quale Doni si raccomanda "a i signori abbati e commendatore
Giovii, et al signor Gio. Antonio Volpe".
54 – *Novo libro ... cit.*, CXCIII, pp. 409-410.

avendo avuto risposta alla prima lettera, riscrive da Como il 25 ottobre, allegando altri componimenti e cercando di giustificare, con un contorto formalismo, la petulante insistenza:

Al medesimo. [Domenichi]
La tema ch'io ho d'essere tenuto discortese, mentre sono in dubbio se le mie lettere hanno avuto fedele ricapito o no, fanno ch'io vi replichi, come ebbi le lettere con le vostre rime, onde io ve ne sono più che schiavo. Vi scrissi ancora che delle baie volgari non ve ne poteva mandare, come colui che non ne tenne mai conto. Ora perché mi scriveste ultimamente ch'io non mi debba corrucciare se farete onore al nome mio col mandarmi a volo, come dice colui, vi dico Signor Lodovico, che quantunque l'amore che mi portate sia più che infinito, dovete però avvertire ch'egli non sia mezzo d'uccellarmi e di fare torto al drittissimo giudicio vostro. Nondimeno perché sete chi sete, non mi par lecito il negarvi cosa che vi piaccia, ancora ch'ella mi avesse a tornare a danno. Ora fate di me e delle mie cose ciò che vi pare, ch'io vi do in mano il freno. Vi scrissi allora un sonetto, ch'ora vi replico, e appresso ve n'aggiungo uno altro, con una elegia, ch'io ho partorito or ora: datemene di grazia il giudicio vostro, e di cotesti spirti costì, acciò ch'io sappia in che conto ho da tenere me stesso. [...].[55]

I due sonetti e l'elegia (in forma di canzone) giunsero in tempo per essere inseriti nell'antologia da Domenichi[56], evidentemente proprio nei giorni finali della lavorazione, che dovette comunque avere tempi davvero vertiginosi, se il volume era già disponibile alla fine del mese di novembre, come testimonia la lettera di Gradenigo a Bembo. Ma Domenichi volle "mandare a volo" molti dei suoi amici e, in questo caso, oltre a Volpi, tutto l'ambiente comense legato ai Giovio, con il quale aveva avuto rapporti diretti: ci sono, infatti, 6 sonetti del nipote di Paolo Giovio, Alessandro, 2 di Luigi Raimondi, noto anche come copista di Benedetto Giovio, 3 del fratello di Volpi, Girolamo, autore di una cosmografia per Carlo V. Nella disposizione all'interno del libro questi autori formano una breve serie continua (Raimondi, Girolamo Volpi, Giovio, Giovanni Antonio Volpi), interrotta solamente da Alfonso D'Avalos marchese del Vasto, presente comunque con un testo di omaggio a Giovio.

55 – Ibid., CXCIV, pp. 410-411.
56 – Cfr. XLIX, 1-3.

Un comportamento simile a quello che Domenichi tenne nei confronti
dei comensi fu all'origine della presenza di altri gruppi, come la piccola
colonia di autori ferraresi, con Bartolomeo Ferrini ed Ercole Bentivoglio[57].
Si tratta per Domenichi di conoscenze non nuove, probabilmente già allac-
ciate ai tempi dell'Accademia degli Elevati di Ferrara, ma ora consolidate
grazie ai rapporti che Giolito aveva con l'ambiente ferrarese, in particolare
con Alberto Lollio[58]. Domenichi nelle sue *Rime* aveva dedicato un sonetto
a Bentivoglio[59]; nel settembre del '44, poi, per i tipi di Giolito erano state
stampate, quasi contemporaneamente, due commedie dello stesso Bentivo-
glio: *I fantasmi*, con dedicatoria di Giolito dell'11, e *Il geloso*, con dedicatoria
datata 6 settembre di Domenichi a Lollio, che viene chiaramente indicato
come colui che ha spedito i manoscritti ("Le comedie del S. Ercole Bentivoglio
venute alle mie mani per cortesia vóstra, M. Alberto")[60]. Ma con lo stesso
pacco di manoscritti Lollio doveva anche aver spedito una sua opera se nello
stesso mese di settembre e sempre, inevitabilmente, per Giolito veniva pub-
blicata *La Lettera di M. Alberto Lollio, nella quale rispondendo ad una di
M. Hercole Perinato, egli celebra la villa, et lauda molto l'agricultura.* Del
resto, proprio pochi giorni dopo la stampa dell'antologia lo stesso Giolito
ne spedì una copia a Lollio, come testimonia la lettera di questi allo stesso
Giolito datata 10 gennaio 1545: "Il volume delle rime, che per cortesia vostra
vi è piaciuto mandarmi, sì per venire da voi come per esser un vago e
dilettevole giardino pieno della più bella e più scelta maniera di fiori che
produr possa la Primavera dello ingegno de i più elevati spiriti che vivano,
mi è stato e sarà sempre caro sommamente"[61]. La pattuglia di accademici
ferraresi dimostra inoltre come la distribuzione degli autori all'interno del
libro non seguisse criteri rigorosi; infatti Ferrini e Bentivoglio sono collocati
nella prima parte dell'antologia, evidentemente perché Domenichi nell'atto
di comporre la raccolta doveva già possedere delle loro rime, senza quindi
doverne richiedere appositamente.

57 – A questi andrà forse aggiunto anche Jacopo Salvi, detto il Sellaio; infatti, pur non
essendo ferrarese, aveva partecipato alle attività degli Elevati; cfr. scheda biografica.
58 – Quasi inutile inserire la lunga serie di collaborazioni e di opere di Lollio stampate
da Giolito: tuttavia va almeno ricordata l'orazione funebre per Bartolomeo Ferrini
(Venezia, Giolito, 1547).
59 – Si tratta di *L'empio destin, ch'ad honorate imprese*, in *Rime ...* cit., c. 74v, nel
quale Domenichi loda proprio la produzione lirica del ferrarese.
60 – E. BENTIVOGLIO, *I fantasmi. Il Geloso*, ristampa anastatica delle edizioni del '44,
prefazione di Marina Calore, Bologna, Arnaldo Forni, 1983, p. 2.
61 – *Novo libro* ... cit., CCXXV, pp. 476-477; la lettera si conclude significativamente
con una preghiera di estendere il saluto a "Lodovico Domenichi, il Daniello, il Betussi";
sempre nello stesso volume si trovano altre lettere di Lollio (CCXVII, pp. 452-455) e
di Bentivoglio (CCXII, pp. 443-444; CCXVI, pp. 450) a Domenichi e a Betussi.

Come già accennato in precedenza, Domenichi negli anni veneziani, e non solo in quelli, rimarrà legato agli amici piacentini, in particolare a quelli che con lui avevano dato vita all'Accademia degli Ortolani. Cercherà anche di promuovere la stampa e la diffusione delle loro opere, complice in questo Giuseppe Betussi, che con l'ambiente piacentino, e con Domenichi in particolare, aveva stabilito da tempo fecondi rapporti: si ricordi, ad esempio, l'edizione dei *Madrigali* di Luigi Cassola, nobile piacentino compagno di conversazioni accademiche, curata nel '44 da Betussi, dove troviamo un piccolo corteo finale di poesie in onore di Cassola scritte, tra gli altri, da Domenichi, Doni, Francesca Baffa e Anton Maria Bracciforti, tutti poi accolti nell'antologia[62]. Quasi ovvia, quindi, la presenza di un drappello di piacentini, che si trova nella seconda parte del libro: Bartolomeo Gottifredi, con 9 sonetti (18 in G2), Tiberio Pandola (4, cassato in G2), Girolamo Parabosco (12; in G2 14), Anton Francesco Doni (1), piacentino d'adozione, Luigi Cassola (4) e il nipote di questi, Anton Maria Bracciforti (4); e nella ristampa verrà inserito Girolamo Mentovato (3).

La sezione finale dell'antologia è invece quasi esclusivamente dedicata a personaggi dell'ambiente veneziano legati alla libreria della Fenice, secondo quanto ci testimonia anche il *Novo libro di lettere*. Come al solito troviamo nella serie qualche intruso, ma questo non altera il profilo generale. Proviamo a seguirlo nel dettaglio:

> Bernardino Daniello (8), Girolamo Parabosco (12), Girolamo Fracastoro (2), Lodovico Dolce (30), Vicino Orsini (3), Bernardo Cappello (7), Marcantonio Passero (2), Giulio Roselli Acquaviva (2), Gioambattista Corradi (1), Antonio Corradi (1), Gioanluca Benedetto (1), Scipione Costanzo (1), Camillo Caula (1), Ugolino Martelli (1), Francesca Baffo (2), Gandolfo Porrino (1), Giovan Battista Susio (1), Giuseppe Betussi (2), Francesco Coccio (6), Lelio Capilupi (2), Anton Francesco Doni (1), Giovanni Antonio Clario (13), Collaltino di Collalto (3), Niccolò Martelli (1), Luigi Cassola (4), Leone Orsini (1), Anton Maria Bracciforti (4), Claudio Tolomei (1), Bernardo Tasso (1), Giorgio Belmosto (1) Lodovico Domenichi (7), Pietro Aretino (2).

62 – Per notizie relative a Luigi Cassola vedi, oltre la scheda di questo volume, G. GANGEMI, *Cassola, Luigi*, in *DBI*, 21 (1978), pp. 518-520, C. VELA, *Luigi Cassola e il madrigale cinquecentesco*, in *Tre saggi sulla poesia per musica*, Pavia, Aurora, 1984, pp. 29-65 e G. BELLORINI, *Luigi Cassola madrigalista*, in "Aevum", LXIX (1995), 3, pp. 593-615. Dei *Madrigali* vi fu una ristampa nel 1545, apparentemente giustificata dall'infelice stato dei testi della prima edizione ma, secondo Bellorini, dovuta piuttosto a ragioni commerciali: nell'edizione del '45 non figurano i componimenti in lode del Cassola. Va inoltre aggiunto che Betussi richiese nel 1543 il privilegio di stampa per un'altra opera di Cassola, l'*Urania,* che però non fu mai stampata (a diverse opere manoscritte dello stesso autore fa riferimento Doni nella *Libraria*).

La prima osservazione cade sul numero dei componimenti per autore: se escludiamo Dolce e Clario, del quale torneremo a parlare più avanti, tutti gli altri sono presenti con pochi pezzi, spesso con uno soltanto. Possiamo inoltre rilevare la presenza di un sottoinsieme piuttosto ampio di personaggi che ruotavano attorno al mondo editoriale, sia direttamente impegnati nel ruolo di volgarizzatori e collaboratori (Parabosco, Dolce, Clario, Betussi, Coccio, Doni), sia semplici dilettanti interessati alle novità culturali del mondo veneziano. Un ruolo di primo piano spetta al cenacolo sorto attorno a Giuseppe Betussi e a Francesca Baffo; i due collaborarono alla redazione dell'antologia, suggerendo alcuni autori a Domenichi e, in qualche caso, contribuendo alla raccolta dei materiali[63]. Particolarmente importante doveva essere, all'interno del loro gruppo, l'ospitalità data a dilettanti colti, spesso militari che nei periodi di licenza soggiornavano a Venezia, come Vicino Orsini, cui Betussi dedicò il *Raverta*[64], Camillo Caula, con il quale Domenichi condivise gli interessi riformati, e Collaltino di Collalto. Proprio a quest'ultimo Betussi, interessato ad accattivarsene la protezione[65], doveva aver richiesto delle rime da inserire nell'antologia se il 5 novembre, tre giorni prima della probabile chiusura del libro, Collalto rispose in questo modo:

A M. Gioseppe Betussi

Benché l'amicizia mia sia da essere poco apprezzata, nondimeno quale essa si sia, quello istesso ch'eravate e sempre meco sete stato, sete anco al presente, e vi tengo per amicissimo come di continuo v'ho avuto, tanto più essendo voi persona virtuosa e che merita essere amata da ognuno: ond'io sempre amandovi presso e lontano, l'amicizia vostra mi piace e vi prego a metterla in uso, e servirvi di quella; e s'altramente fosse, ve lo direi liberamente. Avendo veduto nel fine della vostra lettera quanto amorevolmente mi sforzate a mandarvi de' miei sonetti, vi rispondo che mi rincresce fino all'anima e mi duole di non poter sodisfare al desiderio

---

63 – La stretta collaborazione tra Domenichi e Betussi per allestire l'antologia ha dato vita all'ipotesi che il secondo stesse lavorando, sul finire del '44, ad una raccolta di poeti contemporanei, quasi fosse un'opera diversa dal *Libro primo* : le testimonianze a supporto di questa tesi sono invece da ricondurre al lavoro di raccolta e montaggio proprio della Giolitina. Sostengono la possibilità di un doppione G. ZONTA, *Note betussiane*, in "Giornale storico della lett. it.", LII (1908), p. 333; S. BONGI, *Annali di Gabriel Giolito* ... cit., pp. 71-72; C. DI FILIPPO BAREGGI, *Il mestiere* ... cit., p. 69; L. NADIN BASSANI, *Il poligrafo* ... cit., p. 36 nota 2.
64 – Per le avventurose vicende biografiche di Piefrancesco Orsini detto Vicino cfr. la relativa scheda biografica.
65 – La strategia adulatoria di Betussi produsse gli effetti sperati: dai primi mesi del '45, infatti, divenne "ospite" in casa di Collalto. Forse grazie a questo contatto più stretto tra Betussi e il Collalto e per il desiderio di quest'ultimo di comparire nell'antologia con testi migliori, nella ristampa furono sostituiti i tre componimenti della prima edizione con altri cinque sonetti; per questi spostamenti cfr. scheda biografica.

vostro come che siano rozi, di niun valore e di ogni dolcezza privi.
Perciochè la sorte mia buona ha voluto che ne abbia perduto forse
quaranta, acciocché tanta lordura non si manifestasse appresso i
rari ingegni, che non mi conoscono per tale non essendo questa
la mia professione; e se pure alle volte n'inciampo, scrivo piutosto
per sfogar meco stesso i mei pensieri, che comunicargli con altri.
Nondimeno per non negarvi cosa alcuna, non già per contento
mio, e sallo Iddio, vi mando quelli pochi che mi trovo, e vi prego
che vogliate per ogni modo ingegnarvi di far senza sì di questi
ultimi come di quei primi che m'avete scritto avere, e mi duole
ch'abbiate, e non vogliate contra mia voglia farmi gire a proces-
sione con questo mezzo, la qual cosa ragionevolmente potreste
fare, perché in una schiera di così pellegrini spiriti non è anco
lecito framettervi cosa che dia più tosto biasimo a quei tali
ch'hanno fatto la raccolta et elezione di queste Rime, che alcuna
loda. Là onde vi essorto a lasciar i miei da parte, che sanza dubbio
v'apporteranno per la rozezza loro vergogna infinita, senza spe-
ranza d'alcun premio d'onore, e metterci quelli che vi ponno far
giudicar di saggio e maturo giudicio, accrescendovi degno e ono-
rato nome. Così facendo fine a voi e a M. Lodovico Domenichi
mi offero e raccomando.

[...] Di San Salvatore.[66]

Le difficoltà e le ritrosie del dilettante Collalto nel pubblicare le sue rime,
nate come esercizio personale ("scrivo piutosto per sfogar meco stesso i mei
pensieri, che comunicargli con altri") o da confinare allo scambio tra sodali,
ci permettono di cogliere una cifra dell'idea di petrarchismo che anima la
prima Giolitina: la lingua lirica diviene infatti una sorta di *koinè* che permette
ad un'ampia area sociale l'esercizio letterario, strumento non solo di ricerca
personale, come pure Collalto testimonia, ma anche di appartenenza elitaria
ad un gruppo, ottenuta anche grazie alla regolarizzazione ed alla semplifi-
cazione del modello da imitare. Parte del successo dell'edizione andrà attri-
buito allora, oltre che alla presenza dei grandi nomi che costituivano il ca-
none del petrarchismo, anche all'ospitalità offerta ad autori normalmente con-
finati nella dimensione privata e dilettantesca, che ora, forti della partecipa-
zione collettiva, vengono pienamente legittimati e ammessi nel mondo delle
lettere. Se questa dimensione sociale allargata dell'esperienza lirica non era
nuova ed era maturata nel corso degli ultimi decenni, sarà la stampa a san-

66 – *Novo libro* ... cit., CCXXXIII, pp. 489-490.

cirne la definitiva legittimazione, offrendo ai testi una dimensione pubblica e riconosciuta, in sostanza "comunicandogli con gli altri"[67].

Forse l'edizione di Domenichi e Giolito dava evidenza senza timori ad una realtà di fatto, tanto che le antologie successive cercheranno, un po' alla volta, di rendere quasi programmatica la rivendicazione di modernità rispetto alla tradizione. Tappe importanti nel percorso che doveva portare ad un pieno riconoscimento della lirica contemporanea erano già state compiute da un gruppo intellettuale che, non a caso, è ben rappresentato nel *Libro primo*: si tratta dell'Accademia degli Infiammati di Padova, con la quale molti poligrafi attivi nei primi anni Quaranta a Venezia avevano non solo avuto contatti, ma nella quale si erano formati. Si prenda, ad esempio, il caso di Francesco Sansovino che tralasciò gli studi universitari per partecipare alle riunioni degli Infiammati[68]; oppure quello, ancor più interessante, di Giuseppe Betussi, che partecipò al periodo speroniano dell'Accademia, decidendo di abbandonare la carriera forense per dedicarsi al più affascinante mondo delle lettere, capace comunque di garantirgli un mestiere. E da ultimo non si dimentichi che lo stesso Domenichi aveva composto un sonetto in onore proprio di quella Accademia[69]. Tra le diverse attività svolte dagli Infiammati qui interessano soprattutto le "lezioni" di commento a testi poetici, che ben presto affiancarono all'esegesi dei testi petrarcheschi quella delle rime di contemporanei: si possono citare, ad esempio, la lezione di Piccolomini sul sonetto *Ora ten vai superbo, or corri altiero* di Laodomia Forteguerri, le lezioni di Varchi sul sonetto di Della Casa *Cura, che di timor ti nutri e cresci* e di Bembo *A questa fredda terra, a questo ardente,* quella di Ugolino Martelli sul sonetto di Bembo *Piansi e cantai lo strazio e l'aspra guerra*[70]. L'opera-

---

67 – Con il passare degli anni vi sarà un decisivo mutamento dell'atteggiamento degli autori rispetto alla dichiarazione di modestia di Collaltino; un ventennio dopo, infatti, Atanagi sarà sommerso da amici, letterati e dilettanti desiderosi di prendere parte al volume che stava allestendo (cfr. *Lettera a' lettori* del secondo volume *De le rime di diversi nobili poeti toscani,* Venezia, Lodovico Avanzo, 1565, cc. a7r-a8r).
68 – Per la formazione di Sansovino negli anni padovani cfr. E. BONORA, *Ricerche su Francesco Sansovino imprenditore letterato,* Venezia, Istituto Veneto di Scienze, Lettere ed Arti, 1994, in part. cap. I, *Dagli anni della formazione culturale al mestiere di letterato,* pp. 21-62. Particolarmente stretto fu poi il legame di Sansovino con l'ambiente giolitino e proprio nel biennio '45-'46 egli diede le prove più mature della sua competenza editoriale curando, per i tipi di Giolito, le edizioni dell'*Ameto* e del *Decameron*.
69 – *Infiammati Pastor cantate il giorno,* L. DOMENICHI, *Rime ...* cit., c. 85r.
70 – Per le letture varchiane cfr. B. VARCHI, *Opere,* Trieste, Lint, 1858-1859, II, pp. 562-568; 570-578; la lettura di Ugolino Martelli si trova nel ms. B.P. 1830 della Biblioteca Civica di Padova; cfr. R. SAMUELS, *Benedetto Varchi, the "Accademia degli Infiammati" and the Origins of the Italian Academic Movement,* in "Renaissance Quarterly", 29 (1976), pp. 599-634, e V. VIANELLO, *Il letterato l'Accademia il libro. Contributi sulla cultura veneta del Cinquecento,* Padova, Antenore, 1988, in part. pp. 71-91.

zione aveva in sé un valore decisivo nel disegnare i rapporti tra modello e imitatori, tra classici e moderni: applicare gli stessi raffinati strumenti di esegesi solitamente riservati a Petrarca a testi contemporanei significava, implicitamente, riconoscerne una dignità se non pari, almeno prossima. Ne derivava dunque una piena legittimazione della lirica contemporanea che la Giolitina, traducendo in termini industriali e commerciali istanze culturali più profonde, aveva saputo sposare e interpretare. E l'apporto dell'Accademia degli Infiammati alla raccolta non fu minimo, poiché Giolito e Domenichi raccolsero molti testi dei protagonisti di quella esperienza: vi è, ad esempio, una minima serie formata da Luigi Alamanni (10), almeno idealmente iscritto, Emanuele Grimaldi (4), tra i primi consiglieri, e Benedetto Varchi (6), del quale è persino inutile ricordare il ruolo. Poi troviamo in ordine più sparso Giovanni Andrea Dell'Anguillara (1), Gabriele Zerbi (2), Girolamo Fracastoro (2), Bernardino Tomitano (6), Ugolino Martelli (1) e Leone Orsini (1). Nella prima ristampa furono inoltre inseriti, proprio in prossimità di Varchi, Laodomia Forteguerri e Alessandro Piccolomini, la prima con il sonetto che era stato oggetto della lettura accademica di Piccolomini nel febbraio del 1540, e il secondo con tre sonetti, uno dei quali appariva nell'apparato paratestuale dell'edizione clandestina della lezione (Bologna, 1541)[71], assai probabile antigrafo per la Giolitina. Se il *Libro primo* diventa una espressione piena di quella tendenza associativa tipica, secondo le parole di Dionisotti, della metà del secolo, un precedente decisivo, proprio sotto il segno della partecipazione comunitaria alla cultura moderna, era stato quello del mondo delle Accademie, al quale idealmente l'antologia faceva seguito: e gli altri volumi miscellanei di rime rafforzeranno questa affinità, almeno sino agli anni Settanta del Cinquecento.

5. *La prima edizione (G1) e le ristampe (G2, G3).*

La prima edizione della raccolta (G1), come abbiamo già avuto modo di osservare, venne allestita nell'autunno del 1544, almeno a partire dal mese di settembre (prima lettera di Volpi a Domenichi), anche se pare ragionevole immaginare che il lavoro si protraesse per qualche mese, sino a pochi giorni prima della chiusura del volume. Possiamo considerare l'8 novembre, data della dedicatoria a Mendoza, il termine ultimo della composizione, e la fine

---

71 – *Lettura del sig. Alessandro Piccolomini Infiammato fatta nell'Accademia degli Infiammati*, 1541; nell'ultima carta si legge "stampata in Bologna per Bartholomeo Bonardo e Marcantonio da Carpi, diligentissimamente nel MDXXXXI del mese di luglio". Curiosa l'apologia del furto nella dedicatoria dello stampatore: "Né penso per averla publicata di meritarne riprensione de l'Autor, perché se non volea che si stampasse in alcun luogo, non dovea lasciarsela uscir dalle mani", c. Aii r.

dello stesso mese, forti della testimonianza della lettera di Gradenigo a Bembo (primi di dicembre), la chiusura della stampa. Il processo di elaborazione e costruzione del testo, abbastanza ben documentato per la prima edizione, non appare invece altrettanto evidente per la prima ristampa dell'antologia (G2). La questione assume un interesse particolare perché in G2 la formula "con nuova additione ristampato" non è mero espediente commerciale, ma rispecchia una capillare ristrutturazione dell'intero testo, tanto con aggiunte (11 autori) ed espunzioni (9 autori), quanto con variazioni che riguardano almeno i testi di 13 autori. Insomma, non solo un'operazione di *routine,* al punto che pare quasi depistante considerare G2 una semplice ristampa, come talvolta si è fatto.

Il primo quesito da porsi è relativo alla figura del curatore. Non possediamo nessun documento esplicito che dichiari la paternità delle modifiche, poiché nessun elemento paratestuale viene aggiunto al nuovo libro, né viene modificata la dedicatoria. È però possibile, analizzando i dati interni della nuova edizione, attribuire la responsabilità ancora all'onnipresente Domenichi; anzi, come vedremo, proprio le correzioni apportate sembrano spiegabili alla luce delle vicende biografiche del piacentino. Il primo problema riguarda la data; come è noto, la ristampa porta nel frontespizio "MDXLVI", senza alcuna altra indicazione che possa aiutarci a precisarla, e Domenichi proprio nei primi mesi di quell'anno lasciò definitivamente Venezia per raggiungere a Firenze il suo amico (ancora per poco) Doni. Per essere attribuibile a Domenichi, il lavoro dovette essere quindi compiuto negli ultimi mesi del '45 o, com'è più probabile, nei primissimi mesi del '46, forse a ridosso della partenza del piacentino, quindi tra la fine di febbraio e gli inizi di marzo. È il rapporto tra il ⁻poligrafo Clario e Domenichi che, oltre a fornire una prova decisiva per l'attribuzione a Domenichi, permette di fissare con maggiore precisione il periodo durante il quale operò il curatore. Come ha illustrato Giacomo Moro, l'unico studioso che in tempi recenti si è interessato alla figura di Giovanni Antonio Clario[72], il letterato ebolense giunse a Venezia nei primi mesi del '44 alla ricerca di un lavoro o, più probabilmente, con la speranza di entrare nelle grazie di Aretino per compiere una missione segreta per conto del principe di Sanseverino[73]. L'Aretino, forse insospettito,

72 – Cfr. introduzione a *Novo libro* ... cit.
73 – Il principe aveva promesso una pensione all'Aretino che, stanco dell'attesa, aveva deriso il preteso donatore in un suo dialogo ancora manoscritto nel '44; saputa la notizia, Sanseverino, che era già stato ripreso pubblicamente per questo motivo da Aretino nel suo secondo libro delle lettere (cfr. P. ARETINO, *Lettere. Libro secondo,* a cura di F. Erspamer, Milano, Guanda, 1998, nn. 327, 353, 391), mandò un proprio uomo per rubare il manoscritto all'Aretino prima che fosse stampato. L'uomo incaricato di questa missione sembra essere proprio Clario, come si deduce dalla lettera CCV (pp. 433-435) del *Novo libro,* indirizzata a V. M. (Vincenzo Martelli, allora segretario del Sanseverino), nella

non lo ammise nella sua cerchia e Clario, in precarie condizioni economiche, cominciò a collaborare con alcune officine della laguna, anche grazie all'aiuto di Domenichi. Il desiderio di quest'ultimo di promuoverlo è ben visibile in G1 dove Clario, poeta davvero mediocre, ebbe l'onore di veder stampati tredici componimenti a suo nome e altri cinque sotto i diversi pseudonimi (Giulio Roselli Acquaviva, Giambattista Corradi, Antonio Corradi, Gianluca Benedetto) che aveva già utilizzato nelle lettere edite nel *Novo libro*. Tutti i testi si trovano nell'ultima parte del libro, la sezione che abbiamo visto essere stata riservata da Domenichi agli amici più stretti, ai quali poteva chiedere all'ultimo momento i testi. Nella ristampa del '46, però, del nome (e degli pseudonimi) di Clario non si trova nessuna traccia: vista la qualità dei suoi sonetti, un ritorno improvviso di decoro letterario in Domenichi? Non proprio. Piuttosto una questione molto più pedestre e non nuova tra poligrafi nella frenetica Venezia: per motivi non noti, agli inizi del '46 i due erano giunti a una rottura ed anzi Clario nel mese di marzo decise di "punire" pubblicamente Domenichi "infliggendogli una solenne bastonatura nel bel mezzo delle Mercerie"[74]. Probabilmente fu uno degli episodi che convinse Domenichi ad andarsene e forse fu proprio questa una manifestazione, assai concreta, di quel clima di invidia e di pettegolezzi che mosse Aretino a confortare il piacentino in alcune lettere degli inizi del '46. A nessun altro può essere quindi ascritta la responsabilità di un taglio così deciso del nome di Clario se non a Domenichi, che eliminandolo dal Parnaso dei contemporanei (e dei suo amici) si vendicava dell'offesa subita.

Un'altra prova della presenza di Domenichi come regista della ristampa è data dall'aumento considerevole dei suoi testi, passati dai 7 della prima edizione ai 16 della ristampa, cui si aggiunge, per la già ricordata cassatura

quale si descrive il tentativo vano del furto. Il dialogo aretiniano interessato dovrebbe essere, secondo le ipotesi di Moro, quello del gioco. Che Clario provenisse dall'*entourage* del Sanseverino è confermato anche dalla lettera con le credenziali per Aretino firmata da Bernardo Tasso con la quale l'ebolense si presentò a Venezia.
74 – *Introduzione* al *Novo libro*, p. LXXV. Dell'episodio si trova una documentazione accurata nella vita di Doni scritta da Bongi ed allegata al primo volume dell'edizione dei *Marmi* di Pietro Fanfani (Firenze, Barbèra, 1863, 2 voll.), in particolare p. XXXI, nota 1, pp. XLIII-XLIV, e nota 2 di p. XLIV. La fonte dell'episodio è Doni che, implacabile denigratore di Domenichi dopo la rottura tra i due avvenuta nel '47, ricorderà in diverse sue opere l'avvenimento: nella *Zucca* afferma che il litigio sarebbe avvenuto perché Domenichi aveva offeso l'ambasciatore francese a Venezia Montluc, del quale Clario sarebbe stato segretario; altre volte sorvola sulle cause, ma torna con insistenza sull'episodio infamante del pestaggio ("Messer Clario del Reame di Napoli, essendoli stato un certo asinaccio pezzo d'uomo in certe sue facende traditore, si deliberò di darli parecchie buone bastonate nel bel mezzo della Merceria; non gli date, disse la Magnifica Baffa, per esser persona da poco e disutile, abbiatelo più tosto per gaglioffo come egli è veramente. Non fate, diss'io, anzi dategli pure perché parrebbe che non vi bastassi l'animo a dare a un altro che fosse da qual cosa, non le dando a sì gran manigoldo",

del sonetto e del capitolo aretiniani conclusivi dell'antologia in G1, la chiusura del libro da parte sua. Il successo del *Libro primo*, che motivava una ristampa solo qualche mese dopo la prima edizione, doveva aver convinto il piacentino, cui la modestia non era sempre familiare, ad enfatizzare il proprio ruolo, rafforzandone il rilievo tanto per numero di testi quanto per valore strutturale all'interno del libro. Una rapida rassegna dei componimenti aggiunti svela come uno dei principali scopi di Domenichi fosse quello di presentarsi in qualità di personaggio ormai al centro del mondo letterario, forte di consolidate relazioni. Tra i dieci sonetti inseriti, infatti, alcuni sono di corrispondenza con autori che non figuravano in G1, ma che sono aggiunti in G2 da Domenichi, allo scopo evidente di crearsi uno spazio personale più ampio all'interno dell'antologia. Vanno ricordati a questo proposito il sonetto indirizzato a Paolo Crivello (A 70: *Crivello invitto alle percosse acerbe*), inserito in G2 con sei componimenti, uno a Lancillotto Gnocco (A 75: *Poi che 'l ciel, LANCILOTTO, a voi concesse*), presente con tre componimenti in G2, ed uno a Laura Terracina (A 74: *Lauro gentil, le cui leggiadre frondi*), della quale in G2 sono accolte delle stanze di corrispondenza con lo stesso Domenichi (A 51: *Bench'io vi scriva, ancor non vi conosco*)[75]; inoltre tra gli altri testi inseriti in G2 se ne trova uno di Collalto in omaggio al piacentino (A 22: *DOMENICHI gentil, s'il ciel vi dona*).

La responsabilità di Domenichi sembra dimostrabile anche osservando gli spostamenti avvenuti nella ristampa, in particolare i nuovi inserimenti, che ribadiscono le linee compositive che già caratterizzavano la prima raccolta. Gli autori aggiunti sono Iacopo Benalio (2), Camillo Besalio (16), Paolo Crivello (6), Laodomia Forteguerri (1), Alessandro Piccolomini (3), Lancillotto Gnocco (3), Laura Terracina (1), Girolamo Mentovato (3), Antonio Mezzabarba (1), Andrea Campesano (4). Con l'esclusione di alcuni casi che si discuteranno più avanti, vediamo rinforzata la sezione degli amici di Domenichi, con l'introduzione di Girolamo Mentovato, uno dei primi accademici Ortolani, e di Andrea Campesano, un amico e concittadino di Betussi, molto attento alle discussioni e ai dibattiti veneziani.

Notevole è anche il lavoro di riadattamento degli autori già presenti, con aggiunte (Molza, Collalto, Gottifredi, Colonna, Parabosco, Coccio, Domeni-

La Zucca, Venezia, Sessa, 1565, c. 34v; "ricordati ancora che sei il più da poco animale che viva e che cinquanta furfanti t'han fatto cagliare. Benedetto sia il Clario, che ti diede quelle bastonate in Venezia, pubblicamente, trattandoti da tuo pari", *La libraria* ... cit., pp. 321-322).
75 – A cura di Domenichi sarà stampata nel '48 la prima edizione delle rime di Laura Terracina (Venezia, Giolito) dove si trovano, con diverse varianti, anche le stanze già edite nella Giolitina (cfr. scheda biografica).

chi) di solito di scarso rilievo quantitativo, con la sola eccezione di Gottifredi che passa da 9 a 18 componimenti, o cassature e spostamenti dovuti per lo più allo spinoso problema delle attribuzioni. Quello delle questioni attributive, assieme alle imprecisioni testuali, resterà uno dei punti deboli della prima generazione delle antologie, a causa della complessa e caotica diffu- ·sione manoscritta, ancor oggi croce e delizia dei filologi che si occupano di lirica cinquecentesca. Il problema sarà così avvertito che nelle prefazioni e nei materiali paratestuali delle antologie più tarde si dichiarerà a piene lettere quanto gravi fossero state le sviste nei volumi precedenti, giustificando in questo modo le nuove imprese editoriali proprio per la maggiore precisione nelle attribuzioni.

Il bisogno di correggere e precisare la paternità dei testi è anche una delle cause delle nuove presenze in G2, come testimonia il caso di Jacopo Benalio, del quale era stato stampato in G1 un capitolo (X, 19: *Scuopri del bel cristal l'umida testa*) attribuito però a Giovanni Muzzarelli e un sonetto (XXIX, 2: *Null'uom toccar ardisca i sacri ingegni*) assegnato a Trissino; la svista dovette essere segnalata a Domenichi, tanto che in G2 venne creata una piccola sezione personale per Benalio[76]. La confusione nelle attribuzioni regnerà tuttavia anche nella ristampa, assommando a vecchie imprecisioni nuovi errori: il caso di Pietro Barignano è emblematico in tal senso, poiché alle incertezze attributive si sovrapporrà una vera catena di incidenti tipo- grafici, tali da rendere estremamente caotica la situazione[77]. In G1 a Bari- gnano erano attribuiti 16 componimenti, i primi ad essere stampati nel corso del Cinquecento (se si esclude l'editoria musicale); già gli *errata corrige* di G1 segnalavano però che gli ultimi due sonetti dell'autore immediatamente precedente, Vincenzo Martelli, erano in realtà di Barignano, correzione ac- colta a testo in G2 solo per il secondo sonetto, mentre del primo l'attribuzione continuava ad essere corretta solo negli *errata*. In G2, inoltre, tre suoi testi vengono eliminati, e gli ultimi cinque della serie di G1 risultano attribuiti a Niccolò Tiepolo, autore tra l'altro non presente in G1. A lavoro ultimato però Domenichi dovette accorgersi che le correzioni proposte erano state stravolte dalla distrazione di chi aveva composto il testo: e pertanto cercò di porre rimedio alla situazione: negli *errata corrige* segnala che di Tiepolo è solo il primo sonetto, mentre i seguenti sono di Barignano; nella *Tavola*

---

76 – Per lo stesso motivo viene introdotto anche Antonio Mezzabarba: uno dei due sonetti editi in G1 a nome di Giovanni Della Casa (LV, 2: *O d'invidia e d'amor figlia sì ria*) in G2 passa a Mezzabarba (in realtà il sonetto è di Luigi Tansillo, ma cfr. scheda biografica di Della Casa).

77 – Per una esaustiva ricognizione della situazione filologica delle rime di Pietro Barignano cfr. M. BIANCO, *La tradizione delle rime di Pietro Barignano con un'ap- pendice di testi inediti,* in "Schifanoia", 17/18 (1997), pp. 67-124.

degli autori i componimenti sono ripartiti secondo le indicazioni degli *errata*.

In conclusione, quindi, Barignano viene momentaneamente espropriato di sei testi a lui riassegnati dopo la correzione delle bozze negli *errata* e nella *tavola*, e ne perde, definitivamente, tre. Tanto sforzo filologico di Domenichi venne però vanificato da G3, ristampa quasi sicuramente fuori dal suo controllo: in G3, infatti, i componimenti sono distribuiti seguendo il testo di G2, senza accogliere quindi gli *errata*, e senza neppure ristamparli, con il conseguente risultato che per un lettore di G3 la situazione resta quella della prima soluzione di Domenichi per G2, anche se la *Tavola*, ripresa da G2 con le correzioni introdotte, non concorda con quanto si legge a testo.

Non è sempre facile, invece, trovare delle ragioni plausibili per le cassature operate in G2 da Domenichi. Gli autori eliminati sono Antonio Cavallino, Giovanni Brevio, Aurelio Soligo, Tiberio Pandola, Gabriele Zerbi, Girolamo Fracastoro, Vicino Orsini, Clario (pseudonimi compresi) e Marcantonio Passero. Per alcuni la causa dell'eliminazione va ancora una volta ricercata nella rete dei burrascosi rapporti di Domenichi, come assai probabilmente accadde per Antonio Cavallino, con il quale durante il '45 aveva dovuto rompere ogni legame: non solo lo tolse in G2, ma Domenichi eliminò anche un proprio sonetto, presente in G1, a lui indirizzato (XCI, 7: *Lungo le rive tue canti ogni cigno*), con operazione specularmente opposta a quella osservata per gli inserimenti[78]. Lo stesso può essere ipotizzato per Tiberio Pandola, vecchio compagno dell'Accademia degli Ortolani, e Marcantonio Passero, libraio napoletano in rapporti di amicizia con il nemico Clario. Vicino Orsini era stato già al centro di una *querelle* per la dedica dei trattati betussiani, poi risoltasi grazie al matrimonio di Orsini con la nipote del papa Giulio III; forse era intervenuto un nuovo problema diplomatico tale da sconsigliare la sua presenza nell'antologia, anche se questa resta solo una ipotesi. Non è da escludere, infine, qualche banale incidente di tipografia, cioè la svista di qualche compositore, soprattutto per autori, come Niccolò Martelli, Luigi Cassola, Leone Orsini e Anton Maria Bracciforti (che formano una serie continua in G1), per i quali è davvero difficile individuare una ragione precisa per giustificare la cassatura.

Un'attenzione minore dovette porre Domenichi nella cura della forma e delle lezioni dei testi; si soffermò solo sui casi più delicati, come quello del Bembo, o laddove in G1 erano state compiute clamorose sviste, o, più sem-

78 – Il rapporto con Cavallino negli anni precedenti la stampa della Giolitina è anche testimoniato da un sonetto che Domenichi gli indirizzò nella sua raccolta di rime (*Cortese Cavallin, che fai, che pensi?, Rime* ... cit., c. 93r).

plicemente, nei casi dei suoi amici più stretti[79]. Anche per quanto riguarda
l'ortografia e l'interpunzione la situazione rimase oscillante, con una assoluta
arbitrarietà nella resa grafica, vero cruccio per gli editori moderni, al punto
che per le stesse forme linguistiche si possono registrare, nell'arco di pochi
versi, soluzioni differenti[80]. La presenza di molti antigrafi, ciascuno portatore
di una propria veste linguistica, determinò con forza la fisionomia eterogenea
di G1, e le correzioni di G2 non sono né numerose, né ispirate a criteri
omogenei. Alla scarsa attenzione a fatti ortografici e interpuntivi, o almeno
all'accettazione quasi passiva degli antigrafi, dovette aggiungersi un deterio-
ramento dovuto a compositori e correttori che, a causa dei tempi di produ-
zione particolarmente intensi, dedicarono poca cura, spesso sovrapponendo,
come d'abitudine, i loro costumi linguistici al testo: la scena descritta da
Ruscelli, proprio in una pagina dei *Fiori* in cui lamenta la scarsa qualità dei
testi presenti nelle antologie, ne è chiara testimonianza:

> Onde perché i lavoranti delle stamperie sono la più parte di questi
> tali, quando lavorano (che essi dicono comporre), se ben l'autore
> ha scritto bene, e toscanamente, essi prendendo, o tutto o mezo,
> il verso a memoria, se lo ricordano secondo che loro lo detta la
> nativa e continuata favella loro, e non come una volta sola l'ab-
> biano veduto così incorso nello scritto dell'autore. E poi quei che
> correggono, o sono di quei medesimi ancor essi, e non lo hanno
> e non lo conoscono per errore, o è come impossibile che possano
> in una volta sola vedere e corregger tutti gli errori, che in gran
> copia ne sono spesso nelle stampe che si danno a correggere,
> essendo questo pessimo uso fra gli stampatori di qui, che una sola
> volta danno a corregger la stampa. Nella qual sola volta, o, come
> è detto, è impossibile a potere in così folta selva ritrovare e ras-
> settare ogni cosa, o quando ancora si correggan tutti nella carta,
> è poi ventura che i lavoranti così tutti gli acconcino nelle lettere
> di piombo, cioè in quelle che poi fanno il lavoro, e massimamente
> che le più volte si truovano tanto sotto del tempo, che per non
> far patire il torcolo, e perdere il lavoro ordinario della giornata,
> sono sforzati a usar gran fretta nel correggere; e convien poi far
> l'orazione di quel buon medico, che traendosi le ricette a caso
> della tasca, diceva a colui a chi la dava per qualche infermo: "Iddio
> te la mandi buona". [...] Il che tutto nasce perché in effetto i poveri

---

79 – Esemplari in questo senso le sezioni di Giovan Antonio Volpi, autore delle lettere
già commentate, e di Bartolomeo Gottifredi (cfr. schede personali).
80 – Si osservi il caso del sonetto *Alte, sassose e dirupate rive* (VI, 1) di Nicolò Amanio
che tra il verso 9 e il 12 presenta tre forme per il pronome *ognuno* : v. 9 "da voi si
fugge *ogni un* ; *ognun* vi lassa"; v. 12 "*Ogniun* da le miserie mie s'asconde".

lavoranti così dalle casse con le lettere, come al torcolo, hanno
troppo lavoro ordinario da fare il giorno, che ogni minimo perdi-
mento di tempo, o ogni minimo sconcio, di molti che nelle stampe
ne caggiono di continuo, è cagion di molto danno loro.[81]

6. Quale petrarchismo?

Aggiunte, cassature, improvvisazioni dell'ultima ora non cambiano radi-
calmente la fisionomia del libro; la folla dei personaggi e le diverse decli-
nazioni del modello petrarchesco restituiscono infatti un'idea di lirica almeno
apparentemente unitaria, anche se, di fatto, assai composita. Va ricordato,
del resto, che questi volumi miscellanei proprio per la loro uniformità di
superficie divennero una specie di "prontuario" per il poeta, una sorta di
allargato campionario di possibili variazioni del modello da tenere sempre
a disposizione sullo scrittoio[82]. Ma quale immagine del petrarchismo emer-
ge? Quali forme e quali usi del modello prevalgono nell'insieme? Non c'è
dubbio che la cifra più caratteristica dell'imitazione, almeno come dato me-
dio, è quella di un aggiustamento di Petrarca verso forme semplificate ma
fortemente vincolanti: la riduzione per via ipercorrettiva del modello ad un
arcimodello con funzione grammaticale, già in nuce operata da Bembo nel-
l'allestimento del testo aldino del 1501, illustra qui i suoi esiti più appari-
scenti[83]. La normalizzazione del ventaglio delle risorse tematiche, metriche
e retoriche avviene a vantaggio di una moltiplicata possibilità combinatoria,

81 – I fiori ... cit, p. 178; va ricordato che proprio al suo volume miscellaneo Ruscelli
premise una lunga lettera sull'ortografia (cc. **u v - ***iii r), segno della maturazione di
una consapevolezza anche rispetto a quei problemi che nelle prime antologie non
sembravano destare ancora preoccupazioni. Per una ricognizione sul rapporto tra
editoria e storia della lingua cfr. P. TROVATO, Con ogni diligenza corretto: la stampa
e le revisioni editoriali dei testi letterari italiani, 1470-1570, Bologna, Il Mulino, 1991,
in part. pp. 241-297.
82 – Nel Libro primo non c'è alcuna esplicita affermazione in questo senso; toccherà
alle antologie di seconda generazione rendere più chiaro anche il fine didattico e
precettistico dell'operazione. Allora il panorama di poeti eccellenti, colto nel suo insieme
e quindi con un effetto di livellamento delle differenze, potrà diventare una sorta di
strumento di lavoro al pari di rimari e vocabolari. Si veda quanto afferma Dolce nella
prefazione delle Rime di diversi raccolte da i libri da noi altre volte stampati (Venezia,
Giolito, 1556): "Perciochè oltre che diletto grandissimo potrà porgere a i Lettori la
diversità di sì fatti poemi, trovandosi in uno gravità, in un altro leggiadria di stilo, in
chi maestà di concetti, e in quale ornamento di parole (quasi nobilissima pittura distinta
e variata di più colori), non picciola utilità ne potranno essi ritrarre a i componimenti
loro dallo esempio ed imitazione di questi tali" (p. 3).
83 – Per gli esiti di questo atteggiamento nel Cinquecento cfr. S. PILLININI, Traguardi
linguistici nel Petrarca bembino del 1501, in "Studi di filologia italiana", XXXIX (1981),
pp. 57-76; C. BOLOGNA, Tradizione e fortuna dei classici italiani, I, Dalle origini al
Tasso, Torino, Einaudi, 1993, pp. 327-335; P. ZAJA, La regola e l'errore. Sulla tradizione
cinquecentesca di un verso di Petrarca (Rvf, 30, 14), in "Studi petrarcheschi", in corso
di stampa.

grazie alla quale ad un gran numero di poeti - dilettanti e professionisti - è offerta la possibilità di padroneggiare una duttile quanto elegante lingua lirica. Si può però almeno individuare una linea di demarcazione che separa alcuni rimatori attenti alle direttive bembesche per le caratteristiche della lingua, ma assai più disponibili ad allargare il perimetro della tradizione con cui dialogare e capaci di controllare più consapevolmente la composizione del testo nei suoi diversi aspetti, da altri, legati con maggior rigidità al modello petrarchesco, ripetuto e rigenerato con ossessiva tenacia. Gli stessi modi dell'intertestualità che i testi illustrano sconfinano infatti dall'allusione al modello dei primi alla ripresa quasi centonaria dei secondi, con il prelievo di interi versi in un artigianale lavoro di intarsio[84]. Si assiste, insomma, soprattutto per il linguaggio lirico nella sua declinazione più galante e sociale, ad una crescente cristallizzazione delle forme e del repertorio tematico-lessicale, che produce un sistema linguistico chiuso sino alla claustrofobia, nel quale spesso non è facile cogliere la peculiarità delle singole voci. Non è questo il luogo per un esaustivo esame delle forme di riuso di Petrarca da parte dei poeti antologizzati (e l'edizione vuole essere piuttosto un invito), ma un piccolo affondo può almeno esemplificare per sommi capi alcuni approcci all'imitazione, interessanti perché illustrano come il 'libro' antologia sia divenuto un collettore composto di interpretazioni della lingua lirica davvero differenziate per consapevolezza compositiva e imitativa. Si prenda, ad esempio, il sonetto *Tu, che con gli occhi ove i più ricchi e veri* (XXI, 21) di Giovanni Guidiccioni[85]:

> Tu, che con gli occhi ove i più ricchi e veri
> Trionfi addusse e tenne il seggio Amore,
> Festi pago il desio, dolce il dolore,
> E serenasti i torbidi pensieri,
>   Tu (potrò in tanto duol mai dirlo?), ch'eri
> Specchio di leggiadria, di vero onore,
> Sei spenta; ed io pur vivo in sì poche ore,
> Misero essempio degli amanti altieri.

---

84 – Gorni afferma che "il verso del petrarchista è, per sua definizione, un semilavorato in regime di monopolio, che aspetta l'ultima mano dell'artista per diventare prodotto finito"; cfr. G. GORNI, *Per una storia del petrarchismo metrico*, in "Studi petrarcheschi", IV (1987), pp. 219-228 e poi in ID., *Metrica e analisi letteraria*, Bologna, Il Mulino, 1993, pp. 183-192.
85 – A Guidiccioni, come si è detto, spetta il primato nell'antologia per numero di componimenti (73); molte delle sue rime sono di ispirazione civile e politica, come testimonia la prima sezione dei suoi testi editi da Domenichi: per questo motivo ha goduto dei favori della critica ottocentesca, che in lui vedeva una delle poche voci originali e moralmente nobili nell'intero panorama lirico cinquecentesco. Nella letteratura critica recente cfr. A. SOLE, *La lirica di Giovanni Guidiccioni*, Urbino, Quattroventi, 1987.

Aprasi il tetro mio carcer terreno,
E tu, vero e nuovo angelo celeste,
Prega il Signor che mi raccolga teco,
E per te salvo sia nel bel sereno
Eterno, come fui felice in queste
Nubi mortali, ove or son egro e cieco.

La struttura sintattica del sonetto articola l'alternarsi del gioco prospettico tra i pronomi di prima e seconda persona singolare, tra il poeta e l'amata quindi, cui si aggiunge un evidente parallelismo tra le due quartine, identiche nella prolungata inarcatura tra il soggetto e il verbo (v. 1 *Tu* ... v. 3 *festi* ; v. 5 *Tu* ... v. 7 *sei spenta*), dedicando la prima alla rievocazione del ricordo e la seconda alla disperazione del presente[86]; una intelaiatura impreziosita dagli *enjambements* collocati nei periodi che si intermettono tra soggetto e verbo (vv. 1-2: *i più ricchi e veri / Trionfi addusse* ; vv. 5-6: *ch'eri / Specchio di leggiadria*). Le due terzine continuano l'alternarsi dei soggetti (*tu ... prega* ; [io] *salvo sia*); nella seconda, in particolare, la tensione viene accresciuta grazie a due marcati *enjambements* e con l'isolamento dell'ultimo emistichio (come era avvenuto per il v. 8). All'interno di questa solida organizzazione (non ordinaria nemmeno per Guidiccioni) è facile cogliere numerosi echi petrarcheschi, con molte tessere selezionate dalla zona "in morte" del *Canzoniere,* coerentemente all'ispirazione del sonetto guidiccioniano[87]: quasi tutti questi contatti non assumono però un valore autonomo e isolato, non compromettono in sostanza il ritmo argomentativo del sonetto, arricchendolo piuttosto con riprese che paiono diventare più esplicite nei momenti estremi della *climax* [88]. La fisionomia stilistica di marca elegiaca del sonetto è inoltre costruita da Guidiccioni grazie ad una attentissima orchestrazione del tessuto fonico, a partire dalla stretta affinità delle rime AB (-eri / -ore), cui si unisce,

86 – La contrapposizione tra il momento memoriale e il presente è modulata attraverso la *variatio* del tempo verbale nella seconda quartina (dal passato remoto al presente).
87 – Per il v. 4: *Rvf,* 284, 9-11 (come Donna in suo albergo altera vène, / scacciando de l'oscuro et grave core / *co la fronte serena i pensier tristi*); v. 6: *Rvf,* 184, 11 (che *specchio* eran di bella *leggiadria*); v. 9: *Rvf* 325, 101 (et da quel suo bel *carcere terreno*); v. 10: *Rvf* 326, 13 (*angel novo,* lassù, di me pietate) e Bembo, *Rime,* 155,4 (*angel* salisti. al ciel *novo* e felice); v. 11: *Rvf* 347, 14 (*prega ch'i' venga tosto a star con voi*) e Bembo, *Rime,* 162, 32 (*Prega 'l tu, Santa,* e così pòi quetarme).
88 – In particolare la chiusa della seconda quartina e l'ultimo verso, allineati nel ricordare l'infelice condizione terrena dell'io lirico (sottolineato con l'uso del presente: v. 7 *pur vivo in sì poche ore* ; v. 14 *son egro e cieco*), accentuano il contatto con stilemi petrarcheschi, in qualche caso già riutilizzati anche da Bembo. Per i vv. 7-8 cfr. *Rvf* 317, 8 (il frutto de molt'anni *in sì poche hore*); per il v. 14 cfr. *Rvf* 276, 12 (me dove lasci, *sconsolato, et cieco*); *Rvf* 348, 11 (et io son qui rimaso *ignudo et cieco*); Bembo, *Rime,* 142, 81-82 (*tu m'hai lasciato senza sole i giorni, / le notti senza stelle, e grave et egro*).

solo per restare alle rime, l'evidente parentela sul filo dell'assonanza tra B (-ore) e C, E (-eno; - eco), che crea un sotterraneo legame tra quartine e terzine[89]. Ancora si può osservare l'insistito gioco di echi interni al verso (v. 1: *occhi* [...] *ricchi* ; v. 3: *dolce* [...] *dolore* ; v. 6: *vero* [...] *onore*), spesso in stretta affinità con le rime, oppure l'unica vera svolta sul piano fonetico del verso 8 (*Misero essempio degli amanti altieri*), mirata a sottolineare il carattere sentenzioso della chiusa delle quartine.

L'imitazione del modello poteva però essere meno raffinata e più seriale, come testimoniano numerosi esempi presenti nella Giolitina. Veniva cioè meno la ricerca di una *variatio* nella profondità del tessuto compositivo del testo (magari, come abbiamo visto, nel rapporto tra metro e sintassi); l'eco del modello era più diretta e si caricava anche di responsabilità progettuali del componimento: l'allusione che sfuma in pieno calco di un Petrarca ormai lessicalizzato diventa sempre più pietra angolare dell'edificio testuale, anche grazie alla diretta ripresa della struttura delle rime. Come ha ricordato Guglielmo Gorni, "si petrarcheggia in rima, o nella parola in rima, magari estesa a compiuto sintagma o perfino all'intero secondo emistichio; e poi si è poeti in proprio, a ritroso, nelle restanti sillabe (per ritrovar le quali il Canzoniere, pur sempre, può dare una mano)"[90]. Per questa seconda tipologia osserviamo, ad esempio, il sonetto *Arbor gentil, la cui perpetua chioma* (V, 2) di Bartolomeo Ferrini:

---

89 – La tramatura di suoni che collega la seconda quartina con la prima terzina è costruita anche con la ripresa dei medesimi gruppi vocalici e consonantici in prossimità della rima, tanto nella zona immediatamente precedente alla sede finale, quanto in quella iniziale del verso successivo, ad esempio vv. 7-8: ... io pur vivo in sì **poche ore**, / *Misero* essempio ...; oppure vv. 9-10: Aprasi il **tetro** mio carcer **terreno**, / E tu, **vero** e nuovo an**gelo** celeste.
90 – G. GORNI, *Per una storia del petrarchismo metrico*, cit., p. 185. Alle parole di Gorni si può forse aggiungere che dalla metà del Cinquecento in poi ai petrarchisti più in difficoltà una mano alla composizione dell'endecasillabo la potevano dare non solo Petrarca ma anche (e forse soprattutto) le antologie e i rimari, veri e propri raccoglitori di forme di un petrarchismo sempre più capace di riprodursi autonomamente. Assai istruttivo in questo senso l'aneddoto riportato da Ruscelli nei *Fiori* circa l'utilizzo dei libri di rime di diversi come *auctoritates* - in questo caso davvero malfide - per i giovani poeti più inesperti: "Questo Sonetto del Guidiccione [XXI, 14: *Mal vidi, Amor, le non più viste e tante*], in tante volte che è stato stampato, così ne i libri stessi, come nelle tavole si vede, che sempre nelle prime parole si è dalle stampe fatto dir, *Mai vidi Amor*. Onde io mi ricordo, che in casa della benedetta memoria del Segretario Martirano in Napoli, un Poeta novello avendo in un suo Sonetto posto la parola MAI negativa per sé sola, et avendogli detto il Segretario, che era errore, e che nella lingua nostra non si truova mai, che Mai sia voce negativa, se non vi ha seco nella costruzione della sentenza una delle parole NON, o NÉ, o NULLA, o NIENTE, o NESSUNO, o NIUNO, colui si fece forte con l'autorità del Guidiccione, ove leggendosi la parola Mai, così come si legge negli altri stampati, non potrebbe aversi se non per negativa espressamente. Là onde perché in effetto nella nostra lingua né in prosa né in verso in alcuno Autore, che sia degno di leggersi, non si truova, che tal voce si metta negativa in sé sola, fu forza che tutti quei Signori si ristringessero a dire, che il Guidiccione, ingannato senza avedersene dall'uso communissimo di tutta Italia, che oggi nel parlar ordinario

Arbor gentil, la cui perpetua chioma
Fe' già nel maggior caldo ombra ad Apollo,
Quando cinto di voi la fronte e il collo
Portò al cor de' pensier sì grave soma,
Avess'io del Toscan l'alto idioma
Con che piantò il gran lauro e sì fermollo,
Che mai per tempo non potrà dar crollo
Perch'in tutto ruini Atene e Roma,
Già pien del vostro odor quest'aer tutto
Andrian pascendo i più chiari intelletti,
E per me fora il vostro nome eterno;
Che così, senza fiore e senza frutto,
Veggio i bei vostri rami in sé ristretti
Sempre temer che non li spogli il verno.

Pur non privo di una certa armonia compositiva, il sonetto appare però irrigidito nella disposizione sintattica, con un incedere piuttosto monotono nel rapporto tra metro e sintassi, privo di vere e proprie svolte discorsive o di accenti drammatizzanti. La ripresa delle tessere petrarchesche è massiccia ed è mirata sia a costituire una omogeneità stilistica sul piano sintagmatico (con un più ferreo rispetto del modello assunto a grammatica[91]), sia a garantire un impianto paradigmatico solido grazie al gioco delle rime delle quartine[92]. È quindi una interpretazione più restrittiva del modello, che sarà

ha di dir MAI, in vece di Non mai, fosse scorso in quello errore. Ma io, che in Roma aveva di mano stessa del Guidiccione, molto gran Signor mio, avuto quel Sonetto, gli feci accorti di questo error delle stampe, e non avvertito da chi n'ebbe cura, perché in effetto chi non vi si mette attentamente a considerarlo, sarà agevol cosa che lo corra via senza conoscerlo per non ben posto". Si osservi che nel *Libro primo* il testo è stampato con la lezione erronea segnalata da Ruscelli.
91 – Questo sonetto, che si affianca per tema e lessico ad un altro di Ferrini edito da Giolito (V, 1: *Lauro gentile, il dì che l'aurea cetra*), illustra come le riprese di Petrarca possono essere marcate ed estese, ad esempio nel caso del primo verso (cfr. *Rvf* 60, 1: *L'arbor gentil* che forte amai molt'anni), e per i versi 9-11 (cfr. *Rvf* 327, 13-14: *consecrata fra i nobili intellecti / fia del tuo nome qui memoria eterna*), oppure polverizzate e disseminate nel discorso, soprattutto nella rigida combinatoria dei verbi e della aggettivazione; per l'immagine del v. 4 del cuore gravato dei pensieri: *Tr. Cup.* 4, 82: ma pur di lei che *'l cor di pensier m'empie*; Bembo, *Asolani*, 7, 51: *fan de' pensieri* al cor sì dura schiera; Bembo, *Asolani*, 15, 1-3: *Se 'l pensier, che m'ingombra / com'è dolce et soave / nel cor*, così venisse in queste rime; per *gran lauro* cfr. *Rvf* 188, 11: *Ove 'l gran lauro fu picciola verga*; per i *bei rami* come metafora delle braccia moltissimi sono i luoghi petrarcheschi: tra questi va ricordato *Rvf* 60 (già ricordato per l'*incipit*) al verso 2 (*mentre i bei rami non m'ebber a sdegno*); la poesia incapace di difendere i fiori dal freddo dell'ultimo verso è rovesciamento dell'immagine di *Rvf* 239, 28-30: *Nulla al mondo è che non possano i versi / et li aspidi incantar sanno in lor note, / nonché 'l gielo adornar di novi fiori*.
92 – Per la rima in -*oma* cfr. *Rvf* 27, 1-14 (chioma | noma | soma | Roma); *Rvf* 53, 17-21 (soma | Roma | chioma); *Rvf* 360, 100-101 (Roma | ydioma); per la rima in -*ollo* cfr. *Rvf* 197, 2-7 (Apollo | collo | trasformollo | crollo).

fatta propria da molti rimatori, in specie quelli più dilettanti, ma che convive nell'antologia abbastanza pacificamente con le altre forme. Insomma, per le caratteristiche peculiari della lirica proposta dal *Libro primo* non vi sono evidenti discontinuità tra il grado minimo di consapevolezza e quello più elevato, tanto che l'antologia presenta sì un'immagine composita del petrarchismo, ma non eterogenea al punto da far emergere differenze troppo eclatanti.

L'interpretazione più semplicistica del linguaggio petrarchesco avrà una ricaduta significativa anche nel quadro delle preferenze metriche, tra le quali il sonetto è largamente prevalente (circa il 90% in G1, il 92% in G2); se ciò può apparire ovvio nella tradizione lirica che al sonetto aveva attribuito un ruolo di primo piano, va però sottolineato che le ragioni di questa scelta trovano nell'antologia motivi particolari: il sonetto, infatti, poteva essere interpretato come una *lectio facilior* del codice petrarchesco, poiché era più facilmente praticabile con risultati decorosi anche dai poeti meno smaliziati, grazie all'artigianale tecnica compositiva simile, almeno in linea approssimativa, a quella illustrata per Ferrini[93]. Inoltre la scelta dei testi e dei generi metrici operata dai curatori dell'antologia se fu parzialmente selettiva si preoccupò soprattutto di assecondare i gusti e le attenzioni del pubblico, per il quale la misura breve del sonetto doveva essere più congeniale. Lo può testimoniare anche il fatto che autori che avevano riservato un ruolo marginale a quel metro nella loro produzione sono presenti quasi solo con sonetti. Si prenda ad esempio il caso di Luigi Alamanni: nelle *Opere toscane* (1532-33) il peso del sonetto è quasi irrisorio rispetto alla programmatica sperimentazione di nuove forme nel territorio della lirica volgare, con la riproposizione di generi classici (l'elegia e la satira rese con la terza rima), e persino con il ricorso al verso libero; nonostante ciò, Alamanni è presente nell'antologia con una corona di dieci sonetti. Tra gli altri metri, ruoli più marginali spettano alla canzone (3,1% G1; 3,3% G2); al madrigale (3,3% G1; 2,6% G2); alla ballata (1,85% G1; 1,4% G2); alle stanze (0,9% G1; 1,1% G2) e al capitolo

93 – In questa direzione può essere interessante leggere i testi di Giovanni Muzzarelli presenti nell'antologia, poiché il rigoroso rispetto del modello petrarchesco conferisce comunque ai sonetti un diligente equilibrio formale, magari non privo di qualche monotonia, mentre la stessa osservanza del modello nelle canzoni non riesce a conferire un coerente sviluppo discorsivo. Per le rime di Muzzarelli, al centro di una vivace *querelle* filologica, cfr. G. MUZZARELLI, *Rime,* edizione critica a cura di G. Hannüss Palazzini, Mantova, Arcari, 1983; E. SCARPA, *Per l'edizione di un poeta cinquecentesco: sulle "Rime" di Giovanni Muzzarelli,* in *La critica del testo. Problemi di metodo ed esperienze di lavoro. Atti del convegno di Lecce, 22-26 ottobre 1984,* Roma, 1985, pp. 531-560; ID., *Postilla minima su Giovanni Muzzarelli,* in "Filologia e Critica", XI (1986), pp. 446-454; ID., *Ultimi appunti sulle "Rime" di Giovanni Muzzarelli,* in "Quaderni di Lingue e Letterature", 18 (1993), pp. 617-628. Per l'incerto utilizzo della canzone tra i petrarchisti cfr. G. GORNI, *Per una storia del petrarchismo metrico,* cit., in part. pp. 185-186; A. BALDUINO, *Appunti sul petrarchismo metrico ...* cit., in part. pp. 265-269.

(0,3% G1; 0,1% G2); ed è questa una tendenza che si consoliderà nei volumi successivi al *Libro primo*[94].

Anche la scelta di altri generi metrici era però motivata dalla loro fortuna e dal loro successo presso il pubblico, come spesso testimonia la circolazione manoscritta. Si veda il caso delle stanze di Vincenzo Querini (*Or che nell'oceano il sol s'asconde*), largamente attestate nei manoscritti miscellanei assieme ad un manipolo di rime di veneziani di primo Cinquecento, e così ricercate da godere di altre edizioni dopo la stampa della prima Giolitina[95].

Nel raggruppamento del madrigale e della ballata, forme quanto mai ibride in questo periodo, troviamo veri e propri specialisti del genere, come Nicolò Amanio, Andrea Navagero e Pietro Barignano, con un piccolo contingente di rappresentanti più moderni e più legati alla produzione di testi per musica, come Girolamo Parabosco e Luigi Cassola. Si tratta di casi interessanti, in particolare per quanto riguarda il madrigale e la ballata, generi che sfuggivano ad una definizione perentoria a causa di una tradizione meno direttamente influenzata dal modello petrarchesco, tanto che proprio agli autori presenti nella Giolitina Ruscelli nel suo trattato *Del modo di comporre versi nella lingua italiana* riconoscerà in questo settore un'autorità pari se non superiore a Petrarca[96].

Qualche parola va spesa, in conclusione, anche per le forme della fruizione e dell'organizzazione dei testi lirici illustrate dalla Giolitina. Solo una minoranza degli autori presenti nel volume di Giolito ebbe, infatti, una edizione personale delle rime[97], e tra quei pochi un numero ridotto curò personalmente la propria edizione con il chiaro intento di dare una stringente e accurata strutturazione alle proprie liriche, mentre molte furono edite postume e spesso per opportunismi editoriali o cortigiani dei curatori[98]. Appare

94 – Si confrontino i dati della distribuzione dei generi metrici per i primi quattro libri: *Libro Secondo* (1547) son. 86,4%, can. 4,1 %, ball. 2,3%, madr. 2,1%, sestine 1,6%, stanze e ottave 1,9%, capitoli 0,3%; *Libro terzo* (1550) son. 81,5%, canz. 5,4%, madr. 5,4%, stanze e ottave 5,4%, sestine 1,6%, capitoli, selve, odi 0,3%; *Libro quarto* (1551): son. 79,5%, canz. 7,6%, madr. 7,3%, ball. 2,3%, stanze 1,7%, sestine 1,2%, capitoli 0,25%.
95 – Ad esempio, *Stanze de M. Vincentio Quirino belissime d'Amore con alcuni Sonetti mirabili sopra varii suggieti d'Amore nuovamente venuti in luce. Ad instantia de Baldasera Faenzino detto il Tonante*, MDXLVIII; per una descrizione di questa edizione cfr. A. COMBONI, *Notizie di una rarità ...* cit.; per le altre ristampe cfr. scheda biografica.
96 – Per il madrigale Ruscelli ricorda che il modello di Petrarca, confondibile con l'ottava rima, "è stato pochissimo imitato, ma ben altamente avanzato, sì come si può da i giudiciosi vedere e conoscere da molti, che ne sono in luce del Bembo, del Tasso, del Martelli, del Barignano, e di qualch'altro, che di testure, e di pensieri n'hanno fatti bellissimi [...] altri poi sono stati, che par che in niuna sorte di testura s'impieghassero più volentieri, che in questa, sì come è stato il grande Andrea Navagero, che in essi soli par che avesse favorevolissime le Muse tutte" (*Del modo di comporre versi nella lingua italiana ...*, Venezia, Sessa, 1559, p. CXXI).
97 – Tra i 101 autori (G1 più le aggiunte di G2) di 28 abbiamo un'edizione personale, 7 delle quali postume.
98 – Motivo non secondario della scarsa presenza di edizioni personali doveva essere la consapevolezza che molti rimatori avevano scritto poesie legate all'occasionalità

chiaro allora come per la maggioranza dei poeti non fosse ormai prioritario costituire un personale sistema lirico, ma fosse più consueto pensare e scrivere testi irrelati da un insieme coerente, sotto la spinta delle occasioni, cercando minime ed episodiche coesioni tematico-formali tra i testi[99]. Il contenitore nel quale queste poesie trovano quasi naturalmente ospitalità e nel quale diventano in qualche modo sistema sarà proprio quello del 'libro' antologia, che si costituisce come repertorio aperto, come luogo di incontro e di scambio sotto l'insegna di una lingua lirica tendenzialmente unificante: dopo il *Libro primo,* infatti, diventerà sempre più urgente il desiderio di presentarsi in forma collettiva, non più e non solo per volontà di un editore, ma per la pressante spinta degli autori stessi che, anzi, andranno moltiplicando la ricerca delle occasioni, soprattutto encomiastiche, per dare vita a nuovi volumi collettanei[100].

FRANCO TOMASI

piuttosto che per organizzare un organico e compiuto libro. Delle testimonianze indirette le possiamo cogliere nelle prefazioni alle edizioni postume di alcuni poeti presenti nell'antologia; si veda quanto scrive Baccio Valori per l'edizione delle liriche di Vincenzo Martelli: "questo è quel, ch'io ho potuto mettere insieme de gli scritti di mio fratello: trovati per me sparsi e seminati in più luoghi: né anche così ben distinti, e dichiarati colle persone a chi egli'no andarono, come sarebbe stato bisognio per maggiore chiarezza dell'opera" (Firenze, Giunti, 1564, c. *iii r); oppure Bernardino Castellani per l'edizione delle rime del fratello: "mi corsero alla mente alcune composizioni da lui ad essercitazione di se stesso solamente composte, e non con desiderio che giamai venire dovessero in luce. Le quali con grandissima fatica insieme raccolte, e in questa forma, quale essa si sia, ridotte; senza essere state dal suo autore ordinate e corrette, ho voluto indirizzarle a V.S. Illustriss. [Ascanio Sforza]" (Bologna, Zaccherelli, c. Aiir).
99 – Nell'antologia è evidente la preferenza dei curatori per piccole serie di sonetti, magari legate ad uno specifico tema (per Alamanni, ad esempio, il tema dell'esilio; per Guidiccioni il tema politico). Inoltre, uno dei sistemi di aggregazione tra i testi più diffuso, anche all'interno dell'antologia, sembra essere quello dei legami formali tra componimenti di autori diversi, come nelle rime di scambio o di occasione su un medesimo tema: forse utile come esempio della crescente diffusione di queste forme di accorpamento dei testi sono i sonetti scritti in occasione della visita di Piccolomini ad Arquà, composti da svariati autori tutti sulle stesse parole rima, una sorta di *divertissement,* prodromo alle forme antologiche dei *Templi* ; cfr. scheda di Piccolomini in questo volume.
100 – Nei decenni successivi al *Libro primo* vennero acquistando nuova vitalità il genere encomiastico, rigenerato nella compilazione dei *Templi* e di raccolte a singole donne, che elevarono al quadrato l'istanza sociale già insita nel petrarchismo medio-cinquecentesco, e le raccolte accademiche (vedi, ad esempio, le *Rime de gli academici Eterei,* a cura di G. Auzzas e M. Pastore Stocchi, Padova, Cedam, 1995). In ogni caso, nel secondo Cinquecento i poeti dovevano spesso desiderare l'approdo delle loro rime in volumi miscellanei; si veda quanto afferma Erspamer a proposito dell'anomalia del canzoniere di Celio Magno: "La lirica, proprio per la sua frammentabilità in testi brevi godibili autonomamente, poteva - come nessun altro genere - vivere e circolare anche in forme diverse dal volume, a stampa, di unico autore: e la stessa industria tipografica se n'era accorta e aveva inventato, a immagine delle tante raccolte private, le antologie" (F. ERSPAMER, *Lo scrittoio di Celio Magno,* in *Il libro di poesia dal copista al tipografo,* a cura di M. Santagata e A. Quondam, Ferrara, Panini, 1989, p. 249).

R I M E

DIVERSE DI MOLTI ECCELLENTISSIMI AUTTORI

NUOVAMENTE RACCOLTE

LIBRO PRIMO

ALLO ILLUSTRISSIMO SIGNORE
DON DIEGO HURTADO DI MENDOZZA

Molte sono le cagioni, Signore, che mi muovono a dover presentarvi questo libro, le quali assecurandomi d'ogni paura mi porgono ardire sopra le forze mie, e queste sono le divine condizioni e l'innumerabili grazie del cielo cumulate con mirabil providenza nella persona vostra. Ecco da una parte quello ch'a pena si vede nell'infinito numero di coloro che vogliono esser chiamati dotti tutto raccolto nel solo e felicissimo ingegno di voi, la diversità delle scienzie, tanto più lodevole e admirabile in voi quanto meno di ciascuna fate professione. Perché se talora inalziamo al cielo con le iperboli delle adulazioni la povertà di questo e di quello intelletto meschino, a fatica segnato dall'ombra d'una delle scienzie, che dovremmo poi fare, volendo fuggire nome d'ignoranti, di maligni e d'invidiosi, quando il nostro pensiero ci presenta al giudicio la notabil ricchezza del grazioso animo vostro? Il quale, tutto ripieno della cognizion di quelle, fa giudicare alla imbecillità de i discorsi umani, i quali non arrivano all'immenso della volontà divina, che l'anima vostra scendendo nell'onorata prigione del suo corpo seco portasse personale privilegio e non mai più concesso altrui di ritener qua giù, mentre durerà il peregrinaggio di lei, tutto quello che ella avea imparato e conosciuto là su contemplando il volto di Dio. E per venir più basso, a me, che non soglio partirmi da terra per la gravità dell'ignoranza che mi tien depresso, in quella propria guisa mi si mostra quel numero senza fine delle discipline che vi fregiano, che talora sono usato vedere vago e dilettoso prato l'aprile e 'l maggio, il quale dipinto dalla varietà di mille diversi e odorati fiori, ne porta e diletto e odore mirabile, lasciando in dubbio altrui, mentre stende la mano per farne ghirlanda al capo, quale si debba prima scegliere fra tanti degni d'essere eletti. D'altra parte si vede in voi quel ch'io non posso ricordar giamai senza maraviglia: ed è questo la nobiltà del sangue che portate dalle fasce. La quale, ornata da voi di così rare eccellenzie, fa rallegrare in cielo i magnanimi avoli vostri, i quali, veggendo perpetuare nella persona di voi tutte le virtù che fiorirono in loro mentre che vissero al mondo, si rallegrano in Dio, e v'aspettano ad occupare il seggio destinatovi dall'immutabile voler divino e preparatovi da i meriti vostri,

4

poi che lungo tempo avrete illustrato la terra. Veramente se altri stupisce veggendo la infima condizion d'alcuno ornata di lettere, ben dobbiamo maggiormente ammirare e osservare l'altissimo grado di voi, il quale, a onta di coloro che vogliono esser chiamati nobili per antichità di sangue illustre, è accompagnato di molta cognizion di lettere e da più che molta bontà d'animo. Le quali grazie del cielo hanno oggidì tanta guerra insieme, che si dispera più la pace loro che non era senza speranza la concordia nuovamente seguita fra le due maestà. Ed elle nondimeno abbracciatesi indissolubilmente nel realissimo cor vostro hanno teso una catena soavissima, la quale lega ogni arbitrio e imprigiona ogni affezione per farvegli perpetui schiavi. Aggiungesi a tanti doni, ch'avete dalla divina providenza, la grave sufficienza e l'accorta esperienza che è in voi ne i maneggi de i negozii importantissimi, e quella maraviglia, che ha fatto perciò radici negli animi d'ognuno, come in un tempo medesimo siate sempre intento a gli studi e alla essecuzion de i servigi cesarei continuamente rivolto. Là onde meritamente v'ha caro il grandissimo Imperatore e giudiciosamente ha collocato la fedel servitù vostra appresso l'anima sua. Queste rare qualità di voi, Signor mio, mi fanno intitolarvi il presente volume di rime diverse composte da i più rari auttori della lingua nostra. E non è maraviglia ch'io faccia ciò, ma sì bene miracolo è ch'essi non rivolgano tutti gli inchiostri loro a ragionare di voi, sì come ho speranza che tosto faranno, se 'l cielo empie di sua promessa i meriti vostri. E però con giudicio vi dono i sudori di molti: che sì come le fatiche loro saranno grate per la diversità de i concetti e per la varietà degli stili, così gradisce il mondo e premia Iddio la infinità delle virtù vostre. Ma perché io non paia volere acquistar la grazia vostra con le vigilie altrui, ecco che per darvi alcuna cosa di mio, benché di poco momento, vi presento l'affezion dell'animo, la quale ho giudicato non poter locare più altamente, né appresso persona che più amorevolmente la sappia gradire. V.S. Illustrissima dunque la prenda, e facendola cosa sua si degni farmi grazia, ch'io la possa mostrare nobilitata dal valor di quella, alla quale con riverenza m'inchino e con umiltà bascio le mani.

Alli VIII di Novembre MDXLIV di Vinegia.

Di V.S. Illustrissima
Servitore Lodovico Domenichi

I

Del Reverendissimo Monsignor Pietro Bembo

1

Se mai ti piacque, Apollo, non indegno
Del tuo divin soccorso un tempo farmi,
Detta ora sì felici e lieti carmi,
Sì pure rime a questo stanco ingegno,
Che 'n ragionar del nuovo almo sostegno
De la fral vita mia possa quetarmi,
Le cui lode, e scemar del vero. parmi,
Forano al Mantovan troppo alto segno:
La donna, che qual sia tra saggia e bella
Maggior non può ben dirsi, e sola aguaglia
Quanti del ciel fur doni unqua fra noi,
Ch'io tanto onorar bramo. E se forse ella
Non have onde gradirmi, almen mi vaglia
Ch'io vivo pur del sol degli occhi suoi.

2

Donna, cui nulla è par bella né saggia
Or, né fia poscia, e non fu certo avante,
Degna ch'Euterpe e Clio vi lodi e cante
E 'l mondo tutto in riverenza v'aggia,
Voi per questa vital fallace piaggia
Peregrinando a passo non errante,
Co i dolci lumi e con le voci sante
Fate gentil d'ogni anima selvaggia.
Grazie del ciel, vie più ch'altri non crede,
Piover in terra scopre chi vi mira
E ferma al suon de le parole il piede.
Tra quanto il sol riscalda e quanto gira
Miracolo maggior non s'ode o vede:
O fortunato chi per voi sospira!

3

Se stata foste voi nel colle Ideo
Tra le dive che Pari a mirar ebbe,
Venere gita lieta non sarebbe
Del pregio per cui Troia arse e cadeo.
E se 'l mondo v'avea con quei che feo
L'opra leggiadra ond'Arno e Sorga crebbe,
Ed egli a voi lo stil girato avrebbe,
Ch'eterna vita dar altrui poteo.
Or sete giunta a le mie basse rime,
Povera vena e suono umile a lato
Beltà sì ricca e ingegno sì sublime.
Tacer devrei, ma chi nel manco lato
Mi sta, la man sì dolce al cor imprime,
Che, per membrar del vostro, oblio il mio stato.

4

Quella, che co' begli occhi par ch'invoglie
Amor, di vili affetti e pensier casso,
E fa me spesso quasi freddo sasso
Mentre lo spirto in care voci scioglie,
Del cui ciglio in governo le mie voglie
Ad una ad una e la mia vita lasso,
La via di gir al ciel con fermo passo
M'insegna, e 'n tutto al vulgo mi ritoglie.
Legga le dotte ed onorate carte
Chi ciò brama, e per farsi al poggiar ale
Con lungo studio apprenda ogni bell'arte;
Ch'io spero alzarmi ov'uom per sé non sale
Scorto da i dolci amati lumi, e parte
Dal senno a l'armonie celesti eguale.

5

Sì divina beltà madonna onora,
Ch'avanza ogni ventura il veder lei:
Ben è tre volte fortunato e sei
Cui quel sol vivo abbaglia e discolora.
E s'io potessi in lui mirar, qualora
Di rivederlo braman gli occhi miei,
Per poco sol, non pur quanto io vorrei,
Questa mia vita a pien beata fora.
Che da ciascun suo raggio in un momento
Sì pura gioia per le luci passa
Nel cor profondo, e con sì dolce affetto,
Ch'a parole contarsi altrui non lassa:
Né posso anco ben dir quanto diletto
Solo in pensar de la mia donna i' sento.

6

Donna, de' cui begli occhi alto diletto
Trassero i miei gran tempo, e lieto vissi,
Mentre a te non dispiacque esser fra noi,
Se vedi che quant'io parlai né scrissi
Non è stato se non doglia e sospetto
Dopo 'l quinci sparir de' raggi tuoi,
Impetra dal Signor non più ne' suoi
Lacci mi stringa 'l mondo, e possa l'alma,
Che devea gir inanzi, omai seguirti.
Tu godi assisa fra beati spirti
De la tua gran virtude, e chiara ed alma
Senti e felice dirti;
Io senza te rimaso in questo inferno
Sembro nave in gran mar senza governo,
E vo là dov'il calle e il piè m'invita,
La tua morte piangendo e la mia vita.

Sì come più di me nessuno in terra
Visse certo, e vivea pago e contento,
Te qui tenendo la divina cura,
Così cordoglio eguale a quel ch'io sento
Non è, né credo ch'esser possa; e guerra
Non fece ad uom sì dispietata e dura
La spada, che suoi colpi non misura,
Quant'ora a me, ch'in un sol chiuder d'occhi
Le mie vive speranze ho tutte estinto;
Ond'io son ben in guisa oppresso e vinto,
Che pur che il cor di lagrime trabocchi,
Mentre d'intorno cinto
Sarò de la caduca e frale spoglia,
Altro non cerco: o quando sia che voglia
Di vita il Re celeste e pio levarmi?
Pregal tu, santa, e così puoi quetarmi.
Avea per sua vaghezza teso Amore
Un'alta rete a mezo del mio corso,
D'oro e di perle e di rubin contesta,
Che ratto al più feroce e rigid'orso
Umiliava e 'nteneriva 'l core
E sedava ogni nembo, ogni tempesta:
Questa lieta mi prese e poscia in festa
Tenne molt'anni; or l'ha sparsa e disciolta,
Per far me sempre tristo, acerba sorte.
Ahi cieca, sorda, avara, invida morte,
Dunque hai di me la parte miglior tolta,
E l'altra sprezzi? O forte
Tenor di stelle, o già mia speme, quanto
Meglio m'era il morir, che 'l viver tanto!
Deh non mi lasciar qui più lungo spazio,
Ch'io son di sostenermi stanco e sazio.
Sovra le notti mie fur chiaro lume
E nel dubbio sentier fidata scorta
I tuoi begli occhi e le dolci parole.
Or, lasso, che ti se' oscurata e torta

Tanto da me, convien ch'io mi consume
Senza i soavi accenti e 'l puro sole;
Né so cosa mirar, che mi console,
O voce udir, che 'l cor dolente appaghi
Né mica in questo lamentoso albergo,
Lo qual dì e notte del mio pianto aspergo,
Chiedendo che si volga e me rimpiaghi
Morte, né più da tergo
Lassi, e m'ancida col suo stral secondo,
Poi che col primo ha impoverito il mondo,
Toltane te, per cui la nostra etade
Sì ricca fu di senno e di beltade.
Avess'io almen penna sì ferma e stile
Possente a gli altri secoli di mille
De le tue lodi farne passar una,
Ch'ancor di leggiadrissime faville
S'accenderebbe ogni anima gentile,
Ed io mi dorrei men di mia fortuna
E men di morte in aspettar alcuna
Vendetta contra lei de le mie rime.
E poi ch'Amor mi spinge, o se 'l mio inchiostro,
Mantova e Smirna, s'avanzasse al vostro
Tanto che non pur lei, la più sublime
In questo basso chiostro,
Ma tal là su facess'opra, che 'l cielo
La sforzasse a tornar nel suo bel velo:
Perché non respirasse uom sì beato,
Con cui cangiassi il mio gioioso stato.
Se tu stessa, canzone,
Di quel vederti lieta mai non credi,
Che più vai desiando, a pianger riedi;
E di' del pianto molle ovunque arrive:
"Madonna è morta, e quel misero vive".

7

VARCHI, le vostre carte pure e belle,
Che vergate talor per onorarmi,
Più che metalli di Mirone e marmi
Di Fidia mi son care, e stil d'Apelle.
Che se già non potranno e queste e quelle
Mie prose, cura di molti anni, e carmi
Al secol che verrà lontano farmi,
Spero di viver molto anco con elle.
Ma dove indrizzano ora i chiari rai
De l'ardente dottrina e studio loro
I duo miglior VITTORI e RUSCELLAI?
Questi, e 'l dolce UGOLIN, cui debbo assai,
Mi salutate; o fortunato coro,
E tu Fiorenza, che nel centro l'hai.

8

Ben è quel caldo voler voi ch'io prenda,
PIETRO, a lodar la donna vostra, indarno,
Qual fora a dir che 'l Taro, il Sile o l'Arno
Più ricco l'Oceano e maggior renda.
E poi convien, qual io mi sia, ch'intenda
Ad altra cura, e 'n ciò mi stempro e scarno,
Né quanto posso il vivo essempio incarno,
Che non adombran treccie o cuopre benda.
Chi vede il bel lavoro ultimo vostro,
"Alto levan", dirà, "le costui rime
La sua SIRENA, onor del secol nostro";
La quale oggi risplende tra le prime
Per voi sì come nuovo e dolce mostro
Di beltà, di valor chiaro e sublime.

9

Se 'n me, QUIRINA, da ritrar in carte
    Vostro valor e vostra alma bellezza,
    Fosser pari al desio l'ingegno e l'arte,
    Sormonterei qual più nel dir s'apprezza;
E Smirna e Tebe, e i duo ch'ebber vaghezza
    Di cantar Mecenate, a minor parte
    Sarian del grido, e fora in quella altezza
    Lo mio stil, ch'è in voi l'una e l'altra parte.
Né così viva al mondo oggi si mostra
    La Galla espressa dal suo nobil Tosco,
    Tal che l'invidian tutte l'altre prime,
Che non più chiara assai per entro il fosco
    De la futura età con le mie rime
    Gisse la dolce e vera imagin vostra.

10

Se qual è dentro in me chi lodar brama,
    Signor mio caro, il vostro alto valore,
    Tal sapesse mostrarsi a voi di fore
    Quando a rime dettarvi amor il chiama,
Ovunque vero pregio e virtù s'ama
    S'inchinerebbe il mondo a farvi onore,
    Securo da l'oblio de le tarde ore,
    Se posson dar gl'inchiostri eterna fama.
Né men di quel, che santamente adopra
    Il maggior padre vostro, andrei cantando;
    Ma poi mi nega il ciel sì leggiadr'opra.
S'appagherà tacendo ed adorando
    Mio cor, in fin che terra il suo vel copra:
    Non poca parte uom di sé dona amando.

11

S'Amor m'avesse detto: "Ohimè da morte
Fieno i begli occhi prima di te spenti",
Arei di lor con disusati accenti
Rime dettato e più spesse e più scorte,
Per mio sostegno in questa dura e forte
Vita, e perché le chiare ed apparenti
Note rendesser le lontane genti
De l'alma lor divina luce accorte:
Che già sarebbe oltra la Tana e 'l Gange,
L'Ibero e 'l Nilo intesa, e divulgato
Com'io solfo a quei raggi ed esca fui.
Or, poi ch'altro che pianger non m'è dato,
Piango pur sempre; e son, tanto il duol m'ange,
Né di me stesso ad uopo, né d'altrui.

12

Un anno intorno s'è girato a punto,
Che 'l mondo cadde del suo primo onore,
Morta lei, ch'era il fior d'ogni valore
Col fior d'ogni bellezza insieme aggiunto.
Come a sì mesto e lacrimoso punto
Non ti divelli e schianti, afflitto core,
Se ti rimembra ch'a le tredici ore
Del sesto dì d'agosto il sole è giunto?
In questa uscìo de la sua bella spoglia
Nel mille cinquecento e trentacinque
L'anima saggia; ed io, cangiando il pelo,
Non so però cangiar pensieri e voglia,
Ch'omai s'affretti l'altra e s'appropinque,
Ch'io parta quinci e la rivegga in cielo.

13

La ben nata, per cui chiaramente arsi
Undici ed undici anni, al ciel salita,
Ha me lasciato in angosciosa vita:
O guadagni del mondo incerti e scarsi!
Che s'uom sotto le stelle ha da lagnarsi
Di suo gran danno e di mortal ferita,
Io son colui, che chieggio a morte aita,
Né fine altronde al mio dolor può darsi.
Ben la scorgo io sin di là su talora,
D'amor e di pietate accesa il ciglio,
Dirmi: "Tu pur qui sarai meco ancora".
Ond'io mi riconforto, ed in quell'ora
Di volger l'alma al ciel prendo consiglio;
Poi torna il pianto tristo, che m'accora.

14

Signor, poi che Fortuna in adornarvi
Quant'ella possa chiaramente ha mostro,
Vogliate al poggio del valor col vostro
Giovenetto pensiero e studio alzarvi.
Ratto ogni lingua, se ciò fia, lodarvi
Udrete, e sacreravvi il secol nostro
Tutto 'l suo puro e non caduco inchiostro,
Per onorato e sempiterno farvi.
Ambe le chiavi del celeste regno
Volge l'avolo vostro, e Roma affrena
Con la sua gran virtù, che ne 'l fe' degno.
La vita più gradita e più serena
Ne dà virtute, caro del ciel pegno;
Di vile e di turbato ogni altra è piena.

15

S'al vostro amor ben fermo non s'appoggia
    Mio cor, ch'ad ogni obietto par ch'adombre,
    Pregate lei, che ne' belli occhi alloggia,
    Che di sì dura vita omai mi sgombre.
Non sempre alto dolor che l'alma ingombre
    Scema per consolar, ma talor poggia,
    Come lumi del ciel per notturne ombre,
    Di foco in calce trita esca per pioggia.
Morte m'ha tolto a la mia dolce usanza:
    Or ho tutto altro e più me stesso a noia,
    Anzi a disdegno, e sol pianger m'avanza.
COSMO, chi visse un tempo in pace e 'n gioia,
    Poi vive in guerra e 'n pena, e più speranza
    Non ha da ritornar qual fu, si moia.

16

O Sol, di cui questo bel sole è raggio,
    Sol per lo qual visibilmente splendi,
    Se sovra l'opre tue qua giù ti stendi,
    Riluci a me, che speme altra non aggio.
Da l'alma, ch'a te fa verace omaggio
    Dopo tanti e sì gravi suoi dispendi,
    Sgombra l'antiche nebbie e tal la rendi
    Che più dal mondo non riceva oltraggio.
Omai la guidi e regga il tuo bel lume,
    E se già mortal fiamma e poca l'arse,
    A l'eterna ed immensa or si consume
Tanto che le sue colpe un caldo fiume
    Di pianto lavi; e monda, da levarse
    E rivolar a te vesta le piume.

17

Alto Re, se la mia più verde e calda
Vita t'offese mille e mille volte,
E le sue doti l'alma ardita e balda
Da te donate ha contra te rivolte;
Or, che m'ha il verno in fredda e bianca falda
Di neve il mento e queste chiome involte,
Mi dona ond'io con pura e piena e salda
Fede t'onori e le tue voci ascolte.
Non membrar le mie colpe, e poi ch'adietro
Tornar non ponno i mal già spesi tempi,
Reggi tu, Padre, il corso che m'avanza,
E sì il mio cor del tuo desio riempi,
Che quella che 'n te sempre ebbi speranza,
Quantunque peccator, non sia di vetro.

II
Di M. Vincenzo Martelli

1

Se Lisippo ed Apelle e 'l grande Omero
Col martel, co i colori e con l'inchiostro
Rendesse il ciel benigno al secol nostro
Per aguagliar con le sembianze il vero,
Potrian con l'arte e col giudizio intero
Adombrar forse il bel ch'a' sensi è mostro,
Ma l'altra parte no del valor vostro,
Che non si può scolpir pur col pensiero.
Dunque i marmi, i color, le pure carte
Non cerchin far del ver sì bassa fede,
Se la bellezza è in voi la minor parte;
E voi con l'onorato e destro piede
Seguite il bel sentier, ch'arriva in parte
Che vieta a morte le più ricche prede.

2

Deh sostenete almen del vostro bello
  Ceder qualche sembianza oggi a quell'arte
  Che Policleto e Fidia in ogni parte
  Onora ne i colori e nel martello,
E vedrete con stil chiaro e novello
  Via più ch'al tempio di Minerva e Marte
  Porgere i voti e consecrar le carte,
  E far servo d'Amor qual più rubello.
Indi fuor d'ogni lor duro costume
  Disporsi ogni metallo, ogni diamante
  A sofferir per voi sì caro oltraggio;
Perché, serbando in lor del bel sembiante,
  Faccin fede del vostro immenso lume
  Col mostrarne a' futuri un picciol raggio.

3

Voi, che per miglior via schivate l'orme
  Della turba volgar, che nulla vede,
  Scorgendo a noi con l'onorato piede
  Del più saggio sentier le vere forme,
Mentre che con perpetue e chiare norme
  A Lete, ingorda d'ogni gloria erede,
  N'insegnate ritor l'ingiuste prede,
  Destando in noi quella virtù che dorme,
Acquistate fuggendo un nome chiaro,
  Che con illustri e celebrati inganni
  Pugna e vince il rigor del tempo avaro.
Beata voi, che ne' più bei vostri anni,
  Quasi sdegnando il viver nostro amaro,
  Poggiate viva a' bei celesti scanni.

4

Donna gentil, che da pensier men saggi
Sciolta levate ove 'l valor gli invita
Gli occhi de l'alma a più serena vita,
Per fuggir delle Parche i fieri oltraggi,
S'a ragionar de' vostri santi raggi
Sento frale il poder, la voglia ardita,
Siemi scusa appo voi che a sì gradita
Meta si sal per tropp'erti viaggi;
E poi ch'a me di poter dire è tolto
Quel ch'in voi si comprende, a cui conviene
Più bel tributo che mortale inchiostro,
Mirate da voi stessa il vostro volto,
Che per propio valor in vita tiene
Quanto ha d'onesto e bello il secol nostro.

5

[G1 G2 *errata* attribuito a P. Barignano; G3 attribuito a V. Martelli]

D'un bianco marmo in due parti diviso,
     Ch'Amor senz'arte sospirando move,
     Tragge dolcezze il cor tante e sì nove
     Che forse poche più n'ha il paradiso.
Così potess'io sempre mirar fiso
     La maraviglia mai non vista altrove,
     E dir cantando del piacer che piove
     Dal lampeggiar d'un angelico riso:
Ch'io pascerei de l'un questi occhi tanto,
     Quanto conviensi a disbramar la voglia
     Che mi può far parer sempre digiuno,
E temprerei con l'altro quella doglia,
     Ond'io provo talor più dolce il pianto
     Che di ben lieto amante riso alcuno.

18 RIME DIVERSE

6

[G1 *errata* attribuito a P. Barignano; G2 G3 attribuito a P. Barignano]
Io già cantando la mia libertate,
    I lacci rotti e le faville spente,
    Di che m'arse e legò sì fieramente
    Donna gentil, ma nuda di pietate,
    E dicea meco: "Or qual nuova beltate
    Stringerà me d'un nodo sì possente,
    Che non mi sciolga, e di che face ardente
    Strugger potrà le mie voglie gelate?",
Allor ch'io senti' il cor dentro e d'intorno
    Di fiamma viva e di catene salde
    Acceso e cinto perché pur sempr'ami.
Una man bianca ed un bel viso adorno
    Vuol che m'allacci Amor, vuol che mi scalde:
    Dolce mio foco e miei cari legami.

III
Di M. Pietro Barignano

1
Breve riposo aver di lunghi affanni
    E in poca sicurtà molto sospetto;
    Veder fosco piacer, chiaro dispetto,
    In cor voto di fé, colmo d'inganni;
Ridendo l'ore e lagrimando gli anni,
    Di vera noia trar falso diletto;
    Trovar morto l'ardir, vivo il rispetto,
    Col perder nel guadagno de' miei danni;
Gir cercando il mio ben, né saper dove;
    Sentir di chiusa frode oltraggio aperto
    E d'antichi pensier favole nuove;
Coperti sdegni in lusingar scoperto,
    Son le cagion ch'ognor meco si truove
    La speranza dubbiosa e 'l dolor certo.

2

Ove fra bei pensier, forse d'amore,
    La bella donna mia sola sedea,
    Un intenso desir tratto m'avea
    Pur com'uom ch'arda e nol dimostri fore:
Io, perché d'altro non appago il core,
    Da' suoi begli occhi i miei non rivolgea,
    E con quella virtù ch'indi movea
    Sentia me far di me stesso maggiore.
Intanto, non possendo in me aver loco,
    Gran parte del piacer ch'al cor mi corse
    Accolto in un sospir fuora sen venne;
Ed ella al suon, che di me ben s'accorse,
    Col vago impalidir d'onesto foco
    Disse: "Io teco ardo", e più non le convenne.

3

Se 'l cor ne l'amorose reti avolto,
    Onde né spera, né desia d'uscire,
    Potesse un dì, vostra mercé, sentire
    De la pietà che voi mostrate in volto,
Tutto 'l ben d'ogni amante insieme accolto
    E posto al paragon del mio gioire,
    Vagliami il ver, dir si potria martire
    Di mezzo 'l centro de l'inferno tolto:
Che se quando sdegnosa e altera il viso
    Da me torcete, sorda a' preghi miei,
    Scorgo in quel vostro sdegno un paradiso,
Che fora poi, s'un dì come io vorrei
    N'avessi un dolce sguardo, un lieto riso?
    Ditel voi, ch'io per me dir nol saprei.

4

Fia mai quel dì che graziosa stella
Mi porti al mio tesor tanto vicino,
Che quasi sconosciuto pellegrino
Ne involi parte, e sia poi la men bella?
Che in somma qual n'avessi, o questa o quella,
Non potria poi non vincer il destino,
E ricco per drittissimo camino
Girmene al ciel, che non andrei senz'ella.
O voi, che travagliate a l'ombra, al sole,
Per farvi singular fra l'altra gente,
Vostri sian pur perle, rubini ed oro;
Celesti sguardi, angeliche parole,
Alti pensier, più che d'umana mente,
Son le ricchezze del mio bel tesoro.

5

Il sol che solo a gli occhi miei fa giorno,
E senza il qual avrei ben notte oscura,
Spesso mi mostra l'alta mia ventura
Ne i vaghi lumi del suo volto adorno.
Però se tante e tante volte torno
A contemplar l'angelica figura,
Amor m'insegna, Amor, c'ha di me cura,
Amor, che meco fa sempre soggiorno.
Io veggo rimirando il suo bel viso
Quel che possendo poi ridir a pieno
Di bella invidia colmeria ogni core;
E sento del piacer del paradiso
Tanto e sì caldo, che per molto meno,
Non ch'altro, un ghiaccio n'arderia d'amore.

6

Gli occhi, ch'ad Amor già tanti e tanti anni
    Pagan di troppo ardir piangendo il fio,
    Forbete omai con l'un, TERPANDRO mio,
    Che per lungo uso error non vi condanni;
Con l'altro, perché mai più non v'inganni
    La rimembranza d'alcun bello e rio,
    Bevete l'acqua d'un perpetuo oblio,
    Dolce ristoro al fel di molti danni;
Ma col terzo tagliate pria i legami
    Ove è sì avinto il liber voler vostro,
    Che tanto sete in signoria d'altrui.
Per me inchinate al caro signor nostro
    Umilemente, e dite quanto io brami,
    Cangiata qualità, riveder lui.

7
[G2 G3 attribuito a N. Tiepolo]

Spento era già l'ardore e rotto il laccio
    Ch'ebbi tanti anni al cor dentro e d'intorno,
    Ed a me sciolto omai facea ritorno
    L'antico freddo adamantino ghiaccio;
Or non so come a l'amoroso impaccio
    Stolto a gran passi i' pur anco ritorno,
    Ed a me stesso più di giorno in giorno
    Raccendo il foco e le catene allaccio.
Sento i primi pensier a mille a mille
    Rinascer dentro e riportarne seco
    Caldo desir, speme tenace e salda.
Questi sono i legami e le faville
    Ch'io m'avrò, lasso, ovunque i' vada meco:
    Sì mi rilega Amor, sì mi riscalda.

8

[G2 attribuito a N. Tiepolo; G2 *errata* attribuito a P. Barignano;
G3 attribuito a N. Tiepolo]

L'oro, il cristallo, l'ebano e i zaffiri,
    E le purpuree rose in su la neve,
    Rubin, perle e coralli in spazio breve,
    E più il marmo, ch'io veggio ovunque io miri,
M'han fatto sì possente ne i martiri,
    Che tutto quel che ad altri saria greve,
    Sospir, lagrime e doglie, è a me sì lieve,
    Ch'un men non ne vorrei de' miei desiri.
Chi vide mai sì terse chiome altrove,
    Sì lieta fronte, o sì tranquille ciglia,
    Sì lucent'occhi, o ver guancie sì vaghe?
Chi vide mai sì bella bocca, e dove
    Sì puro sen, cagion de le mie piaghe,
    Che d'amor m'empie, e altrui di meraviglia?

9 [*]

Vorrei scioglier dal collo il duro laccio,
    E diveller dal petto i stral pungenti,
    E spenger dal mio cor le fiamme ardenti,
    Di che impiagato e preso ardendo i' taccio;
E dopo questo armar di freddo ghiaccio,
    Quel di dur smalto, e quei d'arme possenti
    A romper, a spuntar, a render spenti
    Foco, saette e nodo, in che m'allaccio;
E la man, che ritien catena salda,
    E gli occhi, donde movon le faville,
    E il volto, da chi 'l colpo si riceve,
Di che mi punge Amor, mi lega e scalda,
    Quella in ghiaccio veder, quell'altro in neve,
    E quei conversi in lagrimose stille.

10 [*]

Se mi concede Amor sì lunga vita
Ch'io torni a riveder prima ch'io mora
Quei begli occhi soavi, onde in me ognora
Sento nuovo piacer, che allor m'invita,
Tanto ti pascerò, bramoso core,
Di che sì desioso e vago sei,
Che non arai cagion più di languire;
Ma nudrito del bel dolce splendore
Che ti conduran dentro gli occhi miei,
Ogni lungo digiun potrai soffrire.
Lasso, se non che pur scema il martire
Il bel viso gentil, che in la mia mente
Ognor vedo più bello e più piacente,
Ben saria omai da me l'alma partita.

11 [*]

Crederete a la speme
Che vi ven dal bel viso di costei,
Occhi, per creder già prigion di lei?
Se non sete in oblio
Di quanti lieti sguardi
Nacque al nostro sperar già sì fallace,
Ben direte al desio
Come che sian bugiardi
Quei lumi, onde è sbandita ogni altra pace:
Perché non vi trasporti
A mirar chi n'ha morti, e più fidanza
Di disdegno armi il cor contra speranza.

12

[G2 attribuito a N. Tiepolo; G2 *errata* attribuito a P. Barignano;
G3 attribuito a N. Tiepolo]

Quante lagrime il dì, quanti sospiri
  Versin questi occhi, e fuora getti il core,
  Per render molle ed impiagar d'amore
Non donna già, ma bel marmo che spiri,
Sassel Amor, con cui vuol che m'adiri
  Larga ragion del mio grave dolore;
  Ed io mel so, che del pur visto errore
Non ho chi trar ne possa i miei desiri.
Nel qual vago piacer gli ha sì forte usi,
  Ch'essi sen stanno quasi a dir: "Che fia
  Che mai ne levi di sì dolce stanza?".
Né perché intenda la sventura mia
  Posso negar al fin che non gli escusi
  E pasca il cor di pur vana speranza.

13

[G2 attribuito a N. Tiepolo; G2 *errata* attribuito a P. Barignano;
G3 attribuito a N. Tiepolo]

Com'avrò dunque il frutto
  Del seme sparso, Amor, se gelosia
  Disperde i fior de la speranza mia?
Deh vi fosse sì nota la mia fede,
  Madonna, come a me vostra bellezza,
  E pietà fosse in voi quant'è in me doglia:
Ch'io giurarei d'aver quella mercede
  Che la vostra durezza,
  E non mia colpa, vuol che mi si toglia.
Così si cangi in voi questa ria voglia,
  Com'io sol porto in core
  Foco del vostro amore.

14

[G2 attribuito a N. Tiepolo; G2 *errata* attribuito a P. Barignano;
G3 attribuito a N. Tiepolo]

Nuovi pensier, che del mio vecchio foco
  Riconducete al cor tante faville,
  Che là donde altrui colpa dipartille
  Minor parte di lor poria aver loco,
Ben può al primo apparir turbar un poco
  Vostro valor le mie paci tranquille,
  E dipinger nel volto a color mille
  Virtù di chi 'l mio mal sempre ebbe a gioco.
Ma ch'io non prenda al gran bisogno l'armi
  Da vincer voi, non che pur far difesa,
  Non è vostro poter già che mi nieghi:
Che perché punto il cor non si disarmi
  Gli conto ognor per avanzar l'offesa
  La lunga istoria de' miei sparsi preghi.

15

[G2 attribuito a N. Tiepolo; G2 *errata* attribuito a P. Barignano;
G3 attribuito a N. Tiepolo]

Perch'io cerchi, non trovo
  Quai sien maggiori, o le speranze nostre
  O di ben far altrui le voglie vostre.
Vostro largo voler, che doppia il corso
  Per giunger quai desiri
  Amici d'onestà nanzi a sé scorge,
Quante nostre credenze ha già precorso !
  E par seco s'adiri
  Se tardi a gran bisogno le man porge.
Questi è dunque onde sorge
  Un fonte in me sì vivo di speranza,
  Che quasi quel di vostre grazie avanza.

16

[G2 attribuito a N. Tiepolo; G2 *errata* attribuito a P. Barignano;
                        G3 attribuito a N. Tiepolo]

S'omai di vostra grazia acqua non bagna
   Il mio terreno asciutto,
   Perirà il seme onde s'attende il frutto.
Non sete voi quel fonte onde si cria
   Largo rivo corrente,
   Che mille e mille campi magri impingua?
Spargete dunque sopra questa mia
   Onesta sete ardente
   Umor che 'n qualche parte almen l'estingua;
   E sarà l'opra vostra
   Conforme, Padre, a la speranza nostra.

IV
Di M. Giovan Andrea Gesualdo

1

Per acquetar le mie faville nuove
   A voi spesso ritorno, o lucid'acque,
   Che poi ch'al cor l'alto desio mi nacque
   Conforto a' miei sospir non sento altrove;
Ma il crudo incendio, che ne l'alma piove
   Dal dì che prima il vostro bel mi piacque,
   Sì che mia libertà perduta giacque,
   Par ch'al freddo liquor più si rinuove.
O bella fonte, dal cui vivo ghiaccio
   Muove l'ardor che mi consuma tanto,
   O lunge io viva o ti contempli e guardi,
Io corro a te per rinfrescarmi alquanto
   E scemar di quel foco ond'io mi sfaccio;
   Ma tu con nuove fiamme ognor più m'ardi.

2

Chiaro, soave, dolce, ardente lume,
Unico raggio di quel sommo Sole,
Ch'or le tenebre mie profonde e sole
Divinamente, tua mercede, allume,
Quanto d'alta pietà fu largo il fiume
Che ti fe' per salvar l'umane scuole,
Onde il drago crudel si stempra e duole,
Qua giù volar con amorose piume!
Tu, cui l'abisso, il ciel profondo e l'acque,
La Tana e 'l Nil non cape, Atlante e Gange,
Chiuso ti stai nel bel virgineo chiostro;
Or, poi che 'l nostro ben tanto ti piacque,
Nasci al tuo popol, che sospira e piange,
E scaccia e vinci il gran tartareo mostro.

3

Qual empio mio destin, qual cruda voglia,
Qual fiera stella, o qual mio grave errore,
De' miei conforti ha spento il più bel fiore
E mi condanna a sempiterna doglia?
L'alta cagion ch'a lagrimar m'invoglia
Sa ben l'aspra mia donna, e sallo Amore,
E come il tristo e miserabil core
Sì folta schiera di martir accoglia.
È questa al mio servir degna mercede?
È questo il pregio e l'aspettato bene,
E 'l guiderdon della mia salda fede?
Dunque al mio bel desir leggiadro tanto
Per giusto merto al fin dar si conviene
Ira, sdegno, dolor, sospiri e pianto?

4

O stelle, o cielo, o fiero mio pianeta,
    O crudo incendio, o miei caldi desiri,
    O principio crudel de' miei sospiri,
    Onde l'afflitto cuor mai non s'acqueta,
Già ti vidi io ver me pietosa e lieta
    Rivolger gli occhi in graziosi giri:
    Perché mi porgi or tenebre e martiri?
    Qual cieca nebbia il tuo splendor mi vieta?
Di tal mio lagrimar tu cresci e sorgi,
    O bella fonte, e con sì larghi rivi
    Ti rende il pianto mio piena e superba.
Ma la chiarezza tua, se 'l vero scorgi,
    Ne vien torbida poi qualor l'acerba
    Mia pioggia avien ch'al tuo sereno arrivi.

5

Né di selvaggio cuor feroce sdegno,
    Né crude voglie nel mio danno accorte,
    Né il veder già le mie speranze morte,
    Né il lungo affanno lagrimoso e 'ndegno,
Né 'l guasto al viver mio fido sostegno,
    Né il girne ratto inanzi tempo a morte,
    Né pensier ch'a me sol tormento apporte,
    Né 'l mal inteso mio desir sì degno,
Né la spenta mia dolce usata aita,
    Né il mai qua giù sentito aspro dolore,
    Onde io m'appresso a l'ultima partita,
Né altro fia che 'l mio primiero ardore
    Spenga giamai, mentre dimoro in vita:
    Che bel fin fa chi ben amando muore.

6

O viva fiamma, o miei sospiri ardenti,
    O miserabil duol, o spirti lassi,
    O pensier d'ogni speme ignudi e cassi,
    O strali nel mio cuor fieri e pungenti,
O bei desir de l'onorate menti,
    O vane imprese, o dolorosi passi,
    O selve, o piaggie, o fonti, o fiumi, o sassi,
    O spietata cagion de' miei tormenti,
O gloriosi allori, o verdi mirti,
    O luogo un tempo a me dolce e giocondo,
    Ove io già sparsi dilettoso canto,
O voi leggiadri ed amorosi spirti,
    S'alcun vive qua giù nel basso mondo
    Pietà vi prenda del mio acerbo pianto.

7

Verrà mai il dì che mia pace riporte
    O ch'esta vita il gran morir mi lievi?
    Nostri felici giorni ah quanto brevi,
    E l'ore grate a noi quanto son corte!
Ogni destra fortuna e lieta sorte
    Mille ali ha nel fuggir veloci e lievi,
    Ma nel ritorno poche, pigre e grievi,
    Tal che giugne a lei spesso inanzi morte.
Ma a che dolermi più s'invan mi doglio?
    L'ostinato destin non fia commosso
    Per prieghi, per pietade o per orgoglio.
S'io potessi poter più ch'io non posso,
    So ch'io vorrei voler più ch'io non voglio,
    Ma 'l men poter dal più voler m'ha mosso.

8

Quel gran Motor del lucido emispero,
    Che 'n picciol cenno il mondo tempra e regge,
    Al primo padre de l'umana gregge
    Commise il nodo sacrosanto intiero.
Questo, per gloria del terrestre impero,
    L'alto voler de la divina legge,
    Che gl'ingiusti desir frena e corregge,
    Fermò qua giù con modo eterno e vero.
O felice legame, o dolce ardore,
    O sacra fiamma, amor saldo e costante,
    Che 'n duo corpi mantieni un'alma, un core,
Sostegno eterno de l'umane piante,
    Che 'l mondo adorni d'immortale onore,
    Chi fia ch'adegui le tue lodi sante?

9

È questo il loco ove madonna suole
    Lieta e gioiosa a gli occhi miei mostrarsi
    Con quelle belle luci in ch'io prima arsi
    E l'altre sue bellezze al mondo sole?
Dir qui pur udi' angeliche parole,
    E vidi a l'aura quei bei crin spiegarsi,
    E quel bel viso or neve or rose farsi
    Da far ben mille volte invidia al sole.
O dolce loco, i' pur ti tocco e veggio
    Senza colei, che da la rosa al ghiaccio
    Sempre vorrei, e non altra mai chieggio;
Ma se 'l mio alto destin con questo laccio
    Rende questo mio spirto al par suo seggio,
    Abbi tu queste membra e questo impaccio.

10

Quasi un puro, lucente e chiaro lume,
  Ch'un loco pien di tenebre e d'orrore
  Col suo maraviglioso almo splendore
  Renda sereno e d'ogn'intorno allume,
La virtù vostra in sì gentil costume,
  Signor, che rende in terra il vero onore,
  Or con bei raggi mi rischiara il core
  E da gir su mi presta altiere piume:
Mostrami chiaramente il camin vero
  Onde al sacro gentil monte si poggia,
  Ch'a' suoi cultori eterna fama apporta.
In lei mi specchio ognora, e 'n lei s'appoggia
  Mia speme, e questa è sol mia fida scorta,
  Ch'ogni altro al cielo è men dritto sentiero.

11

Tra gli altri doni che dal cielo ardente
  Ebbe Alessandro e da Fortuna altiera,
  Ond'a la quinta rilucente spera
  Salito è il grido suo sì caldamente,
Stimo il maggior che tra la greca gente,
  Quando il maestro d'alma luce intiera
  Spargeva i raggi, nacque, onde alta e vera
  Dottrina accolse ne la vaga mente.
Se da quel grande trar mi lice essempio,
  Ringrazio il ciel che ne i migliori giorni
  M'ha riservato a degne grazie tante;
Ch'io spero ancor fra lieti alti soggiorni
  Col vostro lume entrar nel sacro tempio
  A' bei secreti de le muse sante.

V

Di M. Bartolomeo Ferrino

1

LAURO gentile, il dì che l'aurea cetra
Fra' vostri rami bei l'aura movea,
Amor, ch'ascoso in voi l'arco tendea,
In me tutta aventò l'empia faretra;
Né perch'io fussi al suon converso in pietra
Poté spuntarsi una saetta rea:
Tutte passaro al cor, cui dentro ardea
Disio d'onor, che sol da voi s'impetra.
Indi a poco i piè miei fersi radici,
Le braccia rami, i capei verdi foglie,
E fui di marmo trasformato in lauro;
Ma i miei casti pensier, l'oneste voglie
Mai non cangiai, né i desir miei felici
Ch'affinan sempre come al fuoco l'auro.

2

Arbor gentil, la cui perpetua chioma
Fe' già nel maggior caldo ombra ad Apollo,
Quando cinto di voi la fronte e il collo
Portò al cor de' pensier sì grave soma,
Avess'io del Toscan l'alto idioma
Con che piantò il gran lauro e sì fermollo,
Che mai per tempo non potrà dar crollo
Perch'in tutto ruini Atene e Roma,
Già pien del vostro odor quest'aer tutto
Andrian pascendo i più chiari intelletti,
E per me fora il vostro nome eterno;
Che così, senza fiore e senza frutto,
Veggio i bei vostri rami in sé ristretti
Sempre temer che non li spogli il verno.

3

Tardi nato, DELFIN, veloce cresci,
  Cresci gloria ed onor del mar Tirreno,
  Già Teti e Galatea t'aprono il seno,
  Già ti rendon tributo e l'acque e i pesci;
Che se crescendo al padre ugual riesci,
  Veggio per te non pur Rodano e il Reno,
  Ma di pace ogni fiume e d'amor pieno,
  Se ben forse allo Ibero oggi rincresci.
Veggio dal nome tuo li antichi giuochi
  Rinovarsi a Parigi, e mille fronti
  Cinte di gigli d'or, non d'altra fronde;
Veggio Apollo obliando i propri luochi,
  Cirra, Pindo, Elicona e gli altri monti,
  Per te solo abitar sempre nell'onde.

VI

Di M. Nicolò Amanio

1

Alte, sassose e dirupate rive,
  Che l'acque, che l'aspr'Alpi in basso loco
  Versan tra noi con suono orrendo e roco,
  V'hanno già in tutto del vostro esser prive,
Simile a voi son io, chi ben descrive
  L'acque che sul mio cor languido e fioco
  Mandano gli occhi miei, ch'a poco a poco
  Poco ho da star tra le persone vive.
Da voi si fugge ognun, ognun vi lassa;
  Chi può fuggir le ruinate sponde,
  Pigliando altro camin vi guarda e passa;
Ognun da le miserie mie s'asconde,
  Ch'omai d'udirle ogni persona è lassa,
  E fugge a chi ne parlo, e non risponde.

2

Maladetto sia tu, tristo aere tosco,
Maladette romite aspre montagne,
Maladette voi, aride campagne,
Piene di serpi e venenoso tosco,
Maladetto Arno, Serchio, e s'altro è vosco
Fiume ch'i lordi vostri armenti bagne,
E s'altro è ch'in voi scenda o in voi si stagne
In maladetta valle, in selva o in bosco.
Sotto sì strano cielo inferma langue
Questa anima gentile afflitta e vinta
Da tue moleste noie, orribil angue;
Mai vedrò ancor la tua superbia estinta,
Fera crudel, ch'omai languida essangue
Sei nel pallor de la tua rabbia tinta.

3

Fra così calde lagrime, fra tanti
Sospir che 'n queste carte arder vedrete,
Fra gli amorosi accenti ove udirete
L'amaro suon de' dolorosi pianti,
Quanti dolci pensier, madonna, quanti
Dolci sguardi soavi incontrarete,
Quante dolci parole intenderete
Di duo sì cari e sì leggiadri amanti!
Tai fur mentre vivean d'Amor gl'inganni;
Ma poi ch'ella morì, qual morte quivi
Si piangerà mai più con tanti affanni?
O bella prova, che per farne privi
Morte de l'un di lor ne' suoi verdi anni
Fece ambi al mondo eternamente vivi.

4

Se nulla altra ragion poteva aitarmi
L'alma, che 'n questi abissi era smarrita,
Questa mia età, ch'omai quasi è finita,
A uscir di tanti error devea spronarmi.
Ma né ragion, n'età potuto han farmi
Così che mai de la memoria uscita
Mi sia costei, né l'una e l'altra unita
Forza ebber mai di tal nodo slegarmi.
Or m'ha disciolto un riso, e a poco a poco
Spenger vedrò ne la memoria accesa
L'ardor ch'ella mostrò curar sì poco.
O benedetta ingiuria, o dolce offesa!
Iscuso lei s'a schivo ebbe il mio foco,
Ch'oggi una tanta fede è mal intesa.

5

Vana vision fallace, sogno ed ombra,
Che madonna dormendo m'appresenti,
Perché sì tosto che svegliar mi senti
Un non so che dinanzi mi ti sgombra?
Amor, ch'ognor nel bel pensier m'ingombra,
La viva imagin de' tuoi lumi ardenti
Mi fa veder come fosser presenti,
Né velo alcun di sonno me gli adombra.
Qual sorte adunque, mentre io pur son teco,
Alma gentil, par ch'un tal ben distempre,
Che nel più bel veder rimanga cieco?
O ciò che sei, che 'n sì diverse tempre
Vaneggiando mi scherni, o resta meco
Partendo il sonno, o fa' ch'io dorma sempre.

6

Un mover sol de' begli occhi lucenti
(Chi 'l potrà creder mai?), un sol suo sguardo
Fa che dentro e di fuora in un punto ardo:
Pur dolce è star in queste fiamme ardenti.
Le chiome sparse a lo spirar de' venti,
Ch'a mille nodi d'oro avolger guardo,
Veggio legarmi il cor pensoso e tardo:
Pur son lacci d'Amor soavi e lenti.
Se tra perle e rubin talor l'ho udita
Franger le dolci parolette accorte,
O dolce in quello udirla uscir di vita!
O sguardi, o chiome, o parole, o mia sorte,
Agra dolcezza amaramente unita,
Dolce ardor, dolce nodo e dolce morte!

7

Occhi, non v'accorgete,
    Quando mirate fiso
    Quel sì soave ed angelico viso,
    Che come cera al foco
    E come neve a' raggi del sol sete?
In acqua diverrete,
    Se non cangiate loco
    Di mirar quella altiera e vaga fronte;
    Che quelle luci belle al sole eguali
    Pon tanto in voi che vi faranno un fonte.
Escon sempre da loro or foco or strali!
    Fuggite tanti mali,
    Se non voi veggio al fin venir niente
    E me cieco restar eternamente.

8

Queste saranno ben lagrime, questi
Saranno ben caldi sospiri ardenti,
Altr'amor, altre voci ed altri accenti
Da più amaro dolor svegliati e desti.
Anima bella, quel che sempre avesti
Soave amor in questa valle oscura
Se con lo spirto dura,
Mira qua giù dal ciel l'alta mia doglia,
Che già mai qual si voglia
Maggior martir non ha visto 'l mondo anco,
Né per tempo avrà fin, né fia mai manco.

Che non fia che del cor mai mi si sgombri
Quel che vidi io di quegli occhi sì belli,
Ch'erano i lumi di mia vita, quelli,
Morte, che tu di eterna notte adombri,
Tu, che l'acerba mia memoria ingombri:
Ch'io gli vidi ver me volgersi in giro,
Poi in un brieve sospiro
Morir gli vidi; io 'l vidi, e s'io rimasi
Vivo, mi credo quasi
Ch'ebbe paura al mio dolor sì forte
Forse di non morir meco la Morte.

Ma perch'io allor di questo viver privo
Non fussi, in un dolor tant'aspro e rio,
Non fia che di morir scemi il desio,
Tal vergogna ho di ritrovarmi vivo.
Dunque i' son vivo ancora? e parlo? e scrivo?
E morto è 'l dolce mio fido conforto,
Il mio IPPOLITO è morto:
Morte, e tu in tanto orror perduto ardire,
Non mi sai far morire?
Figliuol, se giù dal ciel miri 'l mio male,
Guarda se fu mai pena a questa eguale.

O figliuol, quell'aspetto, ohimè, quel volto,
Che con tante mie lagrime bagnai,
I' nol devea dopo riveder mai;
E 'n sì tenera età Morte l'hai tolto
(Dolorosa memoria), che rivolto,
Più morto ch'egli assai, sovra 'l bel viso,
Non mi potea diviso
Da quella bocca alcun tener, che ancora
Com'uom di senso fuora
Ivi cercava, ohimè ch'io la sentiva,
Quell'anima gentil che fuor ne usciva.

Dolor crudel, dolor dolce, che sempre
Con quell'anima cara m'accompagni,
Dolor, allor sarà ch'io non mi lagni
Che questo pianto in pianto mi distempre;
Com'avran fin le dolorose tempre
Del mio dolor, se ognor nanzi m'appare
Quell'alma, e le mie amare
Doglie van rinovando a tutte l'ore?
Dunque, eterno dolore,
Se senza te non posso esser mai seco,
Non mi lasciar, dolor, sta' sempre meco.

Può ben tallor nascosamente entrarmi
Ne la mente un pensier, che pur vorria
Tormi questi pensier; ma questa mia
Passion non lascia in tal voglia fermarmi,
E dico a me: dunque i' vorrò ritrarmi
Di non pensargli? O mio pensier, che quella
Alma beata e bella
Sol m'appresenti, e voi pensose e liete,
Voi che meco il vedete,
E con voi sole nel mio cor sen viene,
Deh non m'abbandonate, alte mie pene.

Lagrime mie, che tante
Verso da gli occhi mei la notte e 'l giorno,
Statemi al cor d'intorno
Fin ch'io ritorni a dir: il mio conforto,
Lagrime amare, il mio IPPOLITO è morto!

VII

Di M. Tomaso Castellani

1

O sacro ramo, che con verdi fronde
Sì lieto nunzio fosti a quel gran padre,
Che nel sommerger de l'antica madre
Salvò il commesso seme sopra l'onde,
S'al puro canto il vero oggi risponde
De' pargoletti ebrei, con sì leggiadre
Opre vien tal che le tartaree squadre,
Pietoso al nostro mal, rompe e confonde.
Io lietamente, o santa e schietta Oliva,
T'accetto e 'nchino or che salute e pace
Prometti al grave e travagliato spirto,
Ma con speme vie più secura e viva
Di quella che 'l mio cor pronto e vivace
Mosse a seguir già vanamente il mirto.

2

Fiera novella con spedito volo
Giunga a l'orgoglio de l'eterna morte,
Che mansueto agnello altiero e forte
Oggi l'affrena col suo sangue solo.
L'aspra sentenza de l'ingiusto duolo
Con chiare note al crudo regno apporte,
Che da ferito e sacro piè le porte
Fien rotte al carcer del beato stuolo.
Per la pietà del suo Fattor cangiarsi
Già veggio il cielo, e de l'error la salma
Per tanto redentor felice farsi.
Sento la fioca voce, afflitta ed alma,
Cortese a chi l'offende ancor mostrarsi,
E ceder morte oggi al morir la palma.

3

Il più bel germe de' sacrati allori
Sì dolcemente col suo raggio santo
Nodrisce il sol, ch'omai si toglie il vanto
A quel che per lui sparse i primi odori.
La nuova pianta del terreno fuori
S'inalza al ciel con sì leggiadro manto,
Ch'a l'ombra sua tosto vedrassi quanto
Ponno de gli alti ingegni i bei lavori.
Cresca il lauro gentil, e Febo l'ami
Tanto ch'a rozze tempie la sua fronde
Mai non consenta, né vil man la coglia,
Né sia minor di quei ben culti rami
Per cui di Sorga son sì chiare l'onde
Che l'Arno con ragion par se ne doglia.

4

Felice stella, che tre Regi guidi
Dal lido oriental sì fedelmente
Al Re supremo e al bel vero Oriente,
Oggi riposto fra negletti nidi,
I chiari raggi tuoi benigni e fidi
Scorgano ancor la mia sviata mente,
Ch'aperti i suoi tesori or largamente
A quel gli doni e 'n lui sol si confidi.
Onde in vece di mirra, oro ed incenso,
Speranza, fede e caritate accesa
Offera al casto parto di Maria;
Poi l'alma scorta dal tuo lume immenso
De l'aversario suo fugga l'offesa,
Né più ritorni per l'usata via.

5

Sciogliti omai da le noiose braccia,
Candida Aurora, del tuo sposo antico,
E tu Sol, de le tenebre nemico,
La fosca madre de le Furie scaccia.
Mostra al bel lauro la tua lieta faccia,
Che lo nudrisce con calor amico,
E a me quel vivo lume, ond'io nutrico
L'occhio e 'l pensier, e 'l cor m'arde ed agghiaccia.
Tu pur t'ascondi, e 'l ciel la notte imbruna,
Perché paventi non ricever scorno
Da due luci terrene alme e superbe;
Ma se ciò temi, tu Sol reggi il giorno,
Madonna entri nel seggio de la Luna
E 'l loco a me d'Endimion si serbe.

6

ANTONIO mio, s'a le pregiate carte
Vostre vien tarda la risposta alquanto,
È perch'io veggio quelle alzarsi tanto
Che da seguirle non ho penna od arte.
Sì largamente Apollo non comparte
A l'asciutto mio stile il suo umor santo,
Che degno sia de l'onorato vanto
Di cui gli fate così ricca parte.
Il non poter non fe' mai l'uomo ingrato,
Ma il non voler di tal error l'accusa,
Che l'un sol vien dal ciel, l'altro da l'alma.
Se tarda fu la man, mai ritardato
A voi non fu il mio amor; onde mi scusa
L'aver posto al mio stil troppo gran salma.

7

Non è nel giardin vostro erba né legno
Che frutti mai produca aspri ed amari,
Anzi soavi e dolci e senza pari,
Come ben culto e d'umor sacro pregno.
Onde s'a quel con gran diletto vegno,
Il faccio sol perché la man impari
Del mio sveller i sterpi, e si prepari
A tal lavor, che 'l sol non l'abbia a sdegno.
Sì largo fonte bagna i germi vostri
Ch'i lauri s'alzan sopra i faggi e i pini
Per ornarvi di fronde alta e superba.
Ma inutil piante i miei mal culti chiostri
Adombran sì che 'l ciel par che destini
Sempre al suo parto una stagion acerba.

8

Le caste Muse con le sante leggi
Or v'accompagnan per sì bella strada,
Che mai non fia che 'l vostro ingegno cada
Del ver onor, né alcun che vi pareggi.
Non ben contento de' terreni seggi
Il vostro stile al ciel par che sen vada,
Né mai vedrassi che la giusta spada,
A' rei nemica, in vostra man vaneggi.
DOMENICHI gentil, quante corone
Aspetta non indarno il vostro crine,
Se 'l ciel di sua mercede il valor empie.
Non basta a voi che Febo il lauro done,
Ma quella che di noi tien le divine
Parti convien ch'ancor v'orni le tempie.

9

Se dal tuo fonte qualche umor non viene
Che lavi, o Re del ciel, questo mio petto,
In troppo immondo e mal purgato tetto
Or entri con mio scorno e gravi pene.
Ma le dolc'onde di tue sante vene
Sparse in lavar nostro comun diffetto
Mi dan tanta baldanza ch'io t'accetto,
Fatto secur da mia verace spene.
S'albergo ove sia fé mai non ti spiacque,
Come conobbe Marta e la sorella
A cui la tua pietade il fratel rese,
Per quella fé che 'n me mai sempre giacque
Ne l'alma mia, fatta di morte ancella,
Tu che sei vita entra, Signor cortese.

10

[* ma cfr. scheda biografica]

Se 'l sesto in mezzo d'alcun spazio un piede
Tien fermo e l'altro gira, un sì perfetto
Cerchio gli fa che nel pensato effetto
Non s'inganna la man ch'a l'arte crede;
Ma se del centro, ove già posto siede,
Si muove il primo piè, con tal diffetto
Si forma indi la rota, che 'l concetto
Del fabro tosto del suo error s'avede.
Così chi sta in Colui che in ogni parte
Regna, de l'opre sue se stesso guida
A fin perfetto col girar de gli anni;
Ma se col passo errante si diparte
Del centro, in cui stabil virtù s'annida,
Il vero lascia per seguir gl'inganni.

11

Signor invitto, a cui con tanti pregi
L'antico Carlo il suo gran nome dona,
E tu ch'adorni l'alta tua corona
Col bel titol del re di tutti i regi,
Il buon Pastor a voi co i santi fregi
Vien carco d'anni, né al camin perdona,
E con accesa carità vi sprona
A più lodate imprese e fatti egregi.
Vinca amor l'odio, e vostre voglie averse
Ragion del sangue, e la virtù del vero
L'armi superbe ad altro onor converta:
Quel che già l'onde al suo gran duce aperse
Per altro mar contra 'l nemico altero
A maggior palme or v'ha la strada aperta.

12

Signor, quando del mar l'onda s'adira,
  Mosso dal vento che 'l percuote e fiede,
  L'imagin del suo aspetto allor non vede
  Chi 'n tal tempesta la sua vista gira;
Così la nostra vita che sospira
  Nel mortal corso, a cui non si concede
  Mai fermo stato e riposata sede,
  Non ben se stessa in tal travaglio mira.
Nessun vegg'io, che freddo e caldo prove,
  Sì amico al ciel ch'i colpi aspri e molesti
  Schifi del mondo, e 'l suo fallace impero.
Dunque la mente di chi 'l tutto muove
  Sempre tranquilla e i spiriti celesti
  Sol veder ponno di noi stessi il vero.

13

O dea di Cipro e tu che 'n ciel le piume
  E 'n terra spieghi, che sovente a torto
  Già m'affligeste ed or m'avete scorto
  Il guado a sì mal noto e altiero fiume,
Debito a tante grazie e al buon costume
  Il voto solvo, e al vostro tempio porto
  L'imagin d'un che già tra vivo e morto
  E in tutto cieco ha ricovrato il lume.
Or canto la mia pace e i vostri altari
  Orno di palme ed odorati mirti,
  Libero e sciolto de l'ingiuste pene,
E per essempio onde ciascun impari
  Sperar ne' dei contra gl'ingrati spirti,
  Qui appendo il giogo, i lacci e le catene.

14

Anime caste e pure,
  Al bel servigio intente
  Di quel Signor che vi può far contente,
Sì come il flagellar sempre voi stesse
  In compagnia del pianto
  Cangiar si deve in pace eterna e 'n riso,
Così potess'io le vostr'orme impresse
  Al mondo seguir tanto
  Ch'io mi vedessi dal suo error diviso,
E vosco in Paradiso
  Del sommo Sole al raggio alto e lucente
  Scaldarmi al fin fra la beata gente.

15

Omai sott'altro ciel per miglior acque
  Correr conviemmi, over ritrar a riva,
  Poi che mia nave di buon vento priva
  Sempre in quest'onde a la fortuna spiacque.
Sì dolce canto a le mie orecchie piacque
  D'una sirena in forma umana e viva,
  Che mentre errando troppo m'aggradiva
  Il legno mio quasi sommerso giacque.
Or faccia il Ciel che più benigna stella
  L'errante mia speranza omai destine
  Al porto ver per via più dritta e bella,
E quel gran Donator delle divine
  Grazie la mia smarrita navicella
  Per altro mar conduca a miglior fine.

16

Machina eccelsa e invitta, che prescrivi
   De l'armi e di Vulcan la forza e l'arte,
   E de le meraviglie al mondo sparte
Al tuo Milano il maggior nome ascrivi;
Or più che mai securamente vivi,
   Poi che di Cipro Vener si diparte
   E viene in te, dov'è Pallade e Marte,
Fatta ricetto di mortali e divi;
Giunt'è Cupido con sue liete schiere,
   Fra i tuoi guerrier, di pargoletti Amori,
   Di lancie e strali armando le tue mura;
Di dolce ardor empion le menti fere,
   Onde puoi dir: "Or CESARE di fuori,
   E dentro uomini e dei, mi fan secura".

17

Aventurate ma più audaci piume
   Di quelle già che vanamente alzaro
   Icaro verso il ciel, onde mostraro
Essempio a chi salir troppo presume,
Se 'l caso averso per men caldo lume
   A loro avenne, or voi, ch'un sol più chiaro
   Scalda con raggi ardenti, qual riparo
Vieta che tanto ardor non vi consume?
Ma quel ch'ad altri nuoce è sol radice
   Del vostro ben, però movete il vento
   Per accrescer la fiamma che vi giova.
Onde poi quella nostra alma fenice
   Le gran forze d'amor, l'altrui tormento,
   Nel proprio ardor, se stessa e voi rinova.

18

Muse, se mai danno terren piangeste,
Over vi mosse con letizia al canto
Giamai celeste acquisto, or siate quanto
Basti a la terra e al ciel gioiose e meste.
Spiegando l'ale sue veloci e preste
Asceso è SERAFINO al regno santo,
Di cui le strade con sua voce tanto
Al mondo rendea chiare e manifeste.
Or l'alto Re con la sua man superna
I frutti ad un ad un par che gli conte
De l'util seme che già sparse in terra.
Tornata è in cielo a la milizia eterna
La tromba che giù scese a mover pronte
Nostr'alme contra la tartarea guerra.

19

Non tremi alcun mortal di maraviglia
Che qua giù mira il mio divin aspetto:
Io son la dea di Cipro, del mar figlia,
Donna e splendor del terzo alto ricetto.
Come materna cura mi consiglia,
Il fuggitivo mio figliuol diletto
Cercando vo: chi l'ha veduto il dica,
Se Vener cerca a' suoi desiri amica.
Chi 'ndizio alcun di lui, o del suo piede
Mostra qualch'orma, o del suo vol la via,
Un bascio n'averà per sua mercede
Quanto dolce può dar la bocca mia;
Ma chi 'l rimena a la sua propria sede
Di maggior don voglio che degno sia.
E perché in mille forme inganna altrui
I segni udite da conoscer lui.

Garzon è alato e di color di fuoco,
    Crespe e flave ha le chiome e 'l viso ardente,
    Il parlar dolce in cui non trova luoco
    Il vero, anzi è contrario a la sua mente;
    Scherza come fanciul, ma 'l scherzo e 'l gioco,
    Quando s'adira, cangia in duol sovente.
    Or corre, or vola, e non ha ferma stanza,
    E sempre in giro mena la speranza.

Copre il pensier, ed ha le membra ignude,
    E un picciol arco, ma lontan aventa,
    Saette a fianco velenose e crude:
    In lui vergogna e la pietad'è spenta.
    La terra, il cielo e l'infernal palude
    Con l'aspre punte sue fiede e tormenta:
    Ferito ha Giove e me sua madre spesso,
    E l'empio non perdona anco a se stesso.

Non vola senza pargoletta face,
    Che sopr'ogn'altra la sua fiamma estende,
    Né vuol con noi per alcun tempo pace,
    Ma i maschi petti e i giovenili accende.
    Febo, c'ha il raggio suo tanto vivace,
    Sovente a tal ardor vinto s'arrende;
    Anzi egli acceso già dal parto mio
    Pose 'l suo carro e se stesso in oblio.

Chiunque il trova e giunge, il prenda e leghi,
    E se contende, a me per forza il meni,
    Né curi di suo pianto o di suoi preghi,
    E fugga i baci suoi di velen pieni;
    Se dolce ride, al riso non si pieghi,
    Anzi allor più lo sforzi e l'incateni,
    E se dicesse: "Io ti do l'arco e i dardi"
    (Il tutto è fuoco), da tal don si guardi.

Donne, se mai materno amor v'accese,
S'alcuna l'ha di voi me lo riveli,
Né contra Vener sia tanto scortese
Che tolga le sue forze over le celi.
Ben vi so dir che le faville accese
Di lui più crescon sotto i panni e i veli,
Né lungo tempo il mio fallace figlio
Nasconder mai si può senza periglio.

VIII
Di M. Marco Cavallo

1
Non voler, Signor mio, più d'una stella
    Che in oriente folgorando intorno
    Al sol precorra e faccia il ciel più adorno,
    Che la eterna tua patria è troppo bella.
Lascia a noi questa luce, tienti quella,
    Che fa sì vago l'alto tuo soggiorno,
    Che se là su la chiami farà scorno
    Co' suoi bei raggi al sole e sua sorella.
Ch'essendo qui fra noi veggio smarrita
    Spesso la luce lor: pensa che fia
    S'avvien che poi si trovi in ciel gradita.
E chi sarà che lieto al mondo stia,
    Essendo priva questa mortal vita
    D'onestà, di valor, di leggiadria?

2

Sì come l'amorosa e vaga stella,
    Ch'a l'alba inanzi sempre apparir suole,
    Con suoi folgenti rai fa scorta al sole
    Fugando l'ombre in questa parte e in quella,
Poi nel partir non men gradita e bella
    Lascia l'alme contrade oscure e sole,
    E la notte ne porta, onde si dole
    Il mondo e gli animai privati d'ella,
Tal la mia donna, che da quella luce
    Prese il bel nome e i bei celesti rai,
    Col suo venir di notte il dì m'adduce;
Ed or nel dipartir tenebre e guai
    A Roma lascia, a me sì oscura luce,
    Ch'io non vedrò più sol né giorno mai.

3

Altero, sacro e ben gradito fiume,
    Che a le fiamme del ciel già fusti eguale,
    In te cadendo spense il suo fatale
    Foco Fetonte, e al fin restò tuo nume:
Come perduto hai l'antico costume
    D'estinguer l'alte fiamme? Or foss'io tale
    Ch'in me spengessi l'alto ardor mortale
    Acceso pur d'un bel celeste lume.
Ma veggio or ben che per girar del cielo
    E per lunga stagione insino l'acque
    Si mutan di natura e cangian stato;
Ardon quest'onde il verno in mezzo il gielo,
    Poi che sul lito tuo tal luce nacque
    Che sol adombra, e 'l gran Po n'è beato.

4

Chiara donna, che i chiari ardenti rai
Spargendo intorno illustri il bel paese
In cui prima dal ciel per voi discese
La beltà ch'ogni bel vince d'assai,
Duolmi che pria tant'alto non mirai
E che la cieca mente non comprese
Lo splendor che dal ciel in voi s'accese,
Che d'altra fiamma i' non ardea giamai.
Benché in ciò non io no, ma la natura
Errò, che nascer femmi in parte donde
Sol potea udir di voi la fama e 'l grido;
La qual con voce chiara oltre misura
Di voi cantando per l'estreme sponde
Del mar già batte l'ale in ogni lido.

IX

Di M. Giulio Camillo

1

La fosca notte già con l'ali tese
L'aere abbracciava e 'l mio partire amaro,
Quando de la mia LIDIA il viso chiaro
Levato al ciel tutte le stelle accese.
Parea dicesse loro: "O luci apprese,
Imparate arder da splendor più raro,
Che i dei la terra d'altro lume ornaro
Mentre la mia beltà qua giù discese".
Poi volta a me con folgori cocenti,
Senza temprar de la lor gran virtute
Con lagrima pietosa pur un poco:
"Vattene", disse, "in pace"; e mille ardenti
Fiamme mi mandò al cor, mille ferute.
Dunque andrò in pace così sangue e foco?

2

Fermi Giove nel cielo i patti nostri
E la santa onestà gli accolga in seno,
E d'intorno di fiori un nembo pieno
Piova scherzando ed erba in lui non mostri,
Gemma onorata, d'onorati inchiostri
Degna, e di lingua che potesse a pieno
Pregar candida conca e 'l ciel sereno
E la rugiada pura agli onor vostri,
O bella de le belle Margherite,
Di cui ricca è di Senna or l'alta riva,
Eterno e chiaro onor d'ambi duo noi:
Ch'ambe spero le nostre fragil vite
Vivran sempre, se morte non mi priva
Tosto di me, o voi stessa di voi.

3

Lucida perla in quella conca nata
Dove già la gran madre Citerea
Co' pargoletti Amor premer solea
Il mar tranquillo a la stagion più grata;
Mentre il celeste umor, l'acqua beata
Con le man sante insieme raccoglia,
Il più caro figliuol dentro mettea
E pregio e luce da me tanto amata.
Ridea l'aere d'intorno, e 'l ciel diè segno
Dal manco lato con un tuon soave
Di tanto bene, acciò sentisse il mondo.
Perla da ornar ogni corona e regno,
Perché 'l mio stil per voi non è più grave?
E perché non ho ingegno più profondo?

4

Né mai voce sì dolce o sì gentile
Venne da canto d'amorosi augelli,
Mentre ne' cari e piccioli arbuscelli
Salutano il fiorito e verde aprile;
Né sì soave suon o sì sottile
Fece mai ninfa in lucidi ruscelli,
Qualor sen van più graziosi e belli
Bagnando l'erba in valle ombrosa e umile,
Come quel de la semplice Angeletta,
Quando ne le mie braccia i versi legge
Che ci faranno ancor forse immortali.
Né posso far allora altra vendetta,
Che 'l casto Amor ogni mio ardir corregge,
Né chiede altro conforto a' miei gran mali.

5

Occeano, gran padre de le cose,
    Regno maggior de i salsi umidi dei,
    Che da i vicin superbi Pirenei
    Or veggio pien di cure aspre e noiose,
L'onde tue non fur mai sì tempestose,
    Né al numero de' tristi pensier miei
    Crescer potrian, qualor più i venti rei
    T'arman contra le sponde alte e spumose.
Pur se 'l liquido tuo favilla serba
    Di pietade amorosa, apri le strade
    Ne i larghi campi tuoi a' miei sospiri;
Che qual solea sfogar la pena acerba
    Per le dolci adriatiche contrade,
    Vorrei per te quetar i miei martiri.

6

Padre, che turbi il cielo e rassereni
Com'a te piace, il torbido che mostri
Sparger sopra i real gallici chiostri
Sgombri quella pietà che teco tieni.
I gran spazii del ciel del tutto pieni
Son di grandine accolta a' danni nostri,
E l'aquile han temprato i duri rostri
Per tingerli nel cor de' nostri seni.
Crudei, rapaci ed affamati augelli,
Lungi sia dal bel regno il vostro volo
E in Africa deserta i vostri onori.
Angeli forti in ben forniti ostelli,
Che la Francia guardate a stuolo a stuolo,
A voi crescan le palme, a voi gli allori.

7

Rugiadose dolcezze in matutini
Celesti umor, che i boschi inargentate,
Dolci canne da noi tanto pregiate,
E voi doni de l'api alti e divini,
Or, tra gli oscuri e i lucidi confini
De la notte e del dì (cose beate),
In due labra dolcissime rosate
Gustato ho i vostri alberghi pellegrini.
Deh chi mi ruppe il sonno al gran bisogno,
E da le braccia mie, da i nuovi ardori
Trasse il mio bene e fece il dolce vano?
Il sogno mio, diva LUCREZIA, il sogno,
Ne' suoi più dolci e graziosi errori,
Vi fa pietosa, e 'l ver fors'è lontano.

8

Re de gli altri superbo altero Augello
E tu, Nunzio del giorno, poi che 'l cielo
Levato v'ha da gli occhi il fosco velo,
Che tanto piacque al serpe empio e rubello,
Temprate i duri rostri, e questo e quello,
Quasi fragroso folgorante telo
Spinto da un puro ed onorato zelo,
Gli franga il dorso suo squamoso e fello;
Ch'or mel par riveder nel lito moro
Vibrar la lingua ed arrotar i denti,
Per darci d'ogni error debite salme.
Sì vedrem poi statue d'argento e d'oro
Drizzarvi a l'aura, e con leggiadri accenti
Cantar le glorie altiere, invitte ed alme.

9

Ossa di maraviglia e d'onor piene,
Che sosteneste già carne e figura
Del maggior cavalier che mai natura
Fe' contra Spagna e l'africane arene,
Anzi il gran dì de i premi e de le pene
Uscite ignude de la tomba oscura
Sol per opporvi a quelle di misura
Che 'l più nobile spirto in vita tiene.
Il gran Re, che 'l francesco almo paese
Regge benigno, e 'l nome da lui prende,
Dal sommo è par a voi fino a le piante;
Ma se 'l valor, se l'animo cortese
Di duo principi invitti ancor contende,
Men chiaro fia il buon sir vostro d'Anglante.

10

Fiamme ardenti di Dio, Angeli santi,
    Che la guardia di Francia in sorte avete
    E con gli alati spirti uniti sete
Ch'al gran Re portan la corona avanti,
Gli invisibili vostri aiuti tanti
    Han teso la sottile ed ampia rete
    Onde presa al trionfo omai traete
La Fortuna di CARLO e i suoi gran vanti.
Nimica di virtù, cieca sfacciata,
    Quanti languon per te, quanti son morti?
    Quante impudiche e 'n dolorosi lutti?
Te dea diremo a CARLO maritata
    Cagion di tante ingiurie e tanti torti,
    Te gridan dietro gli elementi tutti.

11

Lega la benda negra
    A la tua trista fronte,
    Musa, che 'l gran DELFIN morto accompagni.
Sorgi squallida ed egra
    Dal conturbato fonte
    E vesti il nudo tuo d'opre di ragni,
    E i fatti excelsi e magni
    Del Garzon sempre invitto
    Sian le funebri pompe.
    E quella, che interrompe
L'alte glorie col termine prescritto,
    Quai stati sarian gli archi
    E i trofei mostri, d'ampie spoglie carchi.

Dov'eri, Marte fero,
    Quando salì il tuo sole
    Dando stupor al ciel del nuovo lume?

Non t'avea già l'Ibero,
Non CARLO, che si duole
Del vano ardir sul rapido e gran fiume.
Qual aria a le tue piume,
Sconsolato Cupido,
Cedea di nebbia piena?
Certo il pianto e la pena
Non v'affligeva in Pafo, non in Gnido,
Ma in luoghi aspri e selvaggi,
Tra prun, cipressi e folminati faggi.

Anco a Vulcan del petto
In loco arido ed ermo
Lavava il duol le ferruginee lane.
Lo scudo al giovenetto
Fatto tenea, che schermo
Saria sol contra a tutte l'armi ispane.
Ei de le squadre insane,
E di CARLO tra loro,
Porta la fuga impressa;
La vittoria promessa
Si vede tutta nel fabril lavoro,
E 'l gran Re co' suoi figli
Coronati di lauro e d'aurei gigli.

"Per questo", disse, "il caso
Per questo scudo avenne
Ad Etna dianzi, mentre tutto accese,
Che 'l licor dal gran vaso,
Che 'l peso non sostenne,
Ridondò nel temprar l'infuso arnese,
Onde il vicin paese
Dal liquido torrente
Di metallo è sommerso.
E se Febo perverso

Spense il lume ch'uscia dal suo oriente,
Anco Cesar morio
Quando Etna a i fuochi tante porte aprio.

Mentre gli etnei Ciclopi
Faticavan l'incude,
Tremò la terra e i monti dier mugito,
E gli uni e gli altri Etiopi,
E ciò che 'l ciel rinchiude,
Vider fra i rotti abissi il gran Cocito.
Ma perché già ogni lito
Bramava l'alma luce,
Si tinse il sol d'oscuro,
E come invido duro
Uccise l'alto e glorioso Duce,
Temendo non costui
Il mondo discorresse pria di lui".

Qui, qui, ninfe sorelle
De la mia musa mesta,
Venite or molli dal corrente vetro;
Spegnete le facelle
E con purpurea cesta
Nembi di fior versate sul feretro,
E come per l'adietro
Da le man vostre fiocchi
Neve nel morto viso.
Ecco che 'l paradiso
E tutto 'l bel si chiuse co' begli occhi;
Ma a te, Esculapio adorno,
Ei sacrò pria l'augel nunzio del giorno.

Sciogli il vel fosco, sconsolata diva,
Che 'l Delfin nuovo ENRICO
Già col sol gira, e girerà suo amico.

12

Occhi, che fulminate fiamme e strali,
  Or che volete più dal petto mio?
  Vostr'è 'l mio cor e vostro il mio desio,
  Cagion del vostro ben e de i miei mali.
Già scorgo in voi con l'arco teso e l'ali
  E con l'ardente face il picciol dio,
  E par che mi minacci stato rio,
  Ma prima (ohimè) non vi mostrate tali.
E se non che l'angeliche parole
  Prometton pace a chi l'ascolta ed ode,
  Mi rimarrei d'entrar in tanto affanno.
Ma chi le virtù vostre uniche e sole,
  Chi la bellezza e l'altre vostre lode
  Farebbe conte a i secoi che verranno?

13

Di ben mille mature bionde spiche
  Cerere armata, e di sé pien il corno,
  Dicea in un sacro a Giove alto soggiorno
  Tra le solenni pompe udendo Psiche:
"Sante parole del coltel nemiche,
  Che sopra i bianchi altar fate ogni giorno
  Quel che sostien il mio candor d'intorno
  Passar ne l'uman Dio con forze amiche,
Al secreto onorato vostro suono
  Ogni dolce silenzio v'accompagni
  Ch'in selve asconda il più riposto orrore.
Taciti i peccator gridin perdono,
  Né augel, né ninfa presso a voi si lagni,
  E prego a me perpetuo tant'onore".

14

Occhi, che vergognar fate le stelle
    Qualor ferite lor co' maggior lampi,
    Serenando del ciel gli aperti campi
    E mostrandogli cose assai più belle,
Come d'Adria a l'eterne alte facelle
    Giugnete, ohimè, perché co' chiari vampi
    Non così a i luoghi men lontani ed ampi
    Ov'è 'l gran mar men rotto da procelle?
Che me vedreste qui del mio languire
    Far testimon di Teti il buon consorte
    A le radici del gran Pireneo.
Occhi, che ne l'amaro mio partire
    Io vidi asciutti e vaghi di mia morte,
    Così vedeste or voi me un lieto Orfeo.

15

Il verde Egitto per la negra arena,
    Ma più per quei che l'adornar d'ingegno,
    Finse già d'amicizia dolce segno
    La nostra forma d'ogni fede piena.
Or di fedel amor, di lunga pena,
    A la pianta del più felice legno
    Finta non io ma vera nota vegno
    Legato di firmissima catena.
Così la ninfa tua non tenga spenti
    I fuochi suoi con quelli di Fetonte
    Nel più superbo frate ch'abbia il Tebro;
Così i latrati miei con grati accenti
    Muovan tuoi rami e le durezze conte,
    Onorato, gentil, alto Ginebro.

16

Aure leggiadre, ben che mille ardenti
Fiamme d'Amor e mille sue fatiche
Detto abbian voi le gran memorie antiche
Aver sofferto, e mille aspri tormenti,
Vincavi la pietà de i gran lamenti
Che fa Cupido su le rive apriche,
U' non son fauni, né le ninfe amiche,
Ed egli è senza l'ali e i fochi ha spenti.
Dameta al vostro suon sotto un laureto
Dorme, né sentir può 'l fanciul dal fiume
Gridar, ch'un capro lo sospinge a l'onde.
Aure fermate, o aure, in aer queto
Il mover dolce de le vostre piume,
E 'l suono si rimanga entro le fronde.

17

Facendo specchio a la mia LIDIA un rio,
    Che fugge queto senza mover onde
    Al favor di novelle e ombrose fronde,
    Di quanto mostra a me, benigno e pio,
Parea l'acque corresser con disio
    D'esser dipinte alor tutte seconde
    Verso il sembiante onor di quelle fronde,
    Come il lucido corre al negro mio.
Ma tosto fuor de la beata parte
    Lasciavan la figura, triste e sole,
    Fatta più bella da un soave riso.
Così a' ruscelli semplici comparte
    Ed a gli occhi miei folli, quando vuole,
    Gli schermi suoi e 'l suo fugace riso.

18

Udite rivi, o date al corso freno,
   O senza onda ei sen vada piano e lento,
   Né 'l faccian tremolar pietra, erba o vento,
   Se specchi esser volete, o cari almeno.
LIDIA, il lume del viso almo e sereno
   Nel crespo d'un di voi vedendo spento
   E senza i bei color, prese spavento:
   Non così fusse, ohimè, venuto meno.
Gridava al ciel e ai negri boschi insieme
   Incolpando il suo foco e la mia cura
   Con voci tal ch'ancor le valli ingombra:
"Ben puoi veder, crudel, s'Amor mi preme,
   Che per te m'è caduta ogni figura
   E di me non son più che parte ed ombra".

19

Sparso d'or l'arenose ambe due corna,
   Con la fronte di toro il re de' fiumi
   A la città volgendo i glauchi lumi,
   La qual il ferro del suo nome adorna:
"In forbito oro il ferro tuo ritorna",
   Parve dicesse, "e 'n buoni i rei costumi,
   E gli onor spenti in tanti accesi lumi,
   Poi che 'l sol nuovo in te regna e soggiorna.
O domator de' mostri, o sol qui sole,
   L'onde ch'io volgo a' cenni tuoi benigno
   Risguarda, e co i tuoi sguardi ognor rischiara".
Al fin de le sue tacite parole
   Ogni riva fiorì, cantò ogni cigno,
   D'or sì fe' 'l secol, l'aria e l'acqua chiara.

20

Poi che l'alta salute d'ogni gente,
    Sangue e sudor piovendole dal volto,
    Nel vel stampossi che la donna sciolto
    Dal crin le porse mesta e riverente,
Quasi semplice agnel puro innocente
    Fra mille morsi d'aspri lupi involto,
    Come poteo benignamente volto
    A lei disse con gli occhi e con la mente:
"Anima sola mossa a' miei martori,
    Dopo volger de' lustri tornerai
    Col ver ne' primi accenti in ch'io risuono;
Allor in carte scosse d'atri errori
    La morte ch'io sostegno stenderai,
    Ed io la dettarò dal sommo trono".

21

Se 'l vero, ond'ha principio il nome vostro,
    Donna sopra l'illustri altre latine,
    Fusse con quelle lodi pellegrine
    Che date al mio non ben purgato inchiostro,
Sarei (lasso) d'onor al secol nostro,
    E tra le ninfe sederei divine
    Che son più care a Febo e più vicine
    Nel fiorito, frondoso e sacro bosco.
Ben voi, voi sola, con l'escelsa mente
    A le cagion passando in ogni cosa
    Levate a la natura i suoi secreti;
E stando Apollo e le sue Muse intente
    Al vostro dotto stil, già gloriosa
    Avanzate i filosofi e i poeti.

22

"Tu, che secondo l'alta Roma onora,
    Sol coglier puoi per quelle rive ombrose
    Le più fresche viole e dilettose,
    Nate ad un parto con la bella aurora.
A te il bel Tebro le sue sponde infiora,
    E per la fronte tua purpuree rose
    S'apron, d'ornarla quasi vergognose,
    Che ghirlanda maggior t'aspetta ancora.
A te i candidi pomi, a te pendenti,
    Metton dolce rossore, e 'l ciel sereno
    Più assai si mostra, e i prati assai più molli".
Così cantò da un sasso in dolci accenti
    Di furor pieno il gran pastor Sileno:
    E GIBERTO sonar, GIBERTO, i colli.

X

Di M. Giovan Mozzarello

1

Mentre i superbi tetti a parte a parte
    Ardean di Roma e l'altre cose belle,
    Mandava il pianto infin sovra le stelle
    Il popol tutto del figliuol di Marte:
Sol cantava Neron, asceso in parte
    Onde schernia le genti meschinelle,
    Fra sé lodando or queste fiamme or quelle,
    Per far scrivendo vergognar le carte.
Così di mezzo il cor ch'ella governa
    Mira lieta il mio incendio, e tutta in pianti
    De' miei tristi pensier la turba afflitta,
Donna che sol di ciò par che si vanti,
    Essendo in mille essempi già descritta
    Sua crudeltate e la mia fiamma interna.

2

Deh perché a dir di voi qua giù non venne
Quel che cantò il furor di Troia e d'Argo,
Donna, ch'avete il ciel cortese e largo,
Che più vi diede assai che non ritenne?
Io, quel che più ad Omero si convenne,
Le vostre lode in molte carte spargo:
Ch'avess'io per mirarvi gli occhi d'Argo,
Poiché non ho d'alzarvi al ciel le penne.
Per fornir il suo don devea natura
Darmi così mill'occhi e mille lingue
Come tanta beltà concesse a vui;
Ch'espor non posso in voce eletta e pura
Con una lo splendor, ch'ogni altro estingue,
Né rimirarlo a pien con questi dui.

3

Dopo lungo servir senza mercede
E tener sempre in dubbio i miei desiri,
Con poca speme e lunghi aspri martiri
Acerba prova far de la mia fede,
E già che 'l mio desio tutto si vede
Nel volto espresso pur ch'altri vi miri,
Non aran pace omai tanti sospiri
E 'l cor che già gran tempo altro non chiede?
Deh se v'è il mio servir noto per prova,
Deliberate almen, dolce mia speme,
O di finirmi o di tenermi in vita.
Né pietà tardi il suo soccorso mova,
Che l'alma già vicina a l'ore estreme
Non può gir molto in aspettando aita.

4

Quei leggiadri d'amor pensieri ardenti,
　　Che 'n mezzo del mio cor s'han fatto albergo,
　　Mi spronan sì che tutti impenno ed ergo
　　Ad alta impresa i miei desiri intenti.
Però de gli occhi più che 'l sol lucenti
　　E del bel viso, in ch'io mi specchio e tergo,
　　De la mia donna mille carte aspergo
　　Per dimostrarla a le future genti.
So ben che troppo incarco ho preso addosso,
　　Ma fo sì come quel che poco prezza,
　　Per mirar fiso il sol, rimaner orbo.
Tanto avanza il mio stil la lor bellezza
　　Che vergogna con man da gli occhi forbo,
　　Ma contrastare al gran desio non posso.

5

Al fonte de gli ardenti miei desiri
　　Guidommi Amor, il mio nemico eterno,
　　Per darmi a diveder che nel suo inferno
　　Il peggio è ch'uom talor goda e respiri:
Tregua ebb'io ne la guerra de' martiri,
　　Ma che pro, se dapoi 'l mio duol interno
　　Crebbe maggior e fu (se ben discerno)
　　Un rinovar de' già stanchi sospiri?
Meglio era aver la man pronta ed ardita
　　Contra me stesso, e questa frale scorza
　　Spogliar dinanzi a lei, che viver senza;
E m'averrà, s'a l'alma sua presenza
　　Ritorno mai: ed o pur ch'abbia forza
　　D'impetrar dal dolor sì lunga vita!

6

Mentre che voi ne' vaghi ampi soggiorni
Della città, che spera ancor per vui
D'agguagliar lieta il ben d'i primi tempi,
Fondate nella mente opra per cui
Se stessa tutta e i sette colli adorni
D'antica gloria e renda voti a i tempi,
Stancando voi sotto il celeste incarco
Col Vicario di Dio, che con voi parte
L'alte cure che 'l ciel commise a lui,
E fate dubbio altrui
Qual sia il senno o la fede in voi maggiore,
L'oprar bene o la speme, onde sì carco
Si fa il mondo e gioioso d'ogni parte,
Quando il vostro destin cominciò in parte
Verso tanta virtù farsi men parco,
Io qui, signor, per procacciarvi onore
E la lingua e la man stanco e lo ingegno,
E perché al secol che verrà sien conti,
Il nome di LEONE e 'l vostro ingegno
Di risonar a i monti,
E della nostra età gli alti ornamenti
Portar cantando in fin al cielo, a i venti.

Così, vie più che saggio ardito forse,
Su le sinistre coste d'Appennino
Fin d'Elicona trar le Muse ho spene;
E sì quelle chiamando adoro e inchino,
Arso d'amor, che da che pria s'accorse
Non pur vaga una al mio pregar sen viene,
Né sdegna a i versi miei temprar la voce,
Sempre inalzando più le mie speranze
Con gli ardenti desii in ch'io le affino.
Ma, lasso, empio destino,

Quand'ha più pace, il cor spaventa in guisa
Ch'ei trema in mezzo 'l foco ove si coce;
E perché dietro a l'altre desianze
Di pensier in pensier sé non avanze,
Quel che sol più d'ogn'altro in ciò mi noce,
Povertà, da ciascun tanto derisa,
Mi è già vicina; ed io non posso aitarmi
Se voi, signor, in cui la mente spera,
Non ripigliate l'armi,
Porgendo a quel ch'è di virtude un sole
Miste con preghi un dì queste parole:

"O sacro Re, con cui l'eterno impero
Largamente ha diviso il sommo Giove,
Che contento or da voi gran cose attende,
Vicino a i lidi ov'Adria freme ed ove
Fra 'l Rubicone e 'l bel Metauro altero
Più lungi un corno il re de' monti stende,
Per sparger sol di voi la fama e 'l grido
Dal Borea a l'Austro, e fin da Gange a Tile,
Fa desioso un uom tutte le prove.
Sol vero amor il move
E desio di piacervi e maravaglia
Delle tante virtù che 'n voi fan nido:
Di ciò si pasce, ogni altra cosa ha vile.
Ma mentre innalza e la voce e lo stile,
Volando dietro al suo pensier più fido
Che già gl'impenna i vanni e lo consiglia
Lasciar la terra e sollevarsi al cielo,
Con più furor minaccia, ov'ei men teme,
Stella nemica, e face il cor un gelo,
E la maggior sua speme
Fondata sol ne le impromesse vostre
Par che più frale ad or ad or li mostre.

Per che da l'alte e gloriose cure
Ne 'l ritrae stanco sì malvagia sorte
A pensar se da lui fosse il diffetto;
In tanto il duol, che suol doler più forte
Ne l'alme in sé ben d'ogni error sicure,
Di gelati pensier gli ingombra il petto.
Ma poi che, ahi lasso, a sé mirando in seno
Vede il cor senza colpa aperto e ignudo,
Vive una lunga e dispietata morte.
E ben ch'il riconforte
Sua conscienzia e a ben sperar l'invite,
E bontade onde avete il cor sì pieno
Sia quasi incontro a ria fortuna scudo,
Non per questo il destin fallace e crudo,
Che colma il viver suo d'atro veleno,
Creder lascia che mai contra il costume
Possa seco tener pace né tregua.
Ben priega il vostro a lui cortese nume
Che, perché altri il persegua,
Non gli manchi ei del primo almo soccorso
Mentre ancor son le sue speranze in corso.

Sapete ben per mille essempi e mille
Che a far per vera gloria un uom eterno
Senza i suoi studi ogn'altra cosa è vana.
Tanti eccellenti asconde il cieco inferno,
Cui fugge a pena Enea solo od Achille
Di quei che vide la città troiana,
De' quali un stuol non men grandi ed egregi
Si tace ancor, che lodator non ebbe,
Quale Mantoa e Smirna al secol derno.
E se ben ver discerno,
Non ha d'altro il gran lauro oggi più fama
Che perché voi, maggior di tutti i pregi,

Al mondo diè, che senza voi sarebbe
Misero ed orbo, ed a sue lode acrebbe
Febo e Minerva e gli onorati fregi
Di Poesia, ch'ancor per padre il chiama.
Dunque al vostro splendor questo s'aggiunga,
Che, oltra che a voi convien l'usar pietade,
Chi sa che ad alto un dì questi non giunga
In più matura etade,
Se non gli manca il vostro aiuto usato,
Lo stil rompendo del maligno fato?

Che già stella crudel tener in guerra
    Non dee poter un uom che sì v'onora,
    Contra cui fora ogni sua forza stanca,
    Se vi specchiate in quel che in ciel s'adora,
    Il cui loco sedendo ornate in terra,
    Ch'ad alcun suo fedel giamai non manca;
    Né per nuovo accidente effetto torre
    A le vostre impromesse o mutar voglia
    Dovria quel saggio cor ch'in voi dimora,
    E mostra ad ora ad ora
    Vie maggior opre assai che e' desir nostri.
    Sì vedrem poi il camin, che questi corre
    Seguendo ove se stesso ir alto invoglia,
    Forse privo del mal che pur l'addoglia,
    Aguagliar alcun dì, ch'ora il precorre,
    E scriver poi con più lodati inchiostri
    Tutto quel per che al fin di tanti danni
    Il mondo è sì di voi ricco ed adorno,
    Sì che a tal che verrà dopo mill'anni
    Sen muova invidia e scorno,
    E faccia a l'altra età di tempo in tempo
    Ir sospirando il ben del nostro tempo".

Canzon, se 'l più d'ogn'altro
Pregiato BEMBO vedi, ove t'invio,
BEMBO, ver cui l'amor cresce in me quanto
Fu sempre in lui valore e cortesia,
Non perché alcun giamai fosse, né fia,
Che di tanta vertù riporti il vanto,
Ma di vincer se stesso ha ancor disio,
A lui ti mostra; e se tua ragion trovi
Al buon giudicio intiero esser piacciuta,
Tientene vaga e poi sicura movi;
E 'l mio signor saluta
Umilemente, e pregal ch'altri preghi
Che sì giusto disio non mi si nieghi.

7

Per tener verde in me l'alto desio
Di sempre arder d'un foco in ch'io ne stanchi
Lo stil, l'ingegno, e perché mai non manchi
Per lontananza over forza d'oblio,
E torni poi sovente il signor mio
A trar sospiri a' non sanati fianchi,
Onde cibo a i pensier noiosi e stanchi
Abondi nel digiun sì lungo e rio,
Agli occhi tristi or questa donna or quella,
Che 'l vulgo suol prezzar, dimostro ad arte,
E quanto ogni altra sia di voi men bella;
Allor vi scopre l'alma a parte a parte
Ne la memoria e grida: "Ahi dura stella,
Dal bel tesoro mio chi mi diparte?".

8

Tutto 'l sostegno, Amor, che d'un bel volto
E d'accenti ne vien cortesi onesti
Ebb'io quel dì ch'Amor mi concedesti
In un soggetto ogni valor raccolto.
Per che poi giorno e notte al mio ben vòlto,
Presso o lunge, in pensier lieti o molesti,
Odo una voce e miro i duo celesti
Lumi, e d'altro giamai non mi cal molto.
Invidia, che sì spesso indi mi svia,
Tolga agli occhi, a l'orecchie il proprio obietto,
Acerba, e le dolcezze mie distempre;
A l'alma torre sol l'alto diletto
Morte può di sentir la donna mia
Ovunque io vada e di vederla sempre.

9

O desir di quest'occhi, almo mio sole,
Che sì lunge da voi m'ardete il petto,
O fin del mio voler, del mio intelletto,
Dolci, soavi, angeliche parole,
O celesti eccellenze al monde sole,
Ch'altro non tiene in sé che sia perfetto,
O chiome d'oro, onde m'ha il cor sì stretto
Amor che d'altro ordir lacci non suole,
O rose eterne sparse infra le brine
Tenere e lievi, o più che bella mano,
O cantar onde 'l ciel non pur uom goda,
O lume del mio cor soave e piano,
O mille altre bellezze alte e divine,
Deh sarà mai ch'io vi riveggia ed oda?

10

Del cibo onde io vivea sì dolcemente
Mentr'ebbi con Amor più lieta sorte,
Beltà divina e le maniere accorte
Che di dolci pensier pascean la mente,
Lo mio fero destin m'ha fatto assente,
Né so chi mi nodrisca e mi conforte
Nel gran digiuno, ond'io n'attendo morte,
Che già ne gli occhi miei vede la gente.
Erisiton, quanto lodar ti puoi
Del tuo stato miglior, se mille cose
Potean saziar la tua infinita doglia.
Un cibo ha il mondo sol fra tutti i suoi
Che può sbramar le mie fiamme amorose:
E di questo un, dolente, il ciel mi spoglia.

11

Aere sereno, aperte piaggie apriche,
    Verdi poggi, antri, boschi e lucid'onde,
    In cui si specchian da l'erbose sponde
    Mille belle d'amor memorie antiche,
Valli riposte a' sospir dolci amiche,
    Ov'al pianto di Progne Ecco risponde,
    E lievi aure scherzando intra le fronde
    Prometton requie a l'aspre mie fatiche,
Letizia eterna le purpuree penne
    Mova d'intorno al grazioso grembo,
    U' beltà di se stessa s'innamora,
Poi che da voi il gran parto al mondo venne
    Che 'l celeste real ceruleo lembo
    Sparso di gigli eternamente infiora.

12

Ninfe, che i verdi colli e l'acque vive
Di Mergo e Sesia, e l'uno e l'altro corno
Del re de' fiumi fate altero e adorno,
Spargendo l'oro a le fresch'aure estive,
I' facea, lasso, in queste vostre rive
Di voi cantando un più dolce soggiorno,
Or a gran passi via sen viene il giorno
Che di mia voce voi, me di voi prive.
Vommene, e vommi eternamente in bando,
S'un qualche sogno a voi non mi riporta
Col dolce imaginar de' miei desiri.
Mia voce quanto a voi del tutto è morta,
S'alcun suo tristo accento non vi mando
Su per quest'onde a forza di sospiri.

13

ITALIA mia, il tuo sì lungo pianto
Co i sospir molti e gravi
Racqueta omai, poi che 'l secondo Giove,
Cui son dal ciel commesse ambe le chiavi
Con l'onorato manto
Perché ristauro a' tuoi danni ritruove,
E per te stessa prove
Quant'era ogn'altro d'onor tal men degno,
Lieto ti porge l'una e l'altra mano.
E perché incerto e vano
Infino ad or tornato è ogni disegno,
A lui senza altro ingegno
Pòi ritentar umile
Scoprir le tue profonde indegne piaghe,
Sì che cangiando stile
Risaldi ogni tuo vizio e danno appaghe.

I duri oltraggi e tanto l'altrui ferro
Tinger col propio sangue
Puoi obliar, e quel comun disnore
Per cui molti anni ogni buon'opra langue.
Perciò che s'io non erro
Pieno gran tempo d'un bel sdegno il core
Il saggio almo Pastore
La notte e 'l giorno a sollevarti intende.
Però con quel vigor ch'anco ti resta,
Così dogliosa e mesta,
Poscia che di tal man soccorso attendi,
Prendi partito, prendi,
E ogni contraria voglia,
Onde al ciel non potean giunger tuoi prieghi,
In un voler s'accoglia,
Tal che il gran Padre al tuo chiamar si pieghi.

Perché dal dì ch'a mille altre ruine
Lasciò aperta la strada,
Quando il popol roman fece Alarico
Affliger con la fame e con la spada,
Mai sentenze divine,
Per farti il mondo d'ogni parte amico
Cangiando l'odio antico
Ne la tanti anni sospirata pace,
Non ti dieder più saggio ed umil padre;
Il qual senza altre squadre
Che de' santi costumi, onde al ciel piace,
U' 'l mal sente vivace
Ch'occupava ogni luogo
Va disperdendo con mirabil cura,
Perché da l'aspro giogo
Possa il collo ritrar lieta e sicura.

Dunque sian l'acque de' correnti fiumi,
Già sì vermigli e lenti,
Dolce cristallo; il suo pregio natio
Rivestan le campagne, sì che spenti
I fier primi costumi
Sol tenga il mondo di valor desio,
E di rubesto in pio
Si muti ogni voler, e d'ogni intorno
Sudi di mel, come già il secol d'oro,
Ogni odorato alloro;
E dal già tanto desiato corno,
Di gentil copia adorno,
Sì vaga primavera,
Sì dolce auton, sì largo onor trabocchi,
Che poi, com'altri spera,
Incontro ogni sventura indarno scocchi.

Quinci tanta dolcezza si distilli
    Che gli animi sì crudi,
    Cui lungo odio civil cotanto gira,
    Tosto sian giunti d'impietate ignudi
    Al loco onde partilli
    Gran tempo ingiusto sdegno od altrui ira.
    Che già di Cipro spira
    L'alta regina, e move dal bel seno
    Un sì caldo piacer e sì dolce aura
    Che 'l mondo tutto inaura
    E di soave amor cuopre il terreno;
    A' più protervi il freno
    Stringendo sì ch'omai
    La strada d'ogni onor si trovi aperta,
    E dopo tanti lai
    In dolce pace ogn'odio si converta.

Signor, i' parlo a voi, poiché presente
In ciascun loco sete,
Empiendo ognor di vostra alta virtute
Quanto il sol scalda, e 'l ciel, come vedete,
D'alzarvi non si pente,
Perché ferma da voi certa salute
Aspetta; e che si mute
Il suo stato sì oscuro e sì doglioso
Italia, che la sua fosca ed amara
Voce tanto rischiara
Al vostro onor, ed al suo mal riposo
Promette alto e gioioso,
Più che l'usato lieta.
Dunque aprasi il camin, che tanto serra
Marte superbo e vieta,
E segua pace eterna omai la guerra.

Ch'altri lauri Babel e chiunque alberga
Fra il Nilo e l'Eufrate
Tesse per adornarvi ognor la chioma;
Di che tanto vi stringa alta pietate,
Che da vendetta s'erga
De le sue gravi offese e molte Roma,
E chi da voi si noma,
Sì che cometta a' più lodati inchiostri
Nuovi trionfi e poetando scriva
Ciascuno, e con più viva
Vena dopo mill'anni altrui dimostri
In parte gli onor vostri,
E di cotanta gloria
Si dia materia sempre a nuovi versi,
E sian di voi memoria
Turchi, Medi, Caldei, Tartari e Persi.

Se 'l tuo poco ornamento,
Canzon, non ti togliesse il gir in parte
Ov'è ch'Italia e tutto il mondo onora,
Direi che uscendo fuora
Il Vatican cercassi a parte a parte,
Pregando che di Marte
L'alto furor s'estingua,
Sì che si svegli onde movesi solo
Ogni più chiara lingua,
Ornando il nome ch'io celebro e colo.

14

Aura soave, che sì dolcemente
Lusinghi l'aere, e tra l'erbette e i fiori
Dolce scherzando accogli i molli odori,
E poi gli spargi sì soavemente,
O verde prato, o bel rivo corrente,
Grato rifugio a gli amorosi ardori,
Che già le mie speranze e i miei timori
Sì pietosi ascoltaste e sì sovente,
Al tristo suon, ch'ognor tra voi s'udiva,
Posi eterno silenzio: e può ben tanto
Nostro voler, pur che ragion il tempre.
Ma se ben più di lei non piango e canto,
Non sia però che 'l cor non ami sempre
Questo fresco, quest'erba e questa riva.

15

Occhi vaghi, amorosi, ove risplende
Quanto di luce e di beato ardore,
Inspirando il superno alto Fattore,
Da tutto il terzo ciel fra noi discende,
Occhi soavi e cari, in cui raccende
D'infiammato desio, d'eterno onore,
Sua vivace facella il santo Amore,
Onde sì dolcemente il cor m'incende,
Occhi leggiadri, ond'io mi sento ognora
Traffiger l'alma a più di mille strali
Senza mai di rimedio aver conforto,
Occhi, del vero Amor raggi immortali,
Cui porta invidia il sol, cui il mondo onora,
Voi, voi dolci occhi, voi m'avete morto.

16

O bella man, che 'l fren del carro tieni
Quando Amor col trionfo a Cipri torna,
Man bianca, man leggiadra, mano adorna,
Che l'aureo scettro suo reggi e mantieni,
Man, che ignuda del guanto rassereni
Mia mente afflitta, ove sempre soggiorna
L'imagin tua, ch'ogni altra mano scorna
E muove invidia a quei begli occhi ameni,
Man cara, man soave, mano eguale
A neve e avorio, man, con che disserra
Amor suo arco e suo dorato strale,
Man, che l'acerbe piaghe che 'l cor serra
Mitighi e addolci, e sei di forza tale
Che sola mi puoi dar e pace e guerra.

17

Ahi perché non correggi
L'empia mia donna, Amor, di te rubella,
Che fa nel regno tuo sì dure leggi?
Questa nostra nemica altera e bella
Dubbiosa ed iniquissima mercede
Spesso propone al mio servir con fede,
E dice: "Amico, eleggi,
O senza speme sospirar mai sempre
Ed essermi più caro,
O per gioir un dì, non sperar mai
Di trar tutto il tuo tempo altro che guai".
E tu comporti, Amore,
Che meschi nel tuo mel cotanto amaro
E le dolcezze tue così distempre?
Ma s'ancor vive in te qualche valore,
Sciegli fra molte a prova una saetta
E fa' del danno mio giusta vendetta.

18

Terreno Giove, a cui l'alto governo
Ha posto in mano il Re de l'universo,
E commesso del ciel ambe le chiavi
Per alzar l'almo ufficio a quanta puote
Gloria maggiore e chiaro pregio eterno,
E mutando in tranquillo il tempo adverso
A le piaghe d'Italia acerbe e gravi
Medico dar che risanar la possa,
E col primo valor più larga dote
Tornar d'antichi onori
Che d'opre elette il secol nostro infiori,
Io parlo a voi, che rallegrata e scossa
Di lunga doglia nostra vita avete

E la paura d'ogni mal rimossa,
Poi che sete poggiato a quella altezza
Che voi fate maggior, la cui grandezza
Non è minor del mondo che reggete;
E prego sostenete
Che le molte speranze e l'allegrezza,
C'ha di voi preso ognuno a parte a parte,
Qual io mi sia, ragioni in queste carte.

Come dopo sonante atra tempesta,
Tosto che 'l sol si scopre e cessa il vento
Ch'avea commosso mar largo e profondo,
La gente afflitta ad adorar s'atterra
E fa di sua salute insieme festa,
Dipinta il volto ancor d'umil spavento,
Così dapoi che si racheta il mondo
Al romor sol di così gran novella,
Ch'era turbato e pien d'odio e di guerra,
Per tutto omai si gode
E ciascun lieto a Dio ne rende lode,
Uscito fuor di così ria procella.
Io che d'ogn'altro ho via maggior diletto
Lo vo mostrando in atto ed in favella,
Che 'l gran piacer, che a dir di ciò m'invoglia,
Fa senza voce risonar la voglia,
Traendo a forza in fin di mezzo il petto
Or uno or altro detto.
E perché maggior frutti anco sen coglia,
E la mia gioia d'ogni parte versi,
Legan se stesse le parole in versi.

Tutto il nostro felice almo paese,
Quantunque l'Alpi e 'l mar cingono intorno
E parte il re d'i monti alto Appennino,
D'elci e di faggi il petto orrido e 'l volto,

Poi ch'è stato ver lui tanto cortese
Che fatto l'ha di voi ricco ed adorno,
Stanco de i strazii il suo forte destino,
Più d'ogn'altro umilmente il ciel ringrazia,
Che 'l suo lungo travaglio ha in pace vòlto,
Sì lieto che non sente
La pena onde gran tempo è sì dolente
O l'empie man d'alcun ch'ancor lo strazia,
Né molto andrà de le sue spoglie altero.
E prega e spera apo cotanta grazia
Che 'l commune disnor sproni ed incenda
L'animo vostro, e sdegno tal ne prenda
Ch'a l'Oriente omai. volga il pensiero
Per ricovrar l'impero,
Sì che 'l nome di Cristo si difenda,
Ed a quel popol timido e fugace,
Con breve guerra, acquisti eterna pace.

Dunque pien de l'ardir c'ha sì infiammati
Gli animi a guerra ed inondar più volte
Fatto di sangue i nostri dolci campi,
Or tien l'onor del vostro ufficio a bada,
Lo stuol movete de' diversi armati,
Sì che le fiamme e quinci e quindi accolte
Faccian l'incendio onde Babel avampi.
Che pur dianzi una parte da se stessa
Solea aver per voi cinta la spada,
L'altra convien che inchine
L'animo a voi dopo molte ruine,
Che d'ogni sdegno suo la cagion cessa,
E sol manca a fornir sì dura lite
Che vostra voglia a lor si mostri espressa.
Roma, che a ciò sol mira e non è cosa
Che non speri da voi lieta e gioiosa,

Co i primi preghi suoi par che vi invite
Ad opre alte e gradite,
E di inimica a Dio gente ritrosa
Attenda sol trionfi il Tebro, e brama
Dar parte ad Arno ancor de la sua fama.

Da l'altra parte le diverse genti
Che vede il mar dove entra la Danoia,
L'Eufrate e 'l Nilo, e quel gran vecchio stanco
Che fa colonna al ciel de le sue membra,
Treman già tutte, e d'ira ed odio ardenti
Fanno a sé danno assai sovente e noia
Co i proprii ferri, onde a se stesse il fianco,
A voi d'eterna fama apron la via.
E non fu mai, per quant'uom si rimembra,
Più laude e men fatica
A trar da lor la nostra gloria antica,
E 'n stato por la prima monarchia
Portando ovunque il sol scalda la 'nsegna
Del figliuol glorioso di Maria,
Come or per indrizzar l'imperio umano
Ch'al maggior uopo il fren pigliaste in mano,
E far come a voi sol par si convegna
L'impresa altera e degna,
E 'l mondo ritornar libero e sano,
Qual è sì 'nfermo e d'ogni parte oppresso,
Non altrui seguitando che voi stesso.

Sopra cotante e sì diverse prove,
Note a ciascun, del vostro almo valore
Nostre speranze son fondate e salde,
Che certezza di sé ferma ne danno.
Quel petto che fortuna unqua non move
E dove regna sol disio d'onore,
Ch'a bell'opre lo 'nfiammi non pur scalde,

E l'animo ch'odiar viltate suole
Più che la morte e non curar affanno,
Di virtù vero amante,
Con l'altre sue eccellenze altere e sante
Ove son basse tutte le parole,
Son de' nostri desir chiari ed onesti
E d'ogni ben prime radici e sole.
Re de le stelle immenso, e tu divina
Madre del tuo Fattor, sacra Reina,
Che sempre in cor nostra salute avesti,
Lasciate almen che questi
Sostegna il secol già posto in ruina.
Vostro desio d'ornarvi il ciel sì tempre,
Che non abbiam ognun a piagner sempre.

Canzon, se sopra il Vaticano andrai,
Ove alberga il Pastor del grande ovile,
Gente molta e devota ivi vedrai
Adorar un signor cortese e pio;
Basciali umil i piedi e digli ch'io
Vorrei la gloria sua da Battro a Tile
Portar con altro stile,
Se 'l valor fosse tal qual è il desio;
Pur se nol sprezza, ch'al suo nome sacro
La voce, e i versi miei purgo e consacro.

19
[G2 G3 attribuito a J. A. Benalio]
Scuopri del bel cristal l'umida testa
Alto padre, beato e sacro Sile,
Ed a la voce mia ti movi e desta.
A riconoscer vien l'antico stile,
Che ne la etade mia più verde e nuova
Forse già non ti parve inculto e vile;

Che come a ogni benigno padre giova
Il figlio riveder dopo molt'anni,
Onde amor e pietade in lui rinova,
Così dopo miei lunghi exigli e affanni
Gioverà, padre, a te dopo mie' errori
Vedermi il crin cangiato, il volto e i panni.
E come già miei giovenili ardori
Lungo le rive tue sfogando andai,
Bagnando del mio pianto l'erbe e i fiori,
Così ora nel mio canto udir potrai,
Mista tra le tue degne immortal lode,
La vera istoria de' miei lunghi guai.
O felice quel cor che mai non rode
Pensiero amaro e nel suo antico nido
La lunga etade di sua vita gode;
Né mai fortuna col suo moto infido
L'ha fatto peregrin o l'ha costretto
Vago cercar l'altrui paese o lido.
Esso non teme il mar, non ha sospetto
D'oscura valle o solitario bosco,
Sicuro e salvo sotto 'l proprio tetto.
E benché ad altrui paia rozzo e losco,
Gode la vista del suo puro cielo
E i dolci frutti senza fiele e tosco.
Io nella età, quando di molle pelo
Incomincian fiorir le guancie e 'l volto,
Ed è più gioventù colma di zelo,
Fui, come sai, de la mia patria tolto
E mosso a ricercar l'altrui paesi,
Tra fatiche e perigli e cure involto.
E quattro lustri errando interi ho spesi
Sognando di gustar le tue dolci acque
E di calcar le rive tue cortesi.

Né fonte, o lago, o fiume mai mi piacque,
   Né mai puoté acquietarsi il mio disio,
   Né mai tue lode la mia lingua tacque.
O più ch'ogn'altro reverendo iddio,
   Occhio d'i fiumi e re de gli altri fonti,
   Chi ti potrebbe mai porre in oblio?
Mentre che l'ombre caderan da' monti
   E l'urna tua si verserà nel mare,
   Padre, fia sempre chi tue laudi conti.
Tu non hai l'onde tue rapide e avare
   Come il Rodano e 'l Po, l'Adige e 'l Reno,
   Che a gli vicini suoi son spesso amare,
Ma versi il vaso tuo chiaro ed ameno,
   Che passi del suo umor le piante e l'erbe
   Che t'empion spesso di bei fiori il seno.
Tu, qual Tebro con torte onde e superbe,
   Non tiri teco i sacri altari e tempi,
   Oprando anco ne' dei sue forze acerbe.
Tu non vedi gli strazii orrendi ed empi
   Com'egli vedut'ha de l'alma Roma,
   Vermiglio e pingue d'i suoi crudi scempi.
Ahi, lasso me, colei che 'l mondo noma
   Imperatrice di tutte le genti,
   Sì poco e sì vil stuolo spoglia e doma.
Tu, come Arno, non hai gli alti lamenti
   De' cittadini tuoi miseri udito
   E lor raccolti in te di vita spenti.
Tu, qual Tesin, del Re di Francia ardito
   Non rivolgesti i forti corpi e i scudi,
   Né in Po sì altero con sue spoglie gito.
Tu i Svizzeri non hai com'Ambro ignudi
   Tratti per pasto di affamati pesci
   O di rapaci e fieri augelli e crudi.

Tu, come il Bachiglion, giamai non cresci
   De l'uman sangue, né per gli sommersi
   Cavalli e cavalier del tuo letto esci.
Tu, come l'Istro, tanti e sì diversi
   Non affondi destrieri, uomini e navi
   D'Ungheri, di Tedeschi, Turchi e Persi.
Ma con le lucide onde tue soavi
   Incontri il sol quando n'adduce il giorno
   E queto le tue verdi sponde lavi.
Son tanti fiori ed erbe e frutti intorno
   Le rive tue, che non vide Acheloo
   Giamai il ricco corno suo sì adorno;
E allo spuntar veloce di Piroo
   Odi i concenti di più lieti augelli
   Che Meandro, Caistro o l'Indo eoo.
Sono i conforti suoi talor men belli
   Gonfiati per le pioggie o per le nevi,
   Onde a' propinqui suoi si fan rubelli.
Ma tu nel chiaro grembo sol ricevi
   Gli dolci Melma, Botenica e Storga,
   Fonti a' vicini suoi soavi e lievi.
Deh perché Apollo non fa ch'in me sorga
   In tue lode un tal stil, come a quel saggio
   Che cantò Laura apo Druenza e Sorga?
O spiri in me di tanta grazia un raggio
   Ch'io sia qual lungo a l'Ebro un nuovo Orfeo,
   O Titiro sul Minzio o sotto un faggio.
Che forse non udì Pindo o Peneo
   Ne le famose rive di Permesso
   Più di me dolce cantar ninfa o deo.
Ma poiché tanto don non mi è concesso,
   Pur non cesserò ancor con l'umil canto
   Aver l'effetto del mio cor espresso.

Che se Pattolo e 'l Tago e l'Ermo il vanto
Hanno di preziose arene d'oro,
Che son spesso cagion di morte e pianto,
Tu di ricchezze non invidi loro,
Che fiorite di gemme ambe hai le sponde,
Sicuro di ciascun dolce tesoro.
E se pur loda alcun le torbide onde
E l'origine incerta del gran Nilo
Che 'l verde Egitto veste d'erbe e fronde,
Potrà ancor dir, ma con più duro stilo,
Ch'in sé nudrisca orrendi e crudi mostri,
L'ippopotamo fero e 'l cocodrilo.
Tu scopri il capo tuo ne' campi nostri,
E gli umil pesci tuoi di puro argento
Pasci nel fondo di tuo' erbosi chiostri.
Te, partendo da noi lieto e contento,
L'adriatica Dori e le sorelle
Colgon nel seno suo soave e lento.
Non guarda in mar il ciel con tante stelle
Quante nel letto tuo ninfe leggiadre
Scherzano ognor vaghe, amorose e belle.
Felice fiume, aventuroso padre,
Poiché de gli altri tuoi sacri consorti
Le lode apo le tue son scure ed adre.
Tu le palme idumee a Trevigi porti,
M'al tuo gran merto restan le parole
E la voce e 'l pensier e i versi morti,
E si nasconde per invidia el sole.

[cfr. scheda biografica J. A. Benalio]

XI

Di M. Baldessare Stampa

1 [*]

Occhi, che la virtù vostra serena,
    Che già mi trasse all'amorosa rete,
    A me tenendo ascosa, rivolgete
    Quel ben ch'indi sperava in pianto e 'n pena,
Se 'l vostro sguardo sol mi spinge e mena
    Come vi piace ad ore triste o liete,
    Perché col torto orgoglio pur volete
    Tormi il piacer che miei tormenti affrena?
Fugge al vostro apparir, lumi beati,
    Ogni oscuro che cinga l'aria nostra,
    Sol contra me l'usanza è fiera e nova:
Se vostro io sono, onde è che sete armati,
    Lasso, a mio danno? Ma se voglia vostra
    È pur ch'io mora, ecco il morir mi giova.

2

O per cui sola ad alto onor m'invio,
    Donna gentil, che 'l basso mio pensiero
    Scorgete al ciel per vago almo sentiero
    A contemplar le intelligenzie e Dio,
In voi s'erge e si specchia il mio desio,
    E mirando ivi accolto il pregio altero
    E l'onestade e tutto il bene intero,
    Frena l'ardir del senso frale e rio.
Indi per la beltà vostra infinita
    Di grado in grado puro e lieto poggia,
    Sì che giunge a la vera eterna vita;
Così la mente al suo Fattor s'appoggia
    E degno effetto al vostro amor la invita,
    Poi che per voi nel suo riposo alloggia.

3

Misero, che agghiacciando avampo ed ardo,
E per temprar col pianto il foco interno
Gli amari affanni e l'alta doglia eterno,
E con due morti in vita mi ritardo;
Sperando temo, or debile or gagliardo,
E morto i' vivo in dolce orrido inferno,
E pur mi reggo senza alcun governo,
E caccio tigri a passo infermo e tardo.
A me ribello io sono, altrui fedele,
E duolmi, rido, e guerreggiando in pace
Faccio gli sensi a la ragione scorte;
Dolce l'assenzio parmi, acerbo il mele,
E mi pasco di quel che mi disface:
Così strani accidenti ha la mia sorte.

XII

Di M. Andrea Navagero

1

Donna, de' bei vostr'occhi i vivi rai,
Che nel cor mi passaro,
Con lor subita luce Amor svegliaro
Che si dormiva in mezzo del mio core.
Svegliossi Amor che nel mio cor dormia
E i bei raggi raccolse,
E formonne una imagin sì gentile
Che tutti i spirti miei ver lei rivolse.
Questa alor tanto umile
A l'alma si mostrò sì dolce e pia
Che, perché voi mi siate acerba e ria,
Tanto è dolce la spene
Che dimora nel cor, che di mie pene
E d'ogni dolor mio ringrazio Amore.

2

Veramente, madonna, in me l'ardore
Tanto non è quanta bellezza in voi,
Ch'uom viver non potrebbe a tanta doglia;
Ben è quanto in amante esser mai soglia,
Né perché tutti i suoi
Pungenti strali in me spendesse Amore
Potriami punto accrescer di martire,
Che giunto son a quel ch'uom pò patire.

Non ha stella nel ciel che dimostrarsi
Possa sì chiara mai ch'al sol sia eguale,
Anzi tanto fiammeggia e tanto luce
Quanto ei le dà, che fonte è d'ogni luce;
Così beltà mortale,
Donna, non è ch'a voi possa aguagliarsi,
Anzi bello fra noi sol quel s'apprezza
Che parte tien de la vostra bellezza.

Tanto e più bella ancor, madonna mia,
Sete, né di voi dir si puote a pieno.
Io dalla mia natura non ho avuto
Maggior poter ch'a mortal sia devuto;
Onde, s'io v'amo meno
Ch'a vostra tant'altezza converria,
Egli è che mia virtù tanto vincete
Quanto più bella d'ogni bella sete.

3
Leggiadre donne, che quella bellezza
    Che natura vi diede
    (Come ben si richiede)
    Desiderate ornar di gentilezza,
Se 'l chiuso vostro cor non s'apre pria,
    Tanto che v'entri il bel raggio d'amore
    Da cui vien tal valore,
    Ei non avrà giamai quel che desia.
Come tutto col dì si mostra fuora
Quel che l'ombrosa notte ricopria,
    E ove luce non sia
    Non si puote veder alcun colore,
Così in quel che non have amor nel core
Virtù mai non si vede,
    E sempre ov'amor siede
Ogni valor si trova, ogni adornezza.

4
Fiamma amorosa e bella,
    Che da' begli occhi della donna mia
    Con le sue man nel cor m'accese Amore,
    Quanto ringrazio il ciel e la mia stella
    Ch'in sorte dato m'han sì dolce ardore,
    Quanto Amor che t'aperse al cor la via!
    Ch'io sia senza il tuo ardor giamai non fia,
    Che ciò né posso, né poter vorrei.
Tu sempre arder mi dèi,
    Ch'ancor che 'l corpo sia caduco e frale,
    Tu ch'in l'alma, che è eterna, accesa sei,
    Sarai com'ella eterna ed immortale.

5

Sonno, ch'all'affannate e stanche menti
D'ogni fatica lor riposo sei,
Deh moveti a pietà de' dolor miei
E porgi qualche pace a' miei tormenti.
Lasso, le notti mie son sì dolenti
Che quando più riposo aver devrei,
Allor più piango e mi doglio di lei
Che sprezza gli angosciosi miei lamenti.
Tu, ch'acqueti ogni pena acerba e rea,
Vien, Sonno, ad acquetar i miei martiri
E vinci quel ch'ogn'altro vince, Amore.
Così sempre sian lieti i tuoi desiri,
E il sen de la tua bella Pasitea
Sempre spiri d'ambrosia un dolce odore.

6

Se sempre ha da durar vostra beltate,
Perché, donna gentil, sì avara sete
Di quel che eterno posseder devete?
E se questa fiorita e verde etate
È come in bel giardin tenero fiore,
Che il mattino, a l'aprirsi d'oriente,
Tutto vermiglio e pieno di vigore,
Ogni erbetta che ha intorno rider face,
Languido e secco poi la sera giace
E perde il vago suo dolce colore,
Perché lieta e gioiosa non godete,
Prima che sian vostre bellezze spente,
Quel che deve perir sì agevolmente?

XIII
Di M. Iacopo Marmitta

1

"Poiché in questa mortal noiosa vita
    Il fin di tutti i mali è sol la morte,
    Per non viver più in grembo a l'empia morte,
    Che morto tiemmi in sì dolente vita,
Forza è ch'io stesso rompa di mia vita
    Lo stame e togli con inganno a morte
    La gloria ch'ella spera nel dar morte
    A me, c'ho in odio il lume della vita.
So ben che cosa lieve fia la morte
    A sì gran mal; però, se già la vita
    Viver non seppi, or saprò gir a morte".
Così disse il buon Tosco e a l'altra vita
    Tosto ne gì, cangiando in chiara morte
    La sua infelice e tenebrosa vita.

2

"Chi può sì degna ed onorata impresa,
    Figlio, biasmar, quantunque a la tua bella
    Patria, di donna fatta vile ancella,
    Non sia la cara libertate resa?
Se la tua voglia di giust'ira accesa
    Al propio sangue fu cruda e rubella,
    Quinci si vede quanto fosse quella
    Sol al publico ben, né ad altro intesa.
O quante volte già, di meraviglia
    Pieno e di sdegno, dissi: ov'è il valore
    De' nostri antichi? u' son le destre ardite?".
Così, rasserenate ambe le ciglia,
    Arno del novo Bruto il chiaro onore
    Cantava, e gli rendea grazie infinite.

XIV

Di M. Francesco Coppetta

1

Quando col ventre pien donna s'invoglia
D'esca vietata, nel toccar se stessa
Lascia del van desio la forma impressa
Ne la tenera ancor non nata spoglia.
Giunta poi l'ora, con tormento e doglia
Pon giù la soma che la tenne oppressa,
E l'informato già sigillo in essa
Aperto scuopre ogni materna voglia.
Tal io veggendo il mio desir conteso
Mi batto il petto, e ne rimane sculto
L'amoroso pensiero ond'io son grave.
Ma s'io vengo a depor piangendo il peso,
Qual dentro di mie voglie è il segno occulto
Di mostrarsi in palese ardir non have.

2

Rivedrò pur la bella donna e 'l loco
Ov'io lasciai, chiude oggi un lustro a punto,
L'arso mio cor, e non s'è mai disgiunto
Per sì lunga stagion dal suo bel foco;
Troverò in lei nulla cangiato o poco
Quel suo mortal ch'è col divin congiunto,
Ma io dagli anni e da l'ardor consunto
Le sarò più che prima a scherno e gioco.
Trovi almeno appo lei fede sì salda
Tanta mercé che del bel viso altiero
Pasca quest'avidi occhi e non l'encresca.
E se raggio d'amor punto la scalda,
Dica tra sé: "Fido amator sincero,
A sì lungo digiun breve è quest'esca".

3

Di quel sugo letal ch'a morte spinse
Chi l'Indo e 'l Perso con vittoria scorse
Nuovo Antipatro al gran MEDICI porse,
E due gran lumi un licor breve estinse.
  E se la terra IPPOLITO non vinse,
  Con Alessandro di splendor concorse,
  E l'avria secondato in arme forse,
  Ma la toga fatale il brando scinse.
Or si puon dar due traditori il vanto
D'aver due volte impoverito il mondo:
Già Macedonia, or è l'Italia in pianto.
  Commosso è 'l Tebro e l'Arno insino al fondo:
  Questo di Pietro gli serbava il manto,
  Quel di Porsenna il bel scettro secondo.

XV

Di M. Battista Dalla Torre

1

Vicina Ecco, ch'ascolti i miei lamenti,
    E quantunque fra sassi e tra le frondi
    Occultamente a gli occhi miei t'ascondi,
    Mostri pietà de' miei gravi tormenti,
Tu raddoppi i miei tristi ultimi accenti,
    Tu col mio spesso il tuo dolor confondi:
    S'io grido Furnia, e tu Furnia rispondi,
    E meco s'io mi doglio ti lamenti.
Te sola ho provato io ninfa pietosa,
    Come quella cui forse ancor soviene
    De l'amato Narciso la durezza.
Eguale arde ambidue fiamma amorosa,
    Eguale è 'l nostro amor, pari le pene,
    Ed ambidue già vinse egual bellezza.

2

Ninfa, che 'n questa oscura grotta ascosa
  Co' miei spesso accompagni i tuoi sospiri
  E meco spesso incontra il ciel t'adiri,
  Mostrandoti del mio dolor dogliosa,
Ben s'assomiglia al tuo, Ninfa pietosa,
  Questo mio stato, pien d'aspri martiri
  Dapoi che la mia speme, i miei desiri
  Posi in donna crudele e disdegnosa.
Te condusse ad amar l'empia tua sorte
  Il superbo Narciso, e me conduce
  L'ingrata Furnia a dolorosa morte.
Per te raggio di sol qua giù non luce,
  Qui per me son tutte le gioie morte:
  Tu fuggi da le genti, io da la luce.

3

Se mai l'orgoglio tuo ti mosse a sdegno,
  Del cielo domator santo Cupido,
  Abbandona di Cipro il propio nido,
  Esci, gran re, fuor de l'antico regno,
Spiega l'ali, signor, senza ritegno
  Là dove Alcon con doloroso grido
  Tutto 'l ciel empie e tutto il nostro lido,
  E ti chiama d'imperio e d'onor degno.
"Che ti giova", dice egli, "in pioggia d'oro,
  O superbo fanciullo, aver cangiato
  Giove, il gran re del cielo, in cigno, in toro,
Se la mia Furnia vedi aver sprezzato
  Le tue fort'armi ed ogni forza loro?
  Come tu il cielo, ed ella ha te domato".

4

"Ben m'aveggio morir tutto il tuo affetto,
    Furnia, in te sol, come in te prima nacque;
    Fuor che 'l tuo sempre ogni altro amor ti spiacque,
    Né mai pietà di me ti scaldò il petto.
Siati essempio l'incauto giovinetto
    Ch'odiando altrui tanto a se stesso piacque,
    Che fatto un fior presso a le gelide acque
    Con la forma perdé voce e intelletto.
Ma pria che perdi così bella spoglia,
    Cara, benché crudel, nemica mia,
    Eterna fia l'alta mia piaga acerba".
Così gridando Alcon vinto di doglia
    Risponder la pietosa Ecco s'udia,
    Che di Narciso ancor memoria serba.

5

E queste verdi erbette e questi fiori,
    Colti di man di vaghe pastorelle
    Quando il sol volea dar loco a le stelle,
    Alcon ti sparge, o madre de gli Amori;
Alcon, che per gli antichi estinti ardori
    Superbo, e per le a te voglie rubelle,
    Or di maggior che pria fiamme novelle
    Racceso, oggi ti rende i primi onori.
Tu, dea di Cipro, or che 'l suo crudo orgoglio
    Contra il tuo gran poter non ha più loco,
    Perché 'l vinto nemico ancora offendi?
Doma Furnia, più dura assai che scoglio,
    Sì che seco arda d'uno istesso foco,
    O ne la prima libertà lo rendi.

6

Quanto fu sempre grave il mio tormento
E la durezza altrui, Ninfa, tu 'l sai,
Che 'n questo ombroso speco ascosa stai
E t'accordi col mio tristo concento.
Mentre io di Furnia meco mi lamento,
Tu rinovelli gli tuo' antichi guai,
E mostrando pietà de' nostri lai,
Meco Furnia crudel chiamar ti sento.
Questa ti tesse Alcon bianca corona
D'odorati narcisi, Ecco amorosa,
Per la pietate c'hai del suo dolore,
E tra tutti gli fior questi ti dona,
Acciò che quel che sovra ogni altra cosa
Ardesti indarno, uom già, godi almen fiore.

7

Nel tempo che levar l'Aurora suole,
Surgendo Furnia, Alcon volto a la dea:
"Non t'arrossir, non ti sdegnar", dicea,
"Che Furnia vinca te, che vince il Sole.
O quante volte in queste piaggie sole
L'han veduto Licori e Galatea
Celarsi, quando quella si vedea
Uscir di rose ornata e di viole.
E ben n'avea ragion: che la natura
Così non fe' giamai cosa più bella,
Come di lei non fe' pietra più dura.
O felice più ch'altra pastorella,
Ch'al ciel gli onori e le ricchezze fura,
Cui con l'Aurora e 'l Sol cede ogni stella!".

XVI

Di M. Francesco Maria Molza

1

Dormiva Amor entro 'l bel seno accolto
De la mia donna sonno dolce e queto,
Quando le guancie e 'l caro sguardo e lieto
Sentì cangiarsi, e sé dal gioir tolto;
E di faville armato e 'n foco avvolto,
Volando a parte onde mai sempre mieto
Pace e dolcezza, e 'l gran desir acqueto,
Repente se l'offerse a mezzo 'l volto;
E quanto di vergogna avea nel core
Acceso il casto e pellegrino affetto,
Tanto con le sue mani ei vi dipinse:
A me scese per l'ossa un dolce ardore
Sì ratto che mai 'l ciel da' nembi infetto
Non corse balenar sì presto o cinse.

2

Né mai racemi ne l'estivo ardore
Colorì 'l sole in sì vezzoso aspetto,
Né da' bei pomi a piegar ramo astretto
Sì vago mise e sì natio colore,
Né di rose i bei crin cinta mai fuore
Portò l'Aurora dì chiaro ed eletto,
Né giunse onor a fino avorio schietto
D'Africa e Tiro prezioso umore,
Né stella seguì mai purpurea face
Allor che 'l ciel cadendo a basso fiede,
Né girò 'l volto Primavera intorno,
Né vaghezza fu mai, ch'ad alma pace
Simile apporti a quella che al cor riede
Membrando il variar del viso adorno.

3

L'atto avante avrò sempre in che onestade
Somma refulse, e 'l bel cortese giro
Per cui, se 'n donne atti leggiadri i' miro,
Sogno mi sembra e fumo ogni beltade.
Ma perché a questa poi o ad altra etade
Ridir non posso (che troppo alto aspiro),
Meco sovente e con Amor m'adiro,
Sì trovo a i bei desiri erte le strade.
Allegro in vista dimostrossi il cielo
E prese qualità dal bel rossore
Che 'l mio sole in quel punto avea sì adorno
Per fregiarne se stesso, allor che fuore
Fra la rugiada a noi si scuopre e 'l gielo
La bella Aurora, e ne rimena 'l giorno.

4

SCIPIO, che lunge dal tuo patrio lido
L'antiche mura del figliuol di Marte
Riverente contempli a parte a parte,
Che belle rivedere ancor mi fido,
Se cosa eguale al gran publico grido
Brami trovar, c'hai letto in tante carte,
Là donde Amor giamai non si diparte,
Mira de l'alma mia fenice il nido.
So che dirai, solo ch'uno atto avante
Di lei ti rechi, o 'n bel sembiante altero
Rida ella o pensi, e 'n ciò se stessa segua:
"Quanto i termini già produsse inante
Roma del grande ed onorato Impero,
Tanto costei con suo' begli occhi adegua".

5

CARO, che quanto scopre il nostro polo
    Spiegate per lo ciel sì larghi i vanni
    Ch'ogni acuto veder par che s'appanni,
    Che dietro s'assicuri al vostro volo,
Poiché 'l viso che tanto onoro e colo
    Ornar mi vietan duri e lunghi affanni,
    Voi con l'inchiostro, onde a la morte inganni
    Fatto più volte avete unico e solo,
Cantate la divina alma beltate
    Di lei c'ho sempre inanzi, ond'ella goda
    Accolta dentro a più leggiadro stile.
A le calde mie voglie ed infiammate
    Assai fia degna ed onorata loda
    Se desto a cantar voi, cigno gentile.

6

Il cangiar dolce del celeste viso,
    Ove Amor rivelò casto e pudico
    L'ultimo sforzo, e di viltà nimico
    D'ogni basso pensier mostrò diviso,
Chiari ne fe' sì come in Paradiso
    L'un l'altro onora e con sembiante amico
    Apre ciò che 'l cor chiude, e nol ridico
    Mai ch'io non tremi di pietà conquiso.
Cotal fra bei ligustri vergognosa
    Espero mira da i superni chiostri
    Aprir ben nata e leggiadretta rosa,
Né più risplende, per ch'altri l'inostri,
    Candido avorio. In somma fu ben cosa
    Degna, saggio signor, de gli occhi vostri.

7

Qual vago fior, che sottil pioggia ingombra
    E d'umor cuopre rugiadoso e lieve,
    Riluce allor che parte 'l giorno breve
    E 'l caldo il ghiaccio alle campagne sgombra,
Cotale 'l mio pensier madonna adombra
    Sotto abito che poco o nulla aggreve
    Coprir gigli, ligustri, oro, ostro e neve,
    E far con atti schifi a se stesso ombra.
Bagnava 'l ciel le piaggie d'ogni 'ntorno
    Sparse di color mille e di viole,
    Ch'incontro i raggi de i bei lumi aperse;
Ma rose non però scorse in quel giorno
    Simili a quelle che 'l cor brama e cole,
    Né fior altrove sì leggiadro asperse.

8

Alma Fenice, che dal sacro nido
    Al ciel v'alzate con sì salde penne
    Che quanto con Atlante Ercol sostenne
    Empite di famoso e chiaro grido,
Mentre ch'Amor, in cui poco mi fido,
    Quel ch'a gli anni miglior più si convenne,
    Per ch'io vi segua 'l cor par che m'impenne
    Da questo nostro ad ogni estremo lido,
A me, già volto alla stagion più ria
    Che i colli imbianca e al gennaio vicino
    Ch'al fin la vita d'ogni ben dispoglia,
Piacciavi in parte agevolar la via
    Col vostro volo, s'è pur mio destino
    Ch'io cangi 'l pelo e non l'accesa voglia.

9

Invido sol, se le due chiare stelle
    De la nuova cagion de' miei tormenti
    Soffrir non puoi, e quei be' raggi ardenti,
    Di cui sempre sarà ch'arda e favelle,
A che tua forza par che rinovelle
    E 'n mille guise di turbar ritenti
    Gli occhi sopra 'l mortal corso lucenti,
    Te ricoprendo di nubi atre e felle?
Ben era di guidar l'aurato carro
    Più di te degna, e con sembiante umano
    Il giorno dispensar da quel bel seno.
Ma che le conte sue fattezze narro,
    Se vinto alzando pur l'altr'ier la mano
    Il ciel lasciasti lor franco e sereno?

10

Quando fra l'altre donne altera giunge
    Questa fenice che 'l mio cor possiede,
    Ove che gli occhi giri o mova 'l piede,
    Ogn'altrui vista a sé sola congiunge;
Né però doglia interna alcuna punge
    Ch'oscura e senza pregio allor si vede,
    Anzi benigna e riverente cede,
    Sì dal nostro uso in tutto si disgiunge.
Felice voi, che d'ogni invidia avete
    I segni disturbati alteramente,
    Tante 'l ciel grazie in que' begli occhi pose.
A me, cui più d'ogni altro 'l cor ardete,
    Amor cose discopre a voi presente
    Che sono al mondo ed alle genti ascose.

11

Da la più ricca vena il più pregiato
Oro ritrova, e da' più colti e lieti
Orti le rose, e puri gigli mieti
Dal più riposto e rugiadoso prato;
Questi insieme confusi 'l viso amato
Faran che in parte ornar non ti si vieti,
E 'l gran desir, saggio pittore, acqueti,
Che per sì alta cagion al cor t'è nato.
Indi cinamo e nardo, e ciò che pasce
Nel suo più vago ed odorato seno
L'unico augello, in darli spirto accogli.
Ma più tosto che 'l tuo ivi non lasce,
GIULIO, temo io, però che in quel bel seno
Mirar senza morir, Amor, ne togli.

12

Gli occhi leggiadri e di luce ebbri ardente
Che né fuggir, né sofferir son oso,
Allor ch'ogni mortal prende riposo
Al suon mi destan di sospir sovente.
E parmi esser talor sì a quei presente
Che men sento 'l martir farsi gravoso,
Poi trovo ogni esser mio sì loro ascoso
Che forza è che seguirli io mi sgomente.
Pur chiudo gli occhi e 'l vano error lusingo
Per aver qualche pace, infin che 'l mare
Il sol lasciando a noi col carro torni.
Non però solo una favilla estingo
Dell'adorno mio foco, o delle amare
Notti ritrovo più tranquilli i giorni.

13

Mentre me verso il bel gorgoneo fonte
Per non segnato calle invita spesso
Un possente desir ch'al cor s'è messo
Di girvi appresso con rime alte e pronte,
Non sia che la serena e vaga fronte
Più mi si nieghi, e sofferir da presso
Quegli occhi vaghi in cui si legge espresso
Com'altri al tempo faccia inganni ed onte;
Sol che mi porga questa speme ardire,
Mostrandomi talor di poca luce
Qualche scintilla, e mi si scuopra intorno,
Di farmi, spero, a tutto 'l colle udire
Con sì fervide note, alma mia duce,
Che invidia muova a più di mille e scorno.

14

Talor madonna folgorando muove
Ver me sì fiero e dispietato sguardo,
Ch'io dico: "S'al fuggir son pigro e tardo,
Amor vedrà di me l'ultime prove".
Ma poi mirando come alor mi trove
Infermo a sì possente e fiero dardo,
Raffrena 'l colpo di cui pero ed ardo,
Quel che de l'arme non avien di Giove.
Qual s'udrà mai sì scaltro e caro ingegno
Che in rime stringa non usate e rare
Ciò ch'a pena pensar meco son oso,
Ed alzi lei tanto al celeste regno
Che con sì chiaro essempio 'l ciel impare
D'esser nel mezzo 'l folminar pietoso?

15

Santa, sacra, celeste e sola imago,
Nella qual Dio se stesso rappresenta,
Ornar terreno stile indarno tenta,
Spesso mi dice un pensier scorto e vago.
Ma l'alma, che di ciò non d'altro appago,
Perché più volte sé delusa senta
Non so come fin qui non si sgomenta,
Pur quel seguendo ond'io mi struggo e impiago;
E vuol ch'io speri dal mortal diffetto
Cantando allontanarmi, e gir sì lunge
Ch'a lei possa piacer qualche mio detto.
O se per sorte là dove ella aggiunge
Di girle appresso non mi sia interdetto,
Beato ardir, ch'or mi lusinga e punge!

16

Donna, ch'ogni felice e chiaro ingegno
Con l'estrema di voi men degna parte
Stancar potete, ed all'antiche carte
Far con le nuove pur onta e disdegno,
Poiché 'l mondo d'amarvi non è degno,
Cui grave peso sì da voi diparte
Che 'ndarno tenta ogni sua forza ed arte
Per giunger sì riposto ed alto segno,
L'orme di Lui, ch'a suo diletto bella
Vi fece, che se stesso amando mira
E di sempre gioir seco non cessa,
Seguite, e con pietosa umil favella
Dite: "Più l'arco di costor non tira",
E sforzate i desir nostri a voi stessa.

17

Anima bella e di quel numer una
     C'han fatto il secol lor vivendo chiaro
     Di virtù, di valor, di pregio raro,
          Quanto 'l ciel in mill'anni non aduna,
     Già solei tu con vista assai men bruna
     Consolar il mio stato aspro ed amaro,
     Or mi ti mostri di pietà sì avaro
          Ch'io porto invidia ad ogni rea fortuna.
     Forse vuoi dirmi in cotal guisa: "Scrivi
     La domestica fraude e il fier licore,
     Di che ancor t'odo sospirar sovente,
          O pur da i foschi ed inameni rivi
     Volano i sogni temerarii fuore,
     E d'error vani altrui empion la mente".

18

Torbida imago e ne l'aspetto scura
     Pur mi ti mostri e di pietà rubella,
     Spirto gentile, allor ch'arde ogni stella
          E la notte le piaggie e i colli oscura.
     L'alma del tuo gioir certa, e sicura
     De la vita ch'or meni in ciel più bella,
     Da sé discaccia vision sì fella
          E poco larve sì mentite cura;
     E membrando ch'omai volge il quinto anno
          Che spinto dal tuo bel carcer terreno
          Salisti al ciel con passi pronti altiero,
     Si riconforta in così duro affanno,
          E spera in breve entro l'empireo seno
          Teco godendo avvicinarsi al vero.

19

Piangi secol noioso e d'orror pieno
Ed ogni senso d'allegrezza oblia,
Di valor nudo in tutto e leggiadria,
Orrido e fosco, già lieto e sereno,
Che 'n te venuto è sul fiorir pur meno
Quel chiaro germe che d'alzar tra via
Era gli antichi onor, la cortesia,
Che vivendo mai sempre egli ebbe in seno.
E tu, che visto pompa hai sì crudele,
Altiero fiume, sotto l'onde il crine
Ascondi, e 'l corso a' tuoi bei rivi niega,
E tosco amaro in te rinchiudi e fele
Simile a quello onde con duro fine
Alma sì bella dal mortal si slega.

20

La bella donna, di cui già cantai
Sì novamente e con sì caldo affetto,
Cangiato ha in reo il suo leggiadro aspetto
Ch'armavan sì felici e vivi rai.
Io, che udir tuon giamai tal non pensai,
Perduto ho in un momento ogni diletto,
E di tal piaga offeso l'intelletto
Ch'altro non penso più che traer guai.
Al chiuder d'i begli occhi onesti e santi
Sparver d'Amor le gloriose insegne
Per colmarne d'eterni e duri pianti.
Alzovvi Morte le sue scure e indegne
Inanzi tempo: o rari e bei sembianti,
Chi fia che senza voi viver più degne?

21

È pur caduta la tua gloria, ahi lasso,
Per quel ch'io odo, Amore, e 'l tuo bel regno
Freddo rimaso e del maggior suo pegno,
Quel che mai non credei, spogliato e casso.
Mentre ella qui fra noi con saldo passo
Il mondo, che d'averla non fu degno,
Rallegrò di sua vista, chiaro segno
Ebbe il mio stile, or sì dimesso e basso.
Però s'io parlo in rime fosche e scure
La colpa è pur di lei, poiché morendo
Portato s'ha di me la miglior parte.
Dura legge e crudel ch'altri ne fure
Sempre il migliore; io per me, Febo, appendo
A questo sasso con la cetra l'arte.

22

Torna, Amore, a l'aratro, e i sette colli,
Ov'era dianzi il seggio tuo maggiore,
Spogliato e nudo del sovran suo onore,
Fuggi con gli occhi di duol gravi e molli.
O speranze fallaci, o pensier folli!
Morta è colei sul bel giovenil fiore
Che ad alta speme apriva ogni umil core;
Taccio di me che sole altro non volli.
Dunque, miser, la stiva in vece d'arco
Usar potrai, e in panni vili avolto
Fender co' bovi le campagne intorno;
Ch'ella giungendo a l'ultimo suo varco
Ogni atto vago estinse, e a te fu tolto
L'usato ardire: o benedetto giorno!

23

Qual vaghezza o furor ti prese, o Morte,
Quando la man stendesti nel bel crine,
Forse per por tante bellezze al fine
E far le glorie invidiando corte ?
Prima averrà che 'l sole il giorno apporte
A noi dal fosco occidental confine,
E sfaccia il fango e 'nduri le pruine,
Ch'elle sian mai per nessun tempo morte.
Il suo sembiante non ch'a i giorni nostri
Ne i petti viva, in or sì bella e 'n marmi
Vedrà Faustina ancor più d'una etade,
E i miglior fabbri di lodati inchiostri
L'han fatto statua d'altre carte, e 'n marmi
È sacra al tempio dell'eternitade.

24

Qual si vede cader dal ciel repente
Lucida stella ne l'estivo ardore,
Tal cadendo ha ciascun colmo d'orrore
Quel sol ch'ogni fredd'alma fece ardente.
Oggi la beltà è morta, oggi son spente
Le faci ove le sue già accese Amore,
Oggi, reciso d'ogni grazia il fiore,
Pari il mondo al suo fin ruina sente.
Ne i diversi anni il duol non vario appare,
L'un sesso e l'altro un danno istesso preme,
E risuona MANCINA in ogni canto.
I giovan saggi e le donzelle rare,
Lei sospirando sol, le danno insieme
Queste d'onesta e quei di bella il vanto.

25

Alma, che già ne la tua verde etade
Meco di dolce e chiaro foco ardesti,
E me seguendo i spirti e i sensi desti
A chi n'afflige or sol in libertade,
Pon mente da le belle alme contrade
Come son volti in rei i modi onesti,
Fatti al ben pigri ed al contrario presti,
E vincati di me qua giù pietade.
Salutami 'l buon MARCO e 'l MOZZARELLO,
    Il COTTA e tutto quel ben nato coro
    Che teco alberga a l'amoroso giro;
Digli ch'al viver mio turbato e fello
    Pace li cheggio, e costà su fra loro
    Breve udienza a qualche mio sospiro.

26

Signor, se a gli onorati e bei desiri,
    Cui dietro siete altieramente volto,
    Fortuna mai non cangi o turbi il volto,
    E 'l ciel cortese ogni suo lume giri,
E se chi tanto de gli altrui martiri
    Si pasce, e de' miei più, che brama or molto,
    Al dir vostro d'amor leggiadro e colto
    Grazia e dolcezza eternamente spiri,
De l'essilio infelice e de' miei fieri
    Sospir v'incresca, ond'ho quest'aer pieno,
    Che lieto dianzi le mie rime udiva,
E fra suoi lauri vincitori altieri
    Serpa di mirto un ramoscello almeno,
    D'aver servato chi d'amor periva.

27

Se 'l sol tra quanto 'l suo bel carro gira
Non vide ancor in questo secol vile
Sembianza al suo Fattor tanto simile
Quanto la vostra, ond'a ben far s'aspira,
Frenate, io prego, omai gli sdegni e l'ira,
Di lui seguendo 'l ben lodato stile,
Che mai non sprezza chi si pente umile
E in brieve adietro ogni furor suo tira,
E sì come è di cuor tenero e piano
Per essempio di noi, ch'acciò n'invita,
Sempre ha la mente al perdonar rivolta:
Dunque porgete al gran disio la mano,
Che sol di voi ragiona, e date aita
A l'alma che peccò sol una volta.

28

Poi ch'al voler di chi nel sommo Regno
Siede Monarca e tempra gli elementi
Troncar le fila a me par che ritenti
L'invida Parca, e già di ciò fa segno,
Tu che vedi il mio male aspro ed indegno,
TRIFON mio caro, e grave duol ne senti,
Tosto che i giorni miei saranno spenti
E fuor di questo mar sorto 'l mio legno,
Di queste note per l'amore antico
Farai scrivendo a le fredd'ossa onore,
Col favor ch'a te sempre Apollo aspira:
Qui giace il MOLZA delle Muse amico;
Del mortal parlo, perch'il suo migliore
Col gran MEDICO suo or vive e spira.

29

Signor, se miri a le passate offese,
A dir il vero ogni martire è poco,
S'al merto di chi ognor piangendo invoco,
Troppo ardenti saette hai in me distese.
Ei pur per noi umana carne prese,
    Con la qual poi morendo estinse il foco
    De' tuoi disdegni, e riaperse il loco
    Che 'l nostro adorno mal già ne contese.
Con questa fida ed onorata scorta
    Dinanzi al seggio tuo mi rappresento
    Carco d'orrore e di me stesso in ira.
Tu pace al cor, ch'egli è ben tempo, apporta,
    E le gravi mie colpe, ond'io pavento,
    Nel sangue tinte del figliuol tuo mira.

30

DOLCE, quel benedetto foco ardente,
    Di cui voi prima Amor arse molt'anni,
    M'incende l'alma or sì che, de' suoi inganni
    Fatta sol vaga, in quel morir consente;
E benché ognor più calda e più cocente
    Senta la fiamma sì che de' suoi danni
    Sazia divien, ne gli amorosi affanni
    De l'arder suo doppia dolcezza sente:
Che dal splendor del bel viso sereno,
    Che neve e rose avanza, e da le care
    Dolci parole piovve il santo ardore;
Onde d'alto desir acceso e pieno
    Pago rimane, e ben potria infiammare
    Qual più freddo crudel barbaro core.

[⇒ A 1-3]

XVII

Di M. Bartolomeo Carlo Piccolomini

1

Poscia ch'a sì leggiadro e chiaro obbietto,
Che sembianza non ha di cosa umana,
Gli occhi m'hai volti, Amor, che gìano errando
Chinati a terra dietro a l'ombra vana
De la bellezza, e a vil raggio imperfetto,
Quante grazie debbo io render cantando
A così larga tua mercede, quando
Mi dipinge il pensier quel sacro volto
Ch'alzar solo mi puote infino al cielo,
Il tenebroso velo
Squarciando, che 'l sentier dritto avea tolto?
Porgine aita, alto signore, e insegna
Al rozzo stil, che vorria dire in rime
Quell'immenso piacer che l'alma sente
Per tua cagione, e qual sia il lume ardente
De la santa beltà, ch'entro s'imprime
Nel cor, mosso da te, perch'a sì degna
Scala di gire al primo bello or vegna.
Gloria molta ti fia ch'io 'l dica e onori
Quella ond'avvien che 'l nome tuo s'adori.

Benedetto sia 'l dì che i primi passi
Torsi dal rio viaggio e ruppi il nodo
Che prigion mi tenea d'empio signore,
Quando svelsi del sen l'amaro chiodo
Che 'l tenea fisso in pensier duri e bassi:
Da la parte del ciel destra l'ardore
Del divin foco allor piovve nel core,
Ch'io mi svegliai dal sonno egro e mortale
Che di notte m'empia le luci e 'l petto.

O felice disdetto,
Poscia che m'involasti al crudo strale,
E mi facesti uscir de l'aspro bosco
Che i piedi e 'l collo a i peregrini intrica,
E traestimi poi del tristo fiume
Che de l'oscura Lete have il costume!
O benigno splendore, o stella amica,
Che l'aere gravato umido e fosco
Da tutto il mio natio bel colle tosco
Con aura lieta disgombrasti intorno
Nel sopr'ogni altro avventuroso giorno!

Questi so' i raggi del divino Sole
In cui mirando la bellezza eterna
Stimar si può di quello, e questo il viso
Che di quel ben, che in sé la più superna
Rota nasconde, a noi dimostrar suole
Sì chiari segni ch'io da me diviso
Corro a vederli, e provo il paradiso.
Queste le chiome son che vincon l'oro
Col qual dal terzo ciel Venere splende,
Di queste i nodi tende
Amor che trae su nel celeste coro
I degni spirti. O dolce e caro laccio,
Che 'l cor quanto più stringe più discioglie,
Quanto da te mi glorio esser avvinto!
Questa è la voce angelica onde vinto
Resta ogni altro concento, onde le voglie
S'infiamman sì che del mortale impaccio
Vorrian spogliarsi. Io per te sola scaccio
Ogn'altro suon da le mie orecchie interne,
E odir mi fai quaggiù le voci eterne.

Pigra giacea nel mondo la virtute
Che dal cor nasce e quella che la cima

Di noi ritiene, e già l'arbitrio umano
In basso volto l'alta strada prima
Avea lasciata della sua salute,
Ed a fiero costume ed inumano
Scendea, di sé facendo il miglior vano,
Quando pietà di noi celeste feo
Volar in terra l'unica bellezza
Che co la sua vaghezza
Volgesse altrui dal camin torto e reo,
E chiamassene al cielo, al ciel, ch'allora
Ch'ella qui nacque le benigne stelle
Tutte avea accese con felici aspetti;
Ed Eolo intanto i venti avea ristretti
Nel cavo speco, e 'l mar le sue procelle
Tutte acquetava. Sormontò l'Aurora
Più lieta in vista, e l'odorata Flora
Sparse il mondo di rose, e Amor la face
Santa raccese, ond'or tutto mi sface.

Qual pensier sento al suo apparir che l'ombre
Discaccia intorno e l'alto lume porge,
Mentre accrescermi sento il dolce foco
Ch'a l'incendio degli angeli mi scorge
E fa che l'alma ogn'altro ardor disgombre!
Quando i passi poi muove ed ogni loco
Empie di meraviglia, Amor, qual gioco
Nel cor mi versi e qual gloria, se arriva
Tra l'altre come sol lucente e vago!
Quanto talor m'appago
Vedendo lei per qualche verde riva
Che de i fiori più degni allor si copre,
Al cantar degli augelli, al suon dell'onde
Ch'accompagnan la voce alta e gentile!
Qual più leggiadro ed animoso stile

Agguagliar porria il dolce che s'infonde
In mezzo a l'alma, e narrar tutte l'opre
Ch'ella in me face, e di qual tempre adopre
Gli strali Amor, di cui le piaghe sento
Al cor profonde gir senza il tormento!

Per voi le dotte Muse e 'l sacro Apollo
Sovr'a Pindo e Parnaso ed Elicona
M'accolgon lieti a la lor selva e a l'acque,
E degni fanno i crin de la corona
A cui non dà l'ira di Giove crollo,
Da poi ch'agli occhi miei felici piacque
L'angelico sembiante, onde al cor nacque
Quel gran desio ch'a dir di voi mi mena,
Celeste donna, e a far sentire il nome
E 'l bel volto e le chiome
Scolpite in carte, e l'aurea mia catena
Mostrar dove il sol nasce, ove s'inchina,
Ne l'Oceano e a l'Orse e a mezzo l'arco
Che ne saetta il giorno, e in ogni etade
Si senta che la vostra alma beltade
Del cielo al secol nostro aperse il varco,
Pur che la vista chiara e pellegrina
Mi si mostri benigna, e la divina
Luce veggia dappresso in dolce stato,
Che in un può in terra e in ciel farmi beato.

Mentre come per limpido cristallo
Si mira in lei dentro al bel corpo l'alma
E s'ode il parlar dolce ch'a noi fede
Fa del saggio intelletto, ogni aspra salma
Lungi disgombra il cor d'ogni rio fallo;
E sì col suo valor lo spirto il fiede
Che da i rozzi pensier dilunga il piede;
E s'amica fortuna ancor lo sguardo

Mi fa incontrar di quegli occhi sereni,
Del ben ch'è dentro pieni
Spirano il santo zelo ond'io tutto ardo,
E lasciar fanno le mortali imprese.
Vola aura fuor delle sue labbia a noi
Che del sepolto foco a mille a mille
Visibilmente fuor trae le faville.
Ogni vano desir co gli atti suoi,
Co l'alte voglie di virtute accese
Sparir fa quindi, ove il suo lume accese:
Quanto gradir più fate il sommo bene,
Poi che per voi, madonna, a lui si viene!

Onde vostra mercede, o fida scorta
Per la strada ch'a Dio mena secura,
Per tutti i gradi avvien che lieto poggi,
Ch'io miri pria la vostra alma figura
Mentre l'anima va da i sensi scorta,
Poi l'imagin più bella in seno alloggi,
Quindi volando per campagne e poggi
In un raccolga le bellezze sparte;
E quella poscia a contemplar se stessa
E la bellezza espressa
Nel puro specchio suo con miglior arte
Vegna, ed indi s'innalzi al quinto seggio
Ne l'intelletto suo, dove la guardi
Non con l'imagin più ma in propria forma;
E al fin muovi l'estrema e felice orma
Al vero lume eterno ove tutta ardi.
Così mi fermo, e quivi assiso veggio
La prima mente, e in lei tutte vagheggio
Le belle idee ne l'esser più gradito,
Solo per voi nel ciel, donna, salito.

Canzon, dal nuovo ardor subito nata
Che m'ha nel petto miso, e sarà eterno,
La bella donna ch'a ben far ne chiama,
Vedi che 'l cor non può dir quanto ei brama,
E converria, del gran diletto interno
E di sì rari effetti, e de l'amata
Sopra ogn'altra gentil beltà pregiata:
Scusami, che non pur l'uman pensiero,
Non che la lingua, tutto aggiugne al vero.

2

Voi, che in questi vicini ombrosi monti,
Ninfe, l'ameno e antico seggio avete
E con gli arbor di Giove alte crescete,
L'ombre tessendo all'onorate fronti,
Voi, rugiadose dee, ch'a i freschi fonti
Sotto il più ardente sol l'onde mescete,
Voi, che intorno a i bei colli dipingete
Co i fiori l'erbe e i crini aurati e conti,
Quella, che col bel volto a ogn'altra sopra
E co l'alto pensier trappassa, i vostri
Nomi ora chiama e 'l vostro aiuto attende.
Venite dunque, e dagli usati chiostri
Liete volgete ogni vostr'arte ed opra
Là dove il ciel co i lumi suoi più splende.

3

È dunque vero, ahimè, che l'empio affanno
Con aspri oltraggi di rio caldo e gielo
Le belle membra di madonna stempre
In guisa tal che, se dal largo cielo
Grazie piovendo in lei tosto non danno
Al grand'uopo conforme aita, sempre

Il mondo impresso di dogliose tempre
Avrà da lacrimare, il gran tesoro
Con lei perdendo ond'ei suol gir superbo?
Iniquo fato acerbo,
Che di natura il più ricco lavoro
Osi turbar con cui l'arte sua vinse:
Qual nel dubbioso mio fosco pensiero
Post'hai doglia, qual tema e qual pietade?
E qual desio d'empir queste contrade
Del suon d'aspri lamenti oscuro e fero,
Poi che i perigli a l'alta beltà cinse
D'orrida morte e del color suo tinse
Le chiare membra il tristo e duro caso
Che 'l sol minaccia di perpetuo occaso?
Com'esser può che 'l volto almo e sereno,
Che pur dianzi splendea più ch'altro, e i lumi
Onde si volge a vera gloria il mondo
Di santo amor, d'angelici costumi,
Or sia di nebbia indegna e d'orror pieno,
Giacendo afflitto? Ahi lasso, o mio giocondo,
O sacro raggio, che nel cor profondo
Con ardor sì possente e sì gentile
M'entrasti sì che da null'aura offesa
L'alma fia sempre accesa,
Chi mi ti invidia? Questa vita a vile
Forse ha madonna? E a morte è già vicina,
Ch'a morte involar noi suole e dar vita
Che fa beato altrui? Chi fia che 'l creda?
De l'immortali il fato anco far preda
Puote? O miseria nuova, aspra infinita
Doglia, che la celeste mia divina
Donna turbando vieni, e pellegrina
Far l'alma agogni dal suo santo albergo,
Ond'io le guance ognor di pianto vergo.

Quel ch'al bel viso, a la stagion novella,
Che per lo nostro ciel lieta montava,
Similmente adivenne: i suoi colori
Com'egli d'or in or perdendo andava,
E i bei sembianti sotto iniqua stella;
Primavera così de i cari onori
Spogliar si vide, e da i nimici orrori
Ferir del vento che da l'alpe torna.
Caggion le sue ghirlande a terra sparse
Poi che l'aere apparse
Strania tempesta, e le inchinate corna
Il Tauro offeso adietro volse, e 'l Sole
Si turbò in vista, e l'amoroso lume
Che inalba il terzo ciel si ricoperse,
Tosto che i raggi suoi mesta coperse
Madonna oltre a l'usato suo costume
Coi qual la terra e 'l cielo allumar suole,
E la dolce armonia de le parole
Negar l'afflitte labbia, e le sue chiome
Auree non sparse, ond'ella prende il nome.

Amor, che in guardia qui lasciando il regno
A i suoi begli occhi ed a l'imperio saggio
Di quel divino e nobile intelletto,
Come securo al tuo materno raggio
L'ale spiegasti, e forse a questo segno
De gli dei volger l'amoroso affetto
Pensasti lieto, il nuovo e duro effetto
Mira dal cielo, alto e possente divo,
Mira colei che quasi adori meco,
Che il mondo lassar cieco
Par s'apparecchi, e già 'l bel corpo privo
De le virtù che gli comparte l'alma
Prende il camin verso il perpetuo sonno.

Pensa al futuro danno, al grave incarco
Che Fortuna spingendo al fosco varco
La donna nostra ti procaccia. Or ponno
Contro a te i fati sì che dura salma
A la tua maestate altera ed alma
Osin por di disnori e iniqui oltraggi,
Perch'al mondo mai più gloria non aggi?
Apri i purpurei tuoi veloci vanni,
    E dove ora vedrai che intorno imbruna
L'aria il suo tristo seno, e ov'io sospiro,
Vieni tosto, ti prego, e insieme aduna
Tutti i tuoi ingegni, e agli angosciosi affanni,
Al nequitoso, acerbo, agro martiro
Ch'a l'estremo di morte aspro sospiro
Omai la sprona, gli occhi drizza, e insieme
A te stesso ed a lei soccorri, Amore.
Vinci questo empio errore
Di Fortuna e di Morte ond'ella or geme,
Mostra la maggior tua possanza vera
Al gran periglio, ov'è sì chiaro il merto,
Contr'a quelle trae fuor la tua virtute
Con l'armi altere che la sua salute
Procurar ponno, e del suo stato incerto
Far securo lo spirto, e l'atra schiera
Scacciar di tante noie anzi che pera.
Dove se' Amor? Ché più dimori? Affretta,
Signor, il volo a far di noi vendetta.

Co l'aura mossa da le sacre penne
    Al tuo venir togli la nebbia oscura
De l'aere tristo che sospira e piagne;
Passa ov'ella languisce, e l'aspra arsura
Tempra al bel corpo che in onor tuo venne;
Le rose ch'a la neve eran compagne

Rendi al candido volto e s'accompagne
Con ogni parte il vigor primo e l'opra;
Rendi il lume al suo albergo antico e fido,
Torna, Amor, al tuo nido
De gli occhi vaghi, e qui gli strali adopra;
Rendi a lo spirto le celesti note
Ch'addolcivano i cori, e de la gioia
Usata seco e del suo dolce riso
Co le grazie primiere le orna il viso
Che ne temprava ogni amorosa noia.
Al mio cor, che v'adora insieme e puote
Viver solo per lei, quanto il percote
Ora acerbo dolor, tanta allegrezza
Tornerà co l'amata alta bellezza.

Sacro Apollo, deh mira il crudo scempio
Di sì leggiadra e bella donna, a cui
Volgendo gli occhi il mondo apprezza ed ama
Gli studi tuoi, che fan le tempie altrui
Cinger di lauro con sì chiaro esempio.
De le tue Muse sol per lei si brama
La selva, il monte e l'acque, e si disama
Ogni vil opra, e sol ella simiglia
Co le chiome i tuoi crin, co gli occhi i rai.
Ascolta i mesti lai
De le misere labbia, e in un ripiglia
L'arti tue antiche, e mischia insieme l'erbe
Che dan salute. Ecco, turbate il volto,
Le pie sorelle sue ti porgon voti;
Già fien per loro al nome tuo devoti
Più che mai i cori, ove il gran dubbio sciolto
Sarà de le lor menti, ove l'acerbe
Pene avrai tolte. Già vedrai superbe
Le piramidi, a i raggi tuoi sembianti,
Surgere a un nuovo e bel tempio davanti.

Tu, che a la Notte ed Erebo seconda
Nascesti, e de la vita il fil ne tessi,
Guarda lo stame che troncar vuol l'empia
Terza sorella, come il fuso avessi
De gli anni di costei pien tutto, e l'onda
Stigia passar devesse anzi ch'adempia
La sua fiorita etade e pria che l'empia
Del suo nome ogni clima. Ahi duro e ingrato
Dente, che incontro al natural suo corso
Cerchi al fil dar di morso,
Che fornito devria vincere il fato!
Tosto l'ingiusto e orribil colpo affrena
E l'opra più che mai segui felice,
Tu che l'ordisti come fusse eterna.
Difendi or la tua gloria e si discerna
Ch'a voi giusta pietà non si disdice.
Mirate ove madonna i giorni mena
In sì forte martir, sì ardente pena,
Ove par che con mesti ed umil segni
Ad essa crudeltà pietade insegni.
A te lo stil rivolgo, invida Morte,
Che cieca giri la terribil arme;
Tu sola, ahi lasso, a impoverirmi attendi,
Crudel, tu sola ad ogni ben privarme
Cerchi in un punto, e le speranze morte,
Ahimè, far tutte, e mentre l'ira accendi
Contra sol una, mille vite offendi.
Tu l'amata mia luce ingorda furi
Nel più bel lampeggiar de' raggi suoi?
Omai sareste voi
Commossi, o tronchi alpestri, o scogli duri.
Restar debbo io senza il mio bel pianeta?
E senza vita in vita? O rea nemica,
Sfoga l'ira tu in me più tosto, e il male

Volgi a me tutto ed al mio spirto frale,
Che sempre è in compagnia de l'alma amica:
Quel prendi e le tue voglie in parte acqueta.
Gradite anco il mio fin voi, donna, e lieta
L'anima in vece vostra a morte andranne,
O partendo pur voi, con voi verranne.
Taci, canzon, che già d'Amor la face
Veggio apparir, che la sua ardente chioma
Per l'aere vibra con allegri lampi;
Già par che il mesto albergo in cima avampi,
Già le noiose e oscure nubi doma
Aura felice, e 'l vento irato tace
Che tempesta adducea; coi dolor pace
Forse avrèn tosto, e tosto alta pietade
Al mondo renderà la sua beltade.

XVIII

Di M. Lodovico Ariosto

1

Chiuso era il sol da un tenebroso velo
Che l'ascondea fino a l'estreme sponde
De l'orizonte, e si sentian le fronde
Fremere e i tuoni andar scorrendo il cielo;
Di pioggia in dubbio o tempestoso gelo
Stav'io per gir oltra le torbid'onde
Del fiume altier che 'l gran sepolcro asconde
Del figlio audace del signor di Delo;
Quando apparir da l'altra riva il lume
De' bei vostri occhi vidi e udi' parole
Che Leandro potean farmi quel giorno;
Ed in un tempo i nuvoli d'intorno
Si dileguaro, e si scoperse il sole,
Tacquero i venti e fu tranquillo il fiume.

2

Quel arboscel che 'n le solinghe rive
    A l'aria spiega i rami orridi ed irti,
    E d'odor vince i pin, gli abeti e i mirti,
    E lieto e verde al caldo e al ghiaccio vive,
Il nome ha di colei che mi prescrive
    Termini e leggi, e m'affatica i spirti,
    Da cui seguir non potran Scille o Sirti
    Ritrarmi, o le brumali ore o l'estive.
E se benigno influsso di pianeta,
    Lunghe vigilie o più amorosi sproni
    Son per ridurmi a l'onorata meta,
Non voglio (e Febo e Bacco mi perdoni)
    Che lor frondi mi mostrino poeta,
    Ma un bel Ginebro sia che mi coroni.

3

Benché simili siano e degli artigli
    E del capo e del petto e de le piume,
    Se manca in lor la perfezion del lume
    Riconoscer non vuol l'aquila i figli;
Perché una parte che non l'assomigli
    Fa che non esser sue l'altre presume:
    Magnanima natura, alto costume
    Degno onde esempio un saggio amante pigli.
Che la sua donna sua creder che sia
    Non dee, s'a' desir suoi, s'a' piacer suoi,
    S'a tutte voglie sue non l'ha conforme.
Perciò non siate in un da me difforme:
    Benché mi si confaccia il più di voi,
    O nulla, o vi convien tutta esser mia.

XIX
Di M. Francesco Capodilista

1

Se mai pianto o sospir d'afflitto core
    Ti strinse, o sola nostra fida spene,
    Sì che d'amare ed angosciose pene
    Fosse a' tuoi preghi uom miser tratto fore,
Deh or ti stringa il mio grave dolore,
    Le voci, d'atti lagrimosi piene,
    A pregar il tuo caro e sommo bene,
    Che spenga in me così sfrenato ardore;
Acciò le tante lagrime ch'io verso
    Pur per intenerir colei, che forse
    Ver me sì dura per mio ben si mostra,
A lui rivolga, ed ogni rima e verso:
    Che più che mezze ho già, VERGINE, corse
    Le corte strade de la vita nostra.

XX
Di M. Paolo Canale

1

Vago augellin, che lieto in ogni fronda
    Cantando voli ove il disio ti gira,
    Come t'invidia il cor quando si mira
    La tua più de la mia vita gioconda;
A me, lasso, non puote o terra od onda
    Levar l'alto dolor che mi martira,
    Tal fu, donde il mio cor sempre sospira,
    La piaga ch'Amor fece aspra e profonda.
Che se dal foco mio partir mi provo,
    Come chi da sua vita si diparte,
    In braccio a morte ogni passo mi trovo,
Ma se presso gli sto, lasso, con ch'arte
    Mi sface, e con che modo strano e novo:
    Così ho il mio mal vicino in ogni parte.

2

Quando avvien che 'l desio ch'aggio nel petto
Trappassi, donna, in me l'usata norma,
Allora il signor mio lieto m'informa
Ch'ammorzar può mia brama il vostro aspetto.
Io, che per ubbidir gli son suggetto,
Né incontra il suo voler mai mossi un'orma,
Seguo il suo impero, e vegno a quella forma
Che magistero in sé mostra perfetto.
Ma giunto al volto in che m'insegna Amore
Doversi far mie voglie in tutto chete,
Amara medicina di mie pene,
Come al vano amator, lasso, m'aviene,
Che mentre che sedar cercò una sete
La pigliò ne la fonte assai maggiore.

3

Fonte, ch'al mio gioir mostrasti il giorno
  Il più lucente e liquido cristallo,
  E voi, che 'l più leggiadro e caro ballo,
  Vaghe ninfe, menaste al fonte intorno,
Verdi prati, ch'ognun si fece adorno
  Per più invaghirmi il dì di perso o giallo,
  Come il bene sperar mai fe' gran fallo
  Per quel cotanto in voi dolce soggiorno!
Lungo mal ritrovai dopo il ben corto,
  E 'l mar ch'io solco torbido e inquieto,
  Là proprio ove sperar deveva il porto.
Tal del mio ben oprar merto non mieto:
  Ella cruda sel sa quanto a gran torto
  Cagion mi dà di mai non esser lieto.

4

Duo soli, un più de l'altro almi e lucenti,
Mostransi insieme a la stagion acerba:
L'un perché rinvestisse il mondo d'erba,
L'altro il cor mio di bei pensier contenti.
Produsser poi co' suoi raggi possenti
Quei frutti onde la state andò superba,
Questi nel cor, ch'omai più non le serba,
Speranze alte e desir dolci e cocenti.
E poi che incominciar lontano a farsi,
Quel da la terra e questo dal mio core,
Veggendo la sua luce in altra parte,
Fur dal freddo le frondi a terra sparte,
La spene del mio cor cacciata fore
Da le pene e i martir ch'ivi fermarsi.

XXI

Di M. Giovanni Guidiccione

1

Viva fiamma di Marte, onor de' tuoi,
Ch'Urbino un tempo e più l'Italia ornaro,
Mira che giogo vil, che duolo amaro
Preme or l'altrice de' famosi eroi.
Abita morte ne' begli occhi suoi,
Che fur del mondo il sol più ardente e chiaro,
Duolsene il Tebro, e grida: "O duce raro,
Muovi le schiere onde tant'osi e puoi,
E qui ne vien dove lo stuol de gl'empi
Fura le sacre e gloriose spoglie,
E tinge il ferro d'innocente sangue.
Le tue vittorie e le mie giuste voglie,
E i diffetti del fato ond'ella langue,
Tu che sol dèi con le lor morti adempi".

2

Dal pigro e grave sonno, ove sepolta
Sei già tanti anni, omai sorgi e respira,
E disdegnosa le tue piaghe mira,
Italia mia, non men serva che stolta.
La bella libertà, ch'altri t'ha tolta
Per tuo non sano oprar, cerca e sospira,
E i passi erranti al camin dritto gira
Da quel torto sentier dove sei volta.
Che se risguardi le memorie antiche,
Vedrai che quei che i tuoi trionfi ornaro
T'han posto il giogo e di catene avvinta.
L'empie tue voglie a te stessa nemiche,
Con gloria d'altri e con tuo duolo amaro,
Misera, t'hanno a sì vil fine spinta.

3

Da questi acuti e dispietati strali,
Che Fortuna non sazia ognora aventa
Nel bel corpo d'Italia, onde paventa
E piange le sue piaghe alte e mortali,
Bram'io levarmi omai su le destre ali
Che 'l desio impenna e dispiegar già tenta,
E volar là dove io non veggia e senta
Quest'egra schiera d'infiniti mali.
Che non poss'io soffrir chi fu già lume
Di beltà, di valor, pallida e 'ncolta
Mutar a voglia altrui legge e costume,
E dir versando il glorioso sangue:
"A che t'armi Fortuna? A che sei volta
Contra chi vinta cotanti anni langue?".

4

Questa, che tanti secoli già stese
  Sì lungi il braccio del felice impero,
  Donna de le provincie e di quel vero
  Valor che 'n cima d'alta gloria ascese,
Giace vil serva, e di cotante offese
  Che sostien dal Tedesco e da l'Ibero
  Non spera il fin, che indarno Marco e Piero
  Chiama al suo scampo ed a le sue difese.
Così caduta la sua gloria in fondo,
  E domo e spento il gran valor antico,
  A i colpi de l'ingiurie è fatta segno.
Puoi tu, non colmo di dolor profondo,
  BUONVISO, udir quel ch'io piangendo dico,
  E non meco avampar d'un fero sdegno?

5

Prega tu meco il ciel de la su' aita,
  Se pur (quanto devria) ti punge cura
  Di quest'afflitta Italia, a cui non dura
  In tanti affanni omai la debil vita.
Non può la forte vincitrice ardita
  Regger (chi 'l crederia?) sua pena dura,
  Né rimedio o speranza l'assecura,
  Sì l'odio interno ha la pietà sbandita.
Ch'a tal (vostre rie colpe e di Fortuna)
  È giunta, che non è chi pur le dia
  Conforto nel morir, non che soccorso.
Già tremar fece l'universo ad una
  Rivolta d'occhi, ed or cade tra via,
  Battuta e vinta nel suo estremo corso.

6

Fia mai quel dì che 'l giogo indegno e grave
Scotendo con l'esilio de gli affanni
Possiam dire: "o graditi e felici anni,
O fortunata libertà soave!
Cosa non fia che più n'affliga e grave,
Or che 'l ciel largo ne ristora i danni,
Or che la gente de' futuri inganni,
O d'altra acerba indegnità non pave"?
Fia mai quel dì che bianca il seno e 'l volto
E la man carca di mature spiche
Ritorni a noi la bella amata Pace?
E 'l mio BUONVISO con onor raccolto
Fra i degni Toschi c'han le Muse amiche
Senta cantar d'Amor l'arco e la face?

7

Il Tebro, l'Arno, il Po queste parole
Formate da dolor saldo e pungente
Odo io, che sol ho qui l'orecchie intente,
Accompagnar col pianto estreme e sole:
"Chiuso e sparito è in queste rive il sole,
E l'accese virtù d'amore spente;
Ha l'oscura tempesta d'occidente
Scossi i be' fior de' prati e le viole;
E Borea ha svelto il mirto e 'l sacro alloro,
Pregio e corona vostra, anime rare,
Crollando i sacri a Dio devoti tetti.
Non avrà 'l mar più le nostr'acque chiare,
Né per gl'omeri sparse i bei crin d'oro
Fuor le Ninfe trarran de l'onde i petti".

8

Il non più udito e gran publico danno,
  Le morti, l'onte, e le querele sparte
  D'Italia, ch'io pur piango in queste carte,
  Empieran di pietà quei che verranno.
Quanti (s'io dritto stimo) ancor diranno:
  "O nati a peggior anni in miglior parte!",
  Quanti movransi a vendicarne in parte
  Del barbarico oltraggio e de l'inganno!
Non avrà l'ozio pigro e 'l viver molle
  Loco in quei saggi ch'anderan col sano
  Pensiero al corso de gl'onori eterno;
Ch'assai col nostro sangue avemo il folle
  Error purgato di color ch'in mano
  Di sì belle contrade hanno il governo.

9

Mentre in più largo e più superbo volo
  L'ali sue spande e le gran forze muove
  Per l'italico ciel l'augel di Giove,
  Come re altero di tutti altri e solo,
Non vede accolto un rio perfido stuolo
  Entro al suo proprio e vero nido altrove,
  Ch'ancide quei di mille morti nuove
  E questi ingombra di spavento e duolo;
Non vede i danni suoi, né a qual periglio
  Stia la verace santa fé di Cristo,
  Che (colpa, e so di cui) negletta more;
Ma tra noi vòlto a insaguinar l'artiglio,
  Per fare un breve e vergognoso acquisto
  Lascia cieco il camin vero d'onore.

10

Ecco che muove orribilmente il piede
   E scende quasi un rapido torrente
   Da gli alti monti nuova ingorda gente,
   Per far di noi più dolorose prede,
Per acquistar col sangue nostro fede
   A lo sfrenato lor furore ardente;
   Ecco ch'Italia, misera dolente,
   L'ultime notti a mezzo giorno vede.
Che debbe or Mario dir, che fe' di queste
   Fere rabbiose già sì duro scempio,
   E gli altri vincitor di genti strane,
Se quest'alta reina in voci meste
   Odon rinovellare il dolor empio,
   E 'n van pregar chi le sue piaghe sane?

11

Dunque, BUONVISO mio, del nostro seme
   Debbe i frutti raccor barbara mano,
   E da le piante coltivate in vano
   I cari pomi via portarne insieme?
Questa madre d'imperi ognora geme
   (Scolorato il real sembiante umano)
   Sì larghi danni e 'l suo valor sovrano,
   La libertate e la perduta speme;
E dice: "O Re del ciel, se mai t'accese
   Giust'ira a raffrenar terreno orgoglio,
   Or tutte irato le saette spendi.
Vendica i miei gran danni e le tue offese,
   O quanto è ingiusto il mal, grave il cordoglio,
   Tanto del primo mio vigor mi rendi".

12

Vera fama fra i tuoi più cari sona
Ch'al paese natio passar da quelle
Quete contrade, ov'or dimori, e belle
(Né spiar so perché) disio ti sprona.
Qui sol d'ira e di morte si ragiona,
Qui l'alme son d'ogni pietà rubelle,
Qui i pianti e i gridi van sovra le stelle,
E non più al buon ch'al rio Marte perdona;
Qui vedrai i campi solitarii e nudi,
E sterpi e spine in vece d'erbe e fiori,
E nel più verde april canuto verno;
Qui i vomeri e le falci in via più crudi
Ferri converse, e pien d'ombre e d'orrori
Questo de' vivi doloroso inferno.

13

Empio ver me di sì gentil riesci,
Amor, che col velen de la paura
Stempri il mio dolce, e men che mai secura
Fai l'alma allor che tu più ardito cresci.
Pur dianzi mi gradisti, or mi rincresci,
Sì poco il tuo gioir diletta e dura.
Strugga, signor, questa gelata cura
Tua pietà ardente, o fuor del mio pett'esci.
Che s'io deggio languir quando più fissi
Nel profondo del ben sono i miei spirti,
Io prego che 'l tuo stral più non mi tocchi.
S'allor ch'io gelo in alta fiamma udissi
Quel che 'l sentito ben mi vieta dirti,
Verresti a lacrimar ne' suoi begli occhi.

14

Mal vidi, Amor, le non più viste e tante
Bellezze sue, se nel più lieto stato
Dovea languire, e con la morte a lato
L'orme seguir de le leggiadre piante.
Spesso col sol de le sue luci sante
Chiudo il mio dì seren, l'apro beato,
E scorgo ivi il Piacer ch'è teco armato
Contra i sospetti del mio cor tremante.
Ma nulla val: che da' begli occhi lungi
Tal nasce giel da le mie fiamme vive
Che visibilemente ogni ben more.
Forse sei tu che poi mi segui e giungi
E nanzi a lei, ch'ogni tuo ardir prescrive,
Lusinghi e queti l'affannato core.

15

Scaldava Amor ne' chiari amati lumi
Suo' acuti strai d'una pietà fervente,
Per più fero assalirmi il cor dolente
Mentre n'uscian duo lagrimosi fiumi.
Io, che le 'nsidie e i suoi duri costumi
So per lungo uso, allor subitamente
Spingo 'l cor nel bel pianto u' vita sente,
Perché 'n calda pietà non si consumi.
Come ne la stagion men fresca suole,
Se la notte la bagna, arida erbetta
Lieta mostrarsi all'apparir del sole,
Ris'ei ne la rugiada de' begli occhi,
Baciolli e disse: "Amor, la tua saetta
Di pietà non tem'io che più mi tocchi".

16

Le tue promesse, Amor, come sen vanno
Spesso vote di fé verso i martiri,
Come nascon nel cor feri desiri
Quando interdette le speranze stanno!
Non è presto al venir se non il danno:
Io 'l so che 'l sento; e tu che lieto il miri
Dammi dond'io talor dolce respiri
Dal grave peso di sì dolce affanno.
Per virtù del tuo santo aurato strale
Raccolta sia la mia speranza ov'ebbe
Albergo già sì aventuroso e degno;
Sostenti la tua fé pena mortale,
Ed al cader non sia meno il sostegno
Che desti al cor quando di lui t'increbbe.

17

Se 'l vostro sol, che nel più ardente e vero
Eterno Sol s'interna e si raccende,
Splendesse or qui come su 'n cielo splende,
Tanto a' vostr'occhi bel quanto al pensiero,
L'Aquila avria dove fermar l'altero
Guardo, ch'or forse oscura nube offende,
E quel ch'a spegner l'alta luce intende
Del buon nome cristian saria men fero.
Che, come quel che per Vittoria nacque,
E per quella vivrà, gli apriria 'l fianco,
Quasi folgor che fenda eccelsa pianta;
E voi lieta non men che cara e santa
Cantereste i suoi gesti e l'ardir franco,
Qual celeste sirena in mezzo all'acque.

18

Quanto a' begli occhi vostri e quanto manca
   A' seguaci di Cristo, poi che morte
   Spense quel sol ch'or la celeste corte
   Alluma e 'l cerchio bel di latte imbianca!
Quei non vedon più cosa onde la stanca
   Mente nel gran desio si riconforte,
   Ma piangon l'ore ai lor diletti corte
   E la luce a' bei giorni oscura e manca.
Questi contra 'l furor del fero Scita,
   Ch'or sì possente vien ne' nostri danni,
   Avrian ferma speranza di salute:
Ch'un raggio sol della sua gran vertute
   Vincer potria la costui voglia ardita,
   E le nebbie sgombrar de' nostri affanni.

19

Se ben sorge talor lieto il pensiero
   A' caldi raggi del suo amato sole,
   E vede il volto ed ode le parole,
   Quasi in un punto poi l'attrista il vero.
Quanto più pago andria sciolto e leggiero
   Ad imparar ne le celesti scole
   Gli alti segreti e quelle gioie sole,
   Se l'occhio vivo lo scernesse e vero!
Percioché fisso nel suo caro obietto
   A la mente daria sì fida aita
   Che non l'impediria l'ira e 'l dolore.
Allor vedrebbe il ben fermo e perfetto,
   E tutta piena d'un beato ardore
   Gusteria il dolce di quell'alma vita.

20

GIOVO, com'è che fra l'amaro pianto
De l'alta donna tua, fra tanti affanni,
Fra le triste membranze e i neri panni,
S'oda sì dolce e sì felice canto?
Cercando il suo bel sol col pensier santo,
Ch'a morte studia far onta ed inganni,
Cred'io che s'erga a quei superni scanni
Ov'oda e 'mprenda il suon mirabil tanto.
Che come vince l'armonia celeste
L'uman udir, così 'l bel dir ne lega
I sensi d'un piacer che suol beare.
Deh perché 'l mio, che 'ndarno l'ali spiega,
Seco non guida al ciel, sol perché queste
Voci del nome suo sian dolci e chiare?

21

Tu, che con gli occhi ove i più ricchi e veri
Trionfi addusse e tenne il seggio Amore,
Festi pago il desio, dolce il dolore,
E serenasti i torbidi pensieri,
Tu (potrò in tanto duol mai dirlo?), ch'eri
Specchio di leggiadria, di vero onore,
Sei spenta; ed io pur vivo in sì poche ore,
Misero essempio degli amanti altieri.
Aprasi il tetro mio carcer terreno,
E tu, vero e nuovo angelo celeste,
Prega il Signor che mi raccolga teco,
E per te salvo sia nel bel sereno
Eterno, come fui felice in queste
Nubi mortali, ove or son egro e cieco.

22

Anima eletta, il cui leggiadro velo
Diè lume e forza al mio debile ingegno,
Mentre a gli strali di pensier fu segno
Che così casti ancor per tema celo,
Scendi pietosa a consolar del cielo
Le mie notti dolenti, ch'è ben degno,
Poiché sì amara libertà disdegno
E 'l cor già sente de l'eterno gielo.
Solei, pur viva, in sogno col bel volto
E con la voce angelica gradita
Partir da me le più noiose cure.
Deh perché, poi che morte ha 'l nodo sciolto
Che strinse lo mio cor con la tua vita,
Non fai tu chiare le mie notti oscure?

23

Come da dense nubi esce talora
Lucido lampo e via ratto sparisce,
Così l'alma gentil, per cui languisce
Amor, s'uscìo del suo bel corpo fora.
Seguilla il mio pensiero, e la vede ora
Che con l'eterno suo Fattor s'unisce,
E mia casta intenzion pregia e gradisce,
E co' suoi detti la mia fede onora.
Io rimasi qua giù ministro fido
A por ne l'urna il suo cenere santo
E far de gli almi onor publico grido.
Or le mie parti con pietà fornite,
Sazio del viver mio, non già del pianto,
Aspetto ch'ella a sé mi chiami e 'nvite.

24

Poi che qui fusti la mia luce prima
A dimostrarmi aperto e nudo il vero,
E festi ardente il tepido pensiero
Ch'un'ombra pur di ben non vide imprima,
Or che Dio in cerchio de' beati stima
E premia i merti del tuo cor sincero,
Apri a l'alma i secreti di quel vero
Regno, e l'aita ivi a salire in cima;
Che salirà, sol che tu dica a lui:
"Signor, quest'alma a i desir casti intenta
Fu per mio studio giù nel mondo cieco;
Io de' suoi bei pensier ministra fui,
Ed io ti prego umil che le consenta
Ch'eterno goda di tua vista meco".

25

Deh vieni omai, ben nata, a darmi luce
De le cose del ciel ch'aperte vedi,
Or che sì presso a Dio sì cara siedi
E sì vagheggi la sua eterna luce.
Dimmi in che guisa quel supremo Duce
Le corone dispensi e le mercedi,
Conta i tuoi gaudi ed al mio duol concedi
Requie ed oblio, poi ch'a morir m'induce:
Acciò che l'alma a cui già vita desti
Senta del vero bene e si consoli,
Afflitta, udendo il tuo dir dolce e pio.
Tutta in se stessa poi, spezzando questi
Ritegni umani, a te sì lievi e voli,
Finita la sua guardia e 'l pianto mio.

26

A quel che fe' nel cor l'alta ferita,
Soavissimo stral, chieggio perdono
Se de gli occhi ond'uscìo più non ragiono,
E se d'altra beltà l'alma è invaghita.
Poi che lor luce e mia speme infinita
Morte empia spense, e 'l suo più caro dono
Chi ce 'l diè si ritolse, in abbandono
Diedi al dolor la mia angosciosa vita,
Le cui spine pungean l'anima tanto
Che non scerneva il suo sereno stato
E chiudeva a se stessa il camin santo.
Die' loco a nuova fiamma, onde lentato
Il duol acerbo e scosso il mortal manto
Vengo ove sei talor lieto e beato.

27

Saglio con l'ali de' pensier ardenti,
Che 'l nuovo foco mio forma ed accende,
Là 've 'l cener del tuo, ch'altrove splende,
Anzi il vivo dolor gli avea già spenti.
Saglio a' cerchi del ciel puri e lucenti,
Ove i suoi premi il tuo bel viver prende;
Quivi ti veggio e quivi i desir rende
La tua divinità queti e contenti.
Ben dèi tu a lei, che spesso a te m'envia
Scevro dal duolo e da le cure vili,
Render grazie dal ciel, non pur salute;
E dirle che quaggiù guida mi sia,
Mentre che cerchi tu coi preghi umili
Impetrar dal tuo Sir la mia salute.

28

Com'esce fuor sua dolce umil favella
Tra le rose vermiglie e tra i sospiri,
Che fan, come aura suol che lieve spiri,
La fiamma del mio cor più viva e bella,
Amor ne' miei pensier così favella:
"Accendi, fedel mio, tutti i desiri
Nelle sue ardenti note, e co' martiri
Cangia la cara libertà novella.
Non odi tu più che d'umana mente
I detti che pietà lieta raccoglie
Per vestirne virtù che nuda giace?
Non vedi tu il suo cor che non consente
Al tuo morir, ma ne' sospir che scioglie
Viene a temprar l'ardor che ti disface?".

29

O voi, che sotto l'amorose insegne
Combattendo vincete i pensier bassi,
Mirate questa mia, nanzi a cui fassi
Natura intenta a l'opre eccelse e degne;
Mirate come Amor inspiri e regne
In sembianza del Re che 'n cielo stassi,
Come recrei con un sol guardo i lassi
E 'l camin destro di salute insegne.
Sì direte poi meco, aprendo l'ali
Verso le stelle: "O felice ora, in cui
Nascemmo per veder cosa sì bella!".
Ma perché non ars'io, perché non fui
Pria neve a sì bel sol, segno agli strali?
Beato è chi la mira o le favella!

30

La bella e pura luce che 'n voi splende,
   Quasi imagin di Dio, nel sen mi desta
   Fermo pensier di sprezzar ciò che 'n questa
   Vita più piace a chi men vede e 'ntende.
E sì soavemente alluma e 'ncende
   L'alma, cui più non è cura molesta,
   Ch'ella corre al bel lume ardita e presta
   Senza cui il viver suo teme e riprende.
Né mi sovien di quel beato punto
   Ch'ondeggiar vidi i bei crin d'oro al sole
   E raddoppiar di nuova luce il giorno,
Ch'io non lodi lo stral ch'al cor m'è giunto
   E ch'io non preghi Amor che, come suole,
   Non gli incresca di far meco soggiorno.

31

Io giuro, Amor, per la tua face eterna
   E per le chiome onde gli strali indori,
   Ch'a pruova ho visto le viole e i fiori
   Nascer sotto il bel piè quando più verna;
Ho visto il riso che i mortali eterna
   Trar delle man d'avara morte i cori,
   E colmar d'un piacer che mostra fuori
   La purissima lor dolcezza interna;
Visto ho faville uscir de' duo bei lumi
   Che poggiando su al ciel si fanno stelle
   Per infonderne poi senno e valore.
Arno, puoi ben portar tra gli altri fiumi
   Superbo il corno, e le tue ninfe belle
   Riverenti venir a farle onore.

32

Dicemi il cor, s'avien che dal felice
Albergo del bel petto a me ritorni:
"O graditi e per me tranquilli giorni,
Ove lungi da te viver mi lice:
Godo de' suoi pensier, de la beatrice
Vista degli occhi e de' bei crini adorni.
E se non ch'ella: - Omai che più soggiorni?
Vattene in pace al tuo signor, mi dice,
Che langue e duolsi di sua vita in forse -,
Io trarrei nel suo dolce paradiso
Beati i dì, non che sereni e lieti".
"Dille", rispond'io alor, "se mi soccorse
Col proprio cor quand'io rimasi anciso,
Ch'è ben ragion che senza te m'acqueti".

33

Visibilmente ne' begli occhi veggio,
Ne gli occhi bei dov'Amor vive e regna
Sì che Cipri gentil dispreggia e sdegna,
Starsi il mio cor come in suo proprio seggio.
Ivi del bel s'appaga, e ben m'aveggio
Che tornar meco ad abitar non degna,
Ma in disparte da lui viver m'insegna,
E quel ch'oprar per lo mio scampo deggio.
Io, che gradisco i suoi lunghi riposi,
E spero i miei, li prego indugio e vivo,
Né so dir come, in securtà d'Amore.
Sollo io; ma in seno ho i miei desir nascosi
E le dolci speranze e 'l piacer vivo:
Felice è ben chi nasce a tanto onore!

34

Sì come vola il ciel rapidamente
    Dietro a l'anima sua, ch'in ogni parte
    Di lui la sua virtù muove e comparte
    Per gran disio che d'appressarla sente,
Così corro io dietro al bel lume ardente
    De gli occhi vostri, ove da me in disparte
    L'anima stassi, e mai quindi non parte
    Per unir seco il mio mortal dolente.
Che se vostra onestà talor mi schiva,
    Lo spirto vien con voi, riman la spoglia
    Gelato sasso che distilli umore.
Dunque non spiaccia a voi ch'io meco viva
    Nel lume vostro che sì m'arde e 'nvoglia,
    Stelle chiare del ciel, gloria d'Amore.

35

Falda di viva neve, che mi furi
    Talor il cor perché pietà me 'l rendi,
    E mentre lacci d'or gl'ordisci e tendi,
    Di sue dubbie speranze l'assecuri,
Di quai lo spargi tu diletti puri,
    Se 'l tuo puro candor discuopri e stendi
    Sul nero manto, o man che mi difendi
    Da' colpi spessi di fortuna e duri!
Tu prima cari e bei pietosi detti
    Tessesti insieme e mi tenesti in vita,
    Ch'a la morte correva a gran giornate.
Tu poscia al sommo de gli onor perfetti
    M'alzasti con pietà vera e 'nfinita:
    O che perder gentil di libertate!

36

Sì come il sol, ch'è viva statua chiara
    Di Dio nel mondan tempio, ove riluce
    De la sua vaga e sempiterna luce,
    Ogni cosa creata orna e rischiara,
Così a ciascun questa mia bella e cara,
    Che 'l ciel diè per sua gloria e per mia duce,
    Lume e conforto co' begli occhi adduce
    Ov'ogni occulto ben d'amor s'impara.
E 'l fa perché la mente oltra passando
    D'una in altra sembianza a Dio s'unisca,
    Non già per van desio, com'altri crede.
Se 'l guardo alma che 'n foco arda e languisca
    Talor soccorre, il bello spirto stando
    Altrove il suo Fattor contempla e vede.

37

Fidi specchi de l'alma, occhi lucenti,
    Che con dolci, amorosi e chiari lampi
    M'aprite il cor perché del foco avampi
    Ch'arde ed alluma le più nobil menti,
Io co' pensier nel vostro raggio intenti
    Cerco dov'orma di virtù si stampi,
    Per far, s'avien che da l'invidia scampi,
    Chiari i miei dì poi che saranno spenti.
Che splendon sì l'alme faville vive
    Ch'io veggio piani i gradi ond'a la rara
    Gloria con bel trionfo uom talor sale,
E leggo in lettere d'or, ch'ivi entro scrive
    Amor, e 'ntenta le virtù le 'mpara:
    "Miri in noi sol chi 'l divin pregio vale".

38

Fiamma gentil, che da' begli occhi muovi
    E scendi per li miei veloce al core
    Empiendol tutto d'amoroso ardore,
    Perch'eterna dolcezza ardendo piovi,
Tosto ch'ei sente la tua forza e i nuovi
    Piaceri, or vola entr'al bel petto, or fore
    Si posa e scherza in compagnia d'Amore,
    Cotanto l'arder suo par che gli giovi.
Io per sola virtù de le faville
    Che vive lasci in me perch'io non pera,
    Altro cor, e più pio, nascer mi sento.
O lealtà d'Amor, che sì tranquille
    Il desio de gli amanti! O pietà vera,
    Che cangi i cori e fai dolce il tormento!

39

Che degna schiera di pensieri eletti
    Dal petto del bel vivo idolo mio
    Talor si muove, e va volando a Dio
    Guidata da gli angelici intelletti!
E par che dolce in aprir l'ali aspetti
    E con saggie lusinghe preghi ch'io
    Seco mi levi al ciel con pensier pio,
    Deposto il peso de' terreni affetti.
"Pon mente", dice, "in quella unica e viva
    Luce che n'apre il ver, ratto fugendo
    L'ombra ch'al seme di salute noce".
Stella nel nascer suo del mare schiva
    Non mostrò mai salir come, schernendo
    Il mondo, allor m'alz'io scarco e veloce.

40

Chi desia di veder dove s'adora
Quasi nel tempio suo vera pietate,
Dove nacque bellezza ed onestate
D'un parto, e 'n pace or fan dolce dimora,
Venga a mirar costei che Roma onora
Sovra quante fur mai belle e pregiate,
A cui s'inchinan l'anime ben nate
Com'a cosa qua giù non vista ancora.
Ma non indugi, perché io sento l'Arno,
Che 'nvidia al Tebro il suo più caro pegno,
Richiamarla al natio fiorito nido.
Vedrà, se vien, come si cerca indarno
Per miracol sì nuovo, e quanto il segno
Passa l'alma beltà del mortal grido.

41

Sovra un bel verde cespo, in mezz'un prato
Dipinto di color mille diversi,
Due pure e bianche vittime ch'io scersi
Dianzi ne' paschi del mio Tirsi amato,
Zefiro, io voglio offrirti: e da l'un lato
Donne leggiadre in bei pietosi versi
Diran come i tuoi dì più cari fersi
Nel lume d'un bel viso innamorato;
Da l'altro porgeran giovani ardenti
Voti ed incensi, e tutti in cerchio poi
Diranti unico re de gli altri venti,
Se i fior che 'l sol nel suo bel viso ancide
Bianchi e vermigli con soavi tuoi
Fiati rinfreschi, a cui l'aria e 'l ciel ride.

42

Vedrà la gente omai che quanto io dissi
Di questa di virtù candida aurora,
Che col giel d'onestà m'arde e 'nnamora,
Fu picciol rio de' più profondi abissi;
Vedrà che mi dettò ciò che mai scrissi
Fido spirto del vero, e dirà ancora:
"O felice chi l'ama e chi l'onora,
E nel divino obietto ha gli occhi fissi.
L'altra Lucrezia, che sì ardita strinse
Il ferro e ne l'età ch'ella fioriva
Morendo fe' i suoi dì più vivi e chiari,
Non s'agguagli a costei, che casta e viva
Con gl'invitti d'onor suoi pensier cari
Ne' dubbi rischi il suo nemico vinse".

43

O cor, più ch'altro saggio e più pudico,
    Che 'n sul leggiadro ancor tenero fiore
    De gli anni carchi di maturo onore
    Hai vinto sì possente aspro nemico,
Se 'l mondo ascolti con silenzio amico
    Tue vittorie, e le 'ntagli in marmo e 'ndore,
    E se 'n memoria del tuo bel valore
    Pianti mill'alte palme in colle aprico,
Raffrena il corso al rio che vago scende
    Da gli occhi e d'un bel lucido cristallo
    Riga la guancia fresca e colorita:
Che 'ntorno a te si legge il non tuo fallo
    Di bei diamanti scritto, e 'n atto ardita
    V'è Castità che t'orna e ti difende.

44

Sovra il bel morto Adon non fur già quelle
    Pioggie di pianto sì dolci e pietose,
    Né voci così ardenti ed amorose
    Tra bei sospir s'udian formar con elle,
Come vid'io quel dì le mie due stelle
    Sparger quasi notturne rugiadose
    Stille d'argento in su vermiglie rose
    Giù per le guancie delicate e belle,
E mover queste sospirando al cielo,
    Ch'era forse a mirar fermo in quel punto
    Le maraviglie del bel viso santo.
"Signor", mi parean dire, "il bianco velo
    E 'l puro cor che del tuo strale è punto
    Non macchi infamia, se fur casti tanto".

45

Donna, che 'ntesa a' bei pensier d'onore
    Gite non men di castitate altera
    Ch'umil de la virtù tanta e sì vera,
    Del bel viver gentil cogliendo il fiore,
Non rompe il ghiaccio di che armate il core
    Punta di stral, né forza altra più fiera,
    Sempre più accorta e più franca guerrera
    Contra le insidie che vi tende Amore.
O qual da' saggi e chiari figli d'Arno
    Corona di topazi e di diamanti
    Vi si prepara, e quai trionfi ed archi!
Diran che 'l mar di vostre lode indarno
    Solcai, che i detti miei furo a cotanti
    Vostri sublimi onor languidi e parchi.

46

Fonte d'alto valor, de' cui bei rivi
  Cresce l'Arno e sen va superbo e chiaro,
  Ch'avete il don di castità sì caro
  Difeso sol co' pensier saggi e schivi
Da l'empie man di quei che serbò vivi
  Il ciel per dar a voi pregio più raro,
  Vostri onor fanno a morte alto riparo,
  E già loco vi dan gli spirti divi;
E stanno intenti ad aspettar il vostro
  Santo ritorno, e le terrene genti
  Chiaman ne' voti loro il vostro nome,
Privilegio gentil del secol nostro
  E lume del mio stil, che da voi come
  Da divin foco avrà fiamme lucenti.

47

Spargete, o ninfe d'Arno, arabi odori
  A l'apparir di lei ch'io tanto onoro,
  E su gli omeri belli e sul crin d'oro
  Un nembo de' più vaghi e scelti fiori;
Volin d'intorno i pargoletti Amori
  Lieti cantando in dilettoso coro:
  "Ecco chi d'onestà salvò il tesoro.
  U' son ora le palme? U' son gli allori,
Onde la bella vincitrice ardita
  Ne l'età giovinetta s'incoroni,
  Innamorando il ciel di sua virtute?
O vivo specchio de l'umana vita,
  Ove le forme de' celesti doni
  Risplendon per altrui pace e salute!".

48

A la bell'ombra de la nobil pianta,
De' cui soavi fior nasce onestate
Che sol nodrisce l'anime ben nate
E 'l mondo illustra, che l'onora e canta,
I possenti desir con gloria tanta
Ho vinti e sparse le nemiche armate
Schiere de' vizii, che le tempie ornate
Spero anco aver de la sua fronde santa;
E con lei poi, che dritta s'erge al cielo,
Per non trito sentier salire in parte
Ove saetta di pensier non giunga;
O con che ardente allor bramoso zelo
Abbracciando i bei rami a parte a parte
Dirò: "Non fia chi mai me ne disgiunga!".

49

Grazie rendo a' bei lumi onesti e chiari
Onde mosse virtù ch'accese il core
Sì ch'egli avampa d'un beato ardore
Simil a quel che 'n cielo arde i più cari.
Nanzi a' lor santi rai convien ch'io 'mpari
Per divota umiltà schivar disnore
E sciorre il nodo d'ogni antico errore,
Onde l'oscuro de' miei dì rischiari.
E 'n disparte sent'io scolpir ne l'alma
Le vere forme de' duo vivi soli
Da quel pensier che le dà lume e vita.
Da tal vien la mia fiamma eletta ed alma,
Che perché sempre il cor freni e consoli
Presso mi mostra il ver, lungi m'aita.

50

Splende nel mio pensier l'imagin viva
    Di lei, che m'arse il cor perch'io salissi
    Seco talor là 'v'io l'alma nodrissi,
    Che era del vero ben digiuna e priva.
E come pur con la virtù visiva
    Ognor in lei nuova beltà scovrissi
    E 'l dolce suon de le parole udissi,
    La mia speranza ognor più si raviva.
Fosco desir non turba il bel sereno
    De' giorni miei, né può forza d'oblio
    Spegner favilla del mio foco bello.
Così mi vivo, e nel suo casto seno
    Vola audace talor lo spirto mio
    E forma ciò che poi scrivo e favello.

51

Parmi veder che su la destra riva
    D'Arno s'assida, ragionando insieme
    Co' suoi pensier, colei c'ha la mia speme
    Alzata a par de l'alta fiamma viva;
E tutta in atto paventosa e schiva,
    Come chi morte di sua fama teme,
    Veder s'attriste le sue lode sceme
    Nel mio stil che sonar sì lungi udiva.
Parmi sentir che sospirando dica:
    "Spento è (chi 'l crederia?) quel foco chiaro,
    Ond'ebbe lume la sua oscura vita.
Ei vede del rio vulgo aura nemica
    Sparger a terra il mio leggiadro e caro
    Fior di vera onestate, e non m'aita".

52

Al chiaro foco del mio vivo sole,
    Ov'accende virtù suoi caldi raggi,
    Ardo contento, e qui tra gli orni e faggi
    Col pensier miro sue bellezze sole;
Qui l'alma, se pur mai si dolse o duole,
    S'appaga e sgombra i pensier men che saggi,
    Ferma di gir per dritti alti viaggi
    A l'eterno Signor che sembra e cole;
Ch'indi uscir veggio di lontan faville
    Che le più folte oscure nebbie aprendo
    Segnano il bel sentier ch'al cielo aggiunge.
Così stella talor nascer tra mille
    Per l'ombra ho visto de la notte lunge,
    Il bel dorato crin seco traendo.

53

Qui dove i lumi bei solean far giorno
    A le tue notti e mie, qui dove il riso
    N'aperse il chiuso ben del paradiso,
    Veggio ombre oscure ovunque miro intorno;
Ma pur ne l'aria del bel viso adorno,
    C'ha me dal mondo e te dal cor diviso,
    Soavemente col pensier m'affiso,
    E con lui più che mai lieto soggiorno.
Tu no, cui fiamma men pudica il core
    Arde e consuma, né piacer può quella
    Bellezza che lontan vede occhio interno;
E credi ghiaccio il mio non vero ardore,
    Cui più che 'l velo suo l'alma par bella,
    E gioiscon gli spirti nel suo eterno.

54

Correggio, se 'l tuo cor sospira in vano
La neve onde gelò, le fiamme ond'arse,
Ch'Amor istesso per le guancie sparse,
E gli occhi vaghi e 'l dolce riso umano,
Io gioisco, ed in atto umile e piano
Lodo e 'nchino il mio sol, che tal m'apparse
Che, siammi lungi le sue luci o scarse,
Co' bei pensier le mie ferite sano.
Né temo io già che 'l fior de la speranza
Vento d'invidia mai fieda o disperga,
Né ch'altro tra 'l mio dolce il suo fel mischi.
La mente eterno ben vede e s'avanza
Nel bel de l'alma sua, dov'ella alberga;
Nel frale a pena vuol che gli occhi arrischi.

55

Scipio, io fui rapto dal cantar celeste,
E l'alma immersa nel profondo oblio;
Pur mi raccolsi e riconobbi anch'io
Quel che voi prima sì lodato feste.
Copria gli omeri bei candida veste,
Com'è candido il cor, puro il desio,
Quand'ella mosse il suon gentile e pio
Ch'orna la gloria e la virtù riveste.
Sottil velo accoglieva il biondo crine,
Sedean le Grazie ne' begli occhi suoi
E di foco spargean le bianche gote,
Ordiva reti Amor tenaci e fine,
Dava luce a la notte e dicea poi:
"Beate orecchie, ove il bel suon percuote!".

56

Questi, che gli occhi abbaglia e l'alma accende,
   (Se così dir conviensi) angelo umano,
   Col lampeggiar del riso umile e piano
   Sovra la fuga del mio duol intende;
Col seren poi de gli occhi, ov'Amor tende
   D'or in or l'arco e mai non tira in vano,
   Purga il mio cor d'ogni desio non sano
   E più mi raddolcisce ove più splende.
Ma quel che penetrò fu la divina
   Sua voce e 'l soavissimo concento
   Che fa de l'alme altrui dolce rapina.
Se voci umane son queste ch'io sento,
   Che paradiso in terra mi destina
   Amor, che pace eterna e che contento?

57

Mentre che voi, cui vien dal ciel concesso
   Quanto a molt'altri di valor comparte,
   Per onorar il buon popol di Marte,
   Che per disio di voi si lagna spesso,
E per ornar di bei pregi voi stesso,
   E de gli 'nchiostri e de' pensier le carte,
   Da l'empie man d'Amor fuggite in parte
   Ov'è lunge il caduco e 'l fermo presso,
Io qui, com'uom che tardo si consiglia
   E con propri sospir nodre il suo foco,
   Cerco acquetar con un sol guardo il core.
Peggio è ch'io mostro a le turbate ciglia,
   A i passi lenti, al parlar rotto e fioco,
   In quante guise il dì m'ancide Amore.

58

Lo stral che 'n sorte ebb'io, dentro a' begli occhi
Indorò la Pietà, mentre tendea
L'arco suo Amor, ch'altronde non temea,
Ben ch'io mal cauto, ed ei nascosto scocchi,
E: "Dolce passi al cor, dolce lo tocchi",
Con chiara ed umil voce li dicea;
Ei che mirando lei piacer bevea
Non conosciuto da' mortali sciocchi,
L'arrise e disse a me: "Diletto e pace
Sia teco", e diemmi il colpo che m'aperse
Il duro fianco, e non senti' dolore.
Dolce piaga vital, ch'or sì verace
Gioia distilli, e crei virtù diverse,
Viva ti tien Pietà via più ch'Amore.

59

Avezzianci a morir, se proprio è morte
E non più tosto una beata vita
L'alma inviar per lo suo regno ardita,
Ov'è chi la rallumi e la conforte;
L'alma, ch'avvinta d'uno stretto e forte
Nodo al suo fral, ch'a vano oprar la 'nvita,
Non sa da questo abisso ov'è smarrita
Levarsi al ciel su le destr'ali accorte:
Che sì gradisce le visibil forme
E ciò ch'è qui tra noi breve e fallace
Ch'oblia le vere e 'l suo stato gentile.
Quel tanto a me, ch'io men vo dietro a l'orme
Di morte così pia, diletta e piace;
Ogn'altra vita ho per noiosa e vile.

60

CRESPO, s'avvolto sei tra scogli e sirti
Ov'è sol notte dolorosa e oscura,
Allor che l'uso de l'età matura
Dovea tranquillo e chiaro giorno aprirti,
Con pietà t'ascolt'io, ma vo' ben dirti
Che notrir dèi meno ostinata cura:
Il periglio, il voler, gli anni misura
Come fanno i ben nati e saggi spirti:
Sì vedrai tu come Natura appaga
Un modesto desio, come son l'ore
Ratte a partir, come son presti i danni.
Fuggi il canto mortal de l'empia maga
E sotto umil fortuna acqueta il core,
E vivrai teco consolati gli anni.

61

Sia tanto lungi il tuo focile e l'esca,
Amor, del petto mio, dentr'a cui sento
Strider la fiamma, e 'n van quetarla tento,
Ch'io respiri e talor del dolor esca.
Potei soffrir ne l'età verde e fresca
Il foco de' tuoi strai sottile e lento,
Non posso or no, che quel vigore è spento
E desio più cocente il duol rinfresca.
Non chieggio io già che la mia vita sia
Senza parte del caldo ond'apri e allumi
Le menti ed immortal gloria dispensi,
Ma ch'io possa talor com'io solia
Raccor lo spirto mio ne' suo' bei lumi,
E pensar di virtù quanto conviensi.

62

Se 'l tempo fugge e se ne porta gli anni
  Maturi e 'n erba e 'l fior di nostra vita,
  Mente mia, perché tutta in te romita
  Non antivedi i tuoi futuri danni ?
Dietro a quel fiero error te stessa affanni
  Che sospir chiede a la speranza ardita;
  Scorgi omai il ver, ch'assai t'hanno schernita
  Or false larve, or amorosi inganni,
E fa' qual peregrin che cosa vede
  Che piace, ed oltre va, né il desio ferma
  Lungi dal nido suo dolce natio.
Mira qui il bel che l'occhio e 'l senso chiede,
  Ma passa e vola a quella sede ferma
  Ove gli eletti fan corona a Dio.

63

Chi per quest'ombre de l'umana vita,
  RUFIN mio, spazia in compagnia di questi
  Duri avversarii di desiri onesti
  Che n'avean cara libertà rapita,
Se col cor queto e con la vista ardita
  Talor non mira gli splendor celesti,
  Cade tra via: tu 'l sai, che mentre desti
  Gli anni a vil cura ne l'età fiorita
Giacesti infermo; ed io, mentre che 'n pene
  Sott'altrui scorta i miei cieco menai,
  Più volte in van gridai la mia salute.
Volsi con quel pensier che reca spene
  Di vero ben, che non si cangia mai,
  Il bel lume cercar de la virtute.

64

TEOLO gentil, s'al ver dritto si mira,
   Per l'erto calle a vera fama vassi
   Ove tu muovi i giovinetti passi
   E dove aura d'onor sì dolce spira.
Gli anni spesi in mal uso in van sospira
   Ed a' bei raggi de la gloria fassi
   Tepida neve il mio cor, sì che i bassi
   Desir vincendo al buon sentier mi tira.
Ma già cade al suo fin quest'egra vita,
   Né picciol tempo ornar mi poria il petto
   De' pregi bei che tu tra via t'acquisti;
Piacciati, poi che 'n cima a la salita
   Giunto sarai, pien di cortese affetto
   Torre a morte i miei giorni oscuri e tristi.

65

Traggeti a più bel rio l'ardente sete
   Salendo sovra il cerchio de la Luna,
   Alma, che corto vedi e senza alcuna
   Speme d'onesto fin t'affondi in Lete,
E ti diporta per le sante liete
   Contrade, ove non può morte e fortuna,
   Sparso e negletto ciò che 'l mondo aduna,
   E sciolta e rotta l'amorosa rete
Dove s'intrica il cor, dove s'annoda,
   E dove grida nel morire aita,
   E là 've gli occhi miei fan largo fiume.
Fa' che nel tuo partir di te non goda
   L'empio avversario ch'a peccar n'envita,
   Che tempo è di ritrarsi al vero lume.

66

Duo lustri ho pianto il mio foco vivace
Che fa cener del cor, preda di quelle
Parti de l'alma sempiterne e belle
Che dee sol infiammar divina face.
Se la tua santa man, Signor verace,
Che coronato stai sopra le stelle,
Lo stral che sì l'accese indi non svelle,
Come avrò saggio de l'eterna pace?
Come a te ne verrò? Come qui mai
Ti darò grazie di sì larghi doni,
Che doveano affidar la mia speranza?
Il duro scempio e le mie colpe omai
Rimuovi e monda tu, né m'abbandoni
Quella pietà ch'i nostri falli avanza.

67

Al bel Metauro, a cui non lungi fanno
Servi devoti a Dio romito seggio,
A i boschi, a i vaghi prati eterno deggio,
Poiché a l'ingiuste brame esilio danno.
Qui dove l'odio è vinto e muor l'inganno,
Il bel de' sacri studi amo e vagheggio,
Spio lo mio interno, e quelli error correggio
Ove m'avolsi è già l'undecim'anno.
Non son da i crudi ed affamati morsi
De l'invidia trafitto, e quella maga
Non può cangiarmi il volto e la favella,
Maga perfida e ria, cui dietro corsi
Incauto: or l'alma del suo fin presaga
Ritorna in signoria dov'era ancella.

68

Per me da questo mio romito monte,
Men noioso e più bel che 'l Vaticano,
Scende rigando un bel pratello al piano,
E muor nel Serchio indi non lungi un fonte.
Qui prima piansi mie sventure e l'onte
Di morte, ohimè, che lo splendor sovrano
De gli occhi miei del mondo orbo ed insano
Spense in turbando la serena fronte.
Or in memoria del mio pianto amaro
E di lei, che beata è tra le prime,
Sorge questo ruscel soave e chiaro.
Cingol di lauri, e forse un dì le cime
Piegheranno al cantar del mio buon CARO,
Mastro famoso di leggiadre rime.

69

Apra e dissolva il tuo beato lampo,
O Sol di grazie, queste nubi folte,
Che nanzi a gli occhi de la mente accolte
Chiudommi il passo de l'eterno scampo.
Se ben del foco tuo talora avampo
E pentito vers'io lagrime molte,
E 'ntorno a le speranze vane e stolte
Il forte stuol de' pensier saggi accampo,
Tosto vien poi chi sol con un bel giro
Di duo lumi raccende altro desio,
E sovra l'alma vincitrice stassi.
Debile e 'n forza di quel falso e diro,
Che pur m'insidia ancor, come poss'io
Drizzar a te senza il tuo aiuto i passi?

70

O messaggier di Dio, che 'n bigia vesta
L'oro e i terreni onor dispregi tanto,
E ne i cor duri imprimi il sermon santo
Che te stesso e più 'l ver ne manifesta,
Il tuo lume ha via sgombra la tempesta
Dal core, ove fremea, da gli occhi il pianto;
Contra i tuoi detti non può tanto o quanto
De' feri altrui desir la turba infesta.
L'alma mia si fe' rea de la sua morte
Dietro al senso famelico, e non vide
Sul Tebro un segno mai di vera luce:
Or raccolta in se stessa invia le scorte
Per passar salva, e s'arma e si divide
Da le lusinghe del suo falso duce.

71

A quei ferventi spirti, a le parole
Che quasi acuti strai dentr'al cor sento,
Scaldo i freddi pensier e lor rammento
Quanto talor in van da me si vòle.
Levansi allor ardenti al sommo Sole,
Che tutto scorre e vede in un momento:
Servo fedel di Dio, quel che divento
Allora è don de le tue voci sole.
Che non sì tosto ne' bei rai m'affiso
Ch'io scorgo il ver che qui l'ombra ne vela,
E quel tanto son io per te beato.
S'aggelan poi, ma tu, cui solo è dato,
Spesso gli 'nfiamma, e lor mostra e rivela
Gli ordini occulti e 'l bel del Paradiso.

72

O sante figlie de l'eterno Sire,
  Fede, Speranza e Carità, ch'avete
  Spesso assalito il core, or pur sarete
  Vittoriose del suo folle ardire.
Fuggesi già l'antico uso e 'l desire,
  Che non può cosa indegna ove voi sete;
  Già fra le schiere de' beati liete
  La vertù vostra mi si fa sentire,
Sì dolce adorna il Dicitor celeste
  I vostri merti, e sì nel vostro foco
  Le sue parole e lo mio spirto accende.
De le repulse che vi diè moleste
  Il cor, ch'ardì soverchio e vide poco,
  Duolsi e v'inchina con devote emende.

73

Il verde de l'età nel foco vissi
  E punse il cor sol amorosa cura,
  Poi nacque altro desio, per la cui dura
  Legge a me stesso libertà prescrissi.
Quanto carco d'error e vil men gissi
  Chiaro il veggio or ne la mia fama oscura:
  Volea, purgati in questa età matura
  I pensier ch'io tenea nel fango fissi,
Tanto appressare a le faville vive
  Di gloria il nome mio ch'avesse lume,
  Come molt'altri ancor, poi ch'io sia spento.
Ma già Morte il mio dì nel ghiaccio scrive,
  E rammentar dal divin Sol mi sento
  Ch'altro splendor del suo più non m'allume.

[⇒A 4-34]

XXII
Di M. Antonio Brocardo

1

"Chi fia, lasso, mai più che mi consoli
Ne' duri affanni onde si strugge il core?
A cui chiederai più consigli, Amore,
Ne' dubbiosi pensier, come tu suoli?
Che fai, orbo fanciul, perché non voli
Nel sesto cielo, e pien d'alto dolore
Grida così: 'o padre, ecco che more
La bella figlia tua, né te ne duoli?'.
Forse ei non lascierà che Morte scocchi,
Essendo di pietà pietoso nido,
L'empia saetta fin di tutti i mali".
Così piangendo poi dicea Cupido,
E poscia vidi lui chiusi i begli occhi
Spegner la face e romper l'arco e i strali.

2

Vago terren, che l'onorate rive
Del bel felsineo sito orni ed onori,
E di quelle mie amate t'innamori
Luci, vie più che 'l sol lucenti e vive,
Sieti il ciel sì cortese che 'n te avive
Mai sempre l'erbe e violette e fiori,
E dia con lunga pace eterni onori
A i prati, a i campi, e fresche l'aure estive.
Ti sia benigna l'amorosa stella
Del terzo cielo, e dolcemente il sole
Ti scaldi e 'nfiori in questa parte e 'n quella.
E voi sante odorate alme viole,
Che diede a Tirsi suo Fillide bella,
V'avrò sempre nel cor sacrate e sole.

XXIII
Del conte Baldessar Castiglione

1

Queste lagrime mie, questi sospiri
Son dolce cibo de la mia nemica
Ond'ella si nutrica,
E di ciò solo appaga i suoi desiri;
Però, se giunta al fin mia vita vede,
Qualche dolce soccorso porge al core
Che da propinqua morte lo difende;
E tosto ch'ei ripiglia il suo vigore,
Di lagrime e sospir tributo chiede
L'ingorda fame che tal cibo attende:
Ond'io, poiché 'l mio ben tanto m'offende,
Fuggo rimedio che 'l dolor contempre,
Temendo non pur sempre
Sì vicini al piacer siano i martiri.

2

Cantai mentre nel cor lieto fioria
De' soavi pensier l'alma mia spene;
Or ch'ella manca e ognor crescon le pene,
Conversa è a lamentar la doglia mia:
Che 'l cor, ch'a i dolci accenti aprir la via
Solea, senza speranza omai diviene
D'amaro tosco albergo, onde conviene
Che ciò ch'indi deriva amaro sia.
Così un fosco pensier l'alma ha in governo,
Che col freddo timor dì e notte a canto
Di far minaccia il suo dolor eterno.
Però s'io provo aver l'antico canto,
Tinta la voce dal veneno interno,
Esce in rotti sospiri e duro pianto.

3

Euro gentil, che gli aurei crespi nodi
Or quinci or quindi pel bel volto giri,
Guarda non mentre desioso spiri
L'ale intrichi nel crin, né mai le snodi:
Che se già il tuo fratel puote usar frodi
In dar fine agli ardenti suoi desiri,
Non vuol il ciel che qui per noi s'aspiri,
Né di tanta bellezza unqua si godi.
Potrai ben dir, se torni al tuo soggiorno,
Né restar brami con mille altri preso,
Come il nostro levante al tuo fa scorno.
Lasso, che penso? Già ti sento acceso,
Ch'aura non sei, ma foco che d'intorno
Voli al crin che per laccio Amor m'ha teso.

XXIV
D'Ippolito cardinale de' Medici

1

Quando al mio ben Fortuna empia e molesta
    Ciò che d'amaro avea tutto mi porse,
    Che 'n diverse contrade ambi due torse,
    Me grave e lento, e voi leggiera e presta,
Con voi l'alma mia venne e lasciò questa
    Spoglia allor fredda e di suo stato in forse;
    Ma da voi una imagine in me corse
    Che nuovo spirto entro 'l mio petto inesta.
Questa in vece de l'alma ognor vien meco
    E mi mantiene: ah fosse a voi sì caro
    Lo cor già mio, come a me questa piace!
E n'è ben degno, poscia ch'Amor cieco,
    Largo del mio, troppo del vostro avaro,
    Sì lo trasforma in voi che vostro il face.

XXV

Di M. Vincenzo Quirino

1

Or che nell'oceano il sol s'asconde
E che la notte l'aer nostro imbruna,
Voglio tra questi liti e queste fronde,
Volgendomi a le stelle ed a la luna,
Sfogar del pianto mio, de le trist'onde
L'amorose fatiche ad una ad una,
Prima che 'l sol a voi faccia ritorno,
Rimenando a i mortali il chiaro giorno.

Sa ben il mio secreto alto e pensoso,
    Ch'a gli affani del cor sì lo vedea,
    Quanto di tempo in tempo Amor m'ha roso,
    Via più che forse ad altrui non parea,
    E come i miei pensier sempre ho nascoso
    Tal che di mille un sol non si sapea;
    Or che la vita mia cede al dolore
    Quasi cigno farò che piange e more.

O notte, o cielo, o mar, o piagge, o monti,
    Che sì spesso m'udite chiamar morte,
    O valli, o selve, o boschi, o fiumi, o fonti,
    Che foste a la mia vita fide scorte,
    O fere snelle, che con liete fronti
    Errando andate con gioiosa sorte,
    O testimon d'i miei sì duri accenti,
    Date udienza insieme a' miei lamenti.

E se fiamma amorosa in voi si trova,
    Ninfe vaghe, leggiadre, accorte e belle,
    Quella per grazia ad ascoltar vi mova
    Del crudo strazio mio l'empie novelle.
    E poiché 'l pianto ognor mi si rinova,
    Così menando le mie crude stelle,
    Meco spargete lagrime e sospiri
    Per la pietà d'i miei tanti martiri.

Qual più scontento amante alberga in terra
    Di me, ch'ad ora ad or la morte invoco?
    Qual con più cruda e dispietata guerra
    Vinto si trova e posto in maggior foco?
    Qual ne l'empia prigion d'Amor si serra
    Con più catene in più riposto loco
    Di me, che vo tra voi lasso piangendo,
    Di tema e di desire il cor pascendo?

Ahimè tal fu d'Amore e l'esca e l'amo,
    La fiamma e 'l visco, le quadrella, il laccio,
    Ch'or di doglia mi pasco, e temo e bramo,
    E 'n dubio di me stesso ardendo aggiaccio.
    Bramo di veder quella che sempre amo,
    E temo non vederla, onde mi sfaccio,
    Onde mi struggo e stempro di lontano,
    Perché ogni mio sperar diventa vano.

Ben mi credeti già d'esser felice
    Da prima entrando a l'amorosa vita,
    Ma or dolente per ogni pendice
    Vo lagrimando senza alcuna aita;
    E son tra gli altri amanti il più infelice,
    Però ch'Amor a lamentar m'invita,
    A lagrimar e sospirar mai sempre
    Con nove foggie e disusate tempre.

Vissimi un tempo in dolce foco ardendo
  Senza altra tema di future pene,
  E del lume di quella il cor pascendo
  Che per sua lontananza ora mi tiene
  Privo d'ogni dolcezza, onde piangendo
  La vo cercando intorno a queste arene,
  Intorno a questi monti e sovra l'onde,
  Né altro ch'Ecco al mio mal mi risponde.

Questa sol m'accompagna ovunque io vada,
  E son ovunque sia sempre vicino,
  E per ogni sentiero ed ogni strada
  Meco si lagna, e mostrami il camino
  Per ogni selva e per ogni contrada,
  Ove sia sconosciuto e peregrino;
  Ecco si duol del mio crudele affanno
  E si rammenta del suo antico danno.

Così di loco in loco in ogni canto,
  Con questa scorta in ogni parte errando,
  Di doglia in doglia e d'uno in altro pianto
  L'umor de gli occhi tristi consumando,
  Palido e magro, e d'uno oscuro manto
  Tutto coperto, sempre sospirando,
  Cerco de le due stelle i chiari lampi
  Ne i più riposti e solitari campi.

Né vestigio però tra lor si serba
  De la mia donna, anzi del mio bel sole,
  Che più non siede sopra la fresca erba
  Tra bianchi gigli e palide viole,
  In vista lieta umile, non superba,
  Dolce cantando sue sante parole,
  Come solea d'intorno a queste rive
  Al dolce mormorar de l'aure estive.

Ond'io scontento in questa parte e 'n quella
Cerco quel che non trovo, e piango e grido,
E con questa mia stanca navicella
Solco il mar di dolor per ogni lido;
E sol senza governo e senza stella
Ritrarmi in porto giamai non mi fido,
E quanto di conforto il cor si sgombra
Tanto di tema e di dolor s'ingombra.

E se talor in qualche ombrosa valle
Lasso dal sonno o dal camino stanco,
Tra sassi e sterpi in qualche stretto calle,
Con doglia in seno e con Amor al fianco
Getto le membra, o sovra l'alte spalle
Di questi monti, sento venir manco
Me tutto, mentre i' dormo, a poco a poco,
Pur come io fussi un uom di cera al foco.

E s'egli avvien che 'l fido mio sostegno
Talora in sonno mi si mostri e dica:
"Da lunga parte, o mio fedel, i' vegno
Per consolarti in questa valle aprica:
Seguimi, non temer l'alto disdegno
De la Fortuna a te sempre nemica",
Allor mi sveglio e trovo il petto molle,
E chiamo il mondo tristo e cieco e folle.

Poi mi sollevo, e rimirando fiso
Tra fronde e fronde e tra l'erbette e fiori,
Disegno col pensiero il suo bel viso,
E sento indi venir soavi odori,
Ed al suo giro d'occhi, al dolce riso
Veggio volar i pargoletti Amori,
Che meco stanno a rimirar quel volto
Ch'ogni basso pensier dal cor m'ha tolto.

Ma quando l'alma da sì dolce errore
Per se stessa si scuote, o pensier vano,
Subito sento intorno al tristo core
Un ardente desio destar pian piano,
Che m'accompagna e segue a tutte l'ore,
Ovunque io vada, appresso o da lontano,
Di riveder cui non veder mai spero,
E piango, e non so dir perch'io non pero.

Qualor m'assido in solitario bosco,
    Dove raggio di sol non s'avicina,
Formo per addolcir l'amaro tosco,
    Per dar al mio dolor la medicina,
Col falso imaginar ne l'aere fosco
    L'alma mia luce angelica e divina,
Che mentre io miro lei mi rasserena,
Ma fugge lasso in men che non balena.

I' l'ho veduta in questa verde piaggia,
    Di sì fisi pensier l'alma s'ingombra,
Con accorta sembianza, onesta e saggia
    Sedersi, e seco Amor insieme, a l'ombra;
Poi come fera indomita selvaggia
    Da me sparir di subito com'ombra,
Meco lassando quel crudo tiranno
Che sol si pasce del mio lungo affanno.

Ivi sedendo sopra l'erba fresca
    Le conto i danni miei, che tanti sono;
Ivi piangendo il duol più si rinfresca
    D'i miei caldi sospir al primo suono;
Ed ivi Amor col suo focile e l'esca
    Più mi raccende quanto più ragiono;
Né mi val chieder pace a tanta guerra
Con le man giunte e le ginocchia in terra.

Così il dì piango e per questi aspri colli
   Errando vo con gli occhi umidi e bassi,
   E poi col suon de' liquidi cristalli,
   Tutta la notte raddoppiando i passi,
   Fo del mio pianto rimbombar le valli,
   Ed a pietà commovo arbori e sassi,
   E valli e selve e boschi e piagge e monti
   E mari, lidi e stagni e fiumi e fonti.

Niuna fera omai per l'erba verde
   Si va pascendo intorno a queste rive,
   Niuno augel, quando la notte perde
   De la dolce alba a l'aure dolci estive,
   Vola cantando e posasi sul verde,
   Che non s'affermi alle mie voci vive,
   Che non prenda pietà del strazio mio,
   Del crudo scempio dispietato e rio.

Il rossignol udendo i miei lamenti,
   Forse pensoso del suo antico danno,
   Col pianto aguaglia i miei sospiri ardenti
   Al bel ringiovenir del tenero anno,
   E lontan da le ville e da le genti
   Meco si sfoga del suo lungo affanno,
   E raddoppiando il pianto e notte e giorno
   Empie l'aria di strida d'ogni intorno.

Mentre che l'alma si lamenta e plora,
   Veggio da gli occhi miei levarsi il velo
   Di questa oscura notte, e in picciol ora
   Per l'oriente biancheggiar il cielo;
   E gli augelletti a salutar l'aurora
   Sento destarsi, e del notturno gelo
   Intepidir la forza a poco a poco,
   Appropinquando a noi l'eterno foco.

Ecco l'aurora con l'aurata fronte
   Ch'a passo passo ci rimena il giorno,
   Ecco che spunta sopra l'orizonte
   Col volto suo di bianca neve adorno,
   Ecco la notte ne l'adverso monte
   Che va fuggendo al suo antico soggiorno:
   Ed io pur piango a l'apparir de l'alba,
   Ch'omai d'intorno l'aere tutto inalba.

A te mi volgo, il tuo corso raffrena,
   Alba, che inanzi dì surgendo vai;
   Deh ferma il passo, alla mia lunga pena
   Presta l'orecchie, a questi ultimi lai,
   Perché non spero più dolce e serena
   Ora de la mia vita aver giamai;
   D'affanni voglio uscir pur come posso
   Pria ch'un raggio di sol mi giunga adosso.

O voi, ch'intorno al lagrimoso canto
   L'orecchie vostre intente mi porgete,
   Deh per pietà del mio supremo pianto
   E del mio duro fin meco piangete;
   E poi che morte col suo nero manto
   M'arà coperto, l'ossa raccogliete
   Là dove quella fonte più s'adombra
   Di questi alti cipressi a la mesta ombra.

E con questi miei versi l'alta fronte
   Da la lor scorza vergarete al basso:
   "Qualunque sei, ch'intorno a questo monte
   Errando vai, raffrena un poco il passo,
   E lagrimando leggi a questa fonte:
   Sepolto giace sotto un freddo sasso
   Lecenope, ch'Amor celato ancise,
   Tanto da la sua speme lo divise".

XXVI
Di M. Giovan Cotta

1

A che vuo' riveder l'amata donna,
    Se 'l subito partire
    È poi per raddoppiare il mio martire?
So pur che quante volte i' l'ho revista
Giunto m'ha nuovo ardore,
    E che l'allontanarmi più m'attrista
    Quanto più l'ho nel core;
Ond'or che 'l tempo tempre il mio dolore,
    Devrei lasso fuggire
Di far perché vie più che mai sospire.
Ma chi puon freno al lungo e gran disio,
    Or che 'l destin pur vuole
    Che veder possa l'unico ben mio
Consolarmi, qual suole
    Con bei sembianti e con dolci parole?
    Or via, che un tal gioire
Ben è sentir un poco, e poi morire.

XXVII
Di M. Trifon Gabriele

1

Tornava a ristorare il novo giorno
  La bella aurora, quando a gli occhi miei
  Si pose inanzi per mio duol colei
  Che nel mio cor farà sempre soggiorno:
"A farti del tuo mal qui certo torno",
  Dicea piangendo, "che miei pochi e rei
  Dì spento ha morte, e 'n un punto perdei
  Quante bellezze già mi furo intorno.
E questa è l'ombra mia, che qui t'assale
  In vece del bel corpo, che giù in terra
  Senz'aver spirto in sé freddo lasciai.
Torna, misero amante, torna omai,
  Che senza questo don non stia sotterra,
  A lagrimar di me, quanto ti cale".

2

Aventurosa piaggia, ove i begli occhi
  Sogliono raddoppiar sovente il giorno,
  Aprico colle di fioretti adorno,
  Dal leggiadretto piè più volte tocchi;
Fiume, che colmo del mio duol trabocchi,
  U' già solea piangendo far soggiorno,
  Felice tra quanti altri n'hai d'intorno,
  Se mai le belle membra avvien che tocchi;
Lieto coro celeste, che 'l mio sole
  Come minute e riverenti stelle
  Con immenso desio ricever suole,
Quanto v'invidio le beate e belle
  Maniere, senza forse al mondo sole,
  Che non han paragon che stia con elle.

XXVIII
Del signor Ercole Bentivoglio

1

Benché l'invida età col duro morso
Ogni cosa mortal strugga e consume,
Ben ch'abbiate lo spazio di sei brume
E di sei lustri omai vivendo corso,
Dio contra gli anni vi dà tal soccorso,
Contra ogni antico natural costume,
Ch'in voi cresce beltà, splendor e lume,
Quanto de gli anni più sen vola il corso.
Ben si dee por tra le beltà celesti
La vostra, che giamai non pate scempio,
Né vaghezza o color tempo le fura;
Ben si può dir che da voi vinta resti
La possanza de gli anni e 'l destin empio,
E l'ordine de i fati e di natura.

2

Ne l'ocean più scuro e più profondo
Stiasi d'invidia e di vergogna pieno
Il sol nascosto, e verso il ciel sereno
Non alzi fuor de l'alghe il capo biondo:
Voi sete il primo sole, egli il secondo.
Però vinto da voi, che luce meno,
Diavi il carro e i cavalli, e in mano il freno,
E 'l grande ufficio d'illustrare il mondo.
Beata voi, che il ciel amico aveste,
Che far potete il verno primavera,
E sete il sol più chiaro e più celeste;
Ben è dunque ragion ch'andiate altiera,
Donna, e portiate ne la bella veste,
Per un trofeo del sol vinto, la sfera.

3

Non vide dietro a fuggitiva fiera
  Delo, né Cinto, né l'erbose rive
  D'Eurota, mai tra le sue ninfe dive
Diana bella e onestamente altiera,
Come voi sete 'n sì lodata schiera,
  Che con le luci troppo ardenti e vive
  Fate l'altre parer di beltà prive,
Non senza invidia de la terza sfera.
La gran cittade, a cui fremono intorno
  De l'Adriatico mar l'onde spumose,
  Stupisce intenta al vostro aspetto adorno;
Il Po, ch'ode l'onor tra l'amorose
  Donne a voi darsi, benedice il giorno
  Che vi produsser le sue rive ombrose.

4

Poi che lasciando i sette colli e l'acque
  E le campagne del gran Tebro meste,
  D'illustrar queste piagge e premer queste
Rive del Po col vago piè vi piacque,
Ogni basso pensier spento in noi giacque,
  E un bel disio, un dolce amor celeste
  Quel primo dì ch'a noi gli occhi volgeste
Altieramente in mezzo 'l cor ci nacque.
Fortunate sorelle di Fetonte,
  Ch'udir potranno a le lor ombre liete
  I dotti accenti che v'inspira Euterpe;
Potess'io pur, con rime ornate e pronte
  Come è 'l desio, dir le virtù ch'avete,
  Ma troppo a terra il mio stil basso serpe.

XXIX
Di M. Giovangiorgio Dressino

1

PESCARA mio, poi che salendo al cielo
Lasciato avete due vittorie al mondo,
Il cui splendor chiarissimo e profondo
S'aguaglia a quel del grande arcier di Delo,
L'una v'illustra, perch'ha posto un velo
Oscuro a Francia, e d'incredibil pondo,
L'altra a nessun mortal vi fa secondo
Con rime elette e con pietoso zelo.
Fortunato signor, ch'aveste in terra
Sì bella impresa e sì gentil consorte,
Che l'una e l'altra vi trarrà da morte!
Ma il vostro occaso afflige lor sì forte,
Che questa sempre in tenebre si serra
E quella più non vuol mostrarsi in guerra.

2

[G2 G3 attribuito a J. A. Benalio; cfr. scheda biografica di G. Trissino]
Null'uom toccar ardisca i sacri ingegni
A cui diè bere il ciel più d'una stilla
Del dolce umor che d'Elicona stilla,
Fatti per ciò d'eterna vita degni.
Questi d'alto e celeste spirto pregni
Fecer membra cangiar a l'empia Scilla;
Poi ch'arse accesa di fera favilla,
Converser Mirra in odorati legni;
Fecero esser Enea pietoso e fido,
Iniquo Palamede, accorto Ulisse,
Ilia santa ed impudica Dido.
E sol quel che da lor si cantò e scrisse,
Con chiara voce o con oscuro grido,
Fra l'opere mortai famoso visse.

3 [*]
Il sepolcro di Caria e l'alta Faro,
    E l'imagin di Rodo, e i chiari tempi
    D'Efesi e Delo, e gli altri degni essempi
Che Menfi, Roma e Babilonia ornaro,
Tanto ha in sé forza e rabbia il tempo avaro
    Che tutto rode con denti aspri ed empi,
    E questi con diversi e crudi scempi
Ha ridotto in ruine e polve amaro;
Ma spegner non può il foco onde sospira
    La fanciulla di Lesbo, che 'l ristaura
    Ne i dolci fili de l'amata lira,
Né può privar il mondo di quell'aura
    Onde tra noi con fiato eterno spira
    Lesbia, Delia, Corinna, Cinzia e Laura.

XXX
Di M. Fortunio Spira

1
Poiché da gl'occhi miei tanto umor prendi,
    Ch'altro non fan che pianger per costume,
    Silo, più d'altro aventuroso fiume,
Ch'a la donna del mar tributo rendi,
Se la forza d'amor per prova intendi
    Per donna che lontana ti consume,
    Verso il mio vivo e desiato lume
Più de l'usato tuo veloce scendi,
Sì ch'io rivegga lei, de la cui vista
    Mi vivo, e senza cui (dovunque sia)
    Ogni stanza mi par noiosa e trista;
Che se pur poco mi ritieni in via,
    Per i segni onde al ver fede s'acquista,
    Io sento giunta a fin la vita mia.

2

Volgi, cor mio, la tua speranza omai
In altra parte, ove il tuo destin vole,
Poi che 'l nostro lucente e vivo sole
Ha volti in altra parte i suoi bei rai.
La bella donna, ond'io piansi e cantai,
Lasso, non è più nostra, come sòle;
Gli sguardi e le dolcissime parole,
Nostro sostegno un tempo, altrui vedrai;
Ed a noi resterà fra sdegni ed ire,
Fra gran servire e fra poca mercede,
O viver sempre miseri o morire.
O bellezza infinita e poca fede,
Come tosto conosce il suo fallire
Chiunque a donna semplicetto crede!

3

Presago del mio male anzi che sia,
Fra speranza e timor triemo e pavento,
E quasi a i segni di nebbia e di vento
Aspetto la tempesta acerba e ria.
Parmi veder la bella donna mia,
Con la qual mi vivea lieto e contento,
Cangiar voglia e pensiero in un momento,
Come chi molta fé subito oblia;
E parmi invano andar mercé gridando
A' suoi begl'occhi, e lei costante e forte
Soffrir ch'io peni ardendo e desiando:
O troppo a' miei desir contraria sorte,
Quanto era meglio inanzi tempo osando
Finir tanti martir con una morte!

4

Così non sentan mai l'usate offese
    Del verno in voi le rose e le viole,
    Così da' bei vostri occhi mai non vole
    Amore, e 'l vago e 'l santo che mi prese,
Come mai non si vide e non s'intese,
    Quanto girando vede e intende il sole,
    A l'accoglienza, a gli atti, a le parole,
    Donna di voi più saggia e più cortese.
Beato incontro, amica notte e cara,
    Che mi mostrasti a l'imbrunir del giorno,
    Quando men si dovea, luce più chiara;
A te, lucente l'uno e l'altro corno,
    Non sia la luna del suo lume avara,
    Notte, ove spesso col pensier ritorno.

5

Poiché l'ingorda e travagliata voglia
    De' nostri re, che il suo miglior non vede,
    In dar soccorso a la tua santa fede
    Non è men neghittosa che si soglia,
Tu, Re del ciel, che la terrena spoglia
    Prendesti, essendo Iddio, la tua mercede,
    Fa' che 'l sepolcro tuo, che la tua sede
    Da sì crudo aversario omai si toglia.
Sospingi i petti uniti a l'alta impresa,
    Ed unisci i discordi, sì che a fatto
    Perda il Turco l'orgoglio e la difesa:
Pietosissimo Iddio, a questo tratto
    O non mai più la tua diletta Chiesa
    Adempir si vedrà l'antico patto.

6

S'empia stella, signor, a mezzo il corso
    Di gloria, ove poggiaste a sì gran passo
    Schernendo ogni pensier terreno e basso,
    V'ha posto sì tenace e fiero morso,
Datevi pace, e nel martir soccorso
    Vi sia del corpo travagliato e lasso
    Il pensar ch'ei, così di forza casso,
    Di fama fia da pochi altri precorso.
Ben si vede, signore, a che bel segno
    D'onor sete e sareste, se fortuna
    Non contrastasse al vostro alto disegno.
Lo dirà Rodi, e lo dirà più d'una
    Penna di questo e quel lodato ingegno,
    Mentre fia chiaro il dì, la notte bruna.

7

Quante gocciuole d'acqua ha questo mare
    E quante han questi lidi vostri arene,
    Tante, BERNARDO, e più son le mie pene,
    Se tante pene e più puote Amor dare.
Ver è che la cagion del mio penare
    Vien da due luci angeliche e serene,
    D'altre tante vaghezze e grazie piene,
    S'altre tante in due luci posson stare.
Se da tanta cagion vien tanto effetto,
    Non mi debbo doler, anzi gradire
    Ch'io sia di tanto foco degno oggetto.
Doler mi debbo a non poter ridire,
    Come fareste voi, l'alto diletto
    E l'alto duol che Amor mi fa sentire.

8

Cingami il fronte il più pregiato alloro
Che cingesse giamai fronte a pastore,
Caggia a gli altar di Venere il migliore
De le mie mandre e 'l più candido toro;
Suonin me sol le canne di coloro
C'han lungo il Tebro e l'Arno il primo onore,
E pongami la tua mercede, Amore,
Fra quei che più beati amando foro;
Serbino scritta e' faggi ne le scorze
La gloria ch'io passai, sì che l'oblio
Per invidia o per tempo non l'ammorze:
L'aura spirando, mormorando il rio,
Gli augei cantando a gara, ognun si sforze
Di non dir altro omai che il piacer mio.

9

Io sento ad or ad or sì fieri morsi
Or d'Amore, or d'Invidia, or di Fortuna
Che l'alma, d'ogni ben priva e digiuna,
Di se stessa, non ch'altro, vive in forsi.
Onde mal può così sviata porsi
A cercar, in virtù de l'altra e l'una
Lingua, a la notte tenebrosa e bruna
Del cieco oblio, come voi fate, torsi.
Vostra cura fia dunque, DOLCE mio,
Che sì dolce cantate e sì gentile,
Farmi viver con voi, tormi a l'oblio;
O veramente Amor pregate umile,
E l'altre due (e tentarò farl'io),
Che cangin meco omai l'usato stile.

10

SPERONE, ond'è che d'una in altra pena,
    D'un pianto in altro e d'un in altro foco
    (Cangi pur quant'io so fortuna e loco),
    Per così lunga usanza amor mi mena?
L'anima di pensieri e d'anni piena,
    Cui viver ed amar resta omai poco,
    Devrebbe pur da sì spietato gioco
    Volgersi a vita più queta e serena.
S'ella stessa è cagion de' danni sui,
    Perché gli vuole? E se la sforza il fato,
    Perché sforza lei sempre e non altrui?
Ditemi voi, cui penetrare è dato
    Gli alti secreti, qual di questi dui
    Abbia ne l'arder mio maggior peccato.

11

Quanti fo passi e quante fo parole,
    Tutti son sparsi invan, tutte interrotte,
    A tal son l'ore mie liete ridotte,
    Sì cangiato è lo stil da quel che sòle.
Io trovo a mezzo giorno oscuro il sole,
    Ed oscure le stelle a mezza notte,
    Il mar senz'acqua e senz'ombra le grotte,
    E senza odor le rose e le viole.
Ciò che per me si vuole e si desia,
    Volgami pur in quella parte o in questa,
    Segue 'l contrario a la credenza mia.
Sia morte almeno a le mie voglie presta,
    Sì ch'omai giunga a fin de la sua via
    Questa vita odiosa che mi resta.

12

Non è, lasso, martire
Il convenir per voi donna morire,
Se la cagion della mia morte è tale
Che fa lieve ogni male;
Ma quel che mi tormenta
È che del mio morir sete contenta,
E ch'al primo veder d'altro amadore
Cangiaste il vostro core:
Non è dunque martire
Il convenir per voi donna morire.

13

VARCHI, il famoso giovinetto ebreo,
Che fra sì pochi il mondo ama ed onora,
Tra il più negletto e sconosciuto fora
Se non vincea l'ardito filisteo.
Il grand'uom cui Giunone ed Euristeo
In pace non lasciar mai star un'ora,
Per girne al cielo ove si gode ancora,
Vince e' mostri, non pur Caco ed Anteo.
Virtute è combattuta a prima vista,
Ma vince al fine, e 'l vizio mette al fondo,
E lungamente gloriosa regna.
Questo vostro signor, che sì v'attrista,
Vi farà rallegrar mostrando al mondo
Per qual fatiche a maggior grado uom vegna.

XXXI
Di Iacopo Sellaio Bolognese

1

Or che 'l destin consente,
E mia fortuna lieta,
Che senz'arder vi miri, alma mia luce,
La gioia che 'l cor sente
Non può ricever meta,
Tanto di vostra grazia in lui traluce.
Amor, che mi conduce
A sì beato effetto,
Tenga in diverse parti
I vostri raggi sparti
(S'io son degno fruir tanto diletto),
Che s'a me gli rivolta
M'ancide a una sol volta.
Quanta bellezza piove
Dal cristallino cielo,
Quanta ne sparge ancor l'ottavo giro,
Quanta l'eterno Giove
Ne diede in Pafo e 'n Delo,
Tutt'è ben nulla a quella ch'io rimiro,
Per cui ardo e sospiro,
E mi diletta il foco:
Luci beate e care,
Or ch'io vi veggio, o rare
Stelle del ciel, fermate il lume un poco
Al suon de le parole
Che parlan di voi sole.
Non chieggio che miriate,
Occhi puri e vivaci,
Gli occhi miei no, che son men degni assai,
Ma ch'altrove tardiate
L'alte amorose faci,

Mentr'io parlando miro i vostri rai,
Che d'infiniti guai
M'empiete a un guardo solo,
E sì il gran lume temo
Ch'io ne pavento e tremo.
Dunque se di nascosto il bel v'involo,
Non paia maraviglia,
Ch'Amor me ne consiglia.
Per voi, occhi soavi,
Amor m'ancide spesso,
E per voi spesso mi ritorna in vita.
Voi sete pur le chiavi
Che da lungi e da presso
Virtù movete in quest'alma smarrita.
Alta luce e gradita,
Sì com'io miro fiso
Il vostr'almo splendore,
Così consenta Amore
Ch'io vada in questa gloria al Paradiso,
O non si parta almeno
Da me sì bel sereno.
Sguardo possente e altero,
Vostro soverchio lume
M'abbaglia, mi consuma e mi disface,
Ond'avvien che 'l pensiero
Da voi prende costume,
E vinca il mio parlar che vi dispiace.
Ma se la lingua tace,
So ben quel che 'l cor serba
Nel gran concetto interno,
Che per state e per verno
Questo mio stile i vostri onor riserba,
Ma a dirne una sol parte
Manca l'ingegno e l'arte.

Sopra tutti i felici
Aventurosi amanti
Ben mi vegg'or gli spirti miei contenti.
O del mio cor radici,
Occhi soavi e santi,
Specchi de l'alma mia puri e lucenti,
Co i rai di fiamma ardenti
Voi fate il mondo adorno
Stando raccolti in voi:
Or che fareste poi
Se vi volgeste a riguardar d'intorno?
Dicalo il ciel ch'intende
Vostre virtù stupende.
Non curo già se non sei nata bella,
Canzon, che 'l mio piacere
È stato nel vedere.

2

Poi che da gli occhi miei
Partir gli occhi beati,
Che fu pur dianzi, e parmi esser mill'anni,
Quel dolce, ch'io bevvei
Da' bei spirti infiammati,
Fatt'ha a me stesso ed al mio duol inganni.
Non sente il cuor affanni,
Non l'alma angoscia o noia,
Né lagrima mi bagna,
Né la mente si lagna,
Tanto prese a mirarvi in terra gioia,
Onde convien ch'io scriva
Quel piacer che dal cor lieto deriva.

Viv'oriente mio,
Vive dolci facelle,
Che m'accendete con sì alta spene,
Deh perché non poss'io
Con chiare voci e belle
Dir qual bellezza in voi stato mantene?
Deh perché Amor non viene
A dettarmi l'istoria
Del mio divino oggetto,
Che più alto concetto
Non occupò giamai viva memoria?
Ch'allor i' direi cosa
De la sua gran beltà miracolosa.
Tanta dolcezza prendo
A pensar di voi sola,
Di voi, luce del ciel, luce mia cara,
Che 'l bel pensier seguendo
Né spirto, né parola
Mi presta l'alma a me medesmo avara.
Tanta virtute impara
L'intelletto da voi,
Tanto il lume m'adombra,
Tanto piacer m'ingombra,
Che ridirlo non sa la lingua poi.
Se m'abbaglia pensando
Il vago lume, or che faria guardando?
Ringrazio e riverisco,
O dei, quel chiaro giorno
Ch'a noi le sante luci rivolgeste,
E la pietà gradisco,
Che in sì dolce soggiorno
Lungo spazio quetò le voglie meste.
Voi pur allor godeste
Di bellezza terrena,

Ed io con occhi avari
Da' suoi divini e chiari
Furai dolcezza angelica e serena;
Ma voi, come più degni,
Vedeste ov'io non alzo gli occhi indegni.
Alti dei, s'io foss'oso,
O fossi per ventura
Degno gli occhi veder che voi vedete
Nel vostro almo riposo,
Ove 'l ben si misura,
Non foran più di me anime liete:
Ben v'invidio, ch'avete
Voi soli il don felice
Ch'a me natura od arte
O sorte non comparte.
Io son indegno, io 'l veggio, e mi disdice
Che con occhi mortali
Tenti aperti veder duo occhi tali.
Fra tanta indegnitade
Un pensier mi conforta,
Che col tempo potrei e con lo stile
Destar con tal pietade
Ne la speranza morta
Un affett'e nel lume alto e gentile,
Che benign'ed umile
Temprarebbe il valore,
Sì che 'l disio ch'io porto
Prenderebbe conforto
D'affissar gli occhi ancor nel vivo ardore,
Ond'io potrei poi dire:
Quest'è ben il più bel d'ogni gioire!
Col veder nacque tua sorella pria,
Canzon, tu col pensiero
Sei nata presto, e ch'altra nasca spero.

3

Quanto di voi ragiono
   Tanto son immortale;
   Quant'a voi parlo tant'è in me virtute;
   Ben vi cheggio perdono,
   O sol di mia salute,
   S'io non ho stile al gran soggetto uguale.
   Amor, ch'ognor m'assale
   Co i divini occhi vostri,
   Vuol che qual io mi sia
   Sparga la voce mia,
   E con parole il grand'affetto mostri;
   Ed io, ch'altro non ho dove sfogarme,
   Qual Ecco in voci sento ognor cangiarme.
Voi, che mirate il sole
   E le diverse e nove
   Sue qualitati al Capricorno e al Tauro,
   Fior, frond'erb'e viole,
   Mirate il mio tesauro
   E quanta sopra lui bellezza piove;
   Le smisurate prove
   Del cielo e di natura
   Vedrete in duo begli occhi,
   Ove par che trabocchi
   Grazia che 'l camin dritto n'assicura;
   E se vi tocca di veder le luci
   Direte: "Voi, no 'l sol, vogliam per duci".
Sole, tu sei men degno
   Co' tuoi bei raggi eterni
   Del nuovo lume, mio folgor ardente,
   Ond'il mio basso ingegno
   S'inalza e fa possente
   Incontra a mille morti e mille inferni.
   Leti, Stigi ed Averni

Sgombran dal lume chiaro
L'oblio de i neri abissi;
E s'io di te già scrissi
Quant'eri al mondo ed a le genti caro,
Fu perch'io non conobbi il sole egregio
Che porta sopra te via maggior pregio.
Né perché l'alma luna
Risplenda co' tuoi raggi,
D'esser miglior, o sol, vantar ti dèi
Del mio bel sol, che ad una
Rivolta d'occhi i rei
Spirti raccende di pensier più saggi.
E non pur pini e faggi,
Valli, selve ed orrori
Col suo gran lume lustra,
Ma per lo cielo illustra
E da lui prendon disusati onori
L'Aurora e Cinzia, e tu con l'altre stelle
Vigor prendete da sue luci belle.
E se Clizia t'adora
Volgendo a te la fronte
Sparsa di più color mentre tu poggi,
Al mio bel sole ognora
S'inchinan mari e poggi,
Con quanto chiude il gran nostr'orizonte;
Onoran l'alme conte
La bella luce vaga,
Ch'ogn'altro core infiamma
D'arder con la sua fiamma,
E un sguardo sol mille virtuti appaga,
Ond'io vedendo farsi il secol d'oro
Lieto m'inchino e 'l mio bel sole adoro.
Ne l'Arabia più calda
Di dar morte ti vanti

A un vago augel, o sol, coi raggi feri;
Indi in vita più salda
Pur co' tuoi lumi alteri
Lieto il ritorni pargoletto a i canti;
Ma i lumi onesti e santi
Spengon mill'alme insieme
Sol con pure faville,
Che 'l sole a mille a mille
Vibra d'intorno maraviglie estreme;
Poi quelle, a un sguardo sol, in vita torna
E fa più liete, e di sua luce adorna.
Tanta virtù, canzon, ne gli occhi porta
La donna, ch'a parlar ne scorge in rima,
Che tu sei nata con due altre prima.

XXXII

Di M. Francesco Sansovino

1

VARCHI, s'il ciel vi presti ali al gran nome
Ond'ei sen vole al mauritano Atlante
Da l'indo mar, sì che trapassi quante
Glorie mai coronar altrui le chiome,
Dopo che nel mortal è l'alma, come
Pone in oblio l'alte, celesti e sante
Prime sostanze? Ond'è che le sue tante
Vertù dal fragil senso uman son dome?
S'ella è luce immortal, perch'il terreno
Velo per lei non divien santo e chiaro,
S'il maggior il minor mai sempre adombra?
Questo dubbio pensier starà nel seno
A la mia fede, o sommo Tosco, o raro,
Tanto ch'ella per voi d'error sia sgombra.

2

Eran cinte le vaghe stelle ardenti
Di amor, di leggiadria, d'alto valore,
E il ciel nel suo maggior eterno onore
Il manto avea di rai puri e lucenti,
Soave e grato lo spirar de' venti,
Queto mar, pace vera e dolce amore,
Quando la donna mia di noi il Fattore
Diè al mondo, che ha per lei gli onor suo' spenti.
Tolse da l'oro i crin, gl'occhi dal sole,
Da le rose le guancie, e da l'aprile
I puri gigli, e da le Grazie il canto;
Ebbe da l'armonia l'alte parole,
Da i sacri spirti la onestà e il gentile,
E da Dio l'immortal suo nome santo.

3

Deh se le voci mie giungano al cielo,
Anima sciolta dal bel corpo chiaro,
Muovanti i miei sospiri e 'l pianto amaro
Tal ch'io abbandoni il mio terreno velo.
Un amoroso, ardente e casto zelo
Nel cor mi imprime il tuo pietoso e raro
Benigno aspetto, ond'il morir mi è caro
Anzi ch'io giunga ove s'imbianca il pelo;
Perch'io spero salir al terzo cerchio
Ove i begli occhi e le parole accorte
Udrò vedendo, e 'l mio veder fia eterno.
Qui solo, vinto dal dolor soverchio,
Accuso il viver mio, l'iniqua sorte,
Che mi tien sempre in tormentoso inferno.

4

Dolce mio ben, se la mia stella e Amore
    Può tanto in me, che ne' begl'occhi io viva,
    Ond'è che l'empio mio destin mi priva
    Di voi mia vita, anzi mio fiero ardore?
Se l'alma sete al travagliato core,
    Ch'in voi (contento già) le luci apriva,
    Lasso, perch'il mio mal da voi deriva,
    O chiara, o degna d'immortal onore?
Veggio ch'Amor per voi lieto mi mena
    A strano porto e ch'agli amanti eterno
    Mi rende essempio de' miei dolci affanni.
Cessi dunque per voi d'amor la pena,
    Cessi in me l'aspro e freddo orrido verno
    Che mi conduce al fin de' miei verdi anni.

XXXIII

Di M. Pietro Aretino

1

In questa chiara sacrosanta notte,
    A la qual segue di Venere il die,
    Da le fedeli creature pie
    Riverito con lagrime dirotte,
Natura fuor de le materne grotte
    Trasse il mio spirto ne le membra mie,
    Dirò con sorti più buone che rie,
    Poiché a soffrirle ho le voglie incorrotte.
Patì GIESÙ per la salute altrui
    Nel punto che ne l'alvo più non giacqui
    E che da carcer tal libero fui;
In quel, ch'al mondo apparendo non tacqui,
    Quasi piangessi la croce di lui,
    Per me CRISTO morì, per CRISTO io nacqui.

2

IDDIO, che sei quel tutto che si vede,
    E quel tanto non visto ancora è Dio,
    Se ben l'empia cagion del fallir mio
    Da lo spirito misero procede,
La carne e il sangue ch'ei converso crede
    Nel sacramento che a prender vengh'io,
    Col farsigli alimento eterno e pio,
    Nutra de la tua grazia la sua fede.
Se tale alma sustanzia in me permane,
    Sì com'io spero in te di permanere,
    Del senso vil terrò le fami vane;
Onde il digiun, per cui l'anima pere,
    Lieto potrà del salutare pane
    A le mense de gli angeli godere.

3

Spirital padre, in segno d'umiltade,
    Per osservar di Pier l'ordin gradito,
    Tutto compunto d'affetto contrito
    Con pura, ardente e santa caritade,
Confesso a i piedi tuoi l'iniquitade
    Da l'alma usata a Dio, bene infinito;
    Ma il cor, con che peccò, di cor pentito
    Ne l'immensa confida sua pietade.
In tanto ho duol che non mi so dolere
    Del mio fallir con l'ansia ch'io vorrei,
    E qual conviensi a le mie colpe altere.
Pianger perché non le piango devrei,
    Ma di ciò dico a CRISTO: "Miserere",
    E in più reo grado ancor ci sperarei.

4

"La canna mia ecco in quel pino altero,
Ch'ombra mi fece il dì solo e beato
Ch'a l'immortalità fui consacrato,
E di selve e pastori ebbi l'impero:
Ella di cui torrà col dir sincero
Alcippo a morte fia guiderdon grato",
Dice Pan divo, e sembra sconsolato
Orbo padre che plora il figliuol vero.
Poi soggiunse: "O purgati alti intelletti
Ch'Arno e Tevere e 'l sen de l'Adria onora,
Di gloria ancor gli adornerò le chiome".
Onde, mossi al pio suon gli ingegni eletti,
Par dican l'acque, i fior, le frondi e l'ôra:
"BEMBO e CAPELLO or dian vita al suo nome".

5

Il superbo de i Galli e 'l furibondo
Folgori son di fuoco, d'orror pieni,
Di tuoni armati e cinti di baleni,
E CESAR è la machina del mondo.
E quale il primo fulmine e 'l secondo
Sotteran sé ne i gran centri terreni,
Tale a Francia gli immensi augusti seni
Diventano sepolcro ampio e profondo.
Ciò che fan due saette in ira ardendo
Su 'l dorso a l'universo e in su la fronte,
Un tronco e un sasso infiammando e rompendo,
Han fatto le francesi turbe inconte
A CARLO invitto, i non vinti vincendo
Ne l'oscura vittoria del Piemonte.

6

Re del ciel, non men pio che sempiterno,
Volgi a l'alma VINEZIA il ciglio santo;
Esso le scemi il duol, le asciughi il pianto
Che ha su ne gli occhi e giù nel core interno.
Sa pur tua gran bontà ch'ella è il governo
Del ben vivere, a te grato cotanto,
E che 'l di lei di caritade manto
Primavera fu sempre a l'altrui verno.
Però trai del seno a l'acqua amara
Il legno che le diede il mortal vento,
Sì lo invidiò la sua fortuna avara.
Non soffrir che più sia l'empio elemento
A l'ossa e a l'or de la città preclara
Profondo Erario e orribil monumento.

7

Chi dubbia che ne l'essere il parere
I color non siano atti a trasformare,
Nel gran SPERON, tra i rari singulare,
In virtù di TIZIAN lo può vedere.
Le fatezze di tal pronte ed altere
Mostronsi in modo u' la lor grazia appare,
Che a la natura, ch'è, l'arte, che pare,
To' le forze, e le sue fa vive e vere.
Però lo spirital sacro disegno
Nel fronte a l'uom, sì ben ritratto, pone
L'essempio de le Idee c'ha ne l'ingegno:
Sì che miri il celeste aureo SPERONE
Chi vuol saper per evidente segno
Come è fatto il consiglio e la ragione.

8

Signor, se la mia anima volesse
   Non fare il mal come che sa scordarlo,
   Over, commesso avendol, rammentarlo
La sua memoria a se stessa sapesse,
Non avverria ch'altro rossor n'avesse,
   Sendo innocente, e non in corso a farlo,
   O pur, da che l'ha fatto, a confessarlo
Con ogni circonstanzia si volgesse:
Beato te, lo spirto suo diria,
   Ne gli atti pii come ne i vizii immensi,
   Lo stuol di cui, qual non fossero, oblia.
Perché oltra l'opra pecca ne gli intensi
   Desiri, dietro a i quali ella si svia,
   E ne i pensieri e ne i sogni e ne i sensi.

9

Se quel che a ognun giovò mentre che visse
   E a tutti ha nocciuto or ch'egli è morto,
   Se quello spirto a cui l'occaso e l'orto
Gloria, lode ed onor sempre permisse,
Calca nel ciel le stelle erranti e fisse,
   E al vero Sol dal falso lume è sorto,
   Onde di dio in dio per grazia ha scorto
Ciò che il ben far nel mondo li predisse,
Perché, MENDOZZA, tanto duol vi preme?
   Perché con tal cordoglio affliger noi,
   Che in le bontà che avete aviamo speme?
L'animo torni a i saggi offici suoi,
   Sia con Cristo la mente, che in sé geme,
   E 'l fin, che piace a lui, piaccia anco a voi.

XXXIV
Di M. Antonio Cavallino

1 [*]

Mentre ad onor de l'immortal SIRENA
Il mio grande ARETIN batte le squille,
E del suo chiar splendor l'alte faville
Per farsi il sol più bel girando mena,
Già deste intorno la vezzosa arena,
Ov'Adria smalta inargentate stille,
Le sirene del mare a mille a mille
Corrono a far del suon l'orecchia piena,
"Spirto gentil, nel cui saper si trova",
Gridando tutte, "quanto 'l mondo scrisse
Con la penna più antica e con la nuova,
Vivi felice, poi che 'l ciel s'affisse
A farti in terra con più accorta prova
Tra le sirene lo più saggio Ulisse".

2 [*]

Vostra è la bionda chioma e l'aureo crine,
In mille dolci e chiari nodi accolto,
Vostra è la lieta fronte e quel bel volto
Che bellezza ed amor han per confine,
Vostri son gli occhi, anzi luci divine,
C'hanno del sole il suo bel lume tolto,
Vostro è il celeste sguardo in sé raccolto,
Che l'alme fa de i corpi pellegrine,
Vostra è la bella bocca, onde si muove
Quell'angelico riso, il suono e il canto,
E i dolci accenti da far arder Giove,
Vostra è ogni virtù, la gloria e 'l vanto,
E quanta grazia del ciel largo piove:
Ma ben è mia la pena, il foco, il pianto.

XXXV
Di M. Luigi Alamanni

1

Io pur la Dio mercé rivolgo il passo
    Dopo il sest'anno a rivederti almeno,
    Superba Italia, poi che starti in seno
    Dal barbarico stuol m'è tolto (ahi lasso);
E con gli occhi dolenti e 'l viso basso
    Sospiro e 'nchino il mio natio terreno,
    Di dolor, di timor, di rabbia pieno,
    Di speranza, di gioia ignudo e casso.
Poi ritorno a calcar l'Alpi nivose
    E 'l buon gallo sentier, ch'io trovo amico
    Più de' figli d'altrui che tu de' tuoi;
Ivi al soggiorno solitario antico
    Mi starò sempre in quelle valli ombrose,
    Poiché 'l ciel lo consente, e tu lo vuoi.

2

Già si sente arrivar, FRANCESCO chiaro,
    Quel dì felice che promesso m'have
    Il cielo, in cui terrete in man la chiave
    D'oro e d'onor con Alessandro a paro.
Tal oggi è lieto di bagnarsi al Varo,
    Contra ogni uom minaccioso, e nulla pave,
    Che gli fia forse ancor doglioso e grave,
    Com'al seguace stuol par sempre amaro.
Sol gli è stato fin qui cortese Iddio,
    Oltr'ogni suo sperar, di mille doni,
    Per farne ricco in un momento voi.
Lieto affrettate il buon viaggio pio,
    Cingete l'arme e gli onorati sproni
    A l'alte imprese, ch'io le canti poi.

3

Come sia frale e vil la vita umana,
    E come stolto sia chi ponga spene
    Ne le lusinghe sue, che 'l male e l' bene
Ch'ella può dar e tor sia cosa vana,
Come sembri talor erbosa e piana
    L'erta strada e sassosa, e torni in pene
    Quel che più si desia, come sian piene
Sempre la mente e 'l cor di voglia insana,
Chi più di voi, signor, con sì bell'arte,
    Con sì vera ragion, con tai parole
    Contar lo seppe ne i bisogni altrui?
Dunque oggi, invitto, che 'n sì nobil parte
    V'ha percosso Fortuna, ove pur duole,
    Dite il medesmo voi medesmo a vui.

4

Mentre mirate il nuovo sole in cima
    D'una colonna di diamante alzato,
    C'ha il piede in terra e 'l capo sì elevato
Che ne l'empireo ciel s'alza e sublima,
Far giorno ad ambi i poli, e a chi 'l fe' prima
    Non lasciar notte, ma serbar un stato,
    Né d'ira d'Eolo o d'Orione armato,
    Né far di nebbia o pur d'altra ombra stima,
Bevete onesta invidia e giusto sdegno,
    Che non appare un altro sol più chiaro
    Ch'accenda in vostro cor esca più pura,
E più bei frutti crii, che 'l vostro ingegno
    Securi guarderia dal tempo avaro,
    Come a sua altezza egual suggetto e cura.

5

Veramente son io colombo puro,
    L'uccel di Citerea, ch'amico fido,
    Seguendo i passi suoi per ogni lido,
    Vo cantando di lei né d'altro curo.
Però l'Aquila già col becco impuro,
    Con l'unghie aperte e con rabbioso grido
    Mosse a disfarne il mio fiorito nido,
    Ov'in pace vivea lieto e securo.
Poi perché voi, signor cortese e largo,
    Nuovo albergo mi deste, odiosa venne
    Per divorarmi ancor nel vostro impero;
Ma gli converrà aver le luci d'Argo
    E di tutti gli uccei tutte le penne
    A fuggir il valor del Gallo altiero.

6

Poiché per dispogliar del vello d'oro
    Chi sol di Frisso si domanda erede,
    Quasi nuovo Iason movete il piede
    Con l'alma intesa a vie più gran lavoro,
Cinte le tempie anch'io di verde alloro
    Con la mia cetra in man, qual la mi diede
    Il tosco Apollo, a voi chieggio in mercede
    Che sol venga con voi, cui solo adoro.
Non fu certo schivato il tracio Orfeo,
    Quantunque inerme e di riposo amico,
    Da i nocchier d'Argo a l'onorato incarco:
Là m'udirete in qualche colle aprico
    Di voi cantar, famoso semideo,
    D'onor, di spoglie e di vittoria carco.

7

Or che vien l'inimico e 'n vista appare
Più bramoso che saggio, a l'altra gente
Siate il contrario voi, ponete mente
Che le minaccie sue gli costin care.
Fermisi il Gallo pur, lasci girare
L'Aquila intorno e ripigliar sovente
Il volo a suo desir, che finalmente
O stanchezza o digiun la fa mancare.
Spesso tempo e tesoro in van si spende
Per gir in parte ove arrivato poi
Un estremo pentir avanza solo.
Tal è chi cerca de' nemici suoi
Prender vendetta, e a pena si difende,
Com'or forse l'Ispano, e resta in duolo.

8

Or ch'io veggio il mio Re ne l'armi avolto
Che la man porge a l'onorata spada,
Sì poco, Apollo, il tuo valor m'aggrada
Ch'io mi son quasi a me medesmo tolto.
Deh perché non sono io con gli altri accolto,
Padre del quinto ciel, ne la tua strada
Per alcun tempo solo, acciò ch'io vada
Col mio signor senza arrossirmi il volto?
Ma poi ch'esser non può, Ciprigna almeno
Discenda in terra e mi ricopra ignudo,
Come già il suo figliuolo intorno a Troia;
Ch'a chi canta d'Amor e 'l porta in seno
Non si conviene aver men bello scudo,
Né par dritta cagion che d'armi moia.

9

Non si può sollevar in alto a volo
Senz'assai faticar, né puossi al varco
Di vera gloria andar senz'esser carco
Di mille aspri pensier ch'apportan duolo.
Voi sentite oggi l'inimico stuolo
Del vostro almo terren non giusto incarco,
E l'empio fato al gran bisogno parco,
Che v'ha tolto anzi tempo il pio figliuolo.
Egli è forza il soffrir, e l'esser cinto
Si disconviene a Re di lungo pianto,
E querele e sospir gettar al vento.
Ristoreravvi il ciel, che preso e vinto
Vi darà il fiero uccel; ma siate lento,
E 'l dolor e l'ardir frenate alquanto.

10

Se più di sofferenza armato allora
Era chi magno tra Romani è solo,
Al gran suocero suo perpetuo duolo,
Non al seme di lui, Farsaglia fora.
Se sapea ritener più tempo ancora
Bruto tra' fossi l'animoso stuolo,
Non avean forse sì felice volo
Antonio e l'altro, che Fortuna onora.
Pigliate essempio voi, ch'avete in seno
L'aspro aversario, e si conosce in breve
Ch'o vincer o morir convien a forza.
Siate Fabio, signor, e venir meno
Lo vedrete ogni dì com'al sol neve:
Così l'odio e 'l furor la fame ammorza.

XXXVI
Di M. Emanuel Grimaldi

1

Questi, o Filen, dentro una verde scorza
Di faggio versi lacrimosi e bassi
Vergai, se 'ncontra lui, cui non vedrassi
Né visse pari, adopra il ciel sua forza:
"Pianga Damon, cui del terren suo scorza
Morte, ogni ninfa, e pioppi e fiumi e sassi
Siano a le ninfe testimon, che i passi
Sol fermin là 've avaro ciel lo sforza".
Il caro frate in tanto a gran ragione,
   Il suo caro Damon piangendo, ognora
   Gli dei crudeli e le stelle empie chiama;
Ogni armento, ogni greggia asciutta e grama
   Fugge or le fonti e sprezza l'erbe, ed ora
   Orsi fieri e leon piangon Damone.

2

De' lieti fior vedove l'erbe, e i fiori
   Privi del verde e natural colore,
   Scosse le piaggie del sovran suo onore
Non più dolce aura o sol benigno infiori.
Lascin le ninfe i lor felici amori,
   Né torni il sol de l'ocean mai fuore,
   Morto sì caro e sì divin pastore
Vadan le greggie in faticosi errori.
O saggio padre, o mio nobil tesoro,
   Gloria di questa nostra etate, allora
   Ch'alto salisti al sommo eterno coro
La bella Astrea sen volò teco, ed ora
   Teco le sacre deitati loro
   Portar gli dei de' nostri campi fora.

3

Ove fur l'alte tue virtuti ardenti,
    Ove le grazie, in te sì chiare, e dove
    Il saper raro, e in qual parte le nove
Dotte sorelle, or misere e dolenti,
O saggio CONTARINI, allor che spenti
    Fur gl'occhi tuoi da quella rea che move
    Presta contra i miglior? Ben furo altrove,
Non fur già, lasso, al tuo morir presenti;
Anzi fur teco infino a l'ultima ora,
    E sospirando si doleano insieme
    Di non poterti a l'empia morte torre.
"Vattene pur del terren carcer fora,
    Alma real", dicean fra lor, "che 'l seme
    In ciel ti vien d'ogni virtute a porre".

4

Sovra l'onde del Ren Filen pastore
    De la bella Liguria il duro fato
    Del dotto saggio, ed ora in ciel beato,
    Damon piangea pien di pietade e amore,
E dicea 'n versi testimon del core:
    "Morto è 'l dotto Damone; ah Febo ingrato,
    Ché non porgesti il tuo soccorso usato
    Di sughi e d'erbe a chi t'ha pien d'onore?
Morto è 'l caro Damon, ch'a l'Adria, al Tebro
    Crebbe novel, rese l'antico onore.
Tu Febo almen questo umil verso eterna:
Damon, d'Adria pastor, breve splendore
    Del picciol Ren, ma del gran Tebro eterna
    Gloria, giace (ohimè) a piè d'esto Ginebro".

XXXVII

Di M. Benedetto Varchi

1

BEMBO, il ciel non potea tutto e le stelle
Più saldo nome e maggior gloria darmi,
Che far del vostro eterno stil cantarmi,
Perché 'l mondo di me sempre favelle.
O inaudite e stupende novelle,
Per ch'io, che 'nsino a qui solea spregiarmi,
Quasi in odio a me stesso, or voglio amarmi,
Quai sien le sorti mie, fallaci o felle.
L'opera de' duo buon, miglior che mai,
Tutta è conversa, ond'io via più l'onoro,
Al comun ben, che langue in nuovi guai.
Questi e 'l caro MARTEL, cui salutai
A nome vostro, o mio nobil tesoro,
Grazie vi rendon meco alte e immortai.

2

FORTUNIO, a cui non pur l'Arno e 'l Peneo
Rendono e 'l Tebro onor più largo ognora,
Ma lungi il gran Giordan v'inchina ancora,
Ch'ad altri rado e forse mai non feo,
Qual forza, qual inganno o fato reo
Fa che 'l mal viva e 'l ben languisca e mora
In questa fera età, che solo onora
Chi di più frode e maggior colpe è reo?
Ben vedete or come negletta e trista
Giace virtute sbigottita al fondo,
E 'l vizio in cima baldanzoso regna.
Un solo ha senza più perfetto il mondo
Fra molti pochi buoni, e quel n'attrista,
Dando al gran merto suo mercé sì indegna.

3

Qual mai più fide e più secure scorte
Per questo erto camin tanto intricato
Poria trovar, che voi col vostro ornato
Padre, che sa le vie più piane e corte?
Or, lungi ambidue voi, per aspre e torte
(Come piace al mio duro iniquo fato)
Tristo men vo, solingo e sconsolato,
Ovunque il caso o 'l piè mi guidi e porte.
Ond'io, non che poggiar là 've si sprezza
Il secondo morir, come desio,
Ma tremo solo a rimirar l'altezza.
Pur oggi al vostro suon fatto più ch'io,
Tutti i miei passi e l'alma, per vaghezza
Di star sempre con voi, v'addrizzo e 'nvio.

4

"DOLCE, se gli amorosi ardenti vampi
Accendon sempre i più cortesi cori,
Come fia mai che da sì cari ardori
Il vostro sì leggiadro e chiaro scampi?
Io per me prego Amor che tutte accampi
Sue forze intorno al mio, tal ch'entro e fuori
Di lui sempre arda, perché negli errori
Giamai del vulgo non incorra e inciampi.
Che puote ad uom gentil più dolcemente
L'alma infiammar, che santi alti desiri,
Che 'l faccian quasi di mortale Dio?".
Sì rispondeva Elpin lieto e ridente,
E volea dir: "Damon perché sospiri?",
Ma vinto da pietà più non seguio.

5

S'Amor, che sempre più velocemente
Più face ogni gentil pallido essangue,
E quasi tra' bei fior giovenetto angue,
Quando si teme men, via più si sente,
La vostra insino a qui gelata mente
Col suo foco arde, e de le vene il sangue
Vi sugge sì che pauroso langue
Lo cor, che vede ognor morte presente;
Non pensate giamai di trarre i chiodi,
MARTELLO, e sciorvi onde vi strinse Amore,
Se non cangiaste i bei costumi e 'l core:
Che dov'è leggiadria, senno e valore
Nulla trovar si puote erba o liquore
Che tai saldi ferite e lacci snodi.

6

A l'alta fama che di voi ragiona,
E vi fa sol tra noi mortal divino,
Non prescrisse unqua il ciel tempo o confino,
Onde più larga sempre e maggior suona.
Non odio voi, ma caritate sprona
Biasmar chi torce dal vero camino,
Come chi mal accorto peregrino
Riprende che 'l sentier dritto abbandona.
Ed or veggendo pur che l'empio e rio
Secol nostro, a mal far più pronto ognora,
Nulla ha del fallir suo vergogna o tema,
Con la penna e col cor rivolto a Dio
Fate sì ch'ogni buon lieto v'onora
E tristo ciascun reo paventa e trema.

XXXVIII

Di M. Cornelio da Castello

1

L'ORSA, che già da la Iapidia venne
  Nel paese ch'a Cesar non dispiacque,
  A i desti cacciator cotanto piacque
  Che per prenderla ognuno il corso tenne;
Ma tosto accorta, come avesse penne,
  A le native selve, a le nuove acque
  Del famoso Timavo, ove ella nacque,
  Fuggendo altrui secura ne pervenne.
Ed or del fiume lieta a la riviera,
  Or per boschi sen va leggiadra altera,
  Schernendo i cacciator, le reti e i cani.
Ma io temo de' Fauni e de' Silvani,
  E temo, o Giove, di tue lunghe mani,
  Ch'è troppo vaga e troppo bella fera.

2

L'Aquila, che dal mondo oggi si parte,
  E verso il cielo va battendo l'ale
  Per trovar cosa al suo sembiante uguale,
  Che trovar non la può già in altra parte,
Se veduta sarà prima da Marte,
  Però ch'al ciel di Giove indi si sale,
  Temo che fia tra lor guerra immortale,
  Se la turba de i dei non la diparte.
L'Aquila tocca di ragione a Giove
  Come sua fida messaggiera antica,
  Ma raro con ragion Marte si muove.
E già Volcan per Marte s'affatica,
  Acciò s'infiammi di bellezze nuove,
  E che Venere sua resti pudica.

XXXIX

Di M. Annibal Caro

1

Né veder basso altrui, né voi sì altero,
Né di mitra e di lauro ornar le chiome,
Né l'esser messo a sostener le some
De la sede di Cristo e de l'Impero,
Né dispensar di Cesare e di Piero
Il tesoro e i pensier, né sentir come
Del vostro alto valor, del vostro nome
Risuoni il Tebro e 'l Bagrada e l'Ibero,
V'hanno, GUIDICCION mio, recato sdegno
D'altrui bassezza, o di voi stesso oblio,
Di voi, che sempre umil foste e cortese.
Rare virtù, che dritte ad alto segno
Non son da 'nvidia o da fortuna offese,
Tanto si fanno il mondo amico e Dio.

2

O d'umana beltà caduchi fiori,
Ecco una, a cui né questa mai né quella
Fu pari al mondo, è già morta, e con ella
Tien sepolti d'amor tanti tesori.
Ma che morta dich'io, s'in mille cori
E 'n mille carte è viva ancora e bella,
E fatta in ciel nuova amorosa stella
D'altre bellezze appaga i nostri amori?
Ben vegg'io come spira e come luce,
Che con la rimembranza e col desio
De' suoi begli occhi e del suo dolce riso
Il mio pensier tant'alto si conduce
Che le s'appressa, e scorge nel bel viso
La chiarezza degli angeli e di Dio.

3

Donna di chiara antica nobiltate,
Vincitrice del mondo e di voi stessa,
Che tra noi gloriosa e 'n voi rimessa
Onorate l'altezza e l'umiltate,
S'al vostro sol, cui fisa al ciel v'alzate,
Non sia la luce mai per tempo oppressa,
Ma con voi sempre eterna e voi con essa
Siate essempio di gloria e d'onestate,
Tenete pur al ciel le luci intese,
Ma non sì che talor rivolta a noi
Non miriate pietosa i desir nostri,
Ch'altrui fora dannoso e 'n voi scortese
Torvi ancor viva al mondo: e senza voi
Chi fia che d'ir al ciel la via ne mostri?

4

Chiaro è 'l sol vostro e voi più chiaro il fate
Tra le nubi del mondo, ed ei ch'appressa
La prima luce ha d'altra luce impressa
Questa vostra celeste umanitate;
Così chiari ambidue ne rischiarate
La nebbia d'est'abisso, che sì spessa
Tra gli occhi nostri e 'l maggior sol compressa
Le fenestre del ciel tenea serrate.
L'un sol mostra a voi l'altro, e voi cortese
Mostratene gli raggi d'ambedoi,
Perché 'n voi chiaro il ciel qui si dimostri:
Che del valor terreno è già palese
Ch'ambo tra le sibille e tra gli eroi
Consecrate ei la spada e voi gli 'nchiostri.

5

Per dir non cresce e per tacer non cessa
Né di voi, né del sol cui tanto amate,
La doppia gloria di che 'l mondo ornate,
A lui già fatta eterna, a voi promessa.
Vostra lode, ch'a voi non sia commessa,
Né ricchezza vi dà, né povertate:
Che voi soli per voi sì v'onorate
Ch'uopo non è che in carte altri vi tessa.
Ed io so ben quanto il mio dir v'annoi,
Ma voi, principio e fin de gli onor vostri,
Scusate il ver ch'a tanto ardir m'accese.
O di cielo e di terra unita in doi
Alta e rara virtute, o sacri mostri,
Il cor v'adori omai, se 'l dir v'offese!

6

O del terreno Giove altero figlio,
Padre di tanti illustri e sacri eroi,
Dal tuo, per cui sai tanto e tanto puoi,
Invittissimo ardir, saggio consiglio,
Spera del danno Italia e del periglio,
Già de gli occidentali, or de gli eoi,
Securezza e ristoro, e d'ambi poi
Pregio a vertute e gloria al tuo bel giglio.
Tu la sua speme e i tuoi pensier adempi
Pria che col suo fallace instabil giro
Fortuna o 'nvidia altrui le s'attraversi.
Né son contrarie a ciò le voglie, i tempi:
Sia tu per lei pur Alessandro o Ciro,
Ch'ella ha ben anco i Macedoni e i Persi.

7

Dopo tanti trionfi e tante imprese,
    CESARE invitto, e 'n quelle parti e 'n queste,
    Tante e sì strane genti amiche e infeste
    Tante volte da voi vinte e difese,
Fatta l'Africa ancella e l'armi stese
    Oltra l'occaso, e poi che 'n pace aveste
    La bella Europa, altro non so che reste
    A far vostro del mondo ogni paese,
Che domar l'Oriente, e incontra il sole
    Gir tant'oltra vincendo, che d'altronde
    Giunta l'Aquila al nido ond'ella uscio,
Possiate dir, vinta la terra e l'onde,
    Quasi umil vincitor che Dio ben cole:
    "Signor, quanto il sol vede è vostro e mio".

8

"Questo al buon GUIDICCION solenne e sacro
    Rogo, con mille intorno archi e trofei
    E moli e cerchi e mete e mausolei,
    A l'immortalitate ergo e consacro;
E di pianto un mestissimo lavacro
    Spargendo, da i Maroni e da gli Orfei
    Gli impetro, in fra i più chiari semidei,
    Questo di gloria eterno simulacro".
Così Roma diceva, e da più bande
    Del mondo avea d'intorno al santo busto
    Schiera eletta a sacrar idol sì grande.
Poi chiamandolo e saggio e forte e giusto,
    Gli imposer mitre e dier fregi e ghirlande
    Il gran Padre, il gran Rege, il grande Augusto.

9

L'alto stil vostro, ANTON mio caro, è tale
    Incontr'al duol che la mia vita afferra,
    Ch'io ne sento talor men dura guerra
    E vinto al vincitor contrasto eguale.
Ma qual colombo cui grifagno assale
    Inanzi al predator paventa ed erra,
    Or lo mio cor s'inalza ed or s'atterra,
    C'ha di lui sopra ancor l'artiglio e l'ale.
Pregate dunque il nuovo Angel di Dio
    Che con voi me ne scampi, e fin ch'ei mute
    Le mie voci dolenti in più tranquille,
Quaggiù le vostre in voi dal ciel piovute,
    In cui l'eternità par che sfaville,
    Lo tolgan da l'invidia e da l'oblio.

10

Non può gir vosco, altera aquila, a volo
    Palustre augel, perché molto s'affanni;
    Voi già del mondo i termini e degli anni
    Varcate, ed io men vo pur lento a stuolo.
E perché mai non canti, il fero duolo
    C'ho sempre al cor, fra le paure e i danni,
    Non lassa ch'io l'acqueti o che l'inganni,
    Se non quanto piangendo io mi consolo.
Pur quel ch'io posso, or voi ch'al ciel v'alzate
    Ed or colei che 'l vostro canto loda
    Rimiro intento e riverisco umile,
E dico fra me stesso: "O nostra etate,
    Fin che l'una si veggia e l'altro s'oda,
    Tu non sei pur in tutto oscura e vile !".

11
Tu GUIDICCION sei morto? Tu che solo,
    Vivendo, eri mia vita e mio sostegno?
Tu ch'al mio errante e combattutto legno
Fosti ad ogni tempesta il porto e 'l polo?
Ben ne volasti al ciel, ma da tal volo
    Quando a me torni? Od io quando a te vegno?
Chi de' suoi danni e del tuo fato indegno
Ristora il mondo, e chi tempra il mio duolo?
Deh porgimi dal cielo, angelo eletto,
    Tanto di sofferenza o pur d'oblio
Che 'l mio pianto non turbi il tuo diletto;
O talor scendi a consolarmi, ond'io
    Con più tranquillo o men turbato affetto
Consagri le tue glorie e 'l dolor mio.

[⇒ A 35-38]

XL

Di M. Bartolomeo Gottifredi

1
Tra l'erbe a piè d'un pin, che lo copriva
    Col verde crin dal sol caldo ed irato,
    Con l'arco steso e la faretra a lato,
    Il fortunato Adon stanco dormiva;
La bella Citerea lieta e gioliva
    Per cingerli il bel crin d'oro, spogliato
    De' suoi più vaghi onor quel verde prato,
    Nuova ghirlanda di fioretti ordiva.
Per più gradirla, coi lascivi Amori
    Le Grazie assise su l'erba novella
    Dicean cantando al portator del giorno:
"Ritieni, invido Sol, gli usati errori;
    Qui mira e di', tra quanto giri intorno,
    Quando vedestù mai copia sì bella?".

2

Deh perché com'è il vostro al nome mio
      Parimente conforme,
   A mia voglia non è vostro desio?
   Temprate, ohimè, temprate,
   Donna gentil, nel mio amoroso ardore
   Vostre voglie gelate;
   Che se come esce fuore
   De i nomi un suono istesso
   Fosse pari il desio ne i cori impresso,
   O che bella union d'animi santi,
   O fortunati amanti!

3

O di chiaro valor salda radice,
      Nel cui candido sen chiusa ed involta,
      Qual gemma in or purissimo raccolta,
      Stassi onestà, cui d'indi uscir non lice,
Se de la vista angelica beatrice
      Vostra m'appago, ond'è ch'altrove volta,
      E quasi fera pellegrina sciolta,
      Portate il bel che mi può far felice?
Chiaro lume d'amor, poi di voi privo,
      Privo e lontan dal bel sembiante adorno,
      Ho da restar d'ogn'altra luce schivo?
Se 'l vedermi v'aggrada anzi che 'l giorno
      Estremo chiuda, e pur vi piaccio vivo,
      Segua al tardo partir presto il ritorno.

4

Poiché sola tra noi portate il vanto
   Di grazia e di bellezza, e sete tale
   Ch'agguagliar non vi può donna mortale
   Di più nobil pensier, di più bel manto,
A i puri fregi del bel viso santo,
   A le doti de l'animo reale,
   Uniscasi pietà, donna immortale,
   Del mio grave martir, del mio gran pianto.
Non vogliate mai sempre, alma mia stella,
   Mostrandovi d'amor cotanto schiva,
   Non pur gradirmi in atto od in favella.
Degno non è ch'amando in pene io viva,
   Né si convien che di virtù sì bella
   Tanto valor, tanta beltà sia priva.

5

Donna, per acquetar vostro desire
   Non m'è grave il morire,
   Anzi il viver m'annoia,
   Sapendo esser voler vostro ch'io muoia.
   Ben morrei più contento
   S'io fossi inanzi a voi di vita spento,
   E vi vedessi a sorte
   Lagrimar per pietà de la mia morte.
   Donna, se 'n ciò quetassi il mio desire,
   O che dolce morire!

6

Deh perché, come a gli occhi, anco non lice
 Oprar la sua virtù per ogni canto
 A gli altri sensi, che del ben suo tanto
 Seco or ne saria ognun lieto e felice?
Felicissimo giorno, ora beatrice,
 Ne la qual mi fu dato a veder tanto!
 Ben è ragion ch'io cangi in riso il pianto,
 Che già tant'anni altrui colpa n'elice.
Io vidi Amor dentro un leggiadro seno
 Drizzando nel mio cor ogni saetta
 Farlo d'agra dolcezza venir meno.
Io 'l vidi, e pur mi fu la via interdetta
 Con queste mani allor poter a pieno
 E queste labbra mie farne vendetta.

7

Con fiero colpo di nuov'armi Amore,
 Ch'in grembo a la Pietà ridendo prese
 E 'n sua man pose il mio destin cortese,
 Fe' la profonda mia piaga maggiore;
E fu sì dolce questa offesa al core,
 Che del proprio martir grazie gli rese:
 Indi ben mille volte indarno attese
 L'atto che 'l trasse di se stesso fore.
Dal più candido seno usciro ardenti
 Gli strali, ohimè, n'allor potei valermi
 Fuor che de gli occhi nel mio danno intenti.
Strana aventura a i vaghi spirti infermi!
 In sì amaro gioir talor consenti
 I dolci effetti tuoi stabili e fermi.

8

Ben contrario al tuo stato il mio si scorge,
Quassata nave mia dal vento iroso
Nel salso umor orribile e schiumoso
Del travagliato mar, ch'or china or sorge:
A te miracolosa luce porge
Speme e conforto; io pur perché riposo
Prendano l'acque non temer non oso,
Privo del lume che mia vita scorge.
Quel sol che i venti e le tempeste acqueta
Nel cor turbato, oggi esce il terzo mese,
Lasciai dove il terren la Trebbia inonda.
Or vo lungi da lui con voglie intese
A gloriosa ed onorata meta
Del lito provenzal solcando l'onda.

9

Tra ferri ed arme e bellici furori
Che 'l miser Provenzal tengono oppresso,
Lungo il lito del mar men vado spesso
Meco pensando a i miei lontani amori;
E sì colmo di duol mi mostro fuori,
Che 'n l'onde e 'n gli arbuscei che mi son presso
Scorgo pesci ed augei piangere espresso,
Intenti a la cagion de' miei dolori;
Né fera incontro sì selvaggia e ria
Che di pietà non tempri ogni sua voglia
Al duro aspetto de la pena mia;
Né sì rigido sasso, a cui non doglia,
Calco in quest'erma e solitaria via,
Del mio grave martir, de la mia doglia.

[⇒ A 39-47]

XLI
Di Lorenzo de' Medici
Padre di Papa Leone

1

Ohimè, che acque tenere fur quelle,
Che il nembo del desio stillando mosse,
Quando il giusto dolor, che il cor percosse,
Salì poi su ne l'amorose stelle !
Rigavan per la delicata pelle
Le lattee guancie dolcemente rosse,
Come un bel rio faria, che in prato fosse,
Fior bianchi e gialli, le lagrime belle.
E Amor si stava in la vezzosa pioggia,
Quasi augel dopo il sol bramate tanto
Lieto riceve rugiadose stille;
Così nel vago albergo, ov'egli alloggia,
Facea del caro ed angoscioso pianto
Visibilmente uscir dolci faville.

XLII
Di M. Cosmo Rucellai

1

Ne la queta stagion del dolce oblio,
Dopo l'alto gioir che bea altrui
Per la dolcezza, allor così fra nui,
Lassi, favoleggiam madonna ed io:
"Vita d'ogni mio ben, dolce desio",
Dic'ella, "deh che cosa amar ti spinse
Quando ambi Amor n'avinse ?
Che benedetto sia quel giorno e l'ora !".
Ed io le bacio allora

Gli occhi leggiadri e d'amor dico acceso:
"Questi fur la cagion ond'io fui preso".
De l'atto dolce e del pietoso affetto
    Mi ringrazia ella allor cortesemente,
    E poi mi dice: "Or segui umilemente,
    Che cosa accese Amor dentro al tuo petto
    Che non potesti far chiaro disdetto
    A gli occhi miei quando io ti rimirai?
    Raccontamelo omai,
    Che poi, signor, anch'io voglio narrarti
    Quel che mi spinse amarti".
    Ond'io tosto comincio in tal sermone
    Dirgli de l'amor mio l'alta cagione:
"Di bella grazia e di gentil dolcezza
    Tanto sete adornata, anima mia,
    Quanto d'amor, pietade e cortesia,
    E chi vi mira ogni altra cosa sprezza.
    Rompe la vostra vista ogni durezza
    E fa gentil venir l'alme villane.
    Ond'io, che fra l'ircane
    Selve non fui nodrito e tra le fiere,
    Ma tra amorose schiere
    Di leggiadretti spirti in gioia e 'n riso,
    Subito acceso fui dal vostro viso.
Ma io vuo' ben saver: perché maggiore
    Fu la cagion che 'l desio vostro attrasse
    A prender vita a le mie luci lasse?".
    Sorride e dice: "Non so dir, signore".
    Allor quasi importun rispondo: "Amore,
    Ditemel tosto". Ed ella allor: "Deh taci",
    E con soavi baci
    M'interrompe ne' labri le parole,
    Poi parla: "O vivo sole,
    Se vince il tuo splendor ogni altro assai,

Qual è quella cagion perch'io t'amai?
Sì che di mia beltà, signor mio caro,
Più non cantar omai tanta virtute,
Che ne' tuoi occhi appare ogni salute.
Io 'l so che 'l vidi quando entro passaro
Pe' miei nel core, ed io non fei riparo
A quella luce, con tal forza ardea,
E tanto risplendea
Che 'n quel punto in oblio perdei me stessa;
E quando poscia espressa
Fu la tua voglia e lo comun desire,
Mi parve in verità su in ciel salire.
L'alta cagion del mio tranquillo stato
È tale che il piacer non trova fondo,
Che le tue luci, a cui par non v'è al mondo
(Com'io t'ho detto), il cor sì m'hanno alzato
Che per nulla ho il gioir d'ogni beato.
Luci care, leggiadre, alme, serene,
Principio del mio bene
Voi fuste, sete e sempre mai sarete.
O d'ogni mia quiete
Luci, del cielo albergo, porto e vita!".
E tace poi a me cosa smarita.
Rispondo: "Adunque gli occhi, alma divina,
Gli occhi dunque d'Amor son guida e scorta,
Né de' suoi messi alcun per via più corta
Che per quella de gli occhi al cor camina?
O cagion singolare e pellegrina,
Ch'ambi noi fai gioir senza altra cura!
Adunque, anima pura,
Gli occhi d'ambi duo noi ne fan giocondi?".
Allor par che rispondi:
"Altro non so per la bellezza dirti,
Ch'involato m'ha Amor tutti i miei spirti".

Io taccio, ella mi bascia il volto e gli occhi,
Quasi dicendo in quello affetto umile:
"Gli occhi son pur cagione alta e gentile,
Come tu di', che gioia al cor trabocchi".
Allor ben par che d'ogni intorno fiocchi
Gioia d'amor con vive fiamme e grazie,
Né mai sbramate o sazie
Son nostre voglie in dimostrarsi accese,
E 'n far tra noi palese
Gli interni affetti e i desir dolci e grati
Co gli atti e co i sembianti innamorati.
Fra sì dolce, amoroso e bel contento
Di basci spessi e di caldi sospiri,
Destasi quel desir fin de i desiri,
Ond'è a prova ciascun pien d'ardimento
Di voler più gustar nel suo contento
Di sì dolce desir l'alta favilla.
Ella arde ed io; sfavilla
D'amor il letto e l'onorato albergo.
Ohimè che gli occhi alti ergo
E vedo già la mattutina luce
Che spinta fuori il giorno chiaro adduce.
Tosto mi levo, e poscia
Del mio ritorno il tempo le ricordo;
E restati d'accordo
La stringo e bascio, e nelle care braccia
La tengo fin ch'a forza il sol mi caccia.

[⇒ A 48-51]

XLIII
Di M. Giovan Andrea Dall'Anguillara

1

Simile al chiaro e vero sol eterno
  È il sol, ch'in terra onoro, a me più caro:
  Quel rende il mondo col suo lume chiaro,
  Alluma questo altrui d'un lume interno;
Quel, com'il muove il suo fermo governo,
  Or largo ci si mostra ed or avaro,
  Questo con simil modo a paro a paro
  In me rinova or primavera or verno.
S'il primo asconde fra le nubi il viso,
  Nascono or pioggie or venti, e se s'asconde
  Il secondo talor, pianti e sospiri.
Quell'abbaglia ciascun ch'il miri fiso,
  Questo da' suoi bei lumi un lume infonde
  Che non lassa ch'altrui gli occhi vi giri.

XLIV
Di M. Pier Antonio Chiocca

1

Quel duro giogo e quel possente laccio
  Che 'l cuor m'avinse già molti e molt'anni,
  Or ch'io son desto omai da gli alti inganni
  Di lei, che femmi amando or fuoco or ghiaccio,
Qui appendo al tempio tuo, qui lieto abbraccio
  La bella libertà, qui i lunghi affanni,
  Qui le dubbie speranze, i sogni e i danni
  Tutti dispergo, e qui n'esco d'impaccio.
Ecco i candidi augei ch'al tuo bel nome
  Consacro, o dea di Cipro, ecco gli odori
  Con ch'io ti purgo i bei sacrati altari.
Ecco come le bionde aurate chiome
  Di be' gigli ti cingo e di be' fiori,
  Sol perché la mia vita altr'uso impari.

2

Famoso iddio, cui di be' verdi fiori
    Fur più volte da me cinte le corna,
    Or ch'a stato miglior l'alma ritorna
    Desta omai de' suoi folli e ciechi errori,
Questa sampogna mia, ch'oggi a' pastori
    Par che si aggradi (benché poco adorna),
    Lieto ti dono, e qui fin che s'aggiorna
    Umil t'accendo a' piei gli arabi odori.
Felice Pan, pur che le fiamme antiche
    De la tua bella dea ponghi in oblio,
    Ch'ancor col dolce suon par che t'incenda,
Ma più felice se tra queste amiche
    Selve vivrai, ov'altro bel desio
    Che de gli armenti tuoi mai non t'accenda.

3

Poiché dietro al desir più non vaneggio
    Per disperata via fuor d'ogni bene,
    Né più il soverchio ardor, né più la spene
    Mi toglie quel ch'a miglior uso i' deggio,
Di nuova fiamma, or che mi può far peggio,
    M'accenda Amor tra nodi e tra catene,
    Se pastor gode in queste valli amene
    Come io, poi che 'l mio error fuggo e correggio.
Talor con gli occhi molli meco i' piango
    Il tempo che mal spesi in solcar l'onde
    Tra falsi auguri e sogni infermi ed egri;
Talor io canto, e qui talor risponde
    Eco dicendo: "Or che sei fuor del fango
    Vesta omai la tua Musa i panni allegri".

4

Alma felice, che quel fosco velo
    Ch'ogni bel lume a l'intelletto asconde
    Hai rotto omai, né più le tepide onde
    Per gli occhi versi, né più cangi il pelo,
Quanto piacer ti dee ch'or fuoco or gelo
    Più non t'offenda, che le tue profonde
    Piaghe risani, e che di sacra fronde
    Tutta fregiata sol t'inalzi al cielo!
Ben era indegno che sì van desio
    Là ti scorgesse u' le tue belle spoglie
    Chiuda un dur marmo o se ne porti il vento;
Or è ben degno che per lungo oblio
    Taccia ogni arso pensier, taccian le voglie,
    E paia un sogno amor pien di tormento.

XLV

Di M. Luigi Raimondi

1

Quella in cui tante grazie sono sparte
    Che nessuna altra a lei si trova uguale,
    Quella il cui nome già tanto alto sale
    Che ne stupiscon la natura e l'arte,
Quella per cui io tante e tante carte
    Con la mia penna vergo stanca e frale
    Per far al mondo chiar quanto ella vale,
    Da gli occhi miei or ora si diparte.
Io la vorrei seguir, ma son percosso
    Dal timor ch'al desio mi chiude il varco
    E tronca l'ale a la speranza insieme.
Come potrò io mai depor l'incarco
    Del duol ch'io n'ho, come saronne io scosso,
    Essend'io, PORZIO, tra timore e speme?

2

Voi, che volgendo al patrio nido il tergo
    Con speranza d'onor, con quella fede
    Di por nel Vatican lo stanco piede
    E riposarlo in più onorato albergo,
Lasciaste me, che mai sempre dispergo
    Da gli occhi miei tal pioggia che si vede
    Il Lario ch'esce or sì dalla sua sede,
    Ch'io ne le sue fredde acque mi sommergo,
Per la partenza vostra e per quella anco
    Che fe' da me la mia candida perla,
    La cui virtù mi dà lume a la vita;
E la via d'ir a lei veggo smarrita,
    Né truovo guida, ed emmi a rivederla
    Lo spirto talor pronto e talor stanco.

XLVI

Di M. Girolamo Volpe

1

Quai pensier son sì vili e sì negletti,
    Qual di tigre, di scoglio o quercia nato,
    Qual cuor sì freddo e sì di ghiaccio armato,
    Quai son sì duri e sì impietrati petti,
Ch'al dolce suon de gli amorosi affetti,
    Che con sì saggio inchiostro e sì lodato
    Espresso avete voi, non cangin stato
    E si faccian d'Amor servi e soggetti?
Beata quella vostra alma fenice,
    Ch'ebbe lingua sì dolce e man sì presta,
    Che l'una di lei canta e l'altra scrive;
E fortunati noi, mentre in voi vive
    L'ardente fiamma ch'al cantar vi desta,
    E mentre il vostro canto udir ne lice.

2

Crin d'oro crespi, inannellati e tersi,
    Più ch'ambra chiari e più che 'l sol lucenti,
    Per quai mentre al mirar fur gli occhi intenti
    Ad aure calde il freddo cuore apersi,
Onde avien che per voi gli occhi miei fersi
    D'amare e di fredde acque due torrenti?
    Onde avien che per voi sospir cocenti
    Tragga mai sempre e l'alma abbia a dolersi?
Credo ch'Amor in voi le faci e i strali
    Nasconda, con i quai fiere ed incende
    Quelli che di vedervi hanno diletto.
Io 'l posso dir, che colpi aspri e mortali
    Nel mirar voi sentimmi far nel petto,
    E fiamma nascer che d'ognor l'accende.

3

Quel raro stile, che d'invidia accende
    Chiunque mira nel pregiato inchiostro
    Le meraviglie de l'ingegno vostro,
    Da cui stupendo ogni gran spirto pende,
Ovunque gira il sol sì chiaro splende
    Che le tenebre sgombra al secol nostro,
    E fa che voi poggiate al sommo chiostro,
    Già che peso terren più non v'offende.
Ond'io veggendo al nostro natio nido,
    Mercé vostra, deversi eterna gloria,
    V'ergo un trofeo e d'allor v'orno le chiome;
Poi dico: "Questi al suon del suo bel nome
    Noi rende illustri, mentre ha sparto il grido
    Oltra di Calpe con la dotta istoria".

XLVII
Del S. Abbate Giovio

1

Poi che VITTORIA abbandonò quel sole,
Che fu suo in terra e su salì nel cielo,
Lasciando a gli occhi un lagrimoso velo,
Volse in sospir le dolci sue parole;
Onde ancor lassa pur piange e si duole
D'esser qui sola, ove pò il caldo e 'l gielo,
Col van desir, piena d'amaro zelo,
Di veder cui veder Dio ancor non vuole.
Ben avria rotto il bel carcer mortale:
Ma chi la scorge con la mente accorta
La ritien, ch'al morir suo non s'affretta.
"Per questa via", le dice, "non si sale
Al tuo signor, ch'ancor là su t'aspetta";
Ed in questo respira e si conforta.

2

Corre entro il Lario a la sinistra riva,
Ove in due corna si diparte, un fiume
D'acqua sì freddo e di sì bianche spume
Che 'l nome suo del latte si deriva,
Di tal virtù che i pesci morti avviva,
E i vivi priva poi del vital lume,
Di meraviglia tal che per costume
S'asconde il verno e appar ne l'ora estiva.
Quivi col marin gregge a Proteo piacque,
Con la sirena sua nel grembo assiso,
Pascer fra l'ombre al mormorar de l'acque.
"Perché", gridò Nettuno, "ohimè diviso
D'Ischia ten stai?"; né Pausilippo tacque,
Miseno, Amalfi, "a noi torna il bel viso!".

3

Arder mi sento d'un bollor sì ardente
Che quante fredde in Alpi acque fur mai
Non potrian spegner dramma: i caldi rai
Me 'l poser dentro in la gelata mente.
Quei caldi rai, che sì soavemente
Amor volgea quel dì che il cuor lasciai,
M'aventar le faville ond'io n'andai
Pien de le fiamme che mia vita han spente.
S'io veggio il mondo biancheggiar di nieve
E per gran freddo inaggiacciarsi i fiumi,
Struggo col bollor mio la neve e 'l ghiaccio;
Se alzando il sol allunga il giorno breve,
L'erbette e i fior scorti da gli alti lumi
Con l'aura de' sospir secco e disfaccio.

4

Tebro, che d'Appennin per valli apriche
Correndo bagni Roma, e al mar descendi
Col nome che da l'opre eterne prendi
Ch'ebber bell'alme di virtute amiche,
Ond'hai che l'onde tue tanto nemiche
L'annegan or, ed alti gridi orrendi
Odono e' sette colli, e via più offendi
Cui dovresti sanar le piaghe antiche?
Forse da quel pregiato antico volto
Cangiata in vile e dispettosa forma
Per gli empi vizii de' suoi figli rei,
Non sostien ch'ella viva, poi che tolto
L'è il vero onor, e non serba alcuna orma
Di quel valor ond'ella corse a i dei.

5

Alta VITTORIA, dal gran divo raggio
    Del vostro sol levate gli occhi alquanto,
    In quel gran sol non gli affisate tanto:
    Via più che gioia ne traete oltraggio.
In terra un spirto unqua sì invitto e saggio
    Non fu come ei, onde sen può dar vanto
    L'altiero Augel che la corona e 'l manto
    Prende da lui, che gli mostrò il viaggio.
Or su nel ciel di tante spoglie carco
    Gode gli eccelsi onor mille e mille anni
    Al mondo d'ogni chiara istoria degni.
Sente fra tanto bene un lieve incarco,
    Veder voi ratta a lui con gli occhi pregni,
    Mesta il bel volto e negri i verdi panni.

6

Le dotte rime, onde sì adorno vive
    Il tuo Ginebro, m'han di dolce ardore,
    Sentendo l'aura del soave odore,
    Racceso sì ch'or lieta la man scrive.
Nel sacro colle le sorelle dive
    D'ogni somma virtute il primo onore
    Ti dan contente, e del santo liquore
    T'aspergon sol per le muscose rive.
Il re de i fiumi con le bianche ninfe
    Risuonan TASSO in liquidi concenti,
    TASSO le valli, l'Appennino e l'Alpe;
E dolce il nome mormorando i venti
    Da questi monti e da queste alme linfe
    Portan al Reno, al Nilo, a Battro, a Calpe.

XLVIII

Del S. Marchese del Vasto

1

MUZIO, che resti ove restò il mio core
E lassi me che senza te ne vada
A così santa impresa, a far che cada
Del fiero Scita il cominciato onore,
Prega tu intento almen l'alto Signore
Che vittoria mi presti, e a questa spada
Doni vigor d'aprir la bella strada
C'ha chiusa d'i Cristiani il cieco errore.
E tu scriverai poi d'un tal suggetto
Col dotto stil in ben vergate carte
Per dar di me e di te lunga memoria.
Ed a colei c'ho sempre dentro il petto
Ne darai de gli onor la miglior parte,
Com'a vera cagion d'ogni mia gloria.

2

Poi che, GIOVIO, m'alzate a tanto onore
Col vostro dotto stil, col chiaro ingegno,
Che me fate salir già pari al segno
Di chi poi morte in nessun tempo more,
Come potrò di tanto obligo fuore
Uscir giamai, poi che per voi ne vegno
In pregio al mondo, e sì lodato e degno
Che più non temo il trappassar de l'ore?
E del primo morir vegno in desio,
Poi che m'accorgo che son basse l'opre
A l'altezza che voi spiegate in carte;
Che dal secondo, de l'eterno oblio,
Se ben la terra questa carne cuopre,
Me guardarete col saver e l'arte.

XLIX
Di M. Giovan Antonio Volpe

1

Il grido che di voi empie ogni parte,
  Da i freddi esperii a i caldi liti eoi,
  Mentre accoppiate con gli antichi eroi
  Chi desta al mondo il vero onor di Marte,
Fa star in dubbio la natura e l'arte
  S'al grande ALFONSO date fama voi,
  O se i raggi de i chiari fatti suoi
  Dan luce al lume de le vostre carte.
Aventurato lui, che sì gran tromba
  Ha del suo nome, e voi ancor beato,
  Ch'avete tal soggetto al sacro inchiostro!
Sì chiaro il grido ch'or di lui rimbomba
  Non saria senza voi, né sì pregiato
  Senza lui fora al mondo il nome vostro.

2

S'unqua vestita a panni or verdi or gialli,
  Musa, dettasti a me rime soavi,
  E facesti a sì dolci e grati accenti
  Eco risponder da l'oscure valli,
  Or dogliosa con voci altiere e gravi
  Lo stile accorda a' miei sospir cocenti,
  Tal che i veloci venti,
  Portando ad altri il duol ch'entro m'impetra,
  Traggan da gli occhi pioggia lagrimosa,
  Onde bagni di pianto il seno e il grembo
  Qual uom nato di tigre o dura pietra.
  Dunque, triste e dogliosa,
  Musa, tingi in oscuro il verde lembo

E i dolci accenti in cantar aspro e forte
Cangia, che qui convien parlar di morte.
L'empia Parca, ch'al mondo ogni pregiato
Spirito fura e lascia a dietro il vile,
E scemando i piacer raddoppia i guai
(Ah dolor di morire), oggi ha troncato
Le poco dianzi comminciate file
Al più bel spirto che vivesse mai;
Tal che non fia giamai
Ch'alma che qua giù spiri e vesta membra
Saglia sì in pregio ch'a lui sembri uguale,
Noi ristorando de i passati danni.
Per questo io dico ognor che mi rimembra:
"A che, lasso, a che vale
Formar tale alma e in su 'l fiorir de gli anni
Levarla, allor che al ben oprar intese
E promettea così onorate imprese?".
Ma i fati invidiosi e il cielo avaro,
Ch'attendono i mortali ognora al varco
E ch'ai nostri pensier troncan la via,
Volser che questo spirto altiero e raro
D'ogni peso terren leggiero e scarco
Colà salisse onde ne scese pria,
Temendo ch'ei tra via
Facesse imprese sì meravigliose
Che n'avessero poscia invidia e scorno
Quelli che su nel ciel menan sua vita.
Or di viole ornata, gigli e rose
De i cieli nel più adorno
Calca le stelle questa alma gradita,
Né più teme che il viver corto e breve
Via se ne porti seco il tempo lieve.
Come quando apre l'anno con le corna
Il Tauro e s'alza il sol nel clima nostro,

Fertile autonno par che allor prometta
Zefiro, mentre il mondo a fiori adorna,
Ma talor segue or l'Aquilone or l'Ostro
Che i rami sferza e i fiori a terra getta,
Così con la saetta
Ingiusta, alma cortese, ne t'ha tolto
Per maggior scorno de la nostra etade
Morte crudele nel tuo quarto lustro,
E spento a un tratto il vivo del tuo volto,
Come da siepe cade
Fiorito pur allor bianco ligustro;
Onde l'ali troncando a la mia spene
Morte via se ne porta ogni mio bene.
Alma, nel tuo salir che festi in cielo
Lasciando a dietro le terrene some,
Piansero i colli intorno e il verde ancora
Spogliar le piante del signor di Delo,
E fece oltraggio a le canute chiome
Quel dio che 'l Lario tempra e regge ognora,
E s'udir voci fuora
Uscir de l'acque che crudeli i fati
Chiamar, nemico il ciel, le stelle averse.
Onde a un tempo il color di quelle sponde,
Che facea invidia a i più fioriti prati,
D'oscuro si coperse
E si turbaro a un tratto le chiare onde,
Che mormorando con dogliose tempre
Invano il tuo bel nome chiaman sempre.
Perché, lasso, cugin ti fui lontano
Quando il corpo da l'alma fu diviso?
Questo più mi traffige e più mi duole,
Ch'io gli occhi non ti chiusi di mia mano,
Né rigando di pianto il morto viso
Ti dissi almeno l'ultime parole,

Né dapoi di viole
Puotei spargerti un nembo su 'l feretro,
Né in lunga compagnia vestito a nero
Chiamai gli spirti erranti a la tua tomba.
Ma poi che non si può tornar adietro
Fin che 'l suono severo
Non desti noi de la terribil tromba,
Godi, alma chiara, su nel ciel sereno,
E voi ossa vi sia lieve il terreno.
Canzon, a piè de l'Alpi
U' bagna Lario il più onorato loco
N'andrai, là dove il vecchiarel meschino,
Gridando con molli occhi e viso basso,
Sopra il morto figliuolo è fatto roco.
E giunta, di': "Il cugino
Di chi piangete, poi che non può il sasso
Ch'entro il chiude bagnar con gli occhi suoi,
Hammi inviata a lagrimar con voi".

3

Quel chiaro fonte, che lungo le sponde
Del Lario, il giel sprezzando e i raggi ardenti
Del sol, con meraviglia de le genti
Or in sé ritrae l'acque or le diffonde,
Si rassimiglia al duol che in me s'asconde:
S'a lui son de l'umor cagione i venti,
Nutreno il pianto in me i sospir cocenti,
S'io freddo umore, ei versa gelate onde;
Ei mormora al versar de l'acque vive,
Io accordo il pianto con singulti e lai,
Ei da' sassi ne vien, questi dal cuore.
Una sola cagion li circonscrive:
Ch'ei cresce e scema al variar de l'ore,
Ma le lagrime mie non cessan mai.

L

Di Monsignor Brevio

1 [*]

Ponete fine a le querele omai,
Dolci, pietosi e miei fedeli amanti:
Perché tanti sospir, angoscie e pianti,
Che tanti forse non fur sparsi mai?
Se al Re del ciel, benigno almo Signore,
Piacque chiamarmi nel superno Regno
Non per miei merti ma per sua pietate,
Devete voi 'l mio bene aver a sdegno,
E sospirar con tanto alto dolore
L'immensa eterna mia felicitate?
Se come già mostraste sì m'amate,
Rendete grazie a lui, che del terreno
Carcer mi sciolse e accolse nel suo seno:
Quel che cotanto amaste vi lasciai.

LI

Di M. Bernardino Tomitano

1

Ben fu d'onor eterno e chiaro essempio
La magnanima vostra e degna impresa,
Occhi gentil, che di quest'alma accesa
Feste sì acerbo e doloroso scempio,
Che inanzi mai (benché orgoglioso ed empio
Seco facesse Amor lunga contesa)
Non poté mai restar avinta e presa,
Ed or d'aspro cordoglio è nido e tempio.
Prendeste voi mio cor, lumi soavi,
Torcestel voi dal suo camino ardito,
Ch'al porto di salute era vicino.
Ora, vostra mercé, con altre chiavi
Spero d'aver l'essilio mio fornito,
Volgendo i passi al bel dritto camino.

2
Sì come allor che lieta primavera
Tornando a noi rimena i fiori e l'erba,
E Progne, che sfogar suoi danni spera,
Con dolce note a lagrimar si serba,
La pastorella, a cui dannosa e fiera
Stagion poco anzi fe' la vita acerba,
Di piaggia in piaggia va destra e leggiera
Or che 'l suo danno in tutto disacerba;
Tanto che mal accorta preme poi
Freddo serpente che tra l'erba giace,
Ond'ella offesa a poco a poco more.
Tal fu, donna, di me quel dì che voi
Sotto lusinghe di tranquilla pace
Di mortal piaga mi feriste il core.

3
PORZIA, fu ben quel pensier vostro saldo
Ed or tenace in voler voi ch'io dica
Quanti anni ho guerra con la mia nemica,
E spero e temo, ed or son freddo or caldo;
Poi quanti son che in questo viver baldo
Venni dal sen de la gran madre antica:
Or perché ricusar deggio fatica
S'in voi sola aggradir io mi riscaldo?
Diece e diece anni ha già fornito il sole
Ch'io nacqui al mondo, e foss'io quel dì spento,
Poscia che un dì seren non vidi mai:
Che quando estinguer penso il mio tormento,
Egli più cresce; e son diece anni omai
Ch'Amor sua preda e suo prigion mi vole.

4

Qual timido nocchier che a parte a parte
  Sente turbarsi il mar, strider il vento,
  E tutto pien d'angoscia e di spavento
  Vede romper la vela, arbor e sarte,
Che senza altro operar d'ingegno o d'arte
  A Dio si volge lagrimoso, intento,
  E tutto pien d'angoscia e di spavento
  Mille voti e promesse al ciel comparte,
Tal io, ch'in questo mar di cieco errore,
  Lasso, fui scorto in fragile speranza
  Sotto vento di sdegni e di sospiri,
Per aver, alto Dio, stato migliore
  Convien che 'l poco viver che m'avanza
  Lagrimando ver te converta e giri.

5

Le lacrime e i sospir vostri, onde tanto
  Fate contra del ciel sdegnosa guerra
  Bagnando il freddo sasso ove si serra
  Il sol de gli occhi vostri onesto e santo,
Or fan che chi godea tra riso e canto,
  Dove non vive inganno, ove non s'erra,
  Mirando qual è il vostro affanno in terra
  Volge le luci sue serene in pianto.
E par che dica: "A che ti strugge e dole?
  Frate, se mai di me ti calse o cale,
  Rasciuga gli occhi e pon la lingua in pace;
Ch'io viss'alor che 'l viver mio mortale
  Mancò come per vento accesa face,
  E chiudendo quest'occhi io vidi il Sole".

6

De le tue doglie, Amor, sì acerbe e forti
    Sperava altro ricetto od altra pace,
    Poi che m'hai tolto il bel lume vivace
    Di quei begli occhi per mio mal sì accorti;
Ed or, crudel, per calli obliqui e torti
    Mi risospingi. O mio destin fallace,
    O stelle ingorde, dunque a voi pur piace
    Questi spirti veder languidi e morti?
Voi s'un tanto desio tormenta e preme
    Veder in polve questa carne afflitta,
    Non tardi più ver me l'ultimo strale.
Lasso, ben son vicino a l'ore estreme,
    Poiché a la cieca mia piaga mortale
    Scema il rimedio e la virtù è interditta.

LII
Di M. Annibal Tosco
Per la S. Donna Silvia Somma Contessa da Bagno

1

L'alma mia fiamma, a cui sì larga parte
    Fece il ciel di beltate a' giorni nostri,
    A quell'antiche in questa e in quella parte
    Famose, per sì degni e sacri inchiostri,
Fa scemo il pregio di sue lodi in parte
    Con gli alti don che da' superni chiostri
    Infuse in lei la sua benigna stella
    Per farla sovra l'altre altiera e bella.

A lei, che sol di questo oscuro e vile
Secol nostro è la gloria e lo splendore,
E quanto appar di bello e di gentile
Solo vien dal suo chiaro alto valore,
Questa penna devoto e questo stile
Consacro e purgo sol per farle onore,
E discoprir a la futura etate
L'alte virtuti e la sua gran beltate.

E per seguir sì gloriosa impresa,
Poscia ch'Amor mi scopre il bel sentiero,
Non Febo o le sorelle in mia difesa
Chieggio, ch'ad altri tanta aita diero,
Ma del mio vivo sol la chiara accesa
Luce, che nel mio cuor tiene l'impero;
Lei priego sol che mi riscaldi il petto,
Scioglia la lingua e detti il bel soggetto.

Avea già il sol di fior vermigli e gialli
L'estreme parti a l'Oriente accese,
E le brine e le nevi e i bei cristalli
Gravi patian da' novi tempi offese,
Quando per ampi e sempiterni calli
Questa pura Angioletta a noi discese,
Piena di dolce angelica armonia
Con mill'alme beate in compagnia.

Così scendendo giù da gli alti poli,
Intorno cinta di celesti ardori,
Dal primo eterno con sicuri voli
Seco partir cantando i santi Amori,
E pria che fuor de le lor schiere voli
Tutta l'ornar de i più sublimi onori,
E infusa dentro al suo leggiadro velo
Fe' la terra più bella assai del cielo.

Poi ch'a le membra gloriose e dive
Con tal favor del ciel l'alma s'avinse,
Corse latte il Sebeto, e le sue rive
Coprì smeraldo, e in bei color dipinse,
E le sue fiamme eternamente vive
SOMMA a tanto valor subito estinse,
E Antiniana a un tempo e Mergilina
SILVIA alternar con voce alta e divina.

Indi crescendo tal beltà le sorge
E tanta a lei virtute il ciel destina,
Che chi una volta sol la mira e scorge
Sente far del suo cuor alta rapina,
E poi dolcezza tal li dona e porge
Questa più che mortal luce divina,
Che l'è vita il morir, gioia il tormento,
E di sì nobil fiamma arde contento.

Questi è quel sol onde sovente Amore
Vibra i suoi dolci chiari accesi lampi,
Che poscia ovunque appar il suo splendore
Tosto convien ch'ogn'alma incenda e avampi,
Ed indi la sua forma in mezzo il core
Senza contrasto alcun riceva e stampi,
E prenda qualità dal vivo lume
E in alto volga ogni suo vil costume.

Per quelle altiere e gloriose strade,
Ove se stessa al sommo bene invia,
Guida coi raggi de la sua beltade
Qual alma veggia errar per altra via;
E chi una volta ne' suoi lacci cade
Di sì bel nodo uscir più non desia,
Tanta fuor di misura alta vaghezza
A gli occhi porge, al cuor pace e dolcezza.

Sì come il sol, ch'il mondo illustra e gira,
   Le vaghe stelle coi bei raggi accende,
   E come l'alme il gran Monarca mira
   Di gloria eterna sol beate rende,
   Così dal suo bel viso, in cui s'ammira
   Il secol nostro, in noi piove e discende
   Un certo non so che pien di salute,
   Ch'il vizio sgombra e onor desta e virtute.

A me, dal dì che nel mio cuor discese
   De' raggi suoi l'alta virtù divina,
   Ogni vil voglia in bel disio s'accese
   E si fe' l'alma altiera e pellegrina;
   Indi obliando poi l'usate offese,
   Che per indegno affetto altrui destina,
   Sol col bel raggio suo chiaro e suave
   Fe' dolce e lieve ogni mio amaro e grave.

Non può saver come leggiadra voglia
   Amor sovente in gentil cuor accenda,
   Né com'a l'alma libertate toglia
   E dolcemente in servitute renda,
   Come leghi una volta e più non scioglia,
   Come mai sempre giovi e raro offenda,
   Come per altri l'uom se stesso invole,
   Chi mai non vide i rai del mio bel sole.

Prima che fama a l'universo desse
   L'alto Motor ch'il ciel governa e move,
   Acciò ch'il mondo per più gloria avesse
   Pegno de l'alme sue mirabil prove,
   Con degna cura il mio bel sol elesse
   Entro la mente sua divina, dove
   Per darle del ben far ampia mercede
   Le serba ancor la più beata sede.

Il bel, ch'in molti secoli natura
 Devea a mill'alme dar sparso e diviso,
 In un raccolse con mirabil cura,
 E ne fe' in terra adorno il suo bel viso;
 Ond'ella sen può gir lieta e sicura
 D'aver a l'altre ogni suo onor preciso,
 E se stessa gradir qual dea mortale,
 E render grazie a chi la fece tale.

E credo che cercando intorno intorno
 Non vide sovra il corso de le stelle
 Spirto più degno o di più luce adorno
 Tra le più care sue devote ancelle,
 Quando da l'alto suo chiaro soggiorno
 L'eterna cura a noi scoperse quelle,
 Colme de' suoi gran doni e ricche tanto,
 Alme bellezze ch'io sospiro e canto.

Né sol il bel che fuor si mira e scopre,
 Di ch'ella il viso inostra, imperla, infiora,
 Ma quelle ch'entro a sé nasconde e copre
 Rare virtù, ch'il mondo inchina e adora,
 Casti desiri, alti pensieri, ond'opre
 Sovra l'umane guise escono fuora,
 Fan de' suo' pregi il secol nostro adorno,
 Gloria a se stessa, a l'altre invidia e scorno.

Questa, più ch'altra mai sovrana e rara,
 Sgombra ogni van da sé cieco desio,
 E la sua pura mente orna e rischiara
 Di quel vivo splendor ond'ella uscio,
 E per se stessa far beata e chiara
 Ogni cura mortal pon in oblio,
 E de' suo' bei pensier salita in cima
 Lieta contempla l'alta cagion prima.

Da così bei pensier sublimi e saggi
    Incontra Amor non men sicura riede,
    Che l'armi sue non le puon far oltraggi,
    Né del suo cuor nove amorose prede;
    Anzi infiammata da' superni raggi
    Riceve in sé, com'in sua propria sede,
    Con le bell'opre sue caste e pudiche
    In perpetua union le due nemiche.

Né credo la più degna e nobil alma
    Oggi su in ciel maggior beltate vesta,
    Né quella chiara ed onorata palma
    Merti di ben oprar, sì come questa:
    O sovra l'altre gloriosa ed alma,
    Sempre a l'alto Fattor veloce e desta,
    Accesa dentro de l'eterno zelo,
    Dolce fuoco d'amor, lume del cielo!

Né mai più bella o più leggiadra donna
    Formaro insieme il ciel, natura ed arte,
    Che fusse al secol nostro alta colonna
    Del ben che Dio fra noi dona e comparte;
    Né in cui rara virtù tanto s'indonna
    Si vede in pietra, in bei colori, in carte,
    Se non quell'una che l'eterno Amore
    Chiuse in sé salva, e lavò il primo errore.

E poscia ch'a formar così bel velo
    Ogni lor forza, ogni lor studio a prova
    Poser per farsi onor natura e il cielo
    E l'adornar d'ogni eccellenzia nova,
    Ancor deveano con più caldo zelo,
    Acciò adorarla ogn'altra età si mova,
    Serbar chi con divina e chiara istoria
    Fesse de gli onor suoi lunga memoria:

Che quando giunta di sua vita al segno
    Fusse e lo spirto dal bel nodo sciolto,
    Lieto volando nel superno Regno
    Tra l'anime beate onde fu tolto,
    Il suo bel nome, di morir indegno,
    Nel cieco eterno oblio non fusse involto,
    Ma da fama immortal veloce e desto
    Sempre volasse in quel bel clima e in questo;

O far, per adempir sue glorie apieno,
    Ch'a le bellezze sue divine e nove
    L'aura vital mai non venisse meno
    E rio destin non le volgesse altrove;
    E tanto avesse il ciel chiaro e sereno
    E sì cortese il sommo eterno Giove,
    Che così bella oltra l'umane tempre
    Stesse immortal, e tra noi viva sempre;

Né mai volger di tempo o di pianeta
    Fesse di lei, come de l'altre, scempio,
    Né la futura età, ch'altiera e lieta
    Esser poria, sol del suo vivo essempio
    Fusse priva; anzi senza alcuna meta
    Sacrasse come a nume altari e tempio,
    E voti le porgesse in voci pie
    Ne le fortune sue gioconde e rie.

Or se l'ingegno mio terreno e vile
    Dal soggetto divino è offeso alquanto,
    Onde cantando con negletto stile
    Non vi rassemplo il mio bel idol santo,
    Chi la fe' sovra l'altre alma e gentile
    Fu troppo intento a la bell'opra, e tanto
    Alto volò tessendo il mio sostegno
    Ch'avanzò se medesmo e passò il segno.

    [⇒ A 52-54]

LIII

Della S. Vittoria Colonna

1

Veggio d'alga e di fango omai sì carca,
PIETRO, la rete tua, che se qualche onda
Di fuor l'assale o dentro la circonda,
Poria spezzarsi e a rischio andar la barca;
La qual non come suol leggiera e scarca
Sovra il turbato mar corre a seconda,
Ma in poppa e 'n prora, e a l'una e l'altra sponda
È grave sì che a gran periglio varca.
Il tuo buon Successor, ch'alta cagione
Dirittamente elesse, e core e mano
Muove sovente per condurla in porto;
Ma contra il voler suo ratto s'oppone
L'altrui malizia, onde ciascun s'è accorto
Ch'egli senza il tuo aiuto adopra invano.

2

Non prima e da lontan picciola fronde
Scorgo di verde speme, né sì viva,
Ch'a gli occhi il pianto e 'l duol al cor prescriva,
Ch'invida morte subito l'asconde.
Potean le grazie e le virtù profonde
De l'alma bella, di vil cure schiva,
Ch'or prese il volo a più sicura riva,
Vincendo quest'irate e turbid'onde,
Render al Tebro ogni sua gloria antica
E a l'alma patria, di trionfi ornata,
Recar quel tanto desiato giorno
Che, pareggiando 'l merto alla fatica,
Facesse quest'età nostra beata,
Dal gran manto di Pier coperto intorno.

3

Tanti lumi, che già questa fosca ombra
Del mondo a noi rendean sì pura e chiara,
Ha spenti l'empia morte ingorda e avara
Ch'e' più cari tesor più presto sgombra.
Or tra beati spirti, i quali ingombra
De la vista del Sol gioia alta e rara,
Ha posto il gran POMPEO, per cui s'impara
Come le basse cure un cor disgombra.
Gli altri ch'ornar questa colonna salda
Dimostrar quant'onor sperar potea
Vero valor tra le fatiche gravi.
Costui, con l'alma sempre a ben far calda,
Vinse 'l mondo e se stesso: a lui dovea
Darsi il governo de le sante chiavi.

[⇒ A 55]

LIV

Di M. Aurelio Solico

1 [*]

Quella somma beltà, da cui deriva
Quanto vidde di bello il mondo o vede,
Scorgeva, AUGUSTO, in voi chi.a maggior fede
Con l'ali de lo 'ngegno il ciel saliva.
Or, che la nostra etade è di voi priva,
Di cui già fatto è 'l Paradiso erede,
In van oltre s'avanza se si crede
Veder de la virtù che 'n voi fioriva.
A voi concesse il ciel breve viaggio,
E brevissima gioia a noi mortali:
Ne l'alba cadde il nostro chiaro giorno !
Deh se non toglie quello eterno raggio
A voi l'aver pietà de' nostri mali,
Là su pregate per lo mio ritorno.

2 [*]

AUGUSTO, che col nome altero e bello,
Con la rara bellezza al ciel n'alzavi,
E con l'alte parole dimostravi
Quanto sia 'l nostro errar di Dio rubello,
U' risona or quel sacro nome, quello
Che con l'opre gentil tanto onoravi?
U' splende il sol de' begli occhi soavi
Ch'ogni empio disiar facea men fello?
Chi ode il suon delle parole sante
Ch'avean poter di riscaldar il ghiaccio
E 'ntenerir le pietre tutte quante?
Il cielo, ingiurioso a scior quel laccio
Che 'l par non vedrà mai, né vidde avante,
Che noi tolse di gioia e te d'impaccio.

LV

Di Monsignor Dalla Casa

1

Cura, che di timor ti nutri e cresci
E tosto fede a i tuoi sospetti acquisti,
E mentre con le fiamme il gielo mesci
Tutto 'l regno d'Amor turbi e contristi,
Poi che in breve ora entro al mio dolce hai misti
Tutti gl'amari tuoi, del mio cor esci;
Torna a Cocito, a i lagrimosi e tristi
Ghiacci d'inferno, ivi a te stessa incresci;
Ivi senza riposo i giorni mena,
Senza sonno le notti, ivi ti duoli
Non men di dubbia che di certa pena.
Vattene, a che più fera che non suoli
(Se 'l tuo venen m'è corso in ogni vena)
Con nove larve a me ritorni e voli?

2
[G2 G3 attribuito a A. Mezzabarba; cfr. scheda Della Casa]
O d'Invidia e d'Amor figlia sì ria,
    Che le gioie del padre muti in pene,
    O Argo al male, o cieca talpa al bene,
    O ministra di morte, Gelosia;
Famelica, rapace, iniqua arpia,
    Che le dolcezze altrui ratto avelene,
    Austro crudel, per cui languir conviene
    Sul più bel fior de la speranza mia;
O sola da te sola disamata,
    Fiamma ch'entri nel cor per mille porte,
    Augel di doglia e non d'altro presago,
Se si potesse a te chiuder l'entrata,
    Tanto il regno d'Amor saria più vago
    Quanto il mondo senz'odio e senza morte.

LVI
Di M. Tiberio Pandola

1 [*]
Perduto il mio bel sol, giusta querela
    A tragger gridi mi costringe e move,
    Né 'l velo spegner so là 've più dove
    Tanto ben per mio mal mi offusca e vela;
Similemente ed i tristi occhi cela
    A me importuna nebbia ch'io vi truove,
    Né aiuto cerchi, e già per chiare prove
    L'alma smarrita mi s'inferma e gela.
Amor tu 'l sai, ch'a la mia intensa doglia
    Porger potresti ben rimedio intiero
    Senza più chiara la ti mostri o scriva;
Dunque mosso d'affetto alto e sincero,
    Perché anco un tratto vita dolce io viva,
    Mostrati largo alla bramosa voglia.

2 [*]

Fortunato terren, che le due sponde
  Tocchi a quel che nel grembo alto e severo
  Le membra, che qui fur l'idol mio vero
  Due lustri andati, a noi copre e nasconde,
Scendesse un giorno sol con l'irate onde
  Qualche fiume vicin turbato e fero,
  E perché ricco ti facesti e altero,
  T'inondasse i be' fior, l'erbe e le fronde;
Che se 'l vedere (ohimè lasso) m'è tolto
  Le da me più che d'altro onorate osse,
  Al mondo rare e celebrate sole,
Per questi campi almen, s'altro non fosse,
  Lo sparso sangue che non fu sepolto
  Col piè calcando andrei fra le viole.

3 [*]

S'i duri passi d'i più allegri giorni,
  Che già sol mi scorgea lascivo Amore
  Dietro a madonna, par che dentro e fuore
  Non più rinovi e a lei non più ritorni,
Non è che ancor suo' lumi dolci adorni
  Lungi ed appresso la stanca alma e 'l core
  Non impiaghin di quel primiero ardore,
  Ove convien talvolta anco soggiorni;
E ch'io, s'ella di me ride o favella,
  O se ne parlo anch'io, se pur ne scrivo,
  Non la celebre, non l'adori e inchine;
Ma l'onesto pensier, c'ho di lei vivo,
  Contento mi fa star, ch'imprima e 'n fine
  Ardendo aggia amata io cosa sì bella.

4 [*]

Se per gire anzi tempo a l'altra vita
   Donna, il bel volto dove e 'l ricco petto
   Unqua bagnovvi lacrimoso affetto,
   Che fosse bella e di virtù gradita,
Or vi mova lo cor doglia infinita,
   E fatto non sia a voi fermo disdetto
   Ch'i vaghi lumi vostri e 'l dolce aspetto
   Perla non stillin giù di pianti ordita.
Amor, grazia, virtù, fede e bellezza,
   Che fan del sommo ben là ogni alma degna,
   Seco portò di qui andando colei,
A cui d'inni sonori alta dolcezza
   Soave canta tra que' sacri dei
   Di ben nate alme la felice insegna.

LVII

Di M. Girolamo Muzio

1

Il pastor Aristeo pensoso e solo
   Appoggiato si stava al duro tronco
   D'un faggio antico in solitaria piaggia,
   E per quel che di fuor porgea la fronte
   Scorger ben si potea che 'l suo pensiero
   Era tutto lontan d'ogni allegrezza.
   Ei così stato alquanto, in fioca voce
   A quel che chiudea il cor la strada aperse,
   E disse cose che del suo dolore,
   E del comun dolor d'Insubria tutta,
   Han fatto e faran sempre intiera fede.
Alme Napee, che le dolenti note
   Di lui sentiste e con pietosi accenti
   Tenor faceste a l'agre sue querele,

Non vi sia grave il doloroso canto
Ridir a me, che 'n questa scorza verde
Serbarlo intendo a più ch'ad una etade.
"Dunque è pur ver che la bella Amarilli
Da noi si parta? E ne la sua partita
Con lei sen vada tutto il nostro bene,
Che senza lei fra noi non è alcun bene?
Verdi prati, chiare acque, ombrose selve,
Verdi, chiare ed ombrose mentre ch'ella
Fatt'ha fra noi soggiorno, or qual aspetto
Fia il vostro per inanzi? Quai sembianze
Si scorgeranno in voi? Vostra verdura
Fia intorno secca e le fontane vive
Da le lor vene fiano abandonate,
E vedremo sfrondarsi tutti i rami;
Ed è ben dritto ch'erbe ed acque e frondi
Lascino i prati, le fontane e i boschi,
Che quel ch'è l'erba a i prati, l'acque a i fonti,
Le frondi a i boschi, quel è al secol nostro
La vezzosa Amarilli, e quella (ahi lasso)
Lascia or prive di sé le nostre piagge.
Tutte le nostre gregge e i nostri armenti,
Credo indovini del futuro danno,
Errar si son veduti a lenti passi,
E belando e mugghiando d'ogn'intorno
Ir de' lamenti empiendo e piani e colli,
Senza tonder più foglia d'erba fresca,
Senza bagnar il griffo in chiaro umore.
E per gli boschi e per l'occulte valli
Si son sentite dolorosamente
Gemer le ninfe, i satiri e i silvani,
Ed Ecco raddoppiar le lor querele.
Tesin, Lambro, Adda e Po, che sì superbi
Ve n'andavate del reale aspetto,

Or se ne va tutta la gloria vostra,
Perch'a voi si convien bassar le corna,
Ceder vi si conviene a un picciol rivo.
L'umil Sebeto ha da tornar altiero
Del vostro duolo, e già de la speranza
Tutto gioioso il suo lucente vaso
De bei fiori inghirlanda, e 'n maggior copia
Versa dolci e chiar'onde, e per le sponde
Tutto si veste di nuova verdura.
Già mi par di sentir da ciascun lato
Risuonar di letizia piani e monti,
Là 've s'attende il ben ch'a noi vien tolto.
Procida umil, le dilettose Baie,
La veneranda Cuma, il gran Miseno
Cantano intorno a prova, e 'n tutti i canti
Sonar si sente il nome d'Amarilli;
E quindi d'alto mar risponder Capre,
E Pausilippo quinci, Ischia e Vesuvio
Al ciel ne mandan fochi d'allegrezza;
E gli odorati e fortunati boschi
Cercan di farsi in ogni parte adorni,
E de l'usato più soavi odori
Spiran per l'aer aperto, e per gli rami
Vi si scorge smeraldo, argento ed oro.
E degno è ben che di sì caro oggetto
Ne faccia festa ogni cosa creata,
Che del suo aspetto ogni creata cosa
Prende conforto, si rallegra il cielo
Al suo apparir come all'uscir del sole,
E quasi a l'apparir d'un nuovo sole
L'aria d'intorno a lei si fa serena,
Rimettono il furor i fieri venti,
Si fa tranquillo il mar dov'ella gira
Lo sguardo suo, dov'ella il piede muove

Germoglian l'erbe e surgon fior novelli,
Ed ogni anima altiera, ogni alma afflitta
Al suo aspetto s'umilia e si consola.
O fortunati voi tre volte e quattro,
Pastori, a cui fu il ciel tanto benigno!
Voi, dico, che l'antica sepoltura
De la bella Sirena in guardia avete.
Da voi ne viene il glorioso lume
Che sovra ogni altra età chiara e felice
Rende la nostra etate, e a voi ritorna,
E ritornando, il più gentil suggetto
Ch'abbia fra quanti il dì raggira intorno
Riporta al suon de le vostre sampogne,
Al suon de le leggiadre vostre rime;
Ed esser ben potran dolci e leggiadre
Le rime vostre col favor di quella
A cui s'inchina tutto 'l sacro coro
De l'alme abitatrici d'Elicona.
Ma quanto elle saran più dolci e quanto
Più fien leggiadre, tanto di dolcezza,
Tanto di leggiadria saranno ignude
Le rime mie, e nel lor roco suono,
Ne la rozzezza lor, de' nostri cori
Ad altrui renderan vera sembianza.
Or, lasso me, se noi di dolor pieni
Ci troveremo, e se di dolor piene
Fien nostre rime, e qual sarà il tormento
Del buon Davalo nostro? Quai gli accenti
De le sue più che dolorose rime?
Dolor fia il suo maggior d'altro dolore,
Pena la sua maggior d'ogni altra pena.
Non così altro pastor ha gli occhi cari,
Non così altro pastor la vita ha cara,
Non così altro pastor ha cara l'alma,

Com'egli ha cara l'aurea sua Amarilli;
E nel partir di lei da lui si.parte
E la luce e la vita e l'alma insieme.
O che fiero dolor! Mentr'ei s'affanna
D'ir traversando le montagne alpestre
E va per luoghi solitari ed ermi
Presso a la traccia de' rabbiosi lupi
Che cercan di sbranar le nostre gregge,
Mentr'egli è intento a dar altrui salute,
Da lui la sua salute si dilegua.
Cruda Amarilli, e qual è la tua mente?
Se' tu nata d'un sasso o d'una tigre,
Che non senti pietade? E non t'accorgi
Che se tu sei di lui la maggior parte,
Egli è la tua? E che da te ti parti?
Che bisogna cercar strani paesi
E far fuor di stagion duro camino,
Crudel, per dipartirti da te stessa?
Torna, cangia pensier, rivolgi i passi,
Ch'ovunque tu ten vada sii secura
Che trovar non vi puoi cosa più cara,
Che non ti lasci adietro un maggior bene".

2

Non ha la nostra età sì altiero core,
Non ha penna mortal, che tanto vada
Sovra l'altre poggiando, che non cadà
Se cerca par andar col vostro onore.
Cedono a voi, come a dritto signore,
Sua lira Febo e Marte la sua spada;
E qual brama ir in su per altra strada
Che voi seguendo, è in tenebre e in errore.
In così raro dunque e bel soggetto
Altri che voi con onorate carte
Non può di voi lasciar degna memoria.
Or che dirò di lei che v'arde il petto?
Ch'essendo ella di voi, voi di lei parte,
Voi la sua sete, ella è la vostra gloria.

3

Se 'l barbarico indomito furore
Là presso al Varo sta gran tempo a bada,
Convien ancor che innanzi a voi ricada,
Ch'orgoglio cede a vostro alto valore.
E qual si tien fra gli altri esser maggiore
D'ogni pregio d'onor, da voi digrada,
Che 'l sol vedervi apporta a ogni contrada
Gloria a gli amici ed a' nemici orrore.
Perché non pure il mio rozzo intelletto,
Ma qual più eccede d'eloquenza e d'arte
Non ardisce di voi tesser istoria;
Non di colei che il cor vi tien distretto:
Che per le grazie in lei dal cielo sparte,
Se voi del mondo, ella ha di voi vittoria.

4

Donne gentili, Amor vuol ch'io favelle
  Del dolce ameno affetto
  Ch'eternalmente vive in gentil core.
  E gentili dicendo, i' parlo a quelle
  Nel cui leggiadro petto
  In fermezza s'aviva il santo ardore,
  Che quivi alberga Amore
  Ove d'un sol piacer l'alma s'infiamma.
  Di sì beata fiamma
  Qual è, donne, fra voi ch'arder si trove,
  Porga l'orecchie a le mie rime nuove.
Amor, donne, è virtù che in noi discende
  Da gli stellanti chiostri
  E disio di bellezza a l'alma adduce;
  Ed è bellezza un raggio che risplende
  Ne gli intelletti nostri
  Sceso dal Sol de la superna luce.
  L'alma, in cui il bel traluce,
  Ratto s'aventa a l'immortal sembianza,
  E così muta stanza,
  Di sé le membra sue lasciando prive,
  E a se stessa morendo in altrui vive.
Vive in altrui se la virtù divina
  Scende ne l'altrui mente
  E 'l suo mortal vivendo torna in vita,
  Che l'alma amata a l'alma pellegrina
  Del suo desir consente,
  Amor seguendo ch'a morir l'invita,
  E del suo albergo uscita
  Nuda a vestir si va de l'altrui vesta:
  Quindi a quella ed a questa
  Per felice destin vien dato in sorte
  Che vivin di due vite in una morte.

O miracolo al mondo altero e raro,
   Ch'ogni credenza eccede,
   Se non ch'opra è d'Amor che 'l tutto puote!
   Ma non più d'altro don n'è 'l ciel avaro,
   Ch'Amor non ferma il piede
   Là 've di fede son l'anime vote.
   Ch'intende ascolti e note:
   Uno è 'l bel, una è l'alma, e non si parte;
   E quando in più comparte
   Il suo voler ed amador si chiama,
   Altro nome si truovi, ch'ei non ama.
Spesso avvien ch'a beltà l'alma s'appiglia
   Lasciando il suo soggiorno;
   Poi trova a' suoi pensier chiusa la porta,
   Né però di tornar più si consiglia,
   Anzi va errando intorno
   Ove il dolor, ove il furor la porta;
   Ed a sé e ad altrui morta,
   Invidia quei che son di là da Stige,
   Perché ad ognor l'afflige
   Ghiaccio di tema e foco di desiri,
   Pioggia di pianto e vento di sospiri.
Canzon, tu potrai dire
   A quelle poche donne ov'io t'invio
   Che tale stato è 'l mio;
   E quai degne saran di vero amante
   So che pietate avranno a l'alma errante.

LVIII
Di M. Ottaviano Salvi

1

Splenda il vostro felice almo terreno
    Di smeraldi coperto e fior mai sempre,
    Sorga lieta ogni pianta e non la stempre
    Il ciel di neve carco e d'ardor pieno.
Famos'Adda, di puro argento il seno,
    Bagna l'ombrose valli, e si contempre
    Quell'aere intorno sì ch'a le sue tempre
    Rida in eterno il bel paese ameno.
Lascino ora Parnaso ed Elicona
    I dotti spirti, e de la dea del loco
    Cantin meco le lodi assisi a l'ombra.
Qui dal ciel voli, mentre il bosco suona,
    Amor, che di benigno e santo foco
    Arde e di rio pensier l'animo sgombra.

2

Chiari cristalli da' begli occhi santi
    Spargea sopra la neve e le viole
    Co' capei d'oro sciolti, ond'Amor suole
    Tesser lacciuoli a mille casti amanti,
La donna mia; e con dolci sembianti,
    Mostrando le bellezze al mondo sole,
    Volgeva i lumi al ciel con tai parole
    Che spezzò i sassi e gli converse in pianti.
Il ciel fermossi ad ascoltar gli accenti
    De le pietose voci e d'ogn'intorno
    Si coperse di doglia e di pietate;
S'ascose il sole ed oscurossi il giorno,
    L'aere pianse di duol, tanto possenti
    Furon le luci essempio d'onestate.

3

A questi sacri lauri, a questa antica
  Elce non nuoca ingiuriosa mano
  O tempesta giamai, non sorga in vano
  De' nuovi rami l'alta prole amica;
Sol ne le scorze lor si scriva e dica:
  Clori, che vince ogni splendore umano
  E ad Alceo del cor fe' dolce e strano
  Furto, già venne in questa piaggia aprica.
Rose, gigli, viole, acanti e croco
  Spargete qui, dove s'assise a l'ombra,
  Pastori, al seggio aventuroso intorno,
Le sue glorie cantando, e 'l mio gran foco,
  Per cui l'anima ogni altro ardor disgombra,
  Venite meco a celebrarne il giorno.

4

Girate or cieli in più beati accenti,
  Sparga la terra or nuove frondi e fiori,
  Sien tutti i venti nuovi eterni odori,
  Sien gli animali a gioir solo intenti;
Or sieno i cori uman lieti e contenti,
  Dian quanto ponno a Dio maggior gli onori,
  Poi che gli eterni loro alti dolori
  Oggi son tutti in un finiti e spenti.
Di nuova luce oggi s'ammanti il sole,
  Mostrinsi oggi cantando i spirti eletti,
  Omai nessun di loro a noi si veli,
Anzi scendan dal cielo i più perfetti,
  Non sia cosa lassù ch'a noi si celi,
  Poi ch'egli è nato de la vita il Sole.

5

Già per tornar vicino al nostro polo
De' lucenti destrier l'aurato freno
Regge passando il maggior cerchio il sole;
A la fredda Giunon tepido il seno
Face ed allegro il volto, cui lo stuolo
De le pallide nubi oscurar suole;
Le più riposte e sole
Parti veggion la luce,
Ch'a gioir le conduce.
Lasso, l'amato mio chiaro splendore
Ognor da me più fugge, e vuole Amore
Ch'io 'l brami pur e tenga ogni altro a vile,
Onde pien di dolore
Vo sospirando il volto almo e gentile.
L'ira del crudo e discacciato verno
Fugge sotterra, ed i rabbiosi venti
Strider non fan più i boschi, e Giove bagna
Più rado il mondo: i dolci suoi lucenti
Giorni così n'apporta, e già l'interno
Vigor trae fuor per tutta la campagna
L'odorata compagna
Di Zefiro soave.
Ohimè, ch'Amor non have
Quieto il suon de gli alti miei desiri,
Né scema un poco pur gli aspri martiri:
Lacrime adunque spargerò mai sempre
Fin che quella aura spiri
Che mi puote addolcir con le sue tempre.
A le nuove erbe già vaga corona
Fan varii fiori e la dipinta terra
Rendon sembiante a lo stellato cielo;
I vaghi rami, i quai non han più guerra
Col Borea altiero ch'in disparte suona,

Né temon più de l'inimico gelo,
Prendon securo il velo
De le tenere frondi.
Sorte crudel, ch'infondi
Tanto dolor in me quanto in lor gioia!
Ma quel che più m'ancide e più m'annoia
È ch'io non posso almen fra tante pene,
Prima che 'n tutto moia,
Verdeggiar pur un dì di breve spene.
A l'aure amiche nel tranquillo mare
Spiega le vele omai lieto nocchiero,
Che del crudo Orion più non paventa;
Co i curvi legni il liquido sentiero
Aprendo va, mentre che 'l ciel gli appare
Senza luce aver più di nube spenta,
E suoi desir contenta.
La mia debile barca,
Misero me, non varca
L'amare onde del mar senza tempesta,
Né lume la mia stella unqua ne presta.
O nemica fortuna, o rio destino,
Sì grave mal non desta
Pietade in cor sì dolce e pellegrino?
Or ne le piaggie amene sopra il monte
Siede il pastor, e le congiunte canne
Con lo spirto d'Amor parer fa vive;
L'umide labbia poi levando danne
L'armonia di sua voce, e 'ntanto il fonte
D'alto cadendo mormora, e le rive,
Non più d'erbette prive,
Bagna; quivi l'armento
Al soave concento
Il cibo quasi con se stesso oblia.
Ed io, mentre l'altiera donna mia

Ha fredda neve al duro cor davanti,
Come possibil fia
Ch'altro versi giamai che tristi pianti ?
Ben sai qual primavera,
    Qual sol, quali erbe e fiori,
    E quai più dolci umori,
    E qual canto io desii, canzon mia amara.
    Ma troppo, ahi lasso, è de' suoi beni avara
    Quella da cui solo il mio viver pende,
    Tal ch'a me non è cara
    La stagion di che 'l cielo or gioia prende.

LIX

Della S. Veronica Gambara

1

Vinca gli sdegni e l'odio vostro antico,
    CARLO e FRANCESCO, il nome sacro e santo
    Di CRISTO, e di sua fé vi caglia tanto
    Quanto a voi più d'ogni altro è stato amico.
L'arme vostre a domar l'empio nemico
    Di lui sian pronte, e non tenete in pianto
    Non pur l'Italia, ma l'Europa, e quanto
    Bagna il mar, cinge valle o colle aprico.
Il gran Pastor, a cui le chiavi date
    Furon del cielo, a voi s'inchina e prega
    Che de le greggie sue pietà vi prenda.
Possa più de lo sdegno in voi pietate,
    Coppia real, e un sol desio v'accenda
    Di vendicar chi CRISTO sprezza e niega.

2

La bella Flora, che da voi sol spera,
   Famosi eroi, e libertate e pace,
   Fra speranza e timor si strugge e sface,
   E spesso dice or mansueta or fera:
"O de' miei figli saggia e nobil schiera,
   Perché di non seguir l'orme vi piace
   Di chi col ferro e con la mano audace
   Vi fe' al mio scampo aperta strada e vera?
Perché sì tardi al mio soccorso andate?
   Già non produssi voi liberi e lieti
   Perché lasciaste me serva e dolente!
Quanta sia in voi virtù dunque mostrate,
   E col consiglio e con la man possente
   Fate libera me, voi salvi e queti".

3

Vero albergo d'amor, occhi lucenti,
   Del frale viver mio fermo ritegno,
   A voi ricorro, ed a voi sempre vegno
   Per trovar qualche pace a' miei tormenti:
Ch'a l'apparir de' vostri raggi ardenti
   Manca ogn'affanno, ogni gravoso sdegno,
   E di tal gioia poi resta il cor pregno
   Che loco in me non han pensier dolenti.
Da voi solo procede, occhi beati,
   Tutto quel ben che 'n questa mortal vita
   Può darmi il cielo, e mia benigna sorte.
Siatemi adunque più cortesi e grati,
   E col splendor de la beltà infinita
   Liberate il mio cor d'acerba morte.

4

Mentre da' vaghi e giovenil pensieri
    Fui nodrita, or temendo ora sperando,
    Piangendo or trista ed or lieta cantando,
    Da' desir combattuta or falsi or veri,
Con accenti sfogai pietosi e feri
    I concetti del cor, che spesso amando
    Il suo male assai più che 'l ben cercando,
    Consumava dogliosa i giorni intieri.
Or che d'altri pensieri e d'altre voglie
    Pasco la mente, a le già care rime
    Ho posto ed a lo stil silenzio eterno;
E s'alor vaneggiando a quelle prime
    Sciocchezze intesi, ora il pensier mi toglie
    La colpa palesando il duolo interno.

5

Onorate acque, e voi liti beati,
    Ov'il ciel più tranquillo e più sereno
    Che 'n altra parte si dimostra, e a pieno
    Sparge i suoi doni a tutti altri negati,
Se i versi miei fosser di stil sì ornati
    Come di buon voler, l'almo ed ameno
    Vostro sito di grazie e valor pieno
    Farian eterno, e voi cari e pregiati.
Ma le mie roche rime e 'l basso ingegno,
    Troppo ineguali a vostra grande altezza,
    Non ardiscon cantando andar tant'alto;
Che ragionar di voi non fora degno
    Qual si voglia gran stil pien di dolcezza:
    Però con l'alma sol v'onoro e esalto.

6

Dal veder voi, occhi sereni e chiari,
  Nasce un piacer ne l'alma, un gaudio tale,
  Ch'ogni pena, ogni affanno, ogni gran male
  Soavi tengo, e chiamo dolci e cari.
Dal non vedervi poi, soavi e rari
  Lumi, del viver mio segno fatale,
  In sì fiero dolor quest'alma sale
  Ch'i giorni miei son più ch'assenzio amari.
Quanto contemplo·voi sol vivo tanto,
  Limpide stelle mie soavi e liete,
  E 'l resto de la vita è affanni e pianto.
Però se di vedervi ho sì gran sete
  Non v'ammirate, ch'ognun fugge quanto
  Più può il morir, del qual voi schermo sete.

7

Donna gentil, che così largamente
  De le doti del ciel foste arrichita,
  Che per mostrar la forza sua infinita
  Fece voi così rara ed eccellente,
Fuggan da vostra altiera e real mente
  Tutti i pensier ch'a darvi oscura vita
  Fosser bastanti, perché omai finita
  È la guerra di lui troppo possente.
E se fin or con mille oltraggi ed onte
  V'ha mostrato Fortuna il fiero volto,
  Stato è sol per provar l'alto valore
Che 'n voi soggiorna; or la serena fronte
  Vi volge, e del suo error pentita molto,
  Quanto fu il mal, tanto fia il ben maggiore.

8

Occhi lucenti e belli,
    Come esser può ch'in un medesmo instante
    Nascan da voi sì nuove forme e tante?
    Lieti, mesti, superbi, umil, altieri
    Vi mostrate in un punto, onde di spene
    E di timor ne empiete,
    E tanti effetti dolci, acerbi e fieri
    Nel cor arso per voi vengono insieme
    Ad ognor che volete.
    Or poi che voi mia vita e morte sete,
    Occhi felici, occhi beati e cari,
    Siate sempre sereni, allegri e chiari.

9

Se quando per Adone over per Marte
    Arse Venere bella
    Stato fosti, signor, visto da lei,
    Quell'ardente facella
    Sol per te, che di lor più degno sei,
    Arsa e accesa l'avrebbe in ogni parte,
    Perché ne l'armi il bellicoso Marte
    Vinci d'assai, e di bellezza Adone
    Cede al tuo paragone.
    Dunque se 'l ciel t'aspira e fa immortale,
    Maraviglia non è, poiché sei tale.

10

Se più stanno a parir quei duo bei lumi,
    Che puon rasserenar mia vita oscura
    E d'ogni oltraggio uman farla secura,
    Temo ch'anzi il suo dì non si consumi.
E pria senz'acqua correranno i fiumi,
    Né il mondo avrà più di morte paura,
    E la legge del ciel ch'eterna dura
    Si romperà qual nebbia al vento o fumi,
Ch'io possa senza lor vivere un'ora,
    Che pur son la mia scorta, e per lor soli
    La via di gir al ciel scorgo ed imparo.
O stella, fato del mio mal sì avaro,
    Che 'l mio ben m'allontani, anzi m'involi,
    Fia mai quel dì ch'io lo rivegga o mora?

11

Poscia che 'l mio destin fermo e fatale
    Vuol ch'io pur v'ami e che per voi sospiri,
    Quella pietà nel petto Amor v'inspiri
    Che conviene al mio duol grave e mortale,
E faccia che il voler vostro sia eguale
    Agli amorosi ardenti miei desiri;
    Poi cresca quanto vuol doglia e martiri,
    Che più d'ogni altro ben dolce fia il male.
E se tal grazia impetro, almo mio sole,
    Nessun più lieto o glorioso stato
    Diede Amor o Fortuna al mondo mai;
E quanti per adietro affanni e guai
    Patito ha il cor, ond'ei si dolse e duole,
    Chiamerà dolci, e lui sempre beato.

LX
Di M. Gabriel Zerbo

1 [*]

"Queste ghirlande, ohimè, con questi fiori
    Che avete per ornarmi il crin conteste
    Spargete altrove, e sian tutte funeste
    Le Grazie meco e le Muse e gli Amori,
Poi che colei, ne' cui celesti ardori
    Divine alme languir tante vedeste,
    Con mani troppo, ohimè, spietate e preste
    Mort'ha in se stessa tutti i nostri onori".
Così Venere in manto oscuro e strano,
    A rimirar il suo gran danno intenta,
    Dicea con gli occhi rugiadosi e molli.
"Ahi dura Galatea, da tanti invano
    Pastor seguita per campagne e colli,
    Come ti sei per Tirsi ingrato spenta ?".

2 [*]

"Tirsi, Tirsi crudel, poiché ti diero
    L'empie leonze il latte e del suo sdegno
    T'armaro il petto, ov'io di pietà segno,
    Lassa, ancor non trovai dal dì ch'io pero,
Poiché consente il ciel, poiché è pur vero
    Ch'io men cara ti sia, quanto più degno
    Fora il mio amor di quell'eterno pegno
    Che ho già bramato invano, or più non spero,
Qui fine avranno i duri miei pensieri,
    E tu, crudel, appagherai nel sangue
    Di questo petto il fiero tuo desio".
Disse, e volgendo al ferro gli occhi alteri,
    S'aperse nel bel seno un largo rio,
    E cadde la gran *** a terra essangue.

LXI

Di M. Bernardino Daniello

1

La nobil donna che vincendo il freno
Tenne gran tempo già del mondo in mano,
E fatta or serva a popol servo e strano
Sott'aspro giogo d'ora in or vien meno,
D'acerbe piaghe il suo bel corpo pieno,
Che 'l tedesco furor fece e l'ispano
(Ond'il gran Tebro suo stagnando 'l piano
Tinto del sangue andò le sponde e 'l seno),
Ti scopre, e prega che le saldi omai,
Sì ch'ella asciughi 'l petto e gli occhi molli,
Felice, saggio e forte Imperadore.
Si dirà poi da tutti sette i colli:
"CARLO, per l'orme del tu' antico vai
Al ciel, già destinato al tuo valore".

2

Quant'era il me', seguendo 'l buon costume
De gli avi antichi, in onorati affanni
Nudrir le membra tue sott'aspri panni
D'acqua e di ghiande, tra le selve e 'l fiume,
Ch'abondar d'altri cibi e in ostro e piume
Ociosa menarne i giorni e gli anni,
Roma or più no, ma fatta ne' tuoi danni
Breve favilla di sì chiaro lume;
Poi che sdegnando l'una e l'altra sponda
(Quel che non puotè far turbato il Reno
Poc'anni avanti e l'orgoglioso Ibero)
Il Tebro tutto il tuo bel corpo innonda,
E par che dica d'ira e di duol pieno:
"Sì vada chi del mondo ebbe l'impero".

3

Sacro di Giove augel, ch'irato scendi
    Del Gallo altero a i danni e de' suoi figli,
    Ch'or questo or quel di lor turbi e scompigli
    E trar del proprio e natio nido intendi,
Spiega di nuovo le grand'ali e prendi
    Tuo volo in ver gli eoi lidi vermigli,
    Quivi apparecchia insanguinar gli artigli
    Nel maggior serpe, ove più gloria attendi,
Or ch'ei men l'unghie e 'l tuo rostro curando
    Alza il coll'empio, e con tre lingue al sole
    Del vecchio uscito liscia il nuovo scoglio;
Tal che da te rapito, alto volando
    Ne 'l porti ove deposto il fero orgoglio
    Rimanga preda e cibo di tua prole.

4

Ben puoi tu girne omai spumoso altero,
    Poc'anzi mesto, or d'alta gioia pieno,
    Fiume, ch'avesti in man gran tempo il freno
    De l'acque tutte e de la terra impero;
E tu, bell'Arno, riportar più intero
    Il suo tributo al gran padre Tirreno,
    Poi che salvo vi rendon l'Istro e 'l Reno
    D'ogni rara eccellenzia 'l pregio vero;
Dico quel grand'IPPOLITO, splendore
    Chiaro d'eterna gloria tra' mortali,
    Sotto cui 'l mondo ancor vedrem cangiarsi,
E di vizio e d'error tutto spogliarsi,
    E in lor vece vestir senno e valore,
    E menar gli anni al secol d'oro uguali.

5

O non pur solo degno a cui s'inchine
   Reverente l'età nostra, e v'adori
   Con are e tempi, e 'n marmi, gemme ed ori
   Intagli l'opre vostre alte e divine,
Ma che le sacre tempie e 'l dotto crine
   D'edera cinto e verdeggianti allori,
   Solo il gran BEMBO canti i vostri onori,
   E le virtuti eccelse e pellegrine;
Talché poi s'oda in questa e 'n quella parte
   IPPOLITO gentil, cortese e pio,
   IPPOLITO sonar mill'e mill'anni,
Senza temer d'avara morte inganni,
   O che 'l vostro gran nome invid'oblio
   Sen porte in cieca e tenebrosa parte.

6

Doppia pena e martir preme e circonda,
   U' raggio di pietà mai non risplende,
   Alma cui sopra carco un ramo pende
   Di pomi, e Stige sino al mento innonda;
Che qualor più la fame ond'ell'abonda
   Scemar tenta, e la sete che l'incende,
   In van si piega, in van la mano stende,
   Ch'in alto il ramo e fugge al basso l'onda.
Voi dolce il frutto, aspra mia pena, sete,
   E l'acqua, ond'amorosa eterna fame
   M'affligon, donna, e fiera ardente sete:
Tantal son io, che mentre render quiete
   Spero di voi mirar l'alte mie brame,
   In altra parte il bel viso torcete.

7

Se 'l viver nostro è breve oscuro giorno
   Press'a l'eterno, e pien d'affanni e mali,
   E più veloci assai che venti o strali
   Ne vedi ir gli anni e più non far ritorno,
Alma, che fai ? Ché non ti miri intorno,
   Sepolta in cieco error tra le mortali
   Noiose cure ? E poi ti son date ali
   Da volar a l'eterno alto soggiorno,
Scuotile, trista, ch'è ben tempo omai,
   Fuor del visco mondan ch'è sì tenace,
   E le dispiega al ciel per dritta via:
Ivi è quel sommo ben ch'ogni uom desia,
   Ivi 'l vero riposo, ivi la pace
   Ch'indarno tu qua giù cercando vai.

8

Santo Signor, che 'l grand'uffizio avete
   Qua giù c'ha su nel ciel chi lo governa,
   E in man le chiavi ond'a noi s'apre e serra,
   Poiché, mercé de la pietà superna,
   Da lei mandato al gran bisogno sete
   Per dar al mondo pace e torli guerra,
   Preghianvi a solevar alto da terra
   Nostra speranza, l'onorata impresa
   Ch'avete ordito di sì nobil trama
   Tessendo, quel che già gran tempo brama
   Europa afflitta in tante parti offesa,
   Pur a' suoi danni intesa,
   Drizzando in porto omai di Pier la barca
   Di ricche spoglie orientali carca.

La qual già cotant'anni se n'è gita
   Per camin torto e tenebroso errando
   Senza alcun lume di benigna stella;
   Or n'andrà, voi nocchier, lieta solcando,
   Per dritta strada già da lei smarrita,
   Il mar tranquillo in questa parte e 'n quella,
   Poco prezzando oriental procella,
   O quel ch'ancora orribilmente scende
   Orribil nembo da la fredda parte,
   Che di camparla spesso ha posto l'arte
   Umana in dubbio, sì talor l'offende;
   E se non ch'ella attende
   Il vostro aggiunto col divin soccorso,
   Già s'averebbe fiaccata a mezzo 'l corso.

La vostr'antica nobil patria Roma,
   S'a mirar gli anni indietro si rivolve,
   Fra mille e mille eletti figli suoi,
   Ch'oggi son cener fatti e poca polve,
   Benché la fama lor tempo non doma,
   Di senno e di valor simile a voi
   Prima non vide, né vedrà dapoi,
   Onde s'allegra e dice in suo pensiero:
   "Al Tebro mio, ch'il tempo andat'or piange,
   Daran tributo ancora Eufrate e Gange,
   Per ch'io più ricca e bella andar ne spero".
   E gli occhi alzati al vero
   Splendor degli splendori, al sommo Sole,
   Prega per voi la Chiesa in tai parole:

"De' secoli invisibile, immortale
   Re, che 'l ciel muovi e tempri gli elementi,
   Re, che di nulla ogni cosa creasti,
   Porgi gli orecchi a i giusti prieghi ardenti
   De la tua sposa, se di lei ti cale,

Di lei, Signor, che tu cotanto amasti
Che 'l prezioso tuo sangue versasti,
Fisse le dolci membra al duro legno
(O pietà somma, o senz'essempio amore),
E benigno concedi al successore
Di Pietro, vero tuo Vicario degno,
Qui di tua fé sostegno,
Ch'ei possa con amor puro e verace
Servar il popol tuo tranquillo in pace.

Ecco ch'ei già di cure e d'anni carco,
Che ne dà segno al pel canuto e bianco,
Lontan s'è fatto dal natio suo nido
Sol per unir con Carlo il buon Re franco,
Tal che, ciascun poi d'ira e d'odio scarco
E fatto l'un de l'altro amico fido,
S'uniscan sì che ne spaventi 'l grido
Soliman fiero, ond'ei rivolga indietro
L'ardito passo, a le vermiglie croci
Giunte le bianche e con terribil voci
Minaccianti a lui morte o carcer tetro
Veggendo, e quasi un vetro
Rotta di man cadersi ogni sua speme
Con l'alta possa di che 'l mondo teme.

Che per far or di noi crudele scempio,
Quasi serpe di nuove spoglie adorno,
Più che mai fosse di furor ripieno,
Gli occhi di fiamma rivolgendo intorno
Con tre lingue vibranti alz'il collo empio,
E sparger tenta 'l suo mortal veneno
Ne' nostri dolci campi e nel mio seno;
Mentre su l'ali per discender tese
Sovra l'ardito Gallo il grand'Augello
Irato stassi, e cerca questo e quello

(Ahi fere voglie al vostro mal sì 'ntese,
A lo strazio, a le offese)
Del proprio sangue suo render vermigli
Col duro rostro i dispietati artigli.

Già non pur quanto da l'Ibero ispano
Giace a la Tana, il tuo bel nome santo,
E verace ed eterno ed uomo e Dio,
Ma quanto il nostro mar divide e quanto
Circonda e bagna il gran padre Oceano,
Gridar insieme e risuonar udio;
Mercé del popol tuo fedele e pio,
Che col saggio consiglio e con la spada
Le corna in guisa al gran Babel troncaro
Che 'l tuo santo sepolcro racquistaro,
Or non è più che per cotale strada
A trarlo di man vada,
Per via più grave scorno de' cristiani,
D'ingordi lupi e d'affamati cani".

Così disciolta le sue sacre chiome,
Sparsa e di trist'umor le guancie e 'l petto,
La nostra santa e venerabil Madre
Prega 'l celeste suo Sposo diletto
Che salvo le conserve il suo bel nome,
Rompendo l'inimiche infide squadre;
Voi, che le sete qui marito e padre,
Degn'è ch'al gran bisogno adoperiate
Quanta v'è data autorità divina,
Che 'l valor sommo e vostr'alta dottrina
A insieme unir que' Principi mostriate,
E fia de le lodate
Vostr'altre opre, fia questa di più gloria,
E vivrà sempre qui di lei memoria.

A riva il Varo, che l'Italia parte
    Da la Provenza, ancor, canzon, vedrai
    Il gran Pastor che le sue gregge erranti
    A sé richiama; tu suoi piedi santi
    Reverente inchinata basciarai,
    E basciando dirai
    Che sol per opra di sua bontà vera
    Saldar Europa ogni sua piaga spera.

LXII
Di M. Girolamo Parabosco

1

Se mai fu vero, que' begli occhi ond'io
    Sì dolce involo al mio martir conforto
    Trovinsi sempre od a ragion o a torto
    Empi rubelli ad ogni mio desio,
Se mai fu vero, la natura e Dio
    M'aggia in dispetto, e sia il mio viver corto,
    Né si ritrovi, poi ch'io sarò morto,
    Supplizio ne lo inferno uguale al mio.
Ma se non fu, sian vostre voglie sole
    Intente al mio gioir, sì che i miei guai
    N'abbiano esilio eterno, e i tristi pianti;
Tal che quanto il mar cinge e scalda il sole
    Loco non aggia u' sia veduto mai
    Copia sì lieta di fideli amanti.

2

Stavasi la mia donna benedetta
  Fra mille vaghe donne oneste e belle,
  E sembrava tra lor qual tra le stelle
  Sembra a un chiaro seren luna perfetta;
Sedeale Amor in grembo e fea vendetta
  Di mille anime a lui state rubelle:
  I' 'l so, che ne vid'io languir di quelle
  In cui spuntò già più d'una saetta.
Invido Febo del gran lume santo
  Che uscia de gli occhi e del bel viso adorno,
  Fuggio per oscurar l'aere sereno;
Ma veduto poi lei, che più bel giorno
  Facea mal grado suo, d'invidia pieno
  Un lago sopra noi versò di pianto.

3

Amor, poiché non vuole
  La bella donna, a cui nol dir giurai,
  Ch'io dica il mio gioire,
  Almen di' tu ch'uom mai
  Più felice di me non vide il sole.
Chi strinse mai più bella mano? E quai
  Labbra basciò più dolci? Ahi che morire
  Mi sento, dapoi ch'io nol posso dire.
  Torna adunque a ridire, Amor, ch'uom mai
  Più felice di me non vide il sole.

4

Chi vuol veder tutta raccolta insieme
  Quanta fu mai bellezza e leggiadria,
  Miri la donna mia.
  Vedrà i biondi capei

Avanzar di vaghezza il più fin oro,
D'avorio il fronte spazioso e schietto,
E quella, onde vorrei
Spesso morir, tanto n'avrei diletto,
Bocca di bei rubin, ch'asconder suole
Quelle perle d'amor ricco tesoro;
Sentirà quelle dolci alte parole
Che fan fermar il sole,
Con armonia sì nuova
Percuoton l'aria di soavi accenti.
Occhi beati, più che 'l sol lucenti,
Che dirò io di voi che non sia poco?
Occhi, voi sete strali, reti e foco,
Con cui ferisce Amor, prende ed infiamma.
Per voi non ho in me dramma
Che non sia ardente fiamma;
Ma se pietà si truova
Fra queste grazie sante,
Felice ancor sarò sopra ogni amante.

5

Così ogni vostra voglia,
Donna, bramo adempire,
Ch'io non temo il morire.
Questo m'afflige solo,
Che nel levarsi a volo
Lo spirto mio, che già lasciar mi vuole,
Non sentirò quella pena aspra e ria
Che 'l vostro duro cor forse desia.
Ma se di ciò vi duole,
Incolpatene Amore,
Che per voi mi fa dolce ogni dolore.

6

Ahi cruda gelosia, cruda mia sorte,
 Perché del mio bel sole i santi rai
 Mi nascondete, ond'io tra tanti guai
 Aspetto pur che me ne tragga morte?
O alme luci, o mie fidate scorte,
 La cui mercé già sì felice andai,
 O bel viso, ove Amor temprò gli strai
 Ch'entrar nel petto mio per mille porte,
Potess'io almen, poiché mi vieta e toglie
 Il ciel vedervi e contemplarvi ognora,
 Attender di mille anni un dì felice.
Ma lasso in me sì crude son le doglie,
 Che se il soccorso più mi si disdice
 Forza sarà che disperando i' mora.

7

O di dolci pensier nemica fiera,
 Morte immortal d'amanti acerba e ria,
 Sola cagione, ahi cruda gelosia,
 Che nel più bel sperar l'alma dispera;
Per te veloce più che snella fera
 Fugge il soccorso a l'aspra pena mia,
 Tal che quanto più m'è cortese e pia
 Più mi mostri madonna empia e severa.
Fuggi del petto mio, tosco crudele,
 Cedi l'antico suo dolce soggiorno
 A' bei lieti pensier graditi e cari,
Ch'io veggio ne la mente un viso adorno
 Piangendo dir: "Miei dì sian tutti amari,
 Se a te più che la fé non son fedele".

8

Se quei crudi martir che mandan fuore
    Sospir del petto in così folta schiera,
    Che spesso a mezzo dì fan veder sera
    A gli occhi sempre mai pregni d'umore,
Potranno mai quello aggiacciato core
    Scaldar, donna, di voi sì che men fiera,
    Quando che sia, vogliate anzi ch'io pera
    Parte ascoltar del mio grave dolore,
Tal vi raccontarò, fra mille, doglia
    Che quel bel viso, ch'a morir mi mena,
    Molle di calde e pie lagrime avrete,
E di stupore e di spavento piena:
    "Chi ti diè forza a sofferir?", direte,
    "Come non mosse il ciel sì cruda voglia?".

9

Ben che Fortuna a noi nemica tanto
    N'abbia chiusi a i piacer l'usata via
    (Così mai sempre allontanato stia
    D'ogni suo ben chi se ne diede vanto),
Non però, donna, con amaro pianto
    L'incredibil beltà vostra natia
    Turbar si dee, né men mostrarsi pia
    A l'aureo crine ed al bel viso santo.
Ponete fine a tanti aspri martiri,
    Membrando che dopo la neve e 'l gielo
    L'antica madre ancor tutta s'infiora;
Né poca speme a lagrimar vi tiri,
    Dolce mio sommo ben, ch'io veggio il cielo
    Primavera per noi serbare ancora.

10

Mentre, donna gentil, lasso, fu degno
   Goder gli essempi de i costumi tuoi
   Il mondo cieco, ch'a te dianzi o poi
   Non ebbe o non avrà più caro pegno,
Cercai che 'l mio, ben che debile, ingegno
   Spiegasse verso il cielo i vanni suoi,
   Cantando le virtù per cui tra noi
   Sembrasti un sole, e non l'avesti a sdegno.
Or che morte crudel di te m'ha privo,
   Avrai dal duol, che in me s'aduna e stagna,
   Sospiri e pianti fuor di questa spoglia.
Ben mi vergogno di trovarmi vivo,
   E se lo spirto mio non t'accompagna
   La colpa è del destin, non de la doglia.

11

Quanto felice animaletto sei,
   Poiché il ciel ti diè tal benigna sorte
   Ch'ebbero invidia a te de la tua morte
   Gli augei, le fiere, e gli uomini e li dei.
Tu lieto, tu beato, di costei
   L'aura soave e quelle pure accorte
   Parole godi, che mi furo scorte
   Nel laberinto a entrar u' mi perdei.
Solo a me lice, ahi lasso, e non men pento,
   Sì fiera stella de mia vita ha cura,
   Lagrimar l'altrui colpa e 'l mio tormento.
Quante fiate il dì vorrei morire,
   S'una potessi, o alta mia ventura,
   Qual tu fra perle e bei rubin, gioire.

12

Così fiero è 'l dolor che per voi sento,
  Donna, a cui mai pietà non scaldò il petto,
  Che il più crudo tormento
  Che sia là giù tra quelle
  Anime a Dio rubelle
  A par del mio saria gioir perfetto;
  Ma non tanta è però questa mia doglia
  Che non apporti in me piacer maggiore
  Il vedervi goder del mio dolore:
  Com'avrà dunque effetto
  La vostra al mio morir sì ingorda voglia,
  Se col veleno ch'a morir m'invita
  Posto è 'l rimedio che mi tiene in vita?

[⇒ A 56-57]

LXIII

Di M. Girolamo Fraccastoro

1 [*]

La pastorella mia che m'innamora,
  Quando si corca il sole
  Ed egli insieme a sua magion ritorna,
  Al monton mio una corona infiora
  Di rose e di viole
  Che superba gli cinga ambe le corna:
  E così ben l'adorna
  Che quel di Frisso ornato in ciel di stelle
  Cangerebbe col mio corona e pelle.

2 [*]

Tosca città, che su la riva amena
    D'Adige a piè del sacro monte siedi,
    Donde fuor l'alpi e le campagne vedi,
    Dentro gli archi, il teatro e l'ampia arena,
Dopo lunghe fortune omai serena
    La bella fronte ed a te stessa riedi,
    Che da' tuoi conditor restano eredi
    Che daran pace a la tua lunga pena;
Spera, poiché di te tanta cura have
    Quel che 'l cielo apre e può bear col ciglio,
    Il CLEMENTE, che in vece di Dio regge;
E a te nocchier de la sua santa nave
    Ha dato, che da l'onde e dal periglio
    Scorgeratti ove Dio suoi cari elegge.

LXIV

Di M. Lodovico Dolce

1

Né più leggiadra e vaga pastorella
    Presse col bianco piè tenera erbetta,
    Né con luce più chiara e più perfetta
    Accese mai d'amor alma rubella,
Né chioma d'oro più lucente e bella
    Aperse al vento in forma d'angioletta,
    Né alor che 'l verde e l'aura più diletta
    Accolse fiori in questa piaggia e in quella,
Di Lidia mia, che ove i begli occhi gira,
    Ovunque i passi move, orna e raccende
    Di lume il cielo e le campagne d'erba.
Non è più cruda ancor, né più superba,
    Né sa com'arde amor chi lei non mira
    E come dolce lega e dolce prende.

2

Vien, santo Bacco, e le tue belle corna
    Dipingi col liquor dolce e gentile,
    E 'l giovanetto crin biondo e sottile
    D'uve mature e verdi edere adorna;
E tu, sacro pastor, per cui s'aggiorna
    E vanno le stagion cangiando stile,
    Mostra la faccia, a cui non è simile,
    Più che l'usato mai chiara ed adorna.
Ambi onorate il dì ch'al mondo nacque
    Cinta d'alte virtù l'anima santa,
    E 'l più vago color la terra prenda;
Così crescan gli onor di quella pianta
    Ch'un tempo in corpo uman tanto ti piacque,
    E a te né capro le tue viti offenda.

3

Se quei begli occhi, onde mill'alme accendi,
    Mille ne involi, e mille e mille impiaghi,
    Più non si mostrin di mia morte vaghi,
    E pietosa e benigna a me ti rendi,
E se a sciugar le calde onde discendi
    Di questi miei d'amaro pianto laghi,
    Sì che un'ora serena il core appaghi
    Fra quante oscure a tormentarlo spendi,
Duo cervi nati a un parto e duo capretti,
    Dal cui puro color la neve è vinta,
    Per te serbati, e duo colombi sono.
Che non promise per avergli Aminta?
    E gli avrà, Lidia mia, se non t'affretti
    A farmi del tuo amor cortese dono.

4

Mentre raccoglie or uno or altro fiore
   Vicina a un rio di chiare e lucid'onde
   Lidia, il pregio maggior di queste sponde,
   Lidia, c'ha di bellezza il primo onore,
Trovò tra fior e fior ascoso Amore,
   Qual picciol angue che l'erbetta asconde,
   E lieta ordì de le sue trezze bionde
   Un stretto laccio, onde non esca fuore.
Quando, da dolce e legger sonno tolto,
   Per far difesa il pargoletto dio
   Mosse scuotendo le dorate piume;
Ma poi che fisò gli occhi nel bel volto:
   "Legami", disse, "pur, ch'in questo lume
   Voglio che sia perpetuo il seggio mio".

5

Né quando il lieto ed amoroso aprile
   Mostra più vago il suo fiorito aspetto,
   Empie le piagge semplice augelletto
   D'armonia così dolce e sì sottile;
Né voce più soave e più gentile
   Fece udir ninfa dal natio boschetto,
   Né in grembo a l'erba o presso un ruscelletto
   Cantò pastor con più leggiadro stile
Di Coridon, mentre per queste rive
   Chiama d'Alessi il caro amato nome,
   Che veloce sen fugge e non l'ascolta.
E dice: "Alessi mio, perché non vive
   Di te fanciullo, e 'l ciel m'oda una volta,
   Di più begli occhi e di più belle chiome?".

6

Mentre Leucippo mio, nel cui bel viso
   Contendono le rose e 'l latte puro,
   S'invola a Coridon, lieto e securo
   Or tra' bei fiori or sopra un tronco assiso,
Lidia, che co' begli occhi e con un riso
   Può de la notte dipartir l'oscuro,
   E render molle ogni aspro sasso e duro,
   Lieta gli appare, e dice d'improviso:
"Or che de le tue chiome ha invidia il sole
   E nel bel volto ride primavera,
   Che non ritorna mai poi che sen parte,
Giungamo, o pastorel, perch'io non pera,
   I nostri amori". O aure, in qualche parte
   Portate a Coridon queste parole!

7

"Come a i pastor ne i maggior caldi estivi
   Son grate l'aure e le più fresche ombrelle,
   E come a l'assetate pecorelle
   È dolce incontro di fontane e rivi,
Così a me i tronchi dove intagli e scrivi
   Il nome mio con note altere e belle,
   Acciò crescendo e queste piante e quelle
   Restino i chiari onor sempre più vivi.
Né men si strugge l'empio mio costume
   A' preghi tuoi, ch'a i raggi d'un bel sole
   Si dilegua talor falda di neve".
Cotal Lidia dicea dolci parole,
   Ma 'l vento cinto de l'usate piume
   Seco le si portò spedito e lieve.

8

Chi vuol veder raccolto in un soggetto
  - Quanto si vede in questa o in altra etate,
    Quanta il mondo ha virtù, quanta beltate,
    Miri de la mia Lidia il vago aspetto.
Saprà come in gentil candido petto
    Faccia albergo pietà con onestate,
    Come un cor odi e sprezzi libertate
    Per cagion alta d'immortale effetto.
Saprà sì come Amor l'anime fura,
    Come l'ancide e le risana, e come
    Dolce è morir e viver in tal nodo.
Alor dirà: "Benedette le some
    Che premon quel fedele"; ond'io ne lodo
    Le sue bellezze e l'alta mia ventura.

9

Perché si mostri ognor dolce e pietosa
    La mia cortese amica pastorella,
    Né s'appareggi a la sua faccia bella
    Bianco ligustro, né vermiglia rosa,
Perché mi renda acerba e nubilosa
    Del crudo Aminta l'una e l'altra stella
    Orgoglio e sdegno, e l'empia voglia e fella
    Di far quest'alma misera e dogliosa,
Non fia però giamai che d'altro foco
    Avampi ed arda, e de l'afflitto core
    Esca l'idolo mio pregiato e caro.
Che tanto il dolce fu ch'io n'ebbi, Amore,
    Ch'a par di lui può giudicarsi poco
    (Sia pur d'ascenzio e fel) tutto il tuo amaro.

10

Col cor cinto di foco e più ch'incudo
    Saldo nel fero sdegno, ond'era armato,
    A la gran madre del fanciullo alato,
    A cui non giova oppor maglia né scudo,
Damon, ne l'una mano il ferro ignudo
    Tenendo, onde s'aperse il proprio lato,
    L'altra spargendo il cenere sacrato,
    Cotai mosse parole irato e crudo:
"Come caldo e veloce il sangue mio
    Esce di queste vene, e come il vento
    Rapido seco questa polve adduce,
Così fugga da Lidia ogni contento,
    Così la porti il tenebroso oblio
    Fuori d'ogni memoria e d'ogni luce".

11

"Così al soave suon d'i vostri accenti
    D'Alessi il duro cor diventi molle,
    Né più per selve o in soletario colle
    S'odin di Coridon gli alti lamenti;
Così non portin le parole i venti,
    Che sparse se ne andar, com'Amor volle,
    Ed ei, ch'a tutti gli altri il pregio tolle,
    Versi pietà quanto vi diè tormenti.
Volgete il dotto stil, saggio pastore,
    In cantar di Leucippo il crine aurato
    E del volto le rose e le viole".
Tal movea verso voi calde parole
    Licida umil, mentre dal destro lato
    Giacean le reti sue nel salso umore.

12

Da un lieto sguardo onde mi faccia degno
    Lidia gentil, che spesso il mi contende,
    Tanta e sì nova in me virtù discende
    Che pò levarne al cielo il basso ingegno.
Però sovente, o mio dolce sostegno,
    Poi ch'al desio la forza non s'estende,
    Ei, che da quello il suo soccorso attende,
    Mi sprona a voi come a suo proprio segno.
Ma quando avien che 'l bel sereno lume
    Turbi nebbia di sdegno, ei langue e more,
    Trovando al volo suo tronche le piume.
Dunque se a pien non vi procaccio onore,
    Non è colpa di me, ma per costume
    (Sasselo il ver) di voi tutta e d'Amore.

13

Dal suo bel cerchio fra 'l cornuto armento
    Vede ch'Aminta mio lieto soggiorna
    La dea che 'l fosco de la notte adorna
    Col chiaro raggio e col suo puro argento.
E mentre tace l'onda e cheto è il vento,
    Di sé rese più belle ambe le corna,
    Tal gli si mostra alteramente adorna
    Qual fe' dormendo Endimion contento.
Ei, che tanta beltà veder non suole,
    In dubbio s'egli dorme o s'egli è desto,
    Prestando a' suoi piacer felice via:
"Fa'", dice, "o bella dea, se sonno è questo,
    Ch'io sempre chiuda gli occhi e 'l chiaro sole
    Mai non giunga a turbar la notte mia".

14

Vago arboscel, che sotto umano aspetto
    D'incredibil bellezze il mondo adorni,
    E con doppio tesoro il nome torni
    Di lei, cui tanto alzò tosco intelletto,
Troppo a gli omeri nostri alto soggetto
    Sono i tuoi onor, cui par da' primi giorni
    Non vide a questi da' suoi bei soggiorni
    Febo, né sì gentil celeste obbietto.
Ben degno sei ch'a le tue sacre fronde
    Di casti acceso ed amorosi ardori
    Canti ogni dotto spirto ornati versi;
Ma poche son le voci e i detti tersi
    A gli concessi a te sì larghi onori,
    O Lauro, eterno onor de le tue sponde.

15

Deh torna, Aminta, a la tua patria altera,
    Al tuo bel nido, a le contrade amate,
    Acciò senza le luci amiche e grate
    Non sia più l'aria nubilosa e nera;
Sì vedrem poi fiorita primavera
    In secco autunno, e con le tempie ornate
    Di bianche spiche aventurosa estate
    Cerer godersi a la stagion più fera.
Qui d'ogn'intorno i salsi lidi e l'acque
    Ti chiaman sempre, i vaghi pesci e quanti
    Uccei d'Adria sostien liquida valle;
Ed al tuo dipartir Lidia non tacque:
    Sallo ogni riva, ogni riposto calle,
    Che accolse l'onda de' begli occhi santi.

16

ZERBO, io men vo per queste salse sponde,
    Là dove d'Adria il mar più irato freme,
    Colmo d'aspri martir, voto di speme,
    E del pianto ch'io verso accresco l'onde.
Con roche note e voci alte e profonde,
    Ch'Amor e Gelosia formano insieme,
    Chiamo, mentre il mio cor sospira e geme,
    Amarilli, che m'ode e non risponde.
Ella in grembo ad Alessi allegra e bella
    Soavemente si riposa, e ride
    D'i lagrimosi accenti al mesto suono.
Tal è il tenor de la mia fera stella:
    Cotal mi dolgo di trovar perdono
    In morte che m'assalta e non m'ancide.

17

Tosto che a veder voi, Lidia gentile,
    Mi sprona Amor, e ch'io contemplo e miro
    Gli occhi, per cui sì volentier sospiro,
    Armati d'un gentil caldo focile,
Io, che conosco il mio imperfetto e vile,
    Meco stesso mi dolgo, anzi m'adiro;
    Ed è la somma d'ogni mio martiro
    Che troppo sono a tanta altezza umile.
Quindi escon le soavi parolette
    Da render molle ogni più duro sasso
    E far un tigre diventar pietoso;
Quindi mill'altre care forme elette,
    E 'l mover dolce e 'l ritener del passo:
    Però son io sì tacito e pensoso.

18

Tirsi, di cui più vago pastorello
  Cinzio non vide mai presso e lontano
  O sopra un colle o in dilettoso piano
  Cinger di fiori il biondo suo capello,
Tirsi, ch'or fra leggiadro e bel drapello
  Di bianche ninfe il dolce aspetto umano
  Rivolge altrove, ond'io sospiro in vano,
  E d'altro unqua non penso e non favello,
Tirsi, che l'umil suon d'i versi miei
  Non prende a sdegno, e in questi lidi amici
  Già mi fe' del suo amor cortese dono,
Deh rendetemi omai, silvestri dei,
  Però che senza i suoi begli occhi sono
  Qual misero arboscel senza radici.

19

"MARTELLI, il vostro puro e chiaro sole,
  Che alluma e scalda l'antenoree rive,
  E tal in voi sereno e lieto vive
  Che 'l cor d'ogni dolcezza appagar suole,
Co i rai de le due luci al mondo sole,
  Dolci de l'alme fiamme ardenti e vive,
  Veste le piagge, d'erbe or nude e prive,
  E l'orna d'amaranti e di viole;
Onde cangiando il fero usato stile
  Ne gode il verno di corone adorno,
  Ed al novo gennaio invidia aprile".
Sì dice Ergasto a questi lidi intorno,
  Mentre lontan da Clizia alma e gentile
  Va lagrimando e desiando il giorno.

20

Quella che così pronta abito e stile
Cangiò con l'alma, e tutta a Dio s'offerse,
Poi che nel vero Sol le luci aperse,
Ciò che pria le piacea tenendo a vile,
Accesa d'un ardor puro gentile
Di caldo pianto i santi piedi asperse,
E con i bei crin d'oro, onde i coperse,
Raccolse l'acqua riverente e umile.
Voi, perché non bagnarmi il cor talora
Con l'umor di pietade, acciò nemico
Non giunga effetto a sì lodato nome?
Perché non l'onda, che per gli occhi fuora
Verso, asciugar, non con l'aurate chiome,
Ma sol co i raggi d'un bel guardo amico?

21

O per cui i dianzi dì turbati e neri
Mi fur chiari e sereni, e gli occhi asciutti
Dal pianto molli de gli antichi lutti,
E piani i più sassosi aspri senteri,
Mentre pien di leggiadri alti penseri
Godete a noi lontan sì cari frutti,
Questi d'Adria giardin vi braman tutti
Non più d'erbe e di fior superbi e alteri.
Secca è la bella pianta a Febo amica,
Che pria con gli onor suoi pregiati e rari
Rese di sé soave ombroso chiostro.
E par che l'acqua in vivi accenti e chiari
Soavemente mormorando dica:
"Perché non torna il buon Marmitta nostro?".

22

Donna, per cui la nostra età s'infiora
    D'ogni bel pregio e pate ogni altra scempio,
    Donna, de l'altre donne illustre esempio,
    A le tenebre altrui candida aurora,
Se al vostro altero nome insino ad ora
    Non si sacra qua giuso altare e tempio,
    Colpa è del mondo scelerato ed empio
    Che a par d'i vostri merti non v'onora.
Voi vincitrice de gli affetti nostri
    Occideste la morte con gli strali
    D'i chiari studi e d'i purgati inchiostri;
Ed ora suso al ciel spiegando l'ali
    Lunge da questi uman fallaci mostri
    V'alzate a le beltà vere e immortali.

23

Non pria quel vago dianzi ombroso faggio,
    Ch'or vede a terra le sue belle foglie,
    Vestirà, ZERBO, le cadute spoglie
    Per far ricco e superbo andar il maggio,
Che come il chiaro sol cangia viaggio
    E ad altri porge il lume, ad altri il toglie,
    Cangerà Filli ancor pensiero e voglie,
    Tornando pace, ove fe' guerra e oltraggio.
Onde Dameta a la dolc'ombra assiso
    Canterà lieto le bellezze rare,
    Le man, gli occhi, le chiome e 'l chiaro viso;
E voi dolente, ov'orma non appare
    Di piede uman, da lei tolto e diviso
    Sospirarete le sue notti care.

24

"Lascia di vagheggiar le treccie bionde,
    Lidia gentil, superbo altero pegno
    Di quanto ha il mondo di pregiato e degno,
    E mira quella vite appresso l'onde,
Che fresca e adorna ancor de le sue fronde
    Abbraccia l'olmo, or secco arido legno,
    Che gran tempo le fu dolce sostegno
    Porgendo ombre a i pastor grate e gioconde.
Verace amor, ond'ogni pastorella
    Prenda leggiadro esempio, e apprezzi ed ami
    Il caro amante suo dopo la morte".
Ed ella: "Che 'l mio cor t'odi o disami
    Far non potrà giamai contraria sorte",
    Disse, tanto pietosa quanto bella.

25

Questa già del gran mar donna possente,
    Di cui tremò chi tutto 'l mondo teme,
    A le piaghe mortal sospira e geme
    D'Italia, ch'i suoi guai non vede o sente;
E quanto dianzi fu lieta e ridente,
    Ora piena di pianti e doglie estreme
    Grida, mentre pietà la punge insieme:
    "Ov'è il valor de la tua antica gente?
Lasciate hai, cieca, le lodate norme
    Di quei che ognor più chiari il tempo rende,
    Di fortezza e d'amor sì vivo esempio.
Ahi che serva sarai sempre e diforme,
    Poi ch'altri apprezza e se medesmo vende
    Il sangue de' tuoi figli ingrato ed empio".

26

Se fuor di libertà dolce e gradita
   Cosa non fu giamai, né cara o bella,
   Onde 'l buon Cato per non perder quella,
   Fiero contra se stesso, uscio di vita,
Qual vi si debbe grazia alta e infinita,
   Poscia che da prigion crudele e fella,
   Vostra dolce mercé, ritorna in ella
   L'anima, a cui la spene era fuggita?
Ombre diverse e spaventose larve
   M'erano intorno, e quasi giunta a riva
   Fu la mia vita, e al tenebroso chiostro;
Onde, poiché non posso altro donarve,
   Vi sacro, qual mi sia, mentre ch'io viva,
   Questa man, questa penna e questo inchiostro.

27

Se quei sospir, che per solinghi orrori
   Sparsi molt'anni a le fredd'acque e a i venti,
   Alor che 'l foco di duo lumi ardenti
   M'accese l'alma d'amorosi ardori,
Fra le brevi speranze e i lunghi errori
   Raccolti in bassi e dolorosi accenti,
   Lunge da l'altre fortunate genti
   Giungeranno a l'orecchie de' pastori,
Forsi tra questi monti e queste valli
   Vivace esempio al semplicetto stuolo
   Saran le note del mio grave danno.
E non pur Lidia e 'l caro Aminta solo,
   Ma il nome mio, cercando varii calli,
   Per le bocche d'altrui volando andranno.

28

Ombroso colle, ove soavemente
 Lidia s'invola a i più cocenti ardori,
 Tenera erbetta, leggiadretti fiori,
 Che 'l bel candido piè preme sovente,
Qui rideno le Grazie e dolcemente
 Vanno scherzando i pargoletti Amori,
 Qui più ch'altrove i suoi graditi onori
 Spiega Favonio e Flora eternamente,
Qui nacque prima il mio soave foco,
 Né colle altro sarà, né valle o fiume
 Che mai sì caro a la memoria torni.
Così non meni a te, beato loco,
 Pastor mai greggia, e 'l chiaro amico lume
 Del suo dolce seren sempre t'adorni.

29

PAOLO, che con sì puro ornato inchiostro,
 Per la piaggia che 'l dir nudrisce e infiora,
 Vicin poggiate a quel ch'Arpino onora,
 De' più degni oratori altero mostro,
Seguite ardito ove 'l gran padre vostro
 Par che v'inviti e vi richiami ognora,
 Il cui vivo splendor candida aurora
 A le tenebre fu del secol nostro.
Crebber l'oscure nebbie d'ogn'intorno
 Nel suo sparir, e 'l fosco e denso velo,
 Che virtù n'ascondea, fece ritorno.
Voi, cinto l'alma del paterno zelo,
 Potete chiaro rimenarci il giorno
 E, quasi un più bel sole, aprire il cielo.

30

STELLA, che degna ben vi dimostrate
    Del nome che sì dolce e altero suona,
    Poi ch'avete fra noi palma e corona
    Di quante ebber giamai grazia e beltate,
Deh sarà mai che con parole ornate
    Spirto più amico e sacro in Elicona
    Depinga il volto e gli atti e la persona,
    Che darà scorno e invidia a l'altra etate?
Già non poss'io con poca e inferma vista
    Mirar nel lume ch'ogni lume eccede,
    Né celeste cantar mortal favella;
Ma se per ben amar mercé s'acquista,
    Ben merto apo di voi larga mercede,
    Che tanto v'amo quanto sete bella.

LXV

Del S. Vicino Orsino

1 [*]

LEON, talvolta ripensando a quella
    Che co' suoi divin raggi ovunque stia
    Oriente più bel, più chiaro cria,
    Gli onor togliendo a la diurna stella,
Ben mi credea poter distinguer s'ella
    Per bellezza o umiltà più chiara sia,
    Ma 'n sì alto pensier l'alma restia
    Repugna a tanta impresa e sé rappella.
Però che l'incredibil e felice
    Beltà, ch'ognor mirandola n'appaga,
    Contende a l'umiltà, per la qual veggio
Alzarsi a volo al più gradito seggio;
    E di sì dolce error la mente vaga
    M'accenna ch'a mortal questo non lice.

2 [*]

Sì veggio a i miei desir erta la via
　　E 'l camin periglioso a quel ch'io tendo,
　　Che non senza ragion quasi mi rendo
　　A quella ch'a ogni ben sempre devia.
Ma per qual voglia o caso giamai fia
　　Che da la gloria, a che mai sempre attendo,
　　Desista, e mostri, con fraude coprendo
　　Del ceppo di ch'io son, mai macchia ria?
Ah non fia ver, ma in guisa di colonna
　　Sarò constante, e con la scorta fida
　　De la virtù (saggio chi a lei s'appoggia)
Salirò al ciel con disusata foggia;
　　E tu, tremendo Marte, altiera guida
　　Sii a l'alma, ch'in servirti non assonna.

3 [*]

Deh biondo Apollo, perché adietro il corso
　　Tuo non rivolgi, se la donna mia
　　T'abbaglia sì che non come solia
　　Tua luce splende, sì ti preme il dorso?
Ma che dico io, se lei fido soccorso
　　De i raggi tuoi è! A te per quella via
　　Ch'a tua sorella fai sempre t'invia
　　Del lume suo, ch'a ogni altro puone il morso.
Che maraviglia è dunque s'in me crea
　　Fiamme, ghiacci, sospir, singulti e pianti
　　In abito mortal questa mia dea?
E più polve sarei, se a gli occhi santi
　　Non furasse il vigor ond'io vivea,
　　Questo per deità non per incanti.

LXVI
Di M. Bernardo Capello

1

L'empia schiera di quei tristi pensieri
 Che d'intorno al mio cor han posto campo
 Lo circonda ognor sì ch'a lo suo scampo
 Indarno introdur tento altri guerreri;
E se pur contra a i minacciosi e feri
 I bei desiri, ond'io pietoso avampo,
 E 'l mio ben meritar talora accampo,
 Degna gente che 'n lei mi fida e speri,
Orribil suon, che mi rammenta il danno
 Ch'io per lei provo, sento, e mi spaventa
 Sì ch'ogni mio sperar cede a l'affanno.
Quinci ogni mio nimico s'argomenta,
 Or con aperto or con celato inganno,
 Di far ch'io stesso al mio morir consenta.

2

Questo sol, che i suoi rai sì caldi rende
 Sovra 'l bel terren tuo, ch'ancor da Giove
 Le già contra Fetonte usate prove
 Incontra il proprio Autumedon s'attende,
Roma, se la mia mente il ver comprende,
 Degno vedrai di lode eterne e nuove,
 Ch'ei tal si mostra, acciò di gir altrove
 Tardi quegli, ond'al ciel tua gloria ascende.
Ei sa che 'l signor mio da te non parte
 Giamai, se dietro a la stagione estiva
 Non teco del suo umor l'aria comparte.
Ma ciò, lasso, che val, quando la viva
 Sua luce or turba atra procella, e parte
 D'ardor la terra e me di speme priva?

3

Poi che con gloriosa tromba altera
   Immortal fama d'ogn'intorno scopre
   Che tornar Roma ancor da le vostr'opre
   Donna e reina de le genti spera,
Anch'io la lingua a la pregiata e vera
   Vostra virtù rivolgo, ed o pur opre
   In me l'effetto sì che ciò che copre
   Mio cor vi s'apra, e sia di vostra schiera !
Sì vedrete poi ben questo mio ingegno
   Tolto da' pensier tristi, che gli apporta
   L'empia sentenza del mio exilio indegno,
Lieto lungo il Permesso, con la scorta
   Del valor vostro, gir poggiando al segno
   Che Febo a pochi di salir comporta.

4

A te, qual già reina alta del mondo,
   Vegno e lieto m'inchino, e vie più ancora
   Poiché nel grembo tuo nacque e dimora
   Chi virtù inalza e i vizii caccia al fondo:
Questi è colui ch'ogni gravoso pondo
   Lieve al grande avo suo rende, ed onora
   La nostra età, che di lui priva or fora
   Quasi un mar di miseria ampio e profondo;
Questi è 'l nuovo ALESSANDRO a cui, sì come
   Al figlio di Filippo il ciel già diede
   Tener de l'Oriente il sommo impero,
Così veder ubidienti e dome
   Le genti tutte e le provinzie spero,
   Se lo scettro di te se gli concede.

5

Tutto quel che da me, donna, sen venne
  Di bello o di gentil, tutto ha radice
  Da lui, che solo a guisa di fenice
  Or tratta l'aria con l'eterne penne.
Egli la roca mia Musa sovenne,
  Egli la impennò sì ch'omai le lice
  Cantando la divina BERENICE
  Gir per lo ciel, che pria non le convenne.
Quest'è colui che nel sacrato grembo
  De l'alme Muse nacque e 'l latte prese,
  Che Virgilio ed Omero anzi asciugaro;
Questi è quel chiaro ed onorato BEMBO,
  Cui sempre Apollo fu largo e cortese,
  E spesso scende a cantar seco a paro.

6

ZEN mio gentil, se di saper hai voglia
  Qual sia il mio stato e come 'l tempo io spenda,
  Versan, mentre la notte il mondo benda,
  Largo umor gli occhi, e 'l cor sospiri e doglia;
Poi, quando Febo il ciel d'ogni ombra spoglia,
  Doppia 'l mal sì che nulla è che m'offenda
  Più che sentir che vigor l'alma renda
  A questa mia noiosa e frale spoglia.
Vedermi tolto a la mia illustre e cara
  Patria, a i dolci parenti, a i fidi amici,
  E fatto gioco e favola a le genti,
E 'l saper de' miei danni esser radici
  Miei desir alti a ben oprar intenti,
  Fan la mia vita più che morte amara.

7

MULA, le vostre prose dotte e pure,
    E d'alma e vera caritate ornate,
    In cui come uom spuntar possa mostrate
    Gli strai delle sue adverse empie sventure,
Son tai ch'a l'alte acerbe mie punture
    Non pur lo duol talor dolce scemate,
    Ma spesso ancor di buona speme armate
    L'alma già quinci volta a miglior cure.
Queste son di tentar pur come io possa
    Più che mai caro a la mia patria il piede
    Volger vincendo il duro empio destino;
Ma se di cui ben opra ella ha mercede,
    De lo 'ndegno mio exilio a pietà mossa,
    Tosto al ritorno m'aprirà il camino.

LXVII
Di M. Marcantonio Passere

1 [*]

Né 'l Bembo o 'l Buonaruoti o Rafaello
    Di voi potrebbe in asse, in marmo e 'n carte
    Notar, scolpir, pinger la minor parte
    Co i color, con la penna e col martello,
Se di leggiadro, di nobil, di bello
    Quanto può la natura, il cielo e l'arte
    Saggia, largo, benigna in voi comparte,
    TAZIN, BRANCAZZA, ognun di virtù ostello.
Chi non è sceso dal superno chiostro
    Da l'alma madre a ciò proprio produtto
    E dalla industria con lo studio fatto,
Di voi non faccia statua, opra, ritratto:
    Che sciocco, vil ne fie tenuto e brutto,
    Vano il disegno, lo intaglio e lo inchiostro.

2 [*]

Se quanto l'alma vi è presso e vicina,
   Tanto vi fusse mia terrena spoglia,
   In gioia forse cangieria mia doglia
   Vostra sembianza angelica e divina.
Però se 'l ciel ch'io mai vegga destina
   Voi, cui veder tanto 'l desir m'invoglia,
   E che da questo carcer mi discioglia,
   U' l'alma in adornarvi in terra è china,
Renderonne a Dio onor e grazie tante
   Quante potrò giamai spiegare in carte,
   Per esser sciolto e per poter vedervi.
Ahi stelle, ahi fati miei duri e protervi,
   Più prigion non mi fate in questa parte,
   No in pena tal, ma u' son sue luci sante.

LXVIII

Di M. Giulio Roselli Acquaviva

1 [*]

Vivaci pesciolin, snelli e guizzanti,
   Che 'n le basse acque del secco Telegro
   Vi dimorate ognun gioioso, allegro,
   Liete risa mutate in mesti pianti;
E voi, tenere erbette verdeggianti,
   Fiori, arbuscei, ciascun languido ed egro
   Si mostri, e le sue ripe; e 'l ciel di negro
   Velo la sua serena faccia ammanti.
E tu, più de l'usato pigro e lento,
   Gradito fiumicel, farai tua uscita
   Al Sele in segno d'acerbo dolore,
In voce afflitta dicendogli: "È spento
   Il sopran BERNARDINO CARAVITA,
   D'Eboli lume, onor, gloria e splendore".

2 [*]

Fra timor ed ardir, fra premio e pena,
  Fra dubbiosi pensier, fra incerta voglia,
  Fra poco gaudio e fra soverchia doglia,
  VIRGILIO, a dir di voi l'alma mi mena.
Ma de' due primi, il primo mi raffrena,
  Che tanto alto mio volo alzar non voglia,
  Il secondo col terzo a dir m'invoglia,
  Anzi vigor mi presta, forza e lena.
Onde, se de' miei scritti a i lumi ardenti
  Di voi, CARACCIOL, signor mio, dimostro
  L'oscuro che gli ammanta e tien sotterra,
Da lor cotanta luce avrà il mio inchiostro
  Che schernirà del tempo l'aspra guerra
  E vivrà forse in bocca de le genti.

LXIX

Di M. Gioambattista Corradi

1 [*]

Volgi pietoso il ciglio, o gran Motore,
  A sì santa union dal sacro chiostro,
  S'ella non fia pur fatta a danno nostro,
  E 'l simil metti a gli altri eroi nel core;
Accioché de' Cristian l'alto valore
  Faccia a l'oriental terribil mostro
  Sentir sua forza, e d'or, di gemme e d'ostro
  Spogliatolo, a te sol sen faccia onore.
Ma se fien contra noi per muover l'armi,
  Mostrati caldo, pien d'ira e d'orgoglio,
  E prendi a far per noi nostre vendette:
Che di tua santa fé mille ree sette
  Non nascan poi, ma più salda che 'n marmi
  Scolpita stia, e come a l'onde scoglio.

LXX
Di M. Antonio Corradi

1 [*]

Che 'l duol vi prema della gioia mia,
    PASSER gentile, e ch'io di servo sciolto,
    Me stesso a me medesmo, ad altrui tolto,
    Rendendo, di me proprio fatto sia,
Duolmi: che quel ch'a me piace dovria
    (Qual vero amico) a voi piacer più molto,
    Che dove vivo era colà sepolto,
    Poi morte qua viva mia vita fia.
Spiacciavi pur dell'avarizia altrui,
    Al qual nulla è, con frode e per vil pregio,
    Di tor la fama a chi l'ha data a lui.
Disperato morrei, s'io in tal dispregio
    Fussi che non potessi far, a cui
    Nel nome ha fatto a me, nel volto un fregio.

LXXI
Di M. Gioanluca Benedetto

1 [*]

CRESPO, gli studi al più freddo del verno
    Vi stillano da dosso quei sudori
    Che fien per darvi sempiterni onori,
    E ne fie il vostro nome in pregio eterno.
S'io non vi avessi invidia con l'interno
    Del cuor, sarei d'ogni buon senso fuori:
    Non che del vostro ben mi doglia o accori,
    Ma ch'io navigo Lete e insieme Averno.
O voi beato, ma via più colui
    Che 'l nettare e l'ambrosia de gli dei
    Vi fa gustare, o beati ambidui!
O me beato quattro volte e sei,
    Se destinato fussi a servir lui,
    Ch'anch'io del tempo l'ira schernirei!

LXXII
Del S. Scipio Costanzo

1

Poiché vostra mercé tanto m'ornate,
   BAFFA, ove alloggia Amor, da Cipro e Gnido
   Venuto a far in voi suo albergo fido,
   Poca fede acquistar al vero amate:
Perché a lodi sì chiare ed onorate
   Di risponder con l'opre mi diffido,
   Onde qui basso in terra poi m'assido,
   Se ben col vostro stile al ciel m'alzate.
Maravigliomi ben che possa Amore
   Oscurar la virtù che voi tenete,
   Sì ch'a parlar di me prendiate errore.
Dunque a lodarmi fine omai ponete,
   Che, non essendo in me pregio o valore,
   Ogni credenza a voi stessa togliete.

LXXIII
Del Capitan Camillo Caula

1

Donna, poiché vedete la mia fede
   Crescere a par de la bellezza vostra,
   E come questa tutte l'altre eccede
   Così quella esser sola a l'età nostra,
   Deh perché tanto orgoglio in voi si vede
   E in me tanta umiltà sempre si mostra?
   Come non poss'io intenerirvi il petto,
   O non viver, se morte è 'l mio diletto?

Devrebbe il mio servire unico al mondo
   Sola mercede aver dal vostro amore,
   Ed al mio grave ardor, che dentro ascondo,
   Converria refrigerio alcun di fuore.
   Ma voi fate il mio duol vie più profondo
   Quando è meno atto a sofferirlo il core,
   Non perché io mi rimanga unqua d'amarvi,
   Ma per mezzo di morte a me levarvi.

Se vi fu de' suoi doni Iddio cortese,
   Onde poi si mostrò con l'altre avaro,
   S'a farvi bella a maraviglia intese,
   E nessuna mai più v'è gita a paro,
   Se 'l vivo essempio del suo volto prese
   Per farne il vostro assai più che 'l sol chiaro,
   A che mostrarvi disdegnosa altrui,
   Se 'l fonte di pietà nasce da lui?

LXXIV
Di M. Ugolino Martelli

1

Né a l'Arabia i suoi più cari odori,
   Né gemme od oro a i lidi orientali,
   VARCHI gentil, cagion di tanti mali
   E di quei ch'or vedete alti romori,
Ma voi invidio, voi sol, che de gli onori
   Non curate del mondo, onde immortali
   Glorie già tante riportate e tali
   Ch'alma gentil non è che non v'onori.
Ed or lasciato scompagnato e solo
   Me, che 'l vostro tornar sogno e sospiro,
   Ed o pur sempre non sospiri indarno,
Tutto acceso di doppio alto disiro
   Giste al gran BEMBO ed al buon LAURO a volo,
   Ond'or ride la Brenta e piagne l'Arno.

LXXV
Di Madonna Francesca Baffa

1

Così tosto vi veggia in alto e degno
   Seggio posto, RANGON, dal Re Cristiano,
   Come farete poi debile e vano
   L'ardir de' suoi nemici e 'l fero sdegno.
E se il gran GUIDO con l'ardito ingegno
   Fu insolito splendor de l'armi, e invano
   Squadra non mosse mai, con veder sano
   Voi sarete de i gigli alto sostegno;
Né men di lui col cor grave ed ardito
   Maraviglia darete al secol nostro
   Del gran vostro valor chiaro e gradito,
Tal che dirassi: "Ecco di gloria un mostro,
   Ecco un d'eterno onor vie più arricchito
   Ch'altri non fu giamai di gemme ed ostro!".

2

La fama che rimbomba in ogni parte
   D'i vostri gesti, illustre almo signore,
   Mi stringe a palesar l'alto valore
   Con debil forze e mal vergate carte;
E benché di tal vena in me poca arte
   Sia, quel lucido vostro almo splendore
   Ch'esce dagli occhi e dal bel volto fore
   Leva ogni velo, ogni timor diparte.
Onde con baldanzoso cor mi fido
   Dar prova de la mia sincera fede
   A la presente e a la futura etate;
Talché s'udrà con onorato grido,
   Tra quanto scalda il gran pianeta e vede,
   RANGON, RANGON in voci alte e pregiate.

LXXVI

Di M. Gandolfo Porrino

1

La bella donna che nel cielo è gita,
  Dove or gode contenta il suo Fattore,
  Per freddo o caldo o natural dolore
  Come l'altre non fe' da noi partita;
Ma là su fu di lei novella udita,
  Onde n'ebbe disio l'eterno amore,
  E per trarla d'affani e di duol fuore
  A sé chiamolla in sempiterna vita;
E de l'anime in ciel più chiare e belle
  La fe' consorte e la cibò del frutto
  Ch'ogni fatica di qua giù ristaura;
Indi l'avolse in più di mille stelle
  E poi col ciglio che governa il tutto
  La pose in mezzo a Beatrice e Laura.

LXXVII

Di M. Giovan Battista Susio

1

Se mai, Musa, aspre note,
  Se dolorosi accenti
  Ti porse umano duol gravoso e fero,
  Se 'l cor t'ange e percote
  Ch'in tanti alti lamenti
  Or si consumi 'l nostro stato altero,
  Deh pietoso sentiero
  A me ti guide omai,
  E meco alto dolore
  Ti porga ira e furore,
  E non contempre il pianto i nostri guai,

Anzi da sterpi e marmi
Lagrime tragga e lamentosi carmi.
Ecco del valor nostro,
  Del sovran nostro pregio
  L'insegne spente in poca terra ignude.
  Morte, rabbioso mostro,
  Al chiaro animo egregio,
  A cui null'altro eguale il ciel rinchiude,
  L'ugne rapaci e crude
  Fa sentir di suo artiglio;
  E pien d'estrema doglia,
  D'acerbo pianto invoglia
  Il ciel, la terra e 'l mar nostro periglio,
  Tant'omai forte e grave
  Che l'inferno spietato anco ne pave.
Benché proprio martire
  L'alme celesti stringa
  A mirar con pia vista i nostri danni,
  Né v'è chi non sospire
  E 'l volto non dipinga
  Fuor di pietate e dentro 'l cor d'affanni;
  Che se ne gli alti scanni
  Nostra lode si brama,
  E dansi a noi d'onori
  Infiniti tesori
  Onde saglian le stelle in qualche fama,
  Chi fia più che le stime,
  Spente fra noi le lor virtuti prime?
Chi le riposte piagge,
  I lidi alpestri e strani
  Scorrerà mai con tant'audace piede?
  Chi de l'alme selvagge
  Con più pietose mani
  Farà più dolci ed amorose prede?

Chi valor mai, chi fede,
Incredibil virtute,
Animo acceso e chiaro
Mostrerà, u' tal riparo
Faccia, più che 'l ben suo, l'altrui salute?
O terra inferma e priva
Di quel sole onde fosti e bella e viva!
Tu, mar doglioso e tristo,
Ben hai onde dispieghi
Verso le rive irato onde spumose,
E d'ardent'aura misto
A lamentarsi pieghi
Del danno tuo le più spietate cose:
Quel, in cui sol ripose
Nettunno alti trofei,
Al cui valore invitto
Tutto smarrito e afflitto
Tremò il gran Scita e s'allegraro i dei,
Quel, ch'a gran pena stringe
Nostro pensier, breve urna (ahi lasso) cinge.
E voi, spirti infernali,
S'altrui danno non move,
Vostro cor mova almen di voi pietate;
Che se fra noi mortali
Non è chi più vi giove
In mandarvi alme ingiuste e scelerate,
Indarno ora aspettate
Chi tosto il vizio spenga;
E la presente noia
Da la futura gioia
Non è che punto pur scema ne venga:
Tanto vi duol che tardi
Vostro foco un, se ben poi mille ei n'ardi.
Scioglie la voce intorno

A lamento feroce
Adria colma di doglia e di perigli;
Membran lor stato adorno
Pien or di pena atroce
Del famoso GRIMAN gl'invitti figli;
S'ode di fieri artigli
Di Morte acerbo suono,
E per colli e campagne
Turba onorata piagne
Già posta di sua speme in abbandono;
E gridan aure e foglie:
"O MARCO altero, a noi chi ti ritoglie?".
Se né doglia né voce al merto giunge,
Canzon, che pòi tu farme,
Vana a scoprir miei danni e a consolarme?

LXXVIII

Di M. Giuseppe Betussi

1

Sacre reliquie che sì poca fossa
Chiude e disserra, il cui bel viso adorno
A me gran gioia crebbe, ad altri scorno,
Ch'altro pari veder non ebber possa,
Dopo il terzo anno ch'ebbe morte scossa
Tanta bellezza, a rivedervi io torno,
E di queste parole il sasso adorno,
Facendo riverenza a le sacre ossa:
Qui giaccion quelle membra oneste e sante
Che di beltade furo un sol in terra,
Or l'alma è in ciel tra le più belle bella;
Chiunque qui d'intorno il passo serra
Riverisca col core e col sembiante
Questa del Re del cielo umile ancella.

2

Affretta i tuoi corsier più de l'usato,
    Febo, e ne l'Oceano entra veloce,
    E a Teti, che d'amor t'incende e cuoce,
    Riedi nel grembo di splendor ornato,
Però che il tuo bel lume al mondo grato,
    Fuor ch'a me sol, sì mi consuma e nuoce
    Che col desio, col cor e con la voce
    Bramo vedermi intorno orror turbato.
Non già però che di costume antico
    Le tenebre più grate a gli occhi miei
    Siano, ed il lume capital nemico,
Ma perché lunga notte esser vorrei
    Questa, in che il ciel a me cotanto amico
    Mi renderà quel ben ch'io già perdei.

LXXIX

Di M. Francesco Coccio

1

Cinta di allori la famosa testa,
    L'antico Tebro, da l'eccelso monte
    Dove de l'acque sue nasce il bel fonte,
    Vede il futuro e altiero il manifesta,
E dice: "O giusto Re, già l'ora è presta
    Che ti ornerà la sacrosanta fronte
    Di onore eterno e di vittorie conte,
    Onde fia Spagna lagrimosa e mesta.
Né paventar che 'l nuovo Augusto s'arme
    Contra di te, che ti promette omai
    Il ciel largo favor, vento secondo.
Alza pur la tua destra e prendi l'arme,
    E mostra il gran valor, che vincerai
    Cesar non pur, ma la fortuna e 'l mondo".

2

Quell'antico aversario empio e feroce
    Sento che riconduce a mio gran danno
    De' dogliosi pensier lo stuol, che m'hanno
    Fatto sì lungamente guerra atroce.
Seco ha 'l guerrier che 'l mio cor punge e coce
    Co i strali ardenti, e tal battaglia danno
    Ch'io temo di cader nel grave affanno
    De la morte che solo a l'alma noce.
Chi mi porgerà aita, acciò non sia
    Eterna questa, e quei la mente insana
    Non faccian sì che mi conduca al basso?
Tu, mio Signore, in così duro passo
    M'assicura e difendi, che la mia
    Virtute è inferma, e per sé sola è vana.

3

Veloce mio pensier vago e possente,
    Che gran spazio di ciel, d'acqua e di terra
    Trascorri in un momento, e giù sotterra
    Non ti è negato penetrar sovente,
E spesso mostri a l'alma dolcemente
    La donna che 'l mio cor si tolse e 'l serra
    Nel carcere d'Amore, e in lunga guerra
    Di gelata paura arde la mente,
Quanto sei vano e vanamente grato,
    Poi che conteso m'è teco venire
    E narrare a madonna il mio dolore.
O se potessi tu parlare e dire
    Il grave affanno mio, l'intenso ardore,
    Faresti lei pietosa e me beato!

4

Deh porgi mano a la mia fragil barca,
    Amor, che combattuta da gli orgogli
    De la mia donna, fra i più duri scogli
    De la sua crudeltà solcando varca,
E da tal doglia è governata e carca
    D'un tal pensier che, s'ambedui non togli,
    Invan m'agghiacci, accendi, leghi e sciogli,
    Che vuol morte del legno esser monarca.
Sdegno regge il timon, furor la vela,
    Travaglio i remi e gelosia le sarte,
    Le lagrime fanno onde e i sospir venti.
Oscuro nembo di superbia cela
    Sua stella, e solo scorge in ogni parte
    Pene, affanni, martir, fiamme e tormenti.

5

Duo giorni, fosco l'un, l'altro sereno,
    Il raggirar de gli anni mi appresenta:
    Questi quando la voglia mia contenta
    Dolcemente legai nel tuo bel seno,
Quel mentre qui lasciasti il vel terreno
    E fu la tua, anzi mia luce spenta,
    Onde tal duolo il cor punge e tormenta
    Che 'l tempo non potrà mai porgli freno.
Ambo sempre onorati, acerbi sempre
    Mi saranno, e de l'un la breve gioia
    De l'altro accresce l'angoscioso pianto;
Ma dolermi non so né pianger tanto
    Che questa vita mia, che sì m'annoia,
    O per doglia o per lagrime si stempre.

6

Qui giace estinta quella fiamma ardente,
  E qui morta la fede, che sì viva
  Fintamente mostrò l'alma mia diva
  Per legarmi ed accendermi altamente:
Da l'un lato de l'urna il mio cocente
  Immortal pianto vive, che già priva
  Questi occhi de la lor luce visiva;
  Da l'altro è il duolo acerbo, aspro e pungente.
Questi, mentre si dol, mi spezza il core,
  E quel versa le lagrime infiammate,
  E ancor son vivo e pur devrei morire.
Ma perché non può sciogliere il martire
  Il nodo a l'alma, e del pianto l'ardore
  Consumar queste membra tormentate?

[⇒ A 58-60]

LXXX

Di M. Lelio Capilupi

1

Figlia di Giove e madre alma d'Amore,
  De gli omini e d'i dei piacer fecondo,
  Ch'ogni animal produce ed empie il mondo
  Che per sé fora un soletario orrore,
Tu che puoi frena omai l'empio furore
  Che la terra trascorre e 'l mar profondo,
  E col raggio onde il ciel si fa giocondo
  Tempra di Marte il tempestoso ardore:
Quando di sangue e di sudor bagnato
  L'arme si spoglia, e nel tuo grembo giace,
  E gli occhi pasce d'immortal bellezza,
Alor lui prega, e 'l divin petto e 'l lato
  Stringi col suo, con sì nuova dolcezza
  Ch'a Italia impetri e a la tua Roma pace.

2

Tutto il bel che giamai natura ed arte
 Ne gli anni adietro e ne l'età novella
 Creò e divise in questa donna e 'n quella
 Conte a l'antiche e a le moderne carte,
Delle tante bellezze oggi cosparte
 Per man d'Amor e per benigna stella
 Ne l'alta EMA, leggiadra, onesta e bella,
 Non potrebbe agguagliar la minor parte.
Di mortal donna non son l'auree e bionde
 Chiome di lei, né 'l parlar dolce e 'l riso,
 L'abito, i passi e le serene ciglia.
Selve ombrose, alti monti e limpide onde
 Non celan ninfa di sì chiaro viso,
 Né di guancia sì bianca e sì vermiglia.

LXXXI
Di M. Antonfrancesco Doni

1

Fra' tuoi più cari e generosi figli,
 Onde famosa ne l'istorie sei,
 Ch'ornandoti di palme e di trofei
 T'accrebber fama e ti schivar perigli,
Roma, non sia chi punto s'assomigli
 Al DAVALO splendor de' semidei,
 E soma de i Maroni e degli Orfei
 Ne l'esser chiaro d'arme e di consigli.
Per costui va più de l'usato assai
 Marte superbo, e glorioso Apollo,
 Ch'altra gloria maggior non vider mai;
Per costui porterà catene al collo
 L'empio re d'Oriente, onde n'avrai
 Di vittorie e d'onori il cor satollo.

LXXXII

Del Clario

1 [*]

Ben può il BOIARDO a suo diporto i vanni
    Spiegando altieramente alzarsi a volo,
    E scorrendo ir da l'uno a l'altro polo,
    Anzi salire a i bei celesti scanni,
Poscia che molti ove han spesi molti anni,
    Brevi ore ha spese il DOMENICHI solo,
    Di quel cangiando in allegrezza il duolo
    E con ampio ristoro i suoi gran danni.
Questi gli avea tarpate l'ali, quelli
    Senza risguardo in parte spennacchiato,
    Altri in tutto l'avean privo del lume;
Or rivestito di novelle piume,
    Con occhi acuti più de gli altri augelli
    Vedrà per lui, per lui fie al ciel levato.

2 [*]

DOMENICHI, se l'opere del DONI
    Abbin mai sempre in lor favor le stelle,
    E fra l'antiche e le moderne belle
    Più che di squille il lor grido risuoni,
Ed a le vostre il ciel tal grazia doni
    Che non l'abbin contrarie, aspre e rubelle,
    Quelle con voi vivendo e voi con quelle,
    Né l'altro l'un mai con l'alma abbandoni,
In abbandon col corpo non mettete
    (Quantunque indegno) dopo sua partita
    Me da la vostra dolce compagnia:
Che in che modo trovar potrei mai via
    Di poter sostener mie membra in vita,
    S'egli è l'alma di me, voi il corpo sete?

3 [*]

DONI, se sempre eterna primavera
   Sia nel vostro amenissimo giardino
   E spiri ogni suo fiore odor divino,
   Né mai per alcun tempo alcun ne pera,
Prego mettiate il mio fior nuovo in schiera,
   Anzi il suo orto in ver l'occaso chino,
   Di quei che in vostra corona il destino
   V'ha posto inanzi a gloria eterna e vera:
Che (di natura oltre l'usate tempre)
   Fie verde più che senza torlo fora,
   Voi quel togliendo dal suo stel materno;
Anzi le sue radici avranno ancora
   Forza maggiore, e fien per fiorir sempre
   In primavera, state, autunno e verno.

4 [*]

GIULIO, mentre costì lieto tu godi
   I frutti de' tuoi beni e de' tuoi studi,
   Quei per Giesù spendendo in coprir nudi,
   Questi in pensare a i suoi pungenti chiodi,
Io qui m'è forza ch'ogni riposo odi
   Per starvi, e ad un tempo agghiacci e sudi,
   Provando di Fortuna i colpi crudi
   Pur di Cloto annodando i sciolti nodi.
Tu del tuo ozio aspetti premio eterno,
   Io del mio affanno per un tempo a pena;
   Tu del tuo certo, ed io dubbio del mio.
In terra dal vulgo io, tu in ciel da Dio;
   Tu sciolto in gioia, ed io legato in pena,
   Fra dubbio, tema, sdegno, affanno e scherno.

5 [*]

Qual benigno destin, qual lieta stella
    Fie mai che mi rimeni il santo giorno,
    Cugini miei, ch'io faccia a voi ritorno,
    Di voi godendo la dolce favella,
Il piè movendo in questa parte e 'n quella,
    Talor girando a mio diporto intorno,
    Cogliendo qualche frutto o fiore adorno
    Per la maravigliosa vostra Ausella.
Ivi del basso mio stato contento
    Vivrei sotto una quercia o lauro od oppio
    Presso l'acque, spregiando gli alti gradi.
Pregate il cielo, onorati CORRADI,
    Che mi sia largo in ciò pria ch'alcun stroppio
    Mi dia Fortuna o sia di vita spento.

6 [*]

Degne reliquie della stirpe altiera
    Di Giulio, onde traete il nome vostro,
    Degne ch'ogni pregiato e chiaro inchiostro
    Ne verghi una lodata istoria intiera,
Per voi la nostra patria e 'l mondo spera
    Alzarsi a gloria tal che 'l secol nostro
    Da l'altro fia con maraviglia mostro
    Dicendo: "Alor de l'or fu l'età vera".
Avessi io pur così purgato stile
    Ch'esser potessi del bel numero uno,
    Sì ch'io per voi, voi per me fuste eterno;
Com'io farei che dal mar d'India a Tile
    N'andasse il grido, e su la lingua ognuno
    CRISTOFORO tenesse in sempiterno.

7 [*]

Credo che 'l cielo a' miei desiri intento
    Mi metta inanzi un sì nobil ricetto,
    CALIERO, acciò sotto un tanto alto tetto
    Viva del basso mio stato contento.
Che si rivolga indietro ognor pavento,
    E per me faccia un disusato effetto,
    Onde cangiato il suo gioioso aspetto
    Faccia sentirmi poi maggior tormento.
Ma a così fatti colpi omai sì avezzo
    Sono che paventar ne debbo poco,
    E men stimarli quanto più son gravi.
Siami largo od avaro, al sole, al rezzo,
    Un sarò sempre, o mi scarchi o m'aggravi,
    L'oro al paragon par, l'argento al foco.

8 [*]

Il veloce pensier, chiaro ODOARDO,
    Che quasi ogni altro dal mio cor disgombra,
    E poco men che di voi sol lo ingombra,
    Al mio scriver supplisca pigro e tardo.
Vorrei quel fusse pungente qual dardo
    Che, mentre il mio senza sgombrarlo sgombra,
    Pungesse il vostro, e dal sospetto l'ombra
    Ratto fuggisse per lo cui ghiaccio ardo.
Ma vienmene pietà qualor vi penso,
    Che fora troppo stimolo al cor vostro,
    Tante volte essendo ei, quante ore è il giorno.
Siate pur certo che quel che vi ho mostro
    Su la fronte fin qui fie fisso al senso
    Mentre che l'alma in me farà soggiorno.

9 [*]

MOSSO, movendo il piè dal natio nido,
   Ove col gregge suo viveasi in pace,
   Quel lasciò, mosso da speme fallace,
   Del vulgo sciocco andando dietro al grido;
E giunto d'Adria al fortunato lido,
   Quanto il bramava pria tanto or gli spiace,
   Tal che di ritornar tutto si sface
   A rivedere il suo compagno fido.
Or prega Apollo suo padre che inspire
   Il lume tolto alla sua cieca mente
   E faccia sì ch'onde partì ritorni,
Promettendogli i suoi restanti giorni,
   Né aver se non ver lui le voglie intente,
   E 'n suo servigio vivere e morire.

10 [*]

MOSSO, al sen d'Adria, ove il suo crudo scempio
   Tirollo, e tienlo la sua sorte fella,
   Scampato d'una orrenda atra procella
   Mal grado del nocchiero ingrato ed empio:
"Della Eternità sacro al sacro tempio",
   Dicea, "questa di fior ghirlanda bella,
   Acciò che l'altra età possa vedella
   Per testimon com'il mio voto adempio.
Tu Pietro, c'hai conforme a quel di lei
   Il nome tuo, e de l'altro hai la chiave,
   Riponla in parte ove sia vista sempre;
Che mentre tu cura n'avrai, non pave
   Che 'l rio verno la sfrondi, e sperar dèi
   Che tu per lei, ella per te s'insempre".

11 [*]

FLAVIO, le meste tue querele e 'l pianto
    Che versi e spargi, perché il destin fello
    Il vecchio padre e 'l giovane fratello
    T'abbi involato, volgi in riso e 'n canto.
Già ciascun gode il ben gradito tanto,
    Salito al ciel qual pellegrino augello,
    Senza cercar più questo lido o quello,
    Cangiato il mortal velo in divin manto.
"Che SEMPRONIO sia tratto da i martiri",
    Dice SILENTE a noi volto, "v'annoia:
    Ei sol mancava a colmar miei desiri.
Deh non, per Dio, non vi prendete noia,
    Con vostre amare lagrime e sospiri
    Turbando il nostro dolce stato e gioia".

12 [*]

Cinto di verdi mirti e sacri allori
    Ratto può girne al suo gran Sele allegro,
    COLA onorato, il bel nostro Telegro
    Carco di mille vostri eterni onori,
Cantando a gara le Grazie e gli Amori
    L'alte vostre opre e 'l vostro nome ALLEGRO,
    Spargendo intorno più d'un grembo integro
    Lungo le sponde sue d'erbe e di fiori,
Poi che de' Dauni i laghi, i fiumi, i fonti
    Chiari, correnti e cupi, il mare e 'l lido
    Vi s'inchinan per or, fusse in eterno!
De' Salentini e valli e piaggie e monti
    Alti, apriche ed ombrose un lieto grido
    Alzano al ciel del vostro alto governo.

13 [*]

L'oscuro vel che ci velava il giorno
    E minacciava altrui strazio e periglio,
    Altrui da sua magion perpetuo essiglio,
    Già si sgombra, e fa il sole a noi ritorno.
Già serena si fa l'aria d'intorno,
    Già del tutto il Fattor, rivolto il ciglio,
    Accenna a l'uno e a l'altro altiero figlio,
    CESARE e MARIO, a l'ozio a far ritorno.
Onde in la nostra patria scorger parmi
    Di lunge, vicin quasi a i petti puri,
    L'età dell'oro e la pace d'Augusto.
Gli odi deposti son, gli inganni e l'armi,
    Ognuno intende al sacro, al santo, al giusto:
    Faccia pur Dio ch'eternamente duri.

LXXXIII
Del Conte Collaltino da Collalto

1 [* cfr. scheda]

In amoroso e florido giardino
    Ove stavan le Grazie e i cari Amori
    Mi parea di veder varii colori
    E al paradiso allor esser vicino,
Quando vidi io nel mezzo del camino
    Un serpe divorar i vaghi fiori
    Ed infettar i più soavi odori,
    Non so s'era sua colpa o di destino.
Fallace vision! temo del vero,
    Perché la fede, ch'è cotanto rara,
    Paolo la perseguì, la negò Piero;
Sì ch'una donna instabile ed avara,
    La qual non tenne mai dritto sentiero,
    Al fin non faccia la mia vita amara.

2
[* cfr. scheda]
Dunque un garzone un capitano invitto,
    Malvagia sorte, priverà d'onore,
    Di cui l'ardito ed animoso core
    Non si smarrì giamai, non pur fu vitto?
Ma per sfogar l'acerbo rio despitto
    Movesti in ogni parte il tuo furore,
    Per soggiogar l'antico alto valore
    Che di Francia farà l'imperio afflitto.
Con tutto il tuo poter, perversa sorte,
    La vittoria fu tanto sanguinosa
    Ch'ebbe più danno il vincitor che il vinto;
Ond'il gran cavallier, il guerrier forte
    Con la gente di Marte valorosa
    Farà ancor teco l'inimico estinto.

3
[* cfr. scheda]
Non si vedrà più lieto il tristo core,
    Ma l'alma afflitta ognor andar errando,
    Ch'essendo posta del suo ben in bando
    Viverà carca d'eterno dolore.
De le spoglie superbe altiero Amore
    Vedrassi andar, com'ella fece quando
    Più volte aveva lui fatt'ir penando:
    Or ha posto in oblio l'arme e il valore.
Non verseranno gli occhi se non onde
    E non spargerà il petto altro che fiamma,
    Vedendo a gli occhi il tenebroso velo.
Per aspri boschi il mio corpo s'asconde
    Per non veder quel che consente il cielo,
    Che disio di morir tanto l'infiamma.

LXXXIV
Di M. Nicolò Martelli

1 [*]

Con doglie e con pietà più che infinita
  In croce oggi si vede
  Per noi giunta al morir l'eterna vita.
Quando del mio gran fallo mi soviene
E del mio Dio, che tanto offeso veggio,
  Non so qual pria mi deggio
  Piangere, o le mie colpe o le sue pene;
Né credo poter mai più pianger tanto
Ch'ad un de' duo dolor s'aguagli il pianto.
Ed ei, che così morto il tutto vede,
  Da tutti in cambio chiede
  A braccia aperte umil con volto essangue
Lagrime sol, quanto egli ha sparso sangue.

LXXXV
Del Cavalier Cassola

1 [*]

Non possendo io veder quel che natura
  Di bello diede a quel vostro bel volto,
  Lontan da voi fra mille nodi involto
  Cercai dipinta aver vostra figura.
Ond'il pittor con arte oltra misura,
  Per non parer a sì degna opra stolto,
  Lo cor m'aperse, e fu il disegno tolto
  Sì natural come lo fe' natura.
Ver è ch'un tal lavoro a noi par degno,
  Vedere sculto a mezzo del mio core
  Di sì bel viso il natural disegno;
Ma chi ben mira a l'arte e al suo colore,
  Non fu d'uomo mortal un tanto ingegno,
  Né il mastro dir saprei se non fu Amore.

2 [*]

Dapoi che su 'l fiorire
    Veggio esser morta la speranza mia,
    Che posso aver di ben più ch'il morire?
    E qual morte fu mai più dolce e pia?
    Pur ch'uscendo di vita
    Per grazia potessi ir (ben ch'io nol merto)
    Ove la donna mia morendo è gita,
    Sol per saper il certo
    Se quella alma gentil vede dal cielo
    Questo mio ardente zelo.

3 [*]

Occhi miei vaghi, a che tenete il freno
    In mirar la bellezza di costei?
    Perché non state ognor presenti a lei,
    Mostrando il mio dolor col pianto almeno?
O mano e tu, ch'a quel candido seno
    Talor ti appressi, ohimé perché non sei
    Sì presta a discoprir ciò ch'io vorrei,
    Come scrivendo scopri il mio veleno?
O piedi e voi, che mi portate al foco,
    Perché tanto non state in quella arsura
    Che aggia costei di me qualche pietade?
Ma tu, lingua, se avrai mai tempo e loco,
    Di' che sol per mio mal fe' la natura
    In donna sì crudel tanta beltade.

4 [*]

Poi che conosco e chiaramente veggio
    Che per vostri disdegni e per vostre ire
    Via più d'amarvi cresce il mio desire,
    Io priego il ciel che l'ostinata voglia,
    Che voler vuol quel che voler non deve,
    Fuor del cor mi si toglia,
    O sia la vita mia più corta e breve.
    E se pur vivo il mio destin mi tiene
    In così amara doglia
    Per far altrui gioir de le mie pene,
    Io priego Amor ch'in fretta
    Faccia per me vendetta.

LXXXVI

Di Mons. Leon Orsino

1 [*]

Segui, invitto signor, ove t'invia
    Tuo desir alto, tuo valor tremendo,
    Che non ch'a gli uomini sol, ma a i dei stupendo
    Sarai, se ben t'è sorte alquanto ria.
Degl'avi illustri tuoi prendi la via,
    A la gloria di quei gloria aggiungendo,
    Né d'aversa fortuna unqua temendo,
    Ch'a' degni fatti fu sempre restia;
Benché a cor valoroso oltre la gonna
    Non penetrò giamai, ch'ei sol si fida
    In virtute e valor, per quai si poggia
Con larghe ruote al ciel; e a simil foggia
    L'arme e virtù col cor ti fiano guida
    Da gir più là che l'erculea colonna.

LXXXVII

Di M. Antonmaria Braccioforte

1 [*]

"Dunque da gli occhi miei rivi correnti
    Trarrà sempre colei che mi distrugge?
    E dal petto in cui 'l cor piagato rugge
    Gravi querele e sospirosi venti?
Dunque con questi piedi infermi e lenti
    Seguirò chi da me veloce fugge?
    E con la voce che 'l mio sangue sugge
    Chiamerò la cagion de' miei tormenti?
Dunque chi m'odia e del mio mal non cura
    Amerò con sincera e pura voglia
    Senza ingombrarmi di sdegnosa nebbia?".
Così la pena disperata e dura,
    Che soffre nel suo amor, con fera doglia
    Narrava Alfeo a la rapace Trebbia.

2 [*]

Signor, la cui virtù chiara e sublime
    Fa col suo lume il secol nostro d'oro,
    E col soave stil ch'io tanto onoro
    Sprezza del tempo rio l'ingorde lime,
Se 'l gran nome di voi mai sempre lime
    D'ogni più degna gloria il bel tesoro,
    Purgate, prego, il mal culto lavoro
    Alzando il suon de le mie basse rime:
Perché il vostro giudizio almo e sincero
    Potrà far il mio stil, da sé negletto,
    Di torbido ed umil, chiaro ed altiero;
Né dirvi ciò mi muove il puro affetto,
    Ma il veder di bontà sì rara intiero
    E saggio più d'ogni altro il vostro petto.

3 [*]

Or che il pianeta a la più algente bruma
   A noi rimena il freddo mese e breve
   E ricopre il terren la bianca neve,
   Più l'amoroso caldo mi consuma.
Vero è che il sol che le mie notti alluma,
   Per far questo gran peso assai più leve,
   L'ali mi presta, per cui mi solleve
   Di qua giù al cielo con veloce piuma.
Io quelle piglio, e la mia ardente fiamma
   Scemar pensando, ogni gielato nembo
   Col mio calor dileguo a poco a poco;
Onde m'accorgo che pur una dramma
   Non manca de l'ardor ch'io porto in grembo,
   Anzi nel ghiaccio mi consuma il foco.

4 [*]

Felice terra che la Trebbia inonda
   E 'l re de' fiumi altier divide e parte
   Ne la più lieta e più piacevol parte
   Che l'Alpe e l'Appennino in sé nasconda,
Così di bei smeraldi ogni tua sponda
   Verdeggi, e ogni tua valle a parte a parte,
   E de le piante nel tuo grembo sparte
   Muova le foglie e i fior l'aura seconda;
Da te lontana ogni maligna stella
   Piova il suo sdegno, né l'eterno Giove
   Mai ti flagelle in questa parte o in quella;
Usino il sol e il ciel tutte sue prove
   In farti sopra ogni altra adorna e bella,
   Come io t'onoro in queste rime nuove.

LXXXVIII
Di M. Claudio Tolomei

1

S'io il dissi mai, che l'onorata fronde,
    Sacro d'Apollo e glorioso pegno,
    Sia per me secca, e m'abbia il mondo a sdegno,
    Né grazie unqua del ciel mi sian seconde.
S'io 'l dissi mai, che in queste torbid'onde
    Ch'io vo d'Amor solcando il fido segno
    Del mio corso non veggia, e in fragil legno
    Senza governo orribilmente affonde.
Ma s'io nol dissi, la man bianca e bella,
    Che dolcemente il cor mi sana e punge,
    Cinga le tempie mie di verde alloro;
E quanto di felice have ogni stella
    Sovra me versi, e quei lumi ch'adoro
    Guidinmi a dolce porto, ond'io son lunge.
    [⇒ A 61]

LXXXIX
Di M. Bernardo Tasso

1

Signor, a cui de' suoi gran regni ha dato
    L'ardente spada e la bilancia in mano
    L'invitto e sacro Imperador romano,
    Fra i lodati intelletti il più lodato,
De la cui fama il grido alto e pregiato
    Suona non sol nel gran paese ispano,
    Ma ovunque quel pianeta alto e sovrano
    Porta la luce col bel carro aurato,
Già veggio a vostra gloria archi e teatri
    Alzar Barchiniona, e 'l suo gran mare
    Di coralli e di perle ornarvi un tempio;
Acciò forza di fato ingrato ed empio
    Non copra co' suoi giorni oscuri ed atri
    Del vostro onor le luci ardenti e chiare.

XC
Di M. Giorgio Belmosto

1

"Ben posso dire, alpestra e rigida ORSA,
　　Poi ch'essendo mia preda a me t'hai tolta,
　　E rotto il laccio ond'io ti tenni avolta,
　　Come il tuo inganno la mia vita inforsa.
Perché se' tu così veloce corsa
　　Da i lenti passi miei? Fermati, ascolta
　　Queste voci angosciose, pria che sciolta
　　E sia da morte la mia spoglia morsa.
Torna, perfida e ria, torna a colui
　　Da cui se' presa in servitù d'Amore,
　　Ch'esser non puoi, crudel, se non di lui".
Così piangendo un miser cacciatore
　　Affligeva se stesso, e dava altrui
　　Del suo stato infelice alto dolore.
　　[⇒ A 62-65]

XCI
Di M. Lodovico Domenichi

[⇒ A 66-75]

1

Color cui ciel poco benigno diede
　　Di star nel proprio nido ognor rinchiusi,
　　Né mai per alcun tempo veder usi
　　Di quel che rare volte altrui si crede,
Spesso non hanno e riverenza e fede,
　　Doni per mera grazia in uom diffusi;
　　Però mio desiderio a voi mi scusi,
　　Che di veder più dritto mi concede.
Quanto brama di me fa più soggiorno
　　Nel petto vostro, allor per non mentire
　　Men volentieri a la mia patria torno;
Che di vedermi in voi caldo desire,
　　LANDO, mi fa di tanta gloria adorno,
　　Quanto io non vi saprei scriver né dire.

2

Mentre senza temere oltraggio o scorno
    L'Aquila arruota il rostro e 'l fero artiglio,
    Credendo farlo poi tosto vermiglio
    Col sangue de l'augel nunzio del giorno,
Ecco l'ira del ciel a lei d'intorno
    Che di forze la priva e di consiglio,
    Raddoppiando vigor a l'aureo giglio,
    Onde faccia in Italia il suo soggiorno.
Così quando l'ingorda a l'altrui danno
    E non ad onorata impresa intende,
    Vola cieca e veloce al proprio affanno.
Tal de' nemici suoi vendetta prende
    L'alto Signore, e tai l'opre saranno
    Di chi tutti a sua gloria i giorni spende.

3

Padre del ciel, se mai ti mosse a sdegno
    L'altrui superbia o la tua propria offesa,
    E s'Italia veder serva ti pesa
    Di gente fiera e sotto giogo indegno,
Mostrane d'ira e di giustizia segno,
    Ch'esser dee pur nostra querela intesa,
    E pietoso di noi prendi difesa
    Contra i nostri nemici e del tuo regno.
Vedi i figli del Reno e de l'Ibero
    Preda portar de i nostri ameni campi,
    Che già servi, or di noi s'han preso impero.
Dunque l'usato tuo furor avampi,
    E muovi in pro di noi giusto e severo,
    Che solo in te speriam, che tu ne scampi.

4

Correndo il giorno tuo verso l'occaso,
   Ch'a pena avea mostrato il lume al mondo,
   E già fatto ogni primo a te secondo
   Che di gloria ed onor privo è rimaso,
Nebbia coperse il colle di Parnaso,
   Che 'l tuo splendor rendea chiaro e giocondo,
   E 'l fonte d'Elicon purgato e mondo
   Torbido venne a tanto orribil caso.
Apollo sospirò, pianser le Muse,
   E fu tal grido d'ogni 'ntorno udito
   Che da i cor nostri l'allegrezza escluse.
Rimase allora ogni animo smarrito,
   E questo suon la bocca a tutti chiuse:
   "STAMPA caro e gentile, ove se' ito?".

5

Quell'empia per cui Troia arse e cadeo,
   E Grecia fu fra tanti affanni involta,
   Poca onestà come bellezza molta
   Fino a la nostra età conta rendeo;
Questa d'Omer dignissima e d'Orfeo,
   Ch'a dir di lei l'impresa avesser tolta,
   Legata a le virtù, da i vizii sciolta,
   Ha seco il bel che già l'altra perdeo.
Per quella i chiari Simoenta e Xanto
   Correndo sangue al mar torbidi andaro,
   E raccolsero in lor vena di pianto;
Per questa il Sile oltra l'usato chiaro,
   Ninfe e pastori udendo in gioia e canto,
   Vince, non pur va col gran Tebro a paro.

6

Da voi partendo Amor viver m'insegna,
    Donna gentil, col cor da me diviso,
    Il qual pascendo sol nel vostro viso
    Ogni alimento natural disdegna.
E perché desiderio d'onor regna,
    E sta nel petto vostro ognor assiso
    Timor d'infamia, onde riman conquiso
    Chi de le voglie vostre ha voglia indegna,
Vo procacciando gloria in questa e 'n quella
    Parte del mondo, acciò che detta sia
    Degnamente di voi quest'alma ancella.
Così nuovo pensiero il ciel vi dia,
    Sì che al ritorno mio non già più bella,
    Ma vi ritrovi assai più dolce e pia.

7 [*]

Lungo le rive tue canti ogni cigno
    E parimente ogni amoroso augello,
    Brenta, poi che di figlio amato e bello
    Al mio buon CAVALLINO è Dio benigno.
Tenga lontan ciascun segno maligno
    Il cielo, e de i cortesi il gran drapello
    Tosto ne scopra, onde il favor di quello
    Spenga l'odio al pianeta empio e sanguigno.
Venere in tanto e i pargoletti Amori
    Spargan cantando, e le tre Grazie insieme,
    Il nuovo parto di novelli fiori.
E perché frutto egual si colga al seme,
    A l'onorato padre altieri onori
    Facciano scorta in fino a l'ore estreme.

XCII

Di M. Pietro Aretino

1 [*]

Poiché degno non son di laudarvi,
    Ringrazio il cielo, o Imperator modesto,
    Ch'a i dì miei ha voluto procrearvi.
Pensa in tanto il pensier, nel qual mi arresto,
    Ciò che io sarei, non essendo or ch'io sono,
    Nascendo voi o più tardi o più presto.
Se inanzi a me v'avea la terra in dono,
    Con ansia estrema invidiava quelli
    Nati al tempo d'un prencipe sì buono;
Se dopo, ben potea nominar felli
    Gli ottimi influssi, qual m'avesser posto
    Ne la prescrizion de i lor ribelli.
Ma poi che questo e quel non s'è opposto
    Tra 'l futuro e 'l passato in danno mio,
    Il titol di felice hommi proposto.
È officio il dir ciò d'officio pio,
    Però che in duce e in nume salutare
    Vi ha dato a noi l'alta bontà di Dio.
Le vostre giuste intenzioni chiare
    Fanvi ne i casi del cristiano zelo
    Senza simil, senz'ugual, senza pare.
O scudo de i credenti in l'Evangelo,
    Santo è lo sdegno che 'l petto v'infesta,
    Santa la causa che in man ponvi il telo.
Se volontà fusse in voi meno onesta,
    Men fervor in la fé, men conscienza,
    E men quel poco creder che ci resta,
Ch'altro saremo noi ch'una semenza
    Di crudeltà, d'ignominie e di errori,
    Qua d'amor privi e là di riverenza?

Certo che i vostri bellici terrori,
 Oltre il distorre altrui da quei peccati
 Che provocon di Dio l'ire e i furori,
Annulleran gli orgogli dispietati
 Del profano rettor de l'Oriente,
 Da l'ignavia di lui anco annullati.
Guida Satan la sua perversa gente,
 Move Iesù il vostro inclito stuolo,
 Che, come quel temerario, è prudente.
In questo dice confusa dal duolo
 (Toltone voi) l'umil Religione:
 "Tra tanti figli non trovo un figliuolo".
L'innocenza di lei più non dispone
 Le verità del suo rito sincero,
 Tengonla in piè l'opere vostre bone.
Il divin culto, testimone intero
 D'ogni cuor fido e d'ogni mente pura,
 Tanto è finto in altrui, quanto in voi vero.
Ma che più bella e più lodata cura
 Potea Carlo pigliare, e più dovuta
 A noi, a sé, a Dio, a la natura?
Colui che gli astri in cielo affigge e muta
 Gli assegna in premio una vita, che tale
 Altr'uom, da che fu l'uom, non ha vivuta.
Vole Iddio che lo spirito vitale
 Venti lustri di Cesare si ammanti,
 Di Cesare immortal più che mortale.
Ei punisce i superbi e i supplicanti
 Col giogo e col perdon, tal laude dando
 Al grande Iddio de i dei, santo de i santi.
Egli de i rei pon le nequizie in bando,
 Ei trae i buoni fuor de i vilipendi,
 Né indugia a la lor pace il come o il quando;
Fa col guardo tremare i cor tremendi,
 E dove gira l'intrepido ciglio
 Stupidi fansi gli uomini stupendi.

Che siate tale io non mi maraviglio,
    Maraviglia avrei ben se tal non foste,
    Tale è in voi e l'ordine e 'l consiglio;
Onde l'alme virtù da Dio riposte
    Nel sacro erario del cesareo ingegno,
    Più al ben d'altri che al suo proprio esposte,
Per mezzo del vostro animo sì degno
    A duo re, l'un prigion, l'altro mendico,
    Isponte dier la libertade e il regno.
Barberia testimonia il ver ch'io dico,
    La Magnanimità sallo, che infusa
    Vi tien ne l'alma ogni pianeta amico.
Per sì nuova mercé grida ogni musa,
    Con somma gloria de la gloria vostra,
    Atto più da lodar quanto men s'usa;
Tal che pregio saria de l'età nostra
    S'ella in manna cangiasse quel veneno
    Che la comune invidia or vi dimostra.
Coloro che vorrien metter il freno
    A voi, che raffrenate i moti a l'ire
    Che avampano ogni mente ed ogni seno,
Cerchin di superarvi in quel ardire
    Che liberò a Tunisi in un punto
    Cotanto stuol da le catene dire.
Poscia di venerar piglino assunto
    L'esterminio d'Algieri, u' non fu mai
    Cesar da Cesar in Cesar disgiunto.
Ne l'altre pugne di eserciti assai
    Vi fur contra i metalli e i ferri ardenti,
    Come tu Marte e tu Bellona sai;
Vi assalir ivi tutti gli elementi,
    Il caso, il fato, la sorte, il destino,
    Gli augurii, i prodigii ed i portenti,
L'aspro del verno, lo stran del confino,
    La miseria del pan, l'orror del fatto,
    Lo sperar lungi e 'l disperar vicino.

Ma in tal momento, in tal cosa, in tal atto
    Voi stesso in tutti fermaste talmente
    Che tornò fiero il campo sterrefatto,
Onde il furor del sinistro repente
    Da l'ombra del cor vostro ispaventato
    Restò prigion del proprio suo frangente.
E così l'infortunio d'ire armato,
    Mentre volse con turbide insolenze
    Farvi infelice, vi fece beato.
Desista dunque da le sue sentenze
    L'empio livore e tacito tra noi
    Le vostre adori supreme eccellenze;
Poi tenti in la pietà d'imitar voi,
    Che or Tremisene e già Francesco Sforza
    Grata investì de i patrimoni suoi;
Ne la prudenza, con cui fate forza
    A le maligne inique stelle dure,
    Sforzando il ciel, ch'ogni vivente sforza;
Ne la religion, le quali cure
    Translate avete in l'indico emispero,
    Dato a l'ecclesiastiche culture;
Ne la costanzia, che il petto severo
    Vi mantien sì che l'universa mole
    Non è sì ferma nel suo perno intero;
Ne la modestia: che lodi più sole
    Davvi la sua benignità perfetta
    Che quanti gesti ha mai veduti il sole;
In cotali arti ogni nimica setta
    Dovria con pronto istudio esercitarsi,
    Lasciando a voi quel ch'a voi sol s'aspetta.
Voi Cesar sete, e chi puote appressarsi
    Al segno che trappassan le vostr'ale,
    Può anco in voi divin deificarsi.
Cosa non è in voi o tale o quale,
    Senza nessun paragone vedianvi,
    Né movete atto che non sia fatale.

Le superne influenze onore fanvi,
   Ed i segni celesti ignoti e conti
   Per loro ogetto e per loro idol hanvi.
Però volgete le serene fronti
   De i pensieri catolici u' bisogna
   Che i presidi di voi sien fermi e pronti.
Ciascuno, eccetto Cesar, serva agogna
   L'alma cristianitade, ogn'altro sire
   Se vegghia il suo fin vuol, se dorme il sogna.
Sol voi tali onte aborrite d'udire
   Come in Cristo cristiano, e confondete
   Chi la sa più spregiar che reverire.
Voi in grado, lor malgrado, la tenete,
   Salvando in lei sue degnitadi gravi,
   Perché al merto, a la fede e a Dio vivete,
Schernendo l'armi, i cavalli e le navi,
   I tesor, gli apparati e il minacciare
   Di chi gli arbitrii altrui suol far ischiavi.
Calchin pur il terren, fendino il mare
   Le nefande e le vili turbe esterne,
   Che sanno meglio fuggir che affrontare,
Che qualunche si sia occhio discerne
   Caso che ancor non si è letto né scritto
   Ne le croniche antiche o in le moderne.
Però che quei che disperso e sconfitto
   Credonvi aver col numer loro immenso,
   Nel tener vinto voi, vi fanno invitto.
Ben si aveggon color che han qualche senso
   Che a domar voi non bastano i monarchi
   Ch'al mondo tutto fan pagar il censo;
Sì che quei che di rabbia e d'odio carchi
   Conculcar vi vorrien con gare infide
   Vi sono in vece di colossi e d'archi.
In cotal mentre Iddio sommo, che arride
   A le imprese di voi, gli annunzia il fine,
   Che i nemici di lui spegne e conquide.

Ecco le genti eccelse e pelegrine
  Nel mirar voi scorgonvi a i Turchi immondi
  Perpetuo specchio de le lor ruine.
Sì come cieli ci fussero mondi,
  Sarien costretti a sperare e temere
  Gli esiti vostri di glorie fecondi.
Guardinsi dunque le genie austere
  Che ne le cause e ne le occasioni
  Sono non meno efferate che fere.
Gli sdegni d'Austria hanno in sé più ragioni
  Che quante n'ebbe ne' tempi vetusti
  La gran madre de i Bruti, de i Catoni.
Furon gentili i Cesari Augusti,
  E voi fedele Augusto Cesar sete,
  Pio in lo spirto, essi nel senso giusti.
Però le sorti lor dietro traete
  A le virtù di voi solenni e dive,
  Che mertano altro che obelisci e mete.
L'opre di tali si mantengon vive
  Quanto a le lode ch'ebbero assolute,
  Per ch'ognor fur d'ogni viltade schive.
Ma le milizie vostre ricevute
  Son dove si registran le facende
  In servigio di Cristo risolute.
Già vi nota la Chiesa in le calende
  Che rinovan le sacre de i beati
  Che riveriamo ne le lor vicende;
Già di voi sono i fatti celebrati
  Come quei di colui che in cielo affisse
  I pianeti mai più non affissati.
E quale il nome scolpito si scrisse
  Di queste e quelle persone famose
  In quelle e in queste alte colonne fisse,
Ne le empiree loggie gloriose,
  In caratter di Dio, di stelle cinto,
  Impresso in note più che luminose,

Con gaudio ver del celeste procinto,
    Vertudi, Potestadi, Angeli ed alme
    Leggeranno in lor lingua CARLO Quinto.
Le vostre intanto militari salme
    In voi, da voi, per voi racquisteranno
    Le altrui perdute de la fede palme;
Tal che i tempi, gli altari e i lumi avranno
    Come di Dio reliquie, e in nova gloria
    De i trionfanti eroi trionferanno.
Per la qual cosa ogni antica memoria
    Inchinerà la vostra aurea fama,
    Che or fa di voi con la sua tromba istoria.
E mentre famigliar di Dio vi chiama
    Con suon che intona al globo de la luna,
    Trema chi vi odia ed ardisce chi vi ama.
Ma i nomi non avran più vita alcuna,
    Perch'ogni spirto del viver secondo
    Concede al vostro il ferro e la fortuna.
Benché al largo, a l'alto ed al profondo
    Merto illustre di lui par ch'oggi sia
    Poco il ciel, poco il centro e poco il mondo,
E senza che ricordo alcun ne dia
    Comentario o annal, altero e solo
    Al novissimo dì come ora fia.
Suo privilegio è il gir da polo a polo,
    Onde tutti gli inchiostri imparar denno
    A far volare altrui dietro al suo volo.
Ammiri intanto il valor vostro e il senno
    Ogni miracoloso alto intelletto,
    Né di celebrar voi facci altro cenno,
Che non lice a nessun nato e concetto
    Di carne e d'ossa, e di latte nutrito,
    Di entrare in sì mirabile suggetto.
Cerca al ciel torre ogni moto espedito,
    L'imo al sommo aguagliar, l'atto a l'idea,
    E prescrivere il fine a l'infinito,

Colui che volontà nel pensier crea
    Ch'osi cantar di voi, predestinato
    A ornarvi il crin de la corona ebrea.
Voi sete onor de l'onor dal Ciel dato,
    E ne la vostra carità sincera
    Diletto a Dio, da gli omini invocato;
L'Imperator ch'ogni imperante impera,
    E sì fatto perch'anco non si è visto
    Bontade umana maggior, né più vera.
Onde alzarete dopo il santo acquisto
    La imagin pia de l'oltraggiata fede
    Dinanzi al sasso u' fu sepolto Cristo.
Né solo in far l'orientali prede
    In onore del Padre omnipotente
    Faravvi eterno de la lode erede,
Ma ogni piaga di vario accidente
    Che in ciò facesse a voi l'animo esangue,
    Di età in età, di gente in gente,
Versarà chiara più gloria che sangue.

2 [*]

L'invidia, che dà menda al ciel che gira,
    A la luna che varia, al sol che manca,
    A l'aria ch'ora imbruna ed ora imbianca,
    A l'acqua che co i venti è spesso in ira,
A la terra che in grembo ognun si tira,
    Al fuoco il cui ardor si spegne e stanca,
    Al dì che luce non ha sempre franca,
    A la notte che strane ombre rimira,
A le fere che son preda nel corso,
    A gli uccelli che il volo hanno in sé frale,
    E a l'uom che in la ragion perde il discorso,
Vinta da CARLO Imperator fatale,
    Che a tanti orgogli va ponendo il morso,
    L'afferma un dio con l'abito mortale.

APPENDICE

Di M. Francesco Maria Molza

1

Gigli, rose, viole, ammommo, acanti
    Del vostro parto sono i primi onori
    Che 'l terren crebbe del suo grembo fuori,
    Aprendo il sol giorni sì chiari e santi.
Ma quando del gran padre udrà più avanti
    Per sé le lodi, da spinosi orrori
    Penderan l'uve, e co gli estivi ardori
    Verran le spiche senza studii tanti.
Fatto poi fermo ne l'età matura,
    Non fia nocchier che più ritenti il mare,
    Né terra ch'uopo abbia di nostra cura.
Così le tre sorelle ordir con chiare
    Fila, là dove rea e grave arsura
    Tifeo rimembra di sue pene amare.

2

L'altero augel, che le saette a Giove
    Aspre rinfresca allor ch'irato tuona,
    Far de' suoi figli intorno a sé corona
    Sòl per averne manifeste pruove;
E s'adivien che di vista alcun ne trove
    Debole e inferma, e contra il sol non buona,
    Quel da sé scaccia, a gli altri serba e dona
    Il grande ufficio a ch'ei superbo muove.
Di ciò, signor, leggendo mi sovviene
    Del vostro dolce e prezioso pegno,
    Con cui partite or dolcemente l'ore,
Che il sol delle vostre arme già sostiene,
    E al folgorar de l'elmo ne dà segno
    Del paterno ardimento c'ha nel core.

3

Ben furon stelle fortunate e chiare
    Ch'al bel parto gentil compagne fensi,
    E benigni gli aspetti a darne intensi
    Quante ha là su cose più vaghe e care.
Bagnò quel giorno più cortese il mare
    Il forte scoglio, e con suoi rivi immensi
    Ebbe allor pace, e colmo d'alti sensi
    Fe' chiare d'atre e dolci d'onde amare.
Ma voi cercate, o Muse, un altro Omero,
    Che nuovo Achille, onde sperar n'aggrada
    Gli antichi pregi, a voi per grazia viene;
Intanto il padre, mentre al ciel sentiero
    Affetta con lo ingegno e con la spada,
    Ornate a prova e quanto si conviene.

Di M. Camillo Besalio

4

Mentre ferma Aganippe il terso e chiaro
    Cristallo al cantar vostro, e i sacri allori
    Avivan gli almi e lucidi splendori
    De le virtù, che voi fan solo e raro,
S'inchina il mondo al suon felice e caro,
    Ed a' più degni e più sublimi onori
    Vi chiama Roma, e serba gl'ostri e gl'ori
    Che Numa e Tullo e pria Quirino ornaro.
La sacra Pietra, a cui tanti e sì grevi
    Erranti anime inferme assalti danno,
    Se mai ch'ella non pera al ciel aggrada,
Spera solo per voi d'uscir d'affanno:
    Pietro fondolla, e perch'ella non cada
    Or Pietro la sostenga e la rilevi.

5

Magnanimo cortese almo signore,
   Avezzo altrui giovar con proprio danno,
   Nel cui leggiadro ed onorato affanno
   Riposa il mondo e d'ogni tema è fuore,
Pronto occhio, altera brama, invitto core
   Eterna gloria e vero onor vi danno,
   E 'n ciel fra gli altri dei loco vi fanno
   Pensier gravi, opre sante, alto valore.
Padre vi appella, e serba gl'ori e gl'ostri
   Ch'ornar l'avolo illustre, e 'l bel governo,
   La patria che per voi molto s'avanza,
L'acque Ippocrene e 'l gran Permesso eterno,
   Febo le rime e i più lodati inchiostri,
   Per torvi a l'empia e dispietata usanza.

6

Or tronco e spento ha morte il sole e 'l fiore
   Di virtù, di valor, di gentilezza,
   E tolto ogni ornamento, ogni ricchezza
   Al mondo, e scosso del suo regno Amore.
O secol infelice e pien d'orrore,
   Che più, morta costei, di te s'apprezza,
   La cui celeste e santa alma bellezza
   Sovra tutt'altro ognor t'accrebbe onore?
A mezzo 'l sonno alteramente desta
   Te ne sei gita, o bella donna, in parte
   Ove non ha ragion morte né tempo.
Or chiaro vedi il vaneggiar di questa
   Vita mortale, e quanto è meglio a tempo
   Drizzar i passi a più secura parte.

7

Mentre vibrate l'onorata spada
   D'Astrea felice e con bilancie uguali
   Gl'effetti pareggiate disuguali,
   Drizzando 'l torto perché 'l buon non cada,
Torna ella in terra, e per ogni contrada
   Vi segue e i giorni nostri foschi e frali
   Rende col suo splendor chiari immortali,
   E vi scopre del ciel l'occulta strada.
Anime belle, che con chiaro essempio
   Mai non volgendo le vivaci piante
   Da virtù, sempre a veri onor poggiate,
Cade al vostro apparir l'ingiusto e l'empio,
   Rimane in sé confusa anima errante,
   Risorge l'innocenza e la bontate.

8

Vago fiume leggiadro, che partendo
   Le verdi piagge al mar suo dritto meni,
   Occhi fur mai più cari o più sereni
   Di questi ond'io mi struggo e lume prendo?
È donna altrove bella che sciogliendo
   Sì ricca treccia i cor leghi e cateni
   Come la mia? Ti prego il corso affreni,
   Lei col bel piè destar l'erba vedendo,
E che a dir l'abbi: "O gentil donna, quale
   Teco regna pensero or che sul fiore
   Sono di primavera i tuoi verd'anni?
La stagion ne verrà priva d'onore,
   Muterai stato, ed il pentir non vale
   Saldar un solo pur di mille danni".

9

Signor mio caro, che partendo avete
Di me portato ancor la miglior parte,
Che più mi resta in questa oscura parte?
Quando ore più mi fien care né liete?
Qual frutto omai la mia speranza miete,
Che 'n voi fioria? Le lagrime c'ho sparte
E spargo sempre in lamentose carte,
Poscia ch'a gl'occhi miei celato sete.
Non piango già che v'aggia a sommi onori
Chiamato il ciel, ma piango il comun danno,
Lasso, e via piu che voi veder m'è tolto.
Pur mi consola in sì doglioso affanno
Che di me calvi in tenebre sepolto,
E mi farete scorta a l'uscir fuori.

10

Pastor, meco surgete: ecco l'aurora
Torna col primo dì del nuovo maggio,
E fa col roseo volto a l'ombre oltraggio,
E dal bel seno le campagne infiora;
Surgendo il vago sol la terra onora
Col divino splendor del chiaro raggio,
Fan dolce mormorar l'abete e 'l faggio
Scherzando ad or ad or Favonio e Flora.
E 'l crin di rose ornati e di viole,
Come gl'augelli fan di ramo in ramo,
Rendete onor cantando al lieto giorno;
E la bella Amaranta, che sol amo,
Ne venga in prova, e si nasconda il sole
Vinto dal lume del bel viso adorno.

11

Se del servo fedel, ridutto in parte
    Al ciel nemica, ancor memoria resta
    Nel vostro cor, e forse indi vi desta
    Amor, che mai da voi non si diparte,
Le vostre sì felici e dotte carte
    Porgan talor dolce ristauro a questa
    Alma, ch'a sé in disprezzo afflitta e mesta
    Langue, signor, né mai di gioia ha parte.
Ben degno fia del vostro alto valore,
    Per cui la nostra età tanto s'avanza
    Che giunge al segno de l'antico onore,
Non tormi a la cortese e cara usanza
    Ond'amico lontan vicino il core
    Scorge d'altrui, né perde unqua baldanza.

12

La mia donna è di smalto e di gelata
    Neve ha 'l cor fatto, onde n'aven che poco
    Cura stella d'amor, gli strali e 'l foco,
    E tanto è a' miei desir ritrosa ingrata.
Io pur, lasso, mai sempre ardo e piagata
    Ho l'alma e 'l cor, sì ch'io mi struggo e loco
    Non trovo a mia salute, e già son roco
    Mercé gridando a lei sorda e spietata.
Ma se 'l diamante e 'l ghiaccio orrido e forte,
    Ond'ella è tale, Amor non scalda e spezza,
    Non fia lungo ritegno a la mia vita.
Alor: "Questi", dirai, mia fine udita,
    "È corso indegnamente amando a morte:
    Sì va chi altrui più di se stesso apprezza".

13

In duro stato e 'n parte orrida e strana,
   Che da sé tiene ogni virtù sbandita,
   Vivo poco a me caro, e di mia vita
   La spene, se pur spero, è breve e vana.
O paese, o città cara e sovrana
   Gloria del cielo, ove a ben far invita
   Natura per usanza alta e gradita,
   Da voi mal grado mio chi m'allontana?
Fia mai ch'io vi riveggia, e 'l desir mio
   Mirando adempi il magistero immenso
   Ch'a formarvi posto han natura e Dio?
Fia ch'io riveggia il sacro e dotto coro
   Con cui sovente i miei pensier dispenso
   E prendo ne' miei danni alto ristoro?

14

Or ben hai chiari fatto e fermi avanzi,
   Ch'avanzan morte e 'l tempo invido avaro,
   AVANZO, al ciel salendo illustre e chiaro,
   Ch'ora sei vivo e morto eri pur dianzi.
Or vedi qual è 'l mondo e qual dinanzi,
   Lassi, stato ci ponga acerbo, amaro.
   Ma che più bramo, e che mi fia più caro,
   S'aven che di qua giù nulla s'avanzi?
Felice te, che ne la terza sfera
   Col BELLIN nostro or ti diporti ed hai
   De le bell'opre tue mercede altera.
Che fo qui solo, e che più indugio omai,
   Se mi fia senza te la luce nera,
   S'io vivrò sempre in lagrime ed in guai?

15

Se tutti gl'anni c'ho lasciato a dietro
    Vissi grave a me stesso e pien d'errore,
    Torcendo i passi dal sentier migliore
    Posi le mie speranze in fragil vetro,
Ora che pur la mente e l'alma spetro,
    E volgomi pentito a te, Signore,
    Non chiuda me la tua pietà di fore,
    Che fece don del suo gran fallo a Pietro.
Tu mi sia guida e del gravoso peso
    Mi leva, eterno Padre, ond'io vo carco,
    Restar temendo da la soma oppresso,
Sì che dal mondo non mi sia conteso
    Il cielo e vaglia omai securo e scarco
    A te far degno tempio di me stesso.

16

Alto Signor, dal cui voler perfetto
    Prendon le cose tutte ordine e stato,
    Volgi a me cieco gl'occhi e traviato,
    E porgi lume al mio fosco intelletto,
Sì ch'a buon calle io torni e 'l vano obbietto
    D'amor mi sia da l'alma omai levato,
    Or che l'inganno suo non m'è celato
    Che fa sovent'errar più saggio petto.
Vedi che l'empio a la trammessa usanza
    Mi chiama con altra esca e novo inganno,
    E sottil rete e più fallace ha ordita;
Ma tu soccorri, e tuo quel che m'avanza
    Sia, Padre, ch'a lui dietro di mia vita
    Perduto ho 'l sesto col ventesimo anno.

17

Infondi un raggio, o sol, del tuo gran lume
Nel petto mio, che 'l duro ghiaccio e l'ombra,
Che già tant'anni il cor mi preme e 'ngombra
Sì duramente, omai sparga e consume,
Talché divenga il gel di pianto un fiume,
Di sospir nebbia il fosco che m'adombra,
E l'alma sol di Cristo accesa e sgombra
De le sue colpe spieghi al ciel le piume.
Né van desio la tolga o novo inganno
Dal suo dritto sentier, ma Cristo solo
Segua, ch'è vera luce e santo ardore.
Così vedrà palese il suo gran danno,
Così potrà secura alzarsi a volo
E riunirsi con l'eterno amore.

18

Alta luce infinita, onde luce hanno
Sol, luna e stelle, a me rivolgi un raggio
Di tua pietà, che speme altra non aggio,
Misero avolto in tenebroso affanno,
Cui sì l'error fallace, e 'l dolce inganno
De 'l mondo ingombra ognor che 'l vero e 'l saggio
Desir n'esclude, e mi fa doppio oltraggio
La nebbia, s'apro gl'occhi al mio gran danno.
Però, Padre, soccorri, e 'l grave peso
De le mie colpe in mezzo 'l mar sommergi,
E non mi perda il tuo sì giusto sdegno.
Se ti rimembra che dal cielo sceso
Sei per salvarne, omai mi purga ed ergi,
E fammi, prego, di tua grazia degno.

19

Gli occhi, che per eterno alto costume
    Spargon sempre dal ciel grazia ed amore,
    Oggi di pianto il nostro grave errore
    Versâr mirando e i nostri danni un fiume.
Divini occhi sereni, occhi che lume
    Donate al sol, del vostro almo splendore
    Mandate un raggio nel mio freddo core,
    Un raggio onde tutt'arda e mi consume.
Occhi, per cui si forma il nostro stato,
    Non mi contenda vostra dolce vista
    De le mie colpe il tenebroso incarco.
Rendete, prego, a l'alma cieca e trista
    La luce, e men noioso e duro fato,
    Sì ch'io non cada al periglioso varco.

20

Alto Dio, chiara luce, immortal vita,
    Che gl'egri curi e i ciechi allumi e scorgi,
    E i vivi eterni e vita a' morti porgi,
    Infermo chiedo e cieco e morto aita.
Tu, Padre, mi risana e la smarrita
    Luce mi torna, e dimmi: "Omai risorgi
    Fuor de la tomba e de l'error t'accorgi
    Che ti fa tale inanzi a la partita".
Questa voce, Signor, come già valse
    Levar Lazaro a morte, anco avrà forza
    Di morto vivo farmi ed immortale;
E se di nostro stato unqua ti calse,
    Reggi questa mia stanca e grave scorza,
    E di poggiar al ciel mi presta l'ale.

Del Conte Collaltino di Collalto

21

Candide rose e leggiadretti fiori
   Che fate nel bel sen dolce soggiorno,
   Quando sarà per me quel chiaro giorno
   Che l'alma m'esca del suo bando fuori?
Alteri, vaghi e pargoletti Amori,
   Ch'a lei scherzando gite d'ogn'intorno,
   Volto che d'onestà sei così adorno,
   Quando fian spenti mai cotanti ardori?
Le stelle in cielo non staran più alora,
   Né le selve averan arbori o fronde,
   Né pesce alcun asconderan più l'acque;
Alor fia il dì che di legami fuora
   Uscirà il cuor: o fortunate l'onde
   In cui sì bella donna al mondo nacque!

22

DOMENICHI gentil, s'il ciel vi dona
   Cosa ch'a pochi ed a rari concede,
   Che quel leggiadro stil ch'in voi si vede
   Empie di maraviglia ogni persona,
Ben meritate degna, alta corona,
   Ch'il grave spirto a l'alto stil non cede,
   Ma l'uno e l'altro eguale il ciel vi diede,
   Che più dolce armonia qua giù non suona.
L'ingegno, la memoria, il dir e l'arte
   Congiunti insieme con dolci parole
   Degno vi fan di mille eterne carte;
Anzi oggidì vostre virtù son sole,
   E chi disia lodarvi in qualche parte
   Cerca d'aggiunger nova luce al sole.

23

Dal lido occidentale a l'onde ircane,
 E dal Nilo onde il Reno in mar ha foce,
 Che questo agghiaccia e quel accende e cuoce
 Genti crude, selvaggie, orride e strane,
Né dal gran fiume a l'Isole lontane
 Si trovò fiera al mal mai più veloce
 Di questa, che con gli occhi e con la voce
 Nodrisce di pietà speranze vane.
Altre son che col canto e con gli artigli,
 Altre col lume fan di vita uscire
 Gli uomini, che non senton tanta pena.
Non si trova splendor che s'assimigli,
 Né voce o membra di maggior martire,
 Come son queste dove Amor mi mena.

24

ELENA, poi ch'il pianto e le parole
 Ch'io spargo ognor per farvi forse umile
 Vanno crescendo, e mai non cangia stile
 L'eccessivo splendor del vostro sole,
Che non m'abbagli e strugga, come suole,
 L'altiero sguardo a cui non è simile,
 Ch'ogni vago, ogni bello, ogni gentile
 Si scorge nelle luci oneste e sole,
Dolce pietà di me v'allacci e prenda,
 Che gli occhi stanchi non versan più pianto,
 Né la voce sfogar può il suo dolore.
Chi mi tolse il mio ben, prego mel renda,
 Che il lagrimare e sospirar cotanto
 In sempiterni danni ha chiuso il core.

25

L'umor che da' begli occhi sì discende
Cadendo bagna i più leggiadri fiori,
E 'l bel viso seren vie più s'accende
Di vari, vaghi e dolorosi ardori,
Quando il giusto dolor, ch'il cor offende,
Tai segni spinse a l'apparir di fuori,
Sì ch'umile e piatosa a voi vi rende,
Ch'a me teneste in dubbio i vostri amori.
Chi vide mai o nell'aprile o il maggio
Pioggia venir col sol lucido e chiaro,
Che intenerisce i fior, fa fresche l'erbe?
Renderia molle ogni animo selvaggio
L'alta cagion di tante pene acerbe:
Tal fu di que' begli occhi il pianto amaro.

26

MUZIO, se di saper pur hai disio
Qual sia il mio stato e di qual alma vivo,
ELENA è pur colei che mi tien vivo,
E cresce e scema il mio dolce disio,
Che non avrò giamai più bel disio
Fin ch'il cielo terrà il mio spirto vivo,
Né d'altro bramo che restar qui vivo
Acciò che per pietà cresca il disio,
E gli occhi suoi leggiadri tor a morte
Quand'ella partirà di questa vita,
E cantando sfogar mia acerba morte,
Acciò ch'il canto si rimanga in vita
Ed altera non vada l'empia morte,
Ch'ella qui resti in sempiterna vita.

27

Quel lume da cui il ciel toglie il sereno
Nasce, donna, dal vostro altero viso,
Che forma in terra un novo paradiso
Di gioia, di beltà, di grazia pieno.
Lo splendor, onde il sol riluce a pieno,
    Da gli occhi vien che m'hanno il cor diviso,
    L'erranti stelle ed ogni segno fiso
    Toglie il più bel dal vostro casto seno.
Quante eccellenze de le cose belle
    Si videro giamai, da voi natura
    Tolse per adunarle tutte insieme.
Maraviglia non è dunque se quelle
    Rendeno chiara ogn'altra cosa oscura,
    Ch'il lume vostro ogn'altro vince e preme.

28

Se in quante forme mai qui scese Giove
    Potessi trasformarmi, e in questa e in quella,
    Per far sentir d'amor alma rubella,
    Farei con queste ed altre mille prove;
Ma temo sì che poco vaglia o giove
    Con voi donna gentile, onesta e bella,
    Ch'avete amica ogni benigna stella,
    Ch'il lor voler dal vostro non si move.
Che fora poi s'in prezioso umore
    O in foco o in vago augel di bianche piume
    Me variar potessi, e voi dal vero?
Che non è al valor vostro altro valore,
    Né foco alcun che punto vi consume,
    Né augel vi può seguir con volo intiero.

Di M. Paolo Crivello

29

Al poco lume e molto spazio d'ombra
    I' son giunto, MARMITA, e che mi giova,
    S'Amor mai sempre con più chiara prova
    D'una rara beltà l'alma me ingombra?
Ecco Borea di frondi l'arbor sgombra,
    Né fiume o fonte o rio chiaro si trova,
    Ed in vece de' fiori e d'erba nuova
    Neve e ghiaccio le valli e i colli adombra;
E 'l mio caldo desio sempre è più verde,
    E i miei foschi pensier non mi son tolti,
    E l'antica mia piaga è ognor più fresca.
Lasso, i' temo che a lei mai non rincresca
    Di sì gravi martir noiosi e folti,
    Né perché il mondo imbianchi o si rinverde.

30

Quel folgor di battaglia che con l'armi
    Ottenne il nome, onde ogni successore
    Dapoi lo prese, ed ebbe il prim'onore
    In dar stati, tesor, pitture e marmi,
Sì caro e altero don non potea darmi,
    Sì come voi potete, alto signore,
    Opera sol del vostro almo valore,
    Eterno al mondo e glorioso farmi.
Ma poi che l'avanzate d'altra gloria,
    Che, s'ei vinse i gran re con lancie e spade,
    Voi gli vincete sol con carta e 'nchiostro,
Mi sarete sì avar del saper vostro,
    Che potendo voi far per mille strade,
    Non facciate di me qualche memoria?

31

Invitto ALFONSO, in cui pugna e contende
    Con lieta pace dolorosa guerra,
    E poco essendo a voi tutta la terra,
    La vera gloria vostra al ciel si stende,
Ecco CARLO l'ardita spada prende
    E contro il serpe oriental sì serra,
    E sì, vostra mercé, l'afflige e atterra
    Che a voi l'onor de la vittoria rende.
Dal braccio vostro valoroso e forte
    Veggo ripor il buon, levar il tristo,
    E mendar ne la Chiesa ogn'altro errore.
Sì vedrem poi serrar Giano le porte,
    Spento l'empio tiran nimico a CRISTO,
    E sol farsi un ovil, sol un Pastore.

32

Anima eletta, a cui dopo Dio vivo
    Più debbo sol ch'a tutta l'infinita
    Turba mortal, e 'n questa aura gradita
    Per te veggio, odo, penso, parlo e scrivo,
Che debbo far or che di te son privo,
    Misero, cieco e solo, e tu sei gita
    Da una aspra morte a una soave vita,
    Avendo teco il viver nostro a schivo?
Impetra dal Signor, se 'n questo inferno
    Per te fui messo, ch'anco a l'uscir fuora
    Scorta mi sii fra' più beati spirti;
E sì rinuova in me lo spirto interno
    Ch'ei viva in Dio ed in se stesso mora,
    Dandoli in breve grazia di seguirti.

33

Padre de l'eloquenza e buon figliuolo
Di quella dea ch'è madre de le cose,
Le cui cagioni a gli altri sono ascose,
Ma chiare a quei che segue il vostro volo,
Il bel titol di voi, ch'io onoro e colo,
Il qual è buon, Iddio proprio 'l compose,
Acciò che l'alte leggi faticose
Facili a noi rendesse per voi solo.
Onde Atene v'inchina, e quel d'Arpino
Col suo dir grave e pien di leggiadria
Cedevi, come al mar un picciol rio;
Tal ch'Adria altera sovra il suo destino
Il nome adora, e ognor brama e desia
Che 'n lei s'oda chiamar sempre BONFIO.

34

Padre, se membri le mie antiche offese,
Giustamente non puoi se non dannarmi,
Ma, se la grazia tua vorrà salvarmi,
In CRISTO son tutte le mie difese.
Egli per me umana carne prese,
Con la qual poi morio per vita darmi,
E per beato eternamente farmi,
Vint'il mondo e la morte, al cielo ascese.
Indi a la destra tua col santo Amore
Prega per gli suoi cari amati eletti,
Acciò ch'a lui sian poco men ch'eguali.
Signor, so non imputi alcuno errore
A questi, che la fede gli fa tali
La tua bontà supplisse a i lor diffetti.

Di Madonna Laodomia Forteguerri

35

Ora ten vai superbo, or corri altiero
    Pingendo di bei fiori ambe le sponde,
    Antico Tebro, or ben purgate l'onde
    Rendin l'imago a un sol più chiaro e vero;
Ora porti lo scettro, ora hai l'impero
    De i più famosi, or averai tu donde
    Verdeggin più che mai liete e feconde
    Le belle rive, or hai l'essere intero,
Poi ch'egli è teco il vago almo mio sole,
    Non or lungi, or vicin, ma sempre appresso,
    E bagni il lembo de l'altiera gonna:
Ch'arte, natura e 'l ciel, e così vuole
    Chi 'l tutto può, mostran pur oggi espresso
    Che star ben puote al mondo immortal donna.

Del S. Alessandro Piccolomini

36

Donna, che con eterno alto lavoro
    Drizzate il Tebro al ciel per dritto calle,
    Rime tessendo sì ch'ancor udralle
    Forse il Greco, l'Ispan, l'Arabo e 'l Moro,
Le dee de l'Arbia il crin mentre d'alloro
    Cingon, e al vecchio colle ambe le spalle
    Pingon verdi, vermiglie, bianche e gialle
    Li smeraldi, i rubin, le perle e l'oro,
O come ho car che sì gran donna il core
    Vi stempri, e Amor v'insegni a creder parte
    Di quel provo io nel petto interno ardore;
Che già so ben quanto mal puossi in carte
    Porsi il poter del signor nostro Amore,
    Che fede acquisti a chi nol sente in parte.

37

Giunto Alessandro a la famosa tomba
    Del gran Toscan, che 'l bello amato alloro
    Coltivar seppe sì che i rami foro
    U' forza unqua non giunse o d'arco o fromba:
"Felice o", disse, "a cui già d'altra tromba
    Non fa mestier, che 'l proprio alto lavoro
    Con vivi accenti e suon chiaro e sonoro
    Sempre più verso il ciel s'alza e rimbomba !
Deh pioggia o vento rio non faccia scorno
    A l'ossa pie, sol porti grati odori
    L'aura, c'ha pien d'amor le penne e 'l seno;
Lascin le belle ninfe ogni antro ameno,
    E raccolte in corona al sasso intorno
    Liete ti cantin lodi e sparghin fiori".

38

La vergin cui servì la prima gente,
    Ma fuggì poi quasi a le parti estreme
    Del cielo, ond'a tornar anco oggi teme,
    Già risplendea di nuovo lume ardente,
E 'l becco già ne l'acque d'Occidente
    Ponea l'augel dal cui celeste seme,
    Oltre i due che cangiar la vita insieme,
    Nacque la destruzione d'Oriente,
Quando suso dal ciel vezzosa e bella
    Flori inanzi m'apparve, e con seco era
    Virtù, tal che fuggì la febre e 'l sonno.
Dunque che fia se mia benigna stella
    Mi rende unqua a veder la faccia vera,
    Se sol l'imagin sue cotanto ponno ?

Di M. Bartolomeo Gottifredi

39

Qual per ombrose e verdeggianti valli
  Al più bel tempo udir cantar gli augelli,
  Qual dolce mormorar per rivi snelli
  Di chiari, freschi e liquidi cristalli,
Qual veder prato in fior vermigli e gialli
  Distinto all'ombra di verdi arbuscelli,
  O mover ninfa atti leggiadri e belli
  Al dolce suon de gli amorosi balli,
Puote aguagliar l'alto piacer ch'io provo,
  Quando sul dì la cara donna mia
  Mi s'appresenta in sì soavi tempre?
Fallace sogno, a che stabil non trovo
  Quanto mi dai? Che state o verno sia,
  Primavera per me sarebbe sempre.

40

Al dolce aspro martir io son sì avezzo,
  Al danno certo, a lo sperar fallace,
  Al chiaro incendio, Amor, de la tua face,
  Ch'ogni più bel soggiorno odio e disprezzo.
Così pronto è 'l desio, soave il vezzo,
  E l'alto visco tuo dolce e tenace,
  Che s'uom v'incappa, invan di fuggir face
  Prova, e non giova il sospirar da sezzo;
E pur s'alcun ne scampa, è 'l fuggir quale
  D'augellin ch'esca di prigione antica
  Con l'ali spennacchiate e carco d'anni.
Saggio, poscia che schermo altro non vale,
  Chi prende in gioco i tuo' gravosi affanni,
  Assai felice più chi non s'intrica!

41

Sola e pensosa, col bel guardo fiso
    Ne la sembianza de l'eterno Amore,
    Stava madonna, il duol ch'avea nel core
    De' suoi confessi error mostrando in viso,
E con un sospirar ch'avria conquiso
    Qual fu mai più nemica alma d'amore,
    Per gli occhi un caldo rio stillando fuore,
    Parea dir volta al Re del Paradiso:
"Padre del ciel, se l'alma al suo mal presta
    Ti fu dianzi ribella, or che pentita
    Piange e dogliosa i suoi mal spesi giorni,
Per tua immensa bontà grazia le presta,
    Ch'avampi del tuo amor col corpo unita,
    E da lui sciolta a te lieta ritorni".

42

Il mio bel fior, la mia candida rosa
    Con mille inganni suoi mi fa morire,
    Poi vinta dal soverchio mio martire
    Vita mi rende al fin lieta e gioiosa.
Spesso la sieguo ed ella più sdegnosa
    D'alcun fiero animal ponsi a fuggire;
    Talor si ferma e le mie pene udire
    Le piace e ne divien mesta e pietosa.
Or di me temer finge, or s'assicura,
    Or piange, or canta, or meco si coruccia,
    Or con un riso appaga ogni tormento.
Ma s'io furassi un bacio per ventura
    Da quella più che 'l mel dolce boccuccia,
    Poi mi fesse morir, morrei contento.

43

Per opra del desio, stabile e fermo
   Nel proprio danno, ad un tutta s'accoglie
   La folta schiera de l'antiche doglie,
   Per assalir il cor debile e 'nfermo.
Qual difesa farà, qual avrà schermo,
   S'importuno temer speme gli toglie,
   Né per lusinghe l'ostinate voglie
   A la fuga di lei rincoro e fermo?
Aiuto sol da un bel pensiero attende
   Ch'in tanti suoi martir sempre s'avanza,
   E 'n tal sentenza al gran periglio intende.
Viva con l'arme de la rimembranza,
   Che più che nel tuo eccidio, Amor, s'accende,
   Più fallace ritorna la speranza.

44

Ben mi credea poter, quel giorno ch'io
   Ti scorsi, Amor, con la faretra e l'arco,
   Povero di ragion, d'orgoglio carco,
   · Far teco paragon del voler mio,
Quando ecco il dispietato colpo rio,
   Né puote' contrastar, mi giunse al varco,
   Tal che stato non sono indi mai parco
   Di lagrime crudel renderti fio.
Poi mi fu salda al cor catena cinta,
   Per vendetta maggior di tanta offesa,
   Che la bramata libertà mi tolle;
Né di sì folle e temeraria impresa
   Porto, or ch'è l'alma in duro laccio avinta,
   Lasso, il petto piagato e 'l viso molle.

45

Erbe fiorite, verdi e rugiadose,
   Che premer suol col delicato piede
   Spesso la donna nel cui volto siede
   Quanto di bel tra noi natura puose,
Beate ombre, soavi ed amorose,
   Grate sovente a chi 'l mio cor possiede,
   Aura che l'auro d'ogni gloria erede
   Muovi, scherzando tra vermiglie rose,
Chiare, fresche e correnti acque, non senza
   Invidia, che talor ristoro e pace
   Date al bel corpo suo santo e fatale,
Poi darmi al ciel, per più mio danno, spiace
   Tanto d'ardir ne l'alta sua presenza,
   Ditele voi per me quale è 'l mio male.

46

Tu vuoi con lena affaticata e stanca,
   Spietato Amor, ch'io pur siegua costei,
   Che qual timida cerva a gli occhi miei
   S'invola e fugge ognor libera e franca.
Quanto la sieguo più, più sempre manca
   La speme, e 'n fretta più ch'io non vorrei
   Con suo' duri pensieri invidi e rei
   Vien dietro lui, che l'uom fuggendo imbianca;
Anzi di molto ei mi travarca inanzi,
   E morte appresso a gran passo ne viene,
   Che 'l debil tergo mi percuote e sferza;
Onde s'a lei non fai sentir tua ferza,
   Tosto fia 'l fin de l'amorose pene,
   Né molto del camin credo m'avanzi.

47

Or che 'l sereno tempo a noi ritorna,
Sgombro il verno aspro e rio da queste parti,
E più cortesi stelle usan lor arti
Per far la vaga primavera adorna,
Colle fere e gli augei di nuovo torna,
Aviata mia lingua, a lamentarti
E co i novelli fior tra l'erbe sparti
Di che Febo gentil la terra adorna.
Destate entro nel cuor, sospiri, il foco
Ch'a gli occhi miei, sol di letizia privi,
Renda l'usato umor ond'io mi sfaccio,
A sembianza del sol, ch'in ogni loco
Torna in fresco liquor a i campi, a i rivi,
Co' caldi raggi suoi, la neve e 'l ghiaccio.

Di M. Lancilotto Gnocco

48

ANGELA illustre e de le donne onore
Che furon già, che sono oggi e saranno,
Venuta al mondo per temprar l'affanno
Ch'a fin trarrebbe il mio misero core,
S'io non torno a veder l'almo splendore
De gli occhi bei ch'al sole invidia fanno,
Pietà vi prenda del mio grave danno,
E perdon date a me, s'io faccio errore.
Veggio tante virtù nel vostro petto,
Tante grazie e bellezze, ch'io so certo
Tutti i doni del cielo essere in voi;
Onde poi di veder non m'è disdetto
Indegnità di me, valor di voi,
Sì ch'io da lungi inchino il vostro merto.

49

Dapoi che giunse a la bontà divina
  Il grido pio de la miseria umana,
  E vide ogni opra sua debile e vana,
  E tosto senza onor al fin vicina,
Voi diè al mondo, o gentil PALLAVICINA,
  La cui luce i mortal difetti sana,
  E la via di virtù vi fece piana
  Sì come a cui le sue grazie destina.
Voi dunque inchineran tutte le genti
  E con la scorta del bel vostro ingegno
  Fuggiran da le noie e da i tormenti.
Così giamai non vi prendiate sdegno,
  Donna, che 'l suon de i miei debili accenti
  D'amor vi mostri e riverenza segno.

50

VIRGINIA, de le chiare e vive stelle
  Più bella luce hanno i begli occhi vostri,
  Talché a tutte le lingue e i pensier nostri
  Danno concetti e porgono favelle.
Però taccian l'antiche e le novelle
  Memorie, s'avvien mai che lor si mostri
  Lo sguardo, ond'han materia i sacri inchiostri
  Da vergar carte in queste parti e 'n quelle.
Che se già l'altre luci invidia e scorno
  Diedero al sole, e nel più fosco orrore
  Portaro al mondo un bel sereno giorno,
I vostri lumi han via più degno onore,
  Che, lontano da quei, del suo soggiorno
  Febo sarebbe privo, e di splendore.

Della S. Laura Terracina a M. Lodovico Domenichi

51

Bench'io vi scriva, ancor non vi conosco,
O DOMENICHI mio chiaro e divino,
Ma da Vinegia fin qui suona il tosco
Vostro leggiadro stile e pellegrino,
Il qual di modo illuma il mio dir fosco
Che tutta col pensiero a voi m'inchino;
E benché donna io sia, contra il desio,
Adoro i dotti e gli scrittori anch'io.

Bramosa di virtute il pregio còrre,
Seguo gli spirti saggi e valorosi,
E se ben Febo e 'l suo drapel m'aborre,
Pur leggo or rime or versi dilettosi,
Perché comprendo che 'n ciel mi può porre
Lo studio singolar de i più famosi;
E certa son ch'Enea non fu sì giusto,
Non fu sì santo, né benigno Augusto.

O quanti son d'onor in tutto privi
Che di virtù si puon chiamar radici,
O quanti io leggo che fur sempre schivi
Di servir donne, e lor son detti amici!
Credo ciò che favoleggiando scrivi,
Maron, diverso sia da quel che dici,
E mal la verità si paragona
Come la tuba di Virgilio suona.

Io penso e credo che si debba amare
Con caldissimo amor gli uomini dotti,
Perché l'ingegno lor può render chiare
A par d'ogni bel dì le nostre notti.
Io per me gli amo e vo' perseverare
Co' miei pensieri giamai d'altro non rotti,
Ch'alcun fe' parer largo, essendo angusto,
L'aver avuto in poesia buon gusto.

Penelope non fu sì casta e santa
   Qual si ragiona, ché fu meretrice;
   E meno Elissa, che per rea si vanta,
   Ma il Mantovan la fe' solo infelice.
   Ciascuna istoria ogni favola canta,
   E non è il vero al modo che si dice:
   Che se poeta lode a molti dona,
   La proscrizione iniqua gli perdona.

Atteon, che sul volto le corna ebbe,
   Non fu senza disdegno di poeta,
   Né la figliuola d'Inaco le avrebbe
   Se scrittor non andasse a quella meta,
   Né Siringa per Pan, a cui ciò increbbe,
   Divenne canna tremula e inquieta,
   Che s'ingegno non fosse al dir robusto
   Nessun sapria se Neron fosse ingiusto.

Ganimede, Narciso e lor bellezze
   Non si saprian, se fossero tacciute,
   Né le suor di Fetonte in pianto avezze
   Tra le altre piante foran conosciute,
   Né Arcade e Calisto lor fatezze
   Così felicemente avrian perdute,
   Né Sinon si sapria per vil persona,
   Né sua fama saria forse men buona.

Credo che quanti sono in carte scritti
   Muoian con vizio e vivan con virtute,
   E ne sian molti ne l'inferno afflitti
   Per le memorie de gli uomini astute.
   Così sono infiniti errori ascritti
   A molti degni di gloria e salute:
   Avesse avuto terra e ciel nemici,
   Se gli scrittor sapea tenersi amici!

Di M. Girolamo Mentovato

52

Mentre solcando il mare audace e solo
　Sen gia Leandro al suo piacer maggiore,
　D'un picciol fuoco acceso allo splendore,
　Che gli fu spesso duce, stella e polo,
Sendo già vinto dall'iniquo stuolo
　Dell'onde salse piene di furore,
　Dopo un lungo sospir tratto dal cuore,
　Sciolse la lingua in suon colmo di duolo,
E disse: "Acqua crudel, che sì nemica
　Ora ti mostri a questa frale spoglia,
　Deh non turbare a me la gioia antica;
Ma se della mia morte hai sì gran voglia,
　Deh siami, mentre vo, cortese amica,
　E nel tornar di vita poi mi spoglia".

53

Io mi vivea digiun d'ogni dolore,
　Sprezzando in tutto la faretra e l'ali,
　La face, la catena, l'arco e i strali,
　Per cui è temuta la forza d'Amore,
E così un tempo vissi in questo errore;
　Ma poi che son legato in tanti mali,
　Credo che tenga Amor tutti i mortali,
　Il mar e 'l ciel sotto 'l suo grande ardore.
Fatto son dunque saggio con mio danno,
　Poi che creder non volsi quel ch'or provo
　Con gran martire e con lungo tormento.
Ma già che il ciel mi sforza, anch'io 'l consento,
　Perché col lamentar poco a me giovo,
　Né si diparte l'amoroso affanno.

54

Dafni pastor, poi che tanto nemica
    Fillide sua provò, di sdegno pieno
    Lasciò di Trebbia il ricco ondoso seno,
    Scacciando in tutto ogni sua cura antica.
Giunto a la fine in questa piaggia aprica,
    Che mormorando bagna il picciol Reno,
    Preso riman del bel guardo sereno
    Di Galatea, che si gli mostra amica.
Però di vaghi e di purpurei fiori,
    Lieto vie più che mai, con cor umile
    Ora il tuo tempio adorna, o Citerea;
E ciascuno anno a l'ultimo d'aprile
    Spera d'averne più leggiadri onori
    Se te gli mostrerai propizia, o dea.

Della S. Vittoria Colonna

55

Se 'l breve suon, che sol questo aere frale
    Circonda e muove, e l'aura che raccoglie
    Lo spirto dentro, e poi l'apre e discioglie
    Soavemente in voce egra e mortale,
Con tal dolcezza il cor sovente assale
    Che d'ogni cura vil l'erge e ritoglie,
    Sprona, accende i desir, drizza le voglie
    Per gir volando al ciel con leggier'ale,
Che fia quando udirà con vivo zelo
    La celeste armonia l'anima pura,
    Sol con l'orecchia interna attenta al vero,
Dinanzi al suo Fattor nel primo cielo,
    U' non si perde mai l'ampia misura,
    Né si discorda il gran concento altero?

Di M. Girolamo Parabosco

56

Piango l'orgoglio e canto la bellezza
Di donna estremamente e cruda e bella;
Né so se pia la chiamo o pur rubella,
Sì l'un m'apporta amar, l'altro dolcezza.
Vivo colmo d'affanno e d'allegrezza,
E mille volte il dì l'anima appella
Or grata or empia la fatal sua stella,
Come a un tempo medesmo ama e disprezza.
Amor, se sopra me dimostrar vuoi
Che i contrari accompagni, e non ti cale
Se lieto e tristo ad un godo e mi sfaccio,
A lei la face e 'l più pungente strale
Rivolgi, e fa' veder ancor che puoi
Il diamante spezzare, arder il giaccio.

57

Dite voi, stelle, se sovente i rai
De' suoi begli occhi ardenti in alto gira
Il mio gentile Adon quando vi mira,
Non v'accend'egli più che il sole assai?
Tu, ciel, che solo il vedi e solo il sai,
La porpora e la neve che s'ammira
Nel suo bel volto, ove il mio cor sospira,
Da perle o da rubin fu vinta mai?
Tu, terra, ove il bel piè ti calca e preme
Non nascono le rose e le viole
Che l'Arabia d'assai vincon d'odore?
E voi, col sole e con i venti insieme,
Non ritenete pien d'alto stupore
Il corso, o fiumi, al suon delle parole?

Di M. Francesco Coccio

58

L'eterno alto Motore
Fra le cose più belle e più perfette
Creò la donna, e infuse in lei l'elette
Chiare virtù del cielo,
Onde le son soggette
Le cose che produce il caldo e il gelo,
E la congiunse a l'uom non altramente
Che l'anima vivente,
Ch'altrui dà vita posta in mezo al core.
La donna altro non è ch'anima viva,
Virtù superior, che l'uomo regge
Come a lei piace e sì com'ella vuole,
Onde i suoi cenni sono alte parole
Che commandano a l'uomo: ella il corregge,
E lo guida e conduce
Dritto al suo bene, e ardente in lui produce
Disio di belle ed onorate imprese,
E di felicità l'empie e ne 'l priva
Mentre le aggrada. Adunque si può dire,
Se le vere ragion saranno intese,
Senza punto mentire,
Che la donna de l'uom più nobil sia,
Poi che convien che a lei soggetto stia.

59

Poi che 'l mio sole altrove il suo splendore
  Volge, e fa giorno altrui lungo e sereno,
  E con la sua virtute altro terreno
  Gravido face, ond'ei l'adorni e infiore,
Lasso, che si diparte dal mio core
  Il caldo, e a poco a poco venir meno
  Veggio mia luce, e sento che il veleno
  Trascorre per le vene, ond'ei si more;
Ed i miei giorni tuttavia discerno
  Farsi più brevi, e della mia speranza
  Cader tutte le frondi in un momento,
  E veggio atra tempesta e nevi e vento,
  Ed altro attender più già non m'avanza
  Ch'eterna notte d'un orribil verno.

60

Vener alma, alma dea, che di celeste
  Seme nascesti qui ne le spumose
  Onde del mar, nel tuo apparir s'ascose
  Ogni trist'ombra che 'l veder moleste,
E piaceri e dolcezze e grazie preste
  Furono al tuo venire, e gigli e rose
  Fiorirono, e si fer liete e gioiose
  Le contrade, già prima afflitte e meste;
Teco il riso ne ven, teco la gioia,
  Teco la luce ven d'ogni splendore,
  Da te nasce il desio di cose belle:
Rasserena l'oscuro del mio core,
  Desta in lui desiri alti, e le procelle
  Sgombra del pianto e dell'acerba noia.

Di M. Claudio Tolomei

61

Al principio del cielo e della terra,
De i campi ondosi e dell'eterne stelle,
Per dar al mondo pace e torgli guerra,
Dio fece l'alte creature belle;
Che quanto il globo della luna serra
Mai non si vide o in queste parti o in quelle
Ch'altra bellezza ne portasse il vanto,
Se non la donna ond'io sospiro e canto.

Questa, ch'era con Dio quand'ei facea
L'opra del suo pensier dolce e sovrano,
Non è donna mortal, ma mortal dea;
Esso se 'l sa, ch'in quel bel volto umano
Mille divinità sparse vedea;
Sallo anche Amor, che non mai colpo invano
Tirò da' suoi begli occhi, ove s'impara
Qual sia di gir al ciel la via più chiara.

Che non è così tosto il guardo tolto
Dal bel veder, che dentro al cor s'informa
L'imagin bella del suo caro volto,
Che tien de i miei pensier perpetua norma;
E se tallora a lei son pur rivolto
Per contemplar la sua celeste forma,
Con l'ali della mente al ciel m'invio,
Poco curando il senso frale e rio.

E a mano a man levando il mio pensiero
D'un ciel in altro e d'un in altro giro,
Veggio quanto sia immenso il magistero
E l'opre che da Dio stupende usciro
Nel crear questo e quell'altro emispero;
E mentre meco e con Amor sospiro
D'esser salito tardo a tanto bene,
Mi cingo il cor di più felice spene.

Poi di sorte maggior fatto presago
Quindi mi lievo a sempiterna vita
Con l'intelletto innamorato e vago;
E contemplando la beltà infinita,
D'un incredibil ben l'animo appago
Nell'età mia più bella e più fiorita;
E qui fermato un poco sopra l'ale,
L'alma in grazia di Dio beata sale.

Così pur giunto al destinato fine,
Ove in alto poggiar più non conviensi
Se non per vie sovra il pensier divine,
Restano paghi i miei desiri intensi
Mirando l'alme eterne e pellegrine,
Colme d'amor, cinte di raggi immensi,
Gioir vivendo in quella vera luce
Ch'a ben far sempre mai gli animi induce.

Beata sia quell'ora e 'l giorno e 'l punto
Che di sì bella donna amor mi prese,
Beatissimo il loco ov'io fui punto
Da quelle luci oltra misura accese,
Poi che sol per mirarle a Dio son giunto
Per via sovra il mortal piana e cortese,
Che ben pò in me cangiarsi ogn'altra voglia
Pria che da sì bel nodo Amor mi scioglia.

Di M. Alessandro Campesano

62

ANTON, come il mio male al duro aviso
Del vostro molto crebbe, or così scema,
Anzi sen va per l'alta gioia estrema
Ch'io sento in me ch'ei sia da voi diviso.
Santo Amor, quanto puoi, comune il riso,
Comune il pianto e comune la tema
A l'alme amiche fai: tu per suprema
Virtù puoi far in terra un paradiso.
Ma dove drizza il mio buon PONTEVICO
L'ardito ingegno? I suoi secondi amori
Racconta ei forse a la futura gente?
Felici voi, che di virtute ardente
Ambi ripieni, ambi mostrate fuori
In giovenile età sapere antico.

63

Qui dove bagna il mio patrio terreno
Brenta, d'acuta febre fatto albergo,
Per doppio male ognor lagrime aspergo,
Né veggo onde ragion ripigli il freno.
Il fral di me sì l'un d'angoscie ha pieno
Ch'egli have infermo il capo, il piede e 'l tergo,
L'altro lo spirto assale, ond'io non m'ergo
A pensier più né lieto né sereno.
Veder languir le membra e aver la mente
Carca di gelosia, d'ira e di speme,
Fan che cieca al morir l'alma consente.
E se GRIMALDI voi, di cui lo stile
Tant'alto s'ode, me da chi mi preme
Non scampate, morrommi inanzi aprile.

64

Tu, padre mio, morendo teco hai spento
Tutto 'l tranquillo, ohimè, de la mia vita:
Chi consiglio fedel, sicura aita
Più mi darà? Che acqueta il mio lamento?
Per consolar non scema il duol ch'io sento,
Ma cresce qual per pioggia in calce trita
S'accende il foco, e la virtù smarrita
Chi render mi procaccia odio e pavento.
Deh chiedi, eletto, a Dio per me quell'ale
Con le quai, sciolto dal carcer terreno,
S'erge nostro intelletto e al suo ben sale;
E s'or ciò non si puote, impetra almeno
Tanta in me sofferenza, onde 'l mio frale
S'appaghe in lui, né turbi il tuo sereno.

65

Quel che sì ardita ebbe la voglia e 'l piede,
E Fortuna pel crin, di pianto asperso
Forse temendo fu non caso adverso
De gli altri mondi altrui facesse erede,
Che dir solea: "Quanto di gloria accede
Ad altri, toglie a me destin perverso,
Ma lo mio sospirar molto è diverso,
Che 'l leggal per me ancor non si possede".
Egli ben mille mondi avria costretto
Ad obedirgli, e sua virtute estrema
Vide quanto è del ciel vero ricetto.
Ma questa alma, di forza e d'ardir scema,
Non molti pur, ma stanca un sol subietto,
Ed è per voi che de gli altri non tema.

Di M. Lodovico Domenichi

66

Amore, affin che 'l tuo tenace visco,
Sì come già, l'arbitrio mio non stringa,
E per piacer altrui gioia io non finga
Allor che maggiormente ardo e languisco,
Timido arresto il piede, e non ardisco
Fidar mia libertate a chi lusinga,
Perché me stesso poi con gli altri pinga
Tra le vittorie sue colti ad un risco.
Vissi lunga stagion servo infelice,
E piansi molto i ceppi e le catene,
Quando altri mi credea lieto e felice;
Or fatto accorto dopo tante pene
Lodo il mio stato, e tal piacer n'elice
L'alma, ch'io non aspiro ad altro bene.

67

Com'esser può che l'orgoglioso ed empio
Animo, già del vostro, ora idol mio,
Non abbiate voi fatto umile e pio,
Sendo d'amore e di bontade essempio?
Veramente l'acerbo e crudo scempio,
Ch'ella far di me sempre ebbe desio,
Non ha chi lo pareggi al mondo, ond'io,
Lasso, di maraviglia e di duol m'empio.
Così fra me pensando a creder vegno
Che non bastin le lagrime e i sospiri,
VALERIO, ad acquetar femineo sdegno.
Dunque pietà del mio stato vi spiri
A mostrarmi rimedio, ond'io sia degno
Che non sempre il suo cor meco s'adiri.

68

Signor, quando pensando al cor mi riede
Quell'affetto gentil ch'ognor vi sprona,
E del mio poco merto altrui ragiona,
Tal ch'il dir vostro ogni credenza eccede,
Umil m'inchino a tanto alta mercede,
Sì che quasi lo spirto m'abbandona,
Poi che di tante lodi mi corona
Lo stil di voi che 'n ciò non avrà fede.
Solo in questa allegrezza assai mi duole
Ch'io non sappia ridir a parte a parte
Quanto v'adora il mio pensiero e cole;
Che s'io potessi unir le glorie sparte
Dentro di voi, sì come il desir vuole,
Invidia ve n'avrebbe Apollo e Marte.

69

DOLCE, il fuoco di quello amaro e rio,
Da cui stato mortal non può celarsi
E per altrui non giova allontanarsi,
Al mal mi fa veloce, al ben restio;
E quel crudel vostro signore e mio,
Cui sempre indarno rime e preghi io sparsi,
Or lieto più che mai veggio mostrarsi
Del pianto, onde questi occhi han fatto un rio.
Però stanco ed infermo io non potrei
Torre a Morte, c'ha in mano il vostro core,
Sì che di lui non faccia ogni sua voglia.
Ben potrete voi solo, e fia il migliore,
Far col bel vostro stile eterna lei,
E temprar e levar forse ogni doglia.

70

Crivello invitto a le percosse acerbe,
Onde fortuna aversa ognor v'assale
E ingiuriosa vi sottragge l'ale
Con l'alme al valor vostro empie e superbe,
Pregate Iddio che le sue forze serbe
L'ingegno, ch'ei vi diè chiaro immortale,
E sì vedrete per destin fatale
Altra corona al vostro crin che d'erbe.
Noi da noi stessi indarno sempre opriamo,
E ciò c'ha di virtù nome e sembianza
Debile infermità di mente io chiamo;
Però la nostra universal speranza
A lui rivolta in lui tutta fermiamo,
Ch'altro soccorso omai più non n'avanza.

71

Questa crudel d'Amor nemica e mia,
Mentre mi toglie arbitrio e m'incatena,
E volontariamente a fin mi mena
Che l'orgogliosa sua mente desia,
Sotto angelica voce onesta e pia,
E con beltà di mille insidie piena,
Sembra di questo mar vera sirena
Che sol di sangue umano ingorda sia.
Io, che lei seguo e sue maniere accorte
Men cautamente e troppo avido osservo,
Ogni speranza perdo e non ho morte.
In questo è 'l cor di lei vie più protervo:
Che l'altre tosto han le persone morte,
Senza speme ella vuol ch'io viva, e servo.

72

Qual n'ha fatto il Signor de gli alti chiostri,
  Ch'a sembianza di lui già n'ha formati,
  Tai siamo dal suo amor immenso amati,
  Non secondo il valor de' merti nostri.
Santifichi, ammonisca e seco giostri
  Quanto può alcun fra gli altri in terra nati,
  E con mondi costumi al ciel levati
  Cosa non faccia che pietà non mostri:
Ch'opra non è, per chiara ed eccellente,
  La quale uman pensier conduca a fine,
  Ch'a Dio possa piacer meritamente.
Convien che la bontà di lui s'inchine,
  E l'auttor proprio al suo lavoro intente
  Tenga le grazie ognor sante e divine.

73

A noi, del vostro nido antichi figli,
  E di lei, che fu già d'imperii madre,
  Dar ha voluto il ciel principe e padre
  Che giustamente regga e ne consigli.
Quest'è d'ardire armato e di consigli,
  Quest'ha compagne sue schiere leggiadre
  Di virtù belle, e caccia l'empie squadre
  Di vizii rei, né al mondo è chi 'l somigli.
Tal sete voi, signor, venuto in parte
  Dove la Trebbia il fertil piano inonda,
  Membro gentil del gran corpo di Marte:
Vivete dunque vita alma e gioconda,
  E viva il nome vostro in tante carte
  Che 'l suo grido risuoni in terra e 'n onda.

74

Alla S. Laura Terracina

Lauro gentil, le cui leggiadre frondi
Danno a l'umil Sebeto onore e gloria,
Mentre hai del tempo e de l'oblio vittoria
Co i frutti, che non sempre al mondo ascondi,
Tanto nel petto mio valor infondi
Che de le lodi tue tesser istoria
Dato mi sia che vinca ogni memoria,
Se pietoso e cortese altrui rispondi.
Io, come quel che le sue forze estima,
Per me non basto a così grave impresa,
E vuo' che 'l tuo favor mi scorga in prima.
Così non senta la tua pianta offesa
Da nebbia di destino, e sia la prima
Tra quante il ciel benigno alza e sublima.

75

Poi che 'l ciel, LANCILOTTO, a voi concesse
De le bellezze sue sì largo essempio,
Tal che ve ne mostrate albergo e tempio,
E non è chi vi vinca o vi s'appresse,
Perché detto non siate indegno d'esse
E sotto aspetto umil di pensiero empio,
Fate di tutti i vizii acerbo scempio
Con le virtù che 'n cor vi siano impresse.
È l'anima di voi gentil e bella
Nel fior de gli anni immaculata e bianca,
Atta a pigliar ogni forma novella.
Ecco la strada destra e la via manca:
Lasciate questa e 'l piè mettete in quella,
L'una al principio e l'altra al fine stanca.

NOTE

NOTA AL TESTO

Le vicende editoriali del *Libro primo*, per le quali si rinvia a quanto esposto nell'*Introduzione*, dimostrano come l'iniziativa di Domenichi e Giolito sia fortemente segnata da istanze in gran parte riconducibili a pressanti ragioni di mercato, con il conseguente corollario di incidenti sul piano testuale, da addebitare per lo più ai tempi piuttosto stretti in cui il progetto dovette essere portato a compimento e alla mancanza di una vera e propria attenzione filologica per i testi pubblicati. Pur restando nel tenore medio di correttezza delle edizioni giolitine, l'antologia presenta tuttavia una certa disomogeneità, comunque comprensibile in un'opera di tali dimensioni, nella veste linguistica dei testi dei vari autori, al di là di quelle che possono essere le consuete difformità nella grafia tra varie parti di un volume di uno stesso autore. È ovvio che a determinare tali difformità è principalmente il dislivello qualitativo degli antigrafi a disposizione dei curatori e dei compositori. Non sorprende peraltro che il curatore cinquecentesco non si sia preoccupato di omologare le scelte grafiche in un progetto d'insieme; è infatti soltanto a partire dagli anni Cinquanta che il problema della qualità testuale delle liriche antologizzate emerge, almeno sul piano delle dichiarazioni d'intenti, in molte delle dedicatorie premesse a questi volumi, divenendo quasi un *topos* ineludibile per i curatori all'atto della presentazione del loro lavoro, da affiancare a quello, altrettanto ricorrente, della novità dei materiali offerti.

L'edizione del *Libro primo* comporta quindi una serie di difficoltà ecdotiche del tutto peculiari, relative ai criteri di trascrizione come pure alle vere e proprie emendazioni. L'impossibilità di riconoscere una volontà in qualche misura autoriale (degli autori stessi, cioè, o almeno del curatore della raccolta) cui attenersi come criterio guida per attuare i pur necessari interventi sui testi ha indotto ad un sostanziale conservatorismo, accompagnato da un prudente ammodernamento della veste grafica che tiene conto delle caratteristiche specifiche della Giolitina. Alla base di tale orientamento c'è, com'è ovvio, l'esigenza di offrire un testo comunque fruibile da un lettore moderno, esigenza che non sarebbe stata soddisfatta né da una riproduzione facsimilare né da un'edizione pressoché diplomatica (strumenti forse più graditi agli storici della lingua). Si è dovuto dar conto, inoltre, delle novità introdotte nella seconda edizione del 1546 (la terza, del 1549, è a tutti gli effetti una riproduzione abbastanza passiva della seconda), problema cui si è cercato di dare soluzione inserendo a testo una serie di simboli che permettessero, in modo sintetico, di individuare immediatamente i luoghi interessati da modificazioni e insieme la natura di tali cambiamenti.

Come si è detto, tre sono le edizioni del *Libro primo,* cui per comodità si assegnano le sigle seguenti:

G1 = *Rime diverse di molti eccellentiss. auttori nuovamente raccolte. Libro primo.* Con Gratia & Privilegio. In Vinetia appresso Gabriel Giolito di Ferrarii MDXLV;

G2 = *Rime diverse di molti eccellentiss. auttori nuovamente raccolte. Libro primo, con nuova additione ristampato.* Con Gratia & Privilegio. In Vinetia appresso Gabriel Giolito di Ferrarii MDXLVI;

G3 = *Rime diverse di molti eccellentiss. auttori nuovamente raccolte. Libro primo con nuova additione ristampato.* Con gratia & privilegio. In Vinetia appresso Gabriel Giolito di Ferrarii MDXLIX.

Le tre edizioni sono introdotte da una lettera dedicatoria di Lodovico Domenichi *Allo Illustriss. S. Don Diego Hurtado di Mendozza,* datata "Alli VIII di Novembre MDXLIV Di Vinegia". In G3 la data risulta modificata nell'anno (MDXLVI), ma non va escluso che si tratti di una semplice inversione delle ultime due cifre e non di una scelta del curatore o dell'editore. Rilevante invece è l'assenza in G3, che si è già detto essere riproduzione piuttosto fedele di G2, degli *errata corrige,* per cui passano sotto silenzio alcuni errori attributivi causati da incidenti tipografici. Anche in G1, del resto, agli *errata* sono affidate precisazioni circa la paternità di qualche lirica, oltre ad indicazioni su errori di lezione o su integrazioni testuali.

Il passaggio da G1 a G2 è caratterizzato da un buon numero di innovazioni, la cui segnalazione è affidata in G2 alla laconica formula del frontespizio "con nuova additione ristampato". In realtà non solo di addizione si tratta, ma anche di consistente sottrazione, dato che non sono pochi gli autori e i testi espunti in G2. Per l'analisi di questo gioco di uscite e nuove entrate si rinvia all'*Introduzione* : qui si dà conto invece del sistema di segni utilizzato per avvisare il lettore dei cambiamenti operati fra le due edizioni. I testi che compaiono per la prima volta in G2, anche quando di autori già presenti in G1, sono stati raggruppati in una *Appendice* (A). Tutte le indicazioni relative ai mutamenti registrabili fra G1 e G2 sono racchiuse fra parentesi quadre. Le liriche espunte in G2 sono precedute da un asterisco [*]. L'inserimento di nuovi testi è segnalato invece da una freccetta rivolta a destra seguita dal rinvio all'*Appendice* : l'indicazione [⇒ A 1-3], ad esempio, informa che in quel luogo G2 presenta, rispetto a G1, tre nuovi componimenti, corrispondenti ai primi tre testi dell'*Appendice*. Sempre fra parentesi quadre sono inoltre indicate tutte le informazioni sulla paternità delle liriche ricavabili direttamente da G1 o G2 (anche dagli *errata*) e gli eventuali rinvii alle schede sugli autori. In questo modo il lettore dovrebbe essere in grado di intuire con una certa immediatezza il movimento testuale fra le diverse edizioni e di ricostruire la struttura di G2 a partire da quella, offerta come punto di partenza, di G1.

Il confronto fra G1 e G2 mette in luce un certo numero di varianti testuali che possono essere distinte in differenti tipologie: varianti consistenti di lezione, anche interi versi, presumibilmente introdotte su indicazione dell'autore o per la disponibilità di testimoni ritenuti più autorevoli (in realtà sono casi piuttosto rari); varianti peggiorative, quasi sempre riconducibili alla responsabilità del compositore; varianti migliorative, che correggono sia banali sviste sia errori più insidiosi di G1; varianti adiafore. Nella costituzione del testo si è ovviamente tenuto conto delle varianti di G2 che consentono di sanare guasti di G1 (e in tal caso nell'elenco delle emendazioni che segue la fonte della correzione viene esplicitamente segnalata). Quanto alle altre categorie sopra indicate, si è ritenuto opportuno dar conto di quelle più rilevanti sul piano testuale (anche adiafore) nella scheda dell'autore interessato, tralasciando senza esitazione quelle peggiorative. Più delicato è invece il problema degli altri interventi, operati per congettura o sulla base di edizioni in qualche modo autorevoli degli stessi testi, antiche o moderne. In questo caso il rischio era quello di stravolgere le redazioni offerte dal *Libro primo*, spesso in realtà non del tutto convincenti sul piano della tenuta linguistica o stilistica, ma comunque da considerare come dato storico autonomo, e indipendente, quasi sempre, dalla volontà autoriale. Ci si è quindi attenuti ad un criterio che si spera ragionevole, per quanto conceda ampio spazio a valutazioni di natura soggettiva. In sostanza, si è intervenuti solo quando la lezione a testo risultasse insostenibile per ragioni grammaticali, per assoluta assenza di senso o per considerazioni di ordine metrico. Nell'elenco che segue, relativo agli interventi di qualche peso operati sul testo, si fa riferimento alla numerazione adottata per distinguere l'autore (cifre romane), i suoi componimenti (cifre arabe) e i testi dell'*Appendice* (lettera A seguita dal numero in cifre arabe del componimento), cui ovviamente si affianca l'indicazione del verso.

I, 6, 54: *accenti, e puro sole > accenti e 'l puro sole* ; I, 6, 57: *nemica > né mica* ; I, 6, 80: *doglioso stato > gioioso stato* ; I, 7, 13: *sfortunato coro*

> *fortunato coro* (G2); III, 9, 13: *quell'altra in neve* > *quell'altro in neve* ; VII, 10, 3: *nel passato effetto* > *nel pensato effetto* ; VIII, 1, 1: *donna stella* > *d'una stella* (G2); VIII, 3, 10: *insino a l'acque* > *insino l'acque* ; IX, 2, 12: *ch'ambi spero* > *ch'ambe spero* ; IX, 14, 14: *così vedesse* > *così vedeste* ; IX, 17, 1: *specchio la mia Lidia* > *specchio a la mia Lidia* ; IX, 18, 9: *e i negri boschi* > *e ai negri boschi* ; IX, 20, 9: *miei martiri* > *miei martori* ; X, 6, 25: *tra le Muse* > *trar le Muse* ; X, 6, 29: *né degna* > *né sdegna* ; X, 8, 12: *a l'altra torre* > *a l'alma torre* ; X, 9, 8: *ardir lacci* > *ordir lacci* (G2); X, 13, 14: *scopri le tue profonde* > *scoprir le tue profonde* ; X, 13, 29: *s'avoglia* > *s'accoglia* ; X, 13, 59: *tanto e desiato* > *tanto desiato* ; X, 13, 106: *ciascuno con* > *ciascuno, e con* ; X, 13, 120: *che si sveglia* > *che si svegli* ; X, 16, 7: *imagin sua* > *imagin tua* ; X, 18, 64: *l'ardir v'ha* > *l'ardir c'ha* ; X, 18, 67: *del nostro ufficio* > *del vostro ufficio* ; X, 18, 77: *che a vostra voglia* > *che vostra voglia* ; X, 18, 91: *onde se stessa* > *onde a se stesse* (G2 *onde a se stessi*); X, 18, 104: *s'infermo* > *sì 'nfermo* ; X, 19, 2: *al tuo padre* > *alto padre* ; X, 19, 35: *l'altrui paese* > *l'altrui paesi* ; X, 19, 53: *che passi* > *che pasce* ; X, 19, 69: *in Po si altero* > *in Po se' altero* ; X, 19, 82: *con tanti fiori* > *son tanti fiori* ; X, 19, 88: *conforti tuoi* > *conforti suoi* ; X, 19, 115: *potrà ancora* > *potrà ancor* (G2); XV, 7, 8: *di rose ornate* > *di rose ornata* (G2); XVI, 7, 4: *e 'l ghiaccio* > *il ghiaccio* ; XVI, 11, 5: *insieme confuse* > *insieme confusi* ; XVI, 15, 3: *tenero stile* > *terreno stile* ; XVI, 28, 1: *poi ch'al veder* > *poi ch'al voler* ; XVI, 30, 6: *senti la fiamma* > *senta la fiamma* ; XVI, 30, 7: *satio divien* > *sazia divien* ; XVII, 1, 12: *porgine alta alto* > *porgine aita, alto* (G2); XVII, 1, 166: *e chi sì rari* > *e di sì rari* ; XXI, 6, 1: *gioco indegno* > *giogo indegno* (G2); XXI, 7, 11: *collando i sacri* > *crollando i sacri* (G2); XXI, 8, 12: *aviemo* > *avemo* (G2); XXI, 14, 1: *mai vidi Amor* > *mal vidi, Amor* ; XXI, 14, 6: *l'aspro beato* > *l'apro beato* ; XXI, 17, 10: *gli aprirà* > *gli apriria* ; XXI, 17, 13: *contereste* > *cantereste* ; XXI, 19, 1: *scorge* > *sorge* ; XXI, 29, 11: *nascemo* > *nascemmo* (G2); XXI, 40, 14: *bassa l'alma* > *passa l'alma* ; XXI, 47, 14: *risplendan* > *risplendon* ; XXI, 51, 13: *sparger da terra* > *sparger a terra* ; XXI, 54, 14: *nel farle* > *nel frale* ; XXI, 59, 6: *al suo stral* > *al suo fral* ; XXI, 70, 9: *si temea* > *si fe' rea* ; XXI, 71, 10: *che quei* > *che qui* ; XXV, 1, 2, 2: *che gli affanni* > *ch'a gli affanni* ; XXVII, 2, 13: *al modo sole* > *al mondo sole* (G2); XXX, 4, 5: *mai non si vede* > *mai non si vide* (G2); XXX, 4, 6: *girando vide* > *girando vede* (G2); XXXV, 8, 4: *a me medesimo* > *a me medesmo* ; XLI, 1, 10: *bramato tanto* > *bramate tanto* ; XLII, 1, 92: *onde a prova* > *ond'è a prova* ; XLII, 1, 96: *et onorato albergo* > *e l'onorato albergo* ; XLVII, 2, 8: *a appar* > *e appar* ; XLVII, 6, 8: *t'aspergan*

> *t'aspergon* ; LVII, 1, 71: *spiran per l'are* > *spiran per l'aer* (G2); LVIII, 5, 65: *il soave* > *al soave* ; LIX, 10, 1: *apparir* > *a parir* ; LIX, 11, 14: *chiamerà dolce* > *chiamerà dolci* (G2); LX, 1, 9: *venete* > *Venere* ; LXI, 5, 7: *solo in gran Bembo* > *solo il gran Bembo* (G2); LXI, 8, 40: *gli occhi alzati* > *e gli occhi alzati* (G2); LXI, 8, 81: *al vostro mal s'intese* > *al vostro mal sì 'ntese* ; LXIV, 3, 6: *da questi miei* > *di questi miei* ; LXIV, 17, 3: *volentier sospira* > *volentier sospiro* (G2); LXIV, 22, 9: *Voi vincitrici* > *Voi vincitrice* ; LXXVII, 1, 38: *chi fia più chi le stime* > *chi fia più che le stime* ; LXXVIII, 1, 6: *a rivederti io torno* > *a rivedervi io torno* ; LXXXIII, 3, 7: *avendo lui* > *aveva lui* ; LXXXVII, 4, 2: *divide in parte* > *divide e parte* ; XCII 1, 194: *quanto a la lode* > *quanto a le lode* ; XCII, 2, 8: *strane ombra* > *strane ombre* ; A, 3, 2: *compagni* > *compagne* ; A, 11, 12: *non torni* > *non tormi* ; A, 38, 2: *a le parti estremi* > *a le parti estreme* ; A, 38, 7: *oltre i due dee* > *oltre i due che* ; A, 51, 7, 1: *lor bellezza* > *lor bellezze* ; A, 51, 8, 8: *tenerti amici* > *tenersi amici* ; A, 55, 9: *chi fia quando* > *che fia quando* ; A, 61, 6, 3: *se non per via* > *se non per vie*.

Improntata a criteri moderatamente conservativi è la riproduzione della veste grafica dei testi: si sono operati tuttavia gli ammodernamenti più consueti, distinguendo *u* da *v,* eliminando le *h* etimologiche o pseudoetimologiche (ma restaurandole, se assenti, ove opportuno), riducendo la congiunzione *et,* anche quando rappresentata dal logotipo &, ad *e* (ma *ed* davanti a vocale, quando richiesto da ragioni metriche), eliminando i digrammi del tipo *ph* e *th,* rendendo con *zi* il gruppo *t(tt)+i* seguito da vocale. Più cauti gli interventi sulla divisione delle parole e sugli accenti: si è conservata l'oscillazione tra forme analitiche e sintetiche delle preposizioni articolate, salvo le forme *su 'l, co 'l, pe 'l, ne 'l,* rese sempre *sul, col, pel, nel* (come anche *nol* per *no 'l*). Si è unita la forma *poi che* solo quando del tutto prevalente è il valore causale rispetto a quello temporale, mantenendo tuttavia la separazione se richiesta dalla scansione del verso; non si è invece ritenuto necessario distinguere tramite l'accento i diversi valori semantici del *che* cosiddetto polivalente, se non in rarissimi casi ove maggiore era la possibilità di equivoco. Si sono uniformate le oscillazioni del tipo *ogni hor(a), ogn'-hor(a), ognhor(a), tal hor(a), talhor(a),* riportandole tutte alle forme *ognor(a)* e *talor(a),* come pure sono stati ridotti al tipo *ognuno* i diversi casi di *ogni un, ogniun, ognuno* ecc. Sono state invece conservate le oscillazioni sia di forme che si alternano comunemente nella lingua cinquecentesca (ad esempio *proprio / propio,* o i vari lessemi presenti tanto in forma scempia quanto geminata) sia delle grafie dotte (*avverso / adverso, eccelso / excelso / escelso*).

Sono state egualmente conservate le oscillazioni tra forma scempia e geminata nella grafia della *z* sonora.

La punteggiatura è stata ammodernata, come pure il sistema dei segni diacritici. Si è normalizzato l'uso delle maiuscole, operando la consueta distinzione fra *amore* come sentimento e *Amore* come dio (non sempre per la verità di ovvia percezione), e optando in generale per un uso piuttosto parco, anche per le entità riconducibili al repertorio mitologico (ninfe, fauni, ecc.). Si è invece scelto di rendere fedelmente i casi in cui i nomi propri sono evidenziati nella stampa in tutte lettere maiuscole (rendendoli però con il maiuscoletto), in quanto si tratta di accorgimento tipografico non gratuito e per il quale è ipotizzabile la volontà di riprodurre lo stato degli antigrafi manoscritti (mentre sono state normalizzate tutte le occorrenze, frequenti soprattutto in sede incipitaria, in cui il ricorso a lettere tutte maiuscole non è riconducibile a ragioni plausibili di evidenziazione grafica).

Si è infine preparata una sintetica scheda per ogni autore, con l'intento di fornire le informazioni essenziali ad un adeguato inquadramento del singolo poeta all'interno dell'antologia. I nomi degli autori compaiono a testo nella forma presente nelle stampe, ma nelle schede si è ovviamente utilizzata quella modernamente accolta (con gli opportuni rinvii dall'una all'altra). Per quelli più celebri (Bembo, Ariosto, Lorenzo de' Medici, ecc.) non ci si è soffermati tanto sulle vicende biografiche, quanto piuttosto sulle ragioni e le implicazioni del loro coinvolgimento nell'antologia. Per tutti gli altri, e soprattutto per i minori e i minimi, si è invece cercato di offrire un profilo il più possibile esaustivo, insistendo soprattutto sui dati che consentono in qualche modo di giustificarne la presenza nella Giolitina. Va detto che si è riusciti a reperire informazioni sufficienti per molti, ma non per tutti gli autori; alcuni restano, almeno per chi ha curato la presente edizione, soltanto dei nomi o poco più. Oltre ai dati biografici sul singolo personaggio, le schede ospitano informazioni sulla fortuna della sua produzione poetica nel Cinquecento, sulle eventuali varianti di lezione fra G1 e G2 e sulle errate attribuzioni che si è riusciti ad individuare sulla scorta delle edizioni e degli studi disponibili. A questo proposito, si tiene a sottolineare che la mole piuttosto ingente dei componimenti può aver generato delle sviste, che ci si augura limitate nel numero e nel peso.

PAOLO ZAJA

SCHEDE BIOGRAFICHE

Luigi Alamanni [XXXV]

Nacque a Firenze nel 1495 da una famiglia di funzionari fedeli ai Medici. Fu educato con la migliore gioventù fiorentina e partecipò alle discussioni tenute negli Orti Oricellari, dove ebbe modo di stringere amicizia anche con Machiavelli, che gli dedicò alcune sue opere. Coinvolto in un tentativo di congiura antimedicea nel 1522, fu costretto all'esilio in terra francese, dove rimase fino alla caduta dei Medici (1527). Rientrato quindi a Firenze, collaborò alla gestione della Repubblica, in particolare come ambasciatore presso Genova, ma, in seguito al ritorno dei Medici nel 1530, riprese la via dell'esilio. Nel 1539 entrò al servizio del cardinale Ippolito d'Este e con lui svolse diverse missioni in Italia, in particolare a Roma, dove strinse relazioni con Bembo, Caro, Varchi e altri. Negli ultimi anni della sua vita fu impegnato in diverse missioni diplomatiche per Enrico II e, sul fronte letterario, in sperimentazioni nel poema didascalico e in quello epico cavalleresco. Con l'aiuto finanziario di Francesco I Alamanni tra il 1532 e il 1533 diede alle stampe le *Opere toscane* in due volumi per i tipi lionesi di Gryphius (subito riediti in Italia: I vol. Firenze, Giunti, 1532; II vol. Venezia, da Sabbio, 1533), una sorta di *summa* del suo progetto letterario volto alla sperimentazione dei generi classici. I dieci sonetti editi da Domenichi formano una piccola corona di carattere politico (filofrancese): la serie si apre con l'espressione della nostalgia dell'esule (1: *Io pur la Dio mercé rivolgo il passo*) unita alla gratitudine verso il re francese, cui sono dedicati gli altri sonetti, nei quali il poeta gli augura il successo nel conflitto con l'imperatore. I sonetti sono databili al biennio '36-'37 come si può dedurre dal primo (1, vv. 2-3: *Dopo il sest'anno a rivederti almeno, / superba Italia*) e dal sonetto che accenna all'invasione dei territori posseduti da Alamanni in Provenza da parte delle truppe di Carlo V (5, vv. 9-11: *Poi perché voi, signor cortese e largo, / nuovo albergo mi deste, odiosa venne* [l'Aquila imperiale] */ per divorarmi ancor nel vostro impero*). [F.T.]

Niccolò Amanio [VI]

Nacque a Crema, nel 1468 o nel 1469. Di famiglia bergamasca, si addottorò in legge, ricoprendo in seguito numerose cariche pubbliche a Cremona. Nel 1524 divenne podestà di Milano, carica assegnatagli dal duca Francesco II Sforza. In questi anni frequentò, fra le altre, la casa della famiglia Sforza Bentivoglio, ambiente in cui lo ritrae Matteo Bandello in alcune delle sue *Novelle*, ricordandolo soprattutto in qualità di poeta d'amore di notevole fama presso i contemporanei. Morì probabilmente prima del 1528, dato che proprio in quell'anno è ambientata una novella dello stesso Bandello (I, 45) in cui lo si dice già morto. Della discreta celebrità di Amanio come poeta ed esperto di questioni amorose sono testimonianze esplicite anche la menzione di Ariosto nell'ultimo canto dell'*Orlando furioso* (XLVI, 16) e due citazioni, l'una di Lelio Gregorio Giraldi e l'altra di Girolamo

Muzio. Allo stato degli studi manca una sistematica *recensio* delle sue rime, che non furono mai pubblicate autonomamente nel XVI secolo. Suoi testi furono comunque inclusi più volte in antologie poetiche cinquecentesche e se ne conosce pure una buona diffusione manoscritta. Lo si può considerare come un tipico rappresentante di un petrarchismo non ancora influenzato dalla lezione bembesca, ma già in grado di raggiungere un apprezzabile equilibrio formale, soprattutto sul piano della tenuta sintattica, pur all'interno di una costante e non velata ripresa di moduli e *topoi* petrarcheschi. Più interessanti sono le prove sul versante del madrigale, rappresentato tuttavia nella scelta di Domenichi da un unico esemplare (7: *Occhi, non v'accorgete*), peraltro da restituire con ogni probabilità ad Ariosto (fra le cui rime è pubblicato a partire dalla *princeps* veneziana del 1546). Chiude il gruppo dei testi di Amanio la canzone in morte del figlio Ippolito (8: *Queste saranno ben lagrime, questi*), altro pezzo in genere apprezzato dagli studiosi. Si noti, infine, che alle rime di Amanio Domenichi fa seguire immediatamente quelle di Tommaso Castellani, poeta attivo negli stessi ambienti milanesi ricordati all'inizio (entrambi sono inclusi fra i frequentatori della casa di Ippolita Sforza Bentivoglio nella novella II, 55 di Bandello). [P.Z.]

Giovanni Andrea dell'Anguillara [XLIII]

Originario di Sutri, cittadina laziale, nacque intorno al 1517. Si trasferì presto a Roma, dove intraprese con scarso impegno gli studi giuridici, a questi preferendo la frequentazione di circoli letterari e delle librerie del Blado e del Salamanca. Nei primi anni Quaranta fu a Padova, dove conseguì la laurea *in utriusque iure* il 25 giugno 1541. Nella città veneta partecipò all'Accademia degli Infiammati, circostanza che ne chiarisce la presenza all'interno della Giolitina in anni in cui il suo nome non era ancora noto per meriti letterari. Rientrato a Roma, nel 1548 dovette affrontare il clamoroso insuccesso della sua commedia *Anfitrione,* adattamento del testo plautino. Cominciò quindi a ricercare la protezione di qualche potente signore, trovandola inizialmente nel cardinale Alessandro Farnese. Al suo seguito fu a Parma e a Venezia, negli stessi anni in cui cominciava a lavorare alla traduzione in ottave delle *Metamorfosi* di Ovidio, impegno che lo occupò anche nel lungo periodo trascorso in Francia. Di ritorno in Italia nel 1560, fu dapprima a Firenze presso la corte di Cosimo I, con il quale tuttavia i rapporti non furono particolarmente sereni. Nel 1561 pubblicò a Venezia l'intera versione del poema ovidiano, e nella città lagunare cominciò anche a tradurre l'*Eneide,* sempre in ottava rima (i primi due libri uscirono rispettivamente nel 1564 e nel 1566). Trasferitosi nuovamente a Roma nel 1566, tentò di portare a termine l'opera senza successo. Morì probabilmente nel 1572. Della sua produzione lirica restano sonetti e canzoni, soprattutto di carattere encomiastico, e una serie di capitoli giocosi o autobiografici. [P.Z.]

Pietro Aretino [XXXIII; XCII]

Nato ad Arezzo nel 1492, divenne uno dei personaggi più noti del suo tempo, costruendosi una carriera fondata sull'uso spregiudicato della letteratura, che nella sua multiforme esperienza si piega di volta in volta a fini encomiastici o satirici, sempre comunque in vista di un ben preciso scopo personale. Al burrascoso soggiorno nella Roma di Leone X e di Clemente VII, conclusosi con la fuga nel 1525, seguirono due anni di incertezza, e quindi l'approdo a Venezia nel 1527, dove risiedette quasi ininterrottamente fino alla morte, avvenuta nel 1556. Seppe sfruttare al meglio le possibilità offerte da un ambiente culturale vivace e dall'industria editoriale, di cui la città lagunare era in quegli anni la capitale europa, finendo per radunare attorno a sé una nutrita schiera di letterati e artisti che grazie al suo appoggio speravano di ottenere fortuna e riconoscimenti. L'esperienza di Lodovico Domenichi, che ricercò con insistenza anche la sua mediazione per trasferirsi a Venezia proprio negli anni immediatamente precedenti la pubblicazione della Giolitina, è in tal senso esemplare (e non è un caso che con Aretino fossero in relazione, più o meno stretta, molti dei poeti presenti nell'antologia). Si cimentò in quasi tutti i generi letterari del tempo: come poeta lirico esordì presto, nel 1512, con una raccolta di versi dal titolo Opera nova, passando poi gradualmente ad una produzione sempre più d'occasione ed encomiastica. I testi che si leggono nella Giolitina ne offrono un'immagine parziale, tutta orientata sul versante della lirica d'ispirazione religiosa o encomiastica. In questa seconda categoria rientrano soprattutto il capitolo e il sonetto dedicati a Carlo V con i quali si chiude G1, componimenti poi espunti in G2 (per le ipotesi relative alle ragioni di tale espunzione cfr. Introduzione, p. XX). [P.Z.]

Ludovico Ariosto [XVIII]

Troppo celebre per richiedere una sia pur sintetica scheda biografica, Ludovico Ariosto (1474-1533) è uno dei letterati più prestigiosi fra quelli inclusi nell'antologia. Nel 1545 non era ancora disponibile un'edizione a stampa della sua produzione lirica (la princeps delle rime apparirà a Venezia nel 1546 a cura di Iacopo Coppa) e la presenza dei tre sonetti è quindi una preziosità, per quanto estremamente ridotta nel numero, che i responsabili dell'antologia sfruttano con la consueta intelligenza commerciale. L'argomento del terzo sonetto (3: Benché simili siano e degli artigli) è così illustrato da Francesco Sansovino nell'edizione delle Rime di Ariosto da lui curata (Venezia, de' Franceschi, 1561): "Veggendo che la Donna sua gli era in tutte le parti conforme, fuor che in una sola, s'elesse per impresa un'Aquila, ch'avea affissati i suoi figli al raggio del Sole. Perché non sapendo essa Donna ciò che volesse significare quella Impresa, gliene richiese il senso. A cui rispose con questo Sonetto". Lo stesso sonetto fu poi erroneamente attribuito da Girolamo Ruscelli a Bernardo Accolti, detto l'Unico Aretino, nel suo Discorso sulle imprese (Venezia, Zilletti, 1581). Quanto agli altri due testi, sono rispettivamente dedicati alla compagna Alessandra Benucci (1: Chiuso era il sol da un tenebroso velo) e a una donna di nome Ginevra, per la quale sono state avanzate diverse ipotesi di identificazione (2: Quel arboscel che 'n le solinghe rive). [P.Z.]

Alfonso d'Avalos, marchese del Vasto [XLVIII]

Nacque a Ischia nel 1502 da una delle casate più in vista del Regno di Napoli. Rimase presto orfano e la sua educazione fu affidata alla zia Costanza, principessa di Francavilla. Molto importante fu inoltre il rapporto con il più anziano e celebre cugino Ferrante Francesco, marchese di Pescara, marito di Vittoria Colonna. Al suo seguito cominciò la carriera militare, distinguendosi fra l'altro nella battaglia di Pavia (1525). Grazie ai successi ottenuti in questa occasione gli fu affidato il comando generale di tutta la fanteria dell'esercito imperiale d'Italia e, sempre nel 1525, alla morte del cugino ne ereditò i feudi e il titolo. Altra prestigiosa impresa militare coronata da successo fu la conquista di Tunisi nel 1535, cui seguirono poi meno fortunati episodi nel corso della campagna imperiale in Provenza. Nel 1538 fu nominato governatore dello Stato di Milano e comandante supremo dell'esercito d'Italia. Gli anni seguenti non furono privi di problemi, causati da una gestione piuttosto autoritaria del potere, che provocò rimostranze e accuse che giunsero ad insospettire lo stesso imperatore Carlo V. Morì nel 1546 nel pieno di queste difficoltà, accentuate anche dalla guerra ripresa contro la Francia (1542). Oltre all'attività militare e politica, Alfonso d'Avalos si dedicò con continuità agli studi letterari, fin dai tempi della formazione nei circoli culturali legati a Vittoria Colonna, che nutrì nei suoi confronti un affetto quasi materno. Il prestigio politico ottenuto gli garantì l'interesse di molti letterati importanti, fra i quali Girolamo Muzio e Paolo Giovio, cui sono dedicati rispettivamente i due sonetti accolti nella Giolitina. Al primo di questi testi (1: *Muzio, che resti ove restò il mio core*) il dedicatario rispose con due sonetti che si leggono nella sezione a lui riservata (LVII, 2: *Non ha la nostra età sì altiero core* ; 3: *Se 'l barbarico indomito furore*). [P.Z.]

Francesca Baffo [LXXV]

Poche e incerte le notizie biografiche di Francesca (o Franceschina) Baffo. Secondo Cesare Mutini, che ha redatto la relativa voce del *Dizionario Biografico degli Italiani* (vol. 5, Roma, 1963, p. 163), sarebbe stata figlia di Girolamo Baffo, senatore veneziano, e quindi di condizioni aristocratiche. Lucia Nadin Bassani, invece, nella sua monografia su Giuseppe Betussi (Padova, Antenore, 1992, p. 16, n. 25), pur lamentando la totale assenza di materiale documentario, ipotizza che si trattasse di una cortigiana. Nonostante questa carenza di documenti, è certo che la Baffo fu personaggio di un certo rilievo nel mondo culturale ed editoriale veneziano degli anni Quaranta; Betussi, in particolare, con il quale doveva aver stretto un sodalizio, ne fa una delle protagoniste dei suoi trattati d'amore, ma è anche destinataria di versi e lettere di Doni, Domenichi, Aretino, Parabosco, Caula e Brevio. Morì probabilmente nel 1547. Le poche rime conservate, non prive di una certa eleganza, o sono di carattere epistolare (un sonetto in lode di Cassola in appendice all'edizione dei madrigali di questo) o amorose (spesso dedicate a militari, come quelle presenti nel *Dialogo amoroso* di Betussi), e sono sparse tra i materiali di corredo alle edizioni dei suoi amici. I due sonetti presenti nella raccolta sono indirizzati a Lodovico Rangone, che frequentò i cenacoli letterari di Venezia, in particolare la Libreria della Fenice, tanto da essere spesso citato nel *Dialogo amoroso* di Betussi. [F.T.]

Pietro Barignano [III]

Nato a Pesaro negli ultimi decenni del Quattrocento, Barignano fu soprattutto un poeta cortigiano, impegnato sempre a garantirsi, per la verità con fortune alterne, i favori di personaggi potenti e a coltivare relazioni in grado di agevolare la sua non brillante carriera ecclesiastica. Frequenti i suoi rapporti con le corti di Pesaro e Urbino, ma anche i contatti con la Curia romana, grazie alla mediazione di personalità di spicco come il cardinale Bernardo Dovizi da Bibbiena. Ad Urbino conobbe Pietro Bembo, che lo presentò a Trifone Gabriele. Fra i letterati che lo stimarono si possono ricordare Ludovico Ariosto, Francesco Berni, Ercole Bentivoglio. Ignota è la data di morte, da collocare probabilmente tra il 1540 e il 1550.

La sua celebrità è spesso associata ad una fama di indefesso corteggiatore, caratteristica che contraddistingue anche la sua produzione lirica, i cui risultati migliori sono indicati dalla critica proprio nei numerosi testi che cantano la gioia dell'amore corrisposto. Le sue rime non furono raccolte in volume, ma sono fra le più rappresentate nelle antologie cinquecentesche: il gruppo più consistente di testi (86) fu incluso da'Dionigi Atanagi nella raccolta da lui curata apparsa a Venezia nel 1565. Le poesie accolte in G1 e nelle successive ristampe presentano numerosi problemi attributivi, che gli *errata corrige* consentono solo in parte di risolvere (cfr. *Introduzione*, pp. XXXVIII-XXXIX), non segnalando che la ballata *Se mi concede Amor sì lunga vita* (10) è in realtà di Andrea Navagero. [P.Z.]

Francesco Beccuti detto il Coppetta [XIV]

Nacque a Perugia nel 1509 da una nobile famiglia e in questa città ebbe diversi incarichi pubblici. Dalla fine degli anni Venti compì diversi viaggi nelle corti italiane, in particolare a Roma, Urbino e in Toscana, come testimoniano anche i suoi versi. La fedeltà politica al partito filopapale perugino, che nei primi anni Quaranta lo spinse a farsi oppositore del governo dei priori, fu ripagata quando Giulio III finì con annettere definitivamente la città allo stato pontificio: Coppetta infatti assunse il governo di Sassoferrato, Casa Castalda e Norcia. Membro riconosciuto e celebrato dell'Accademia perugina, morì improvvisamente nel 1553. A giudicare dalla ricorrente presenza del nome di Beccuti nelle diverse antologie cinquecentesche, dal grande numero di manoscritti che trasmettono le sue opere e dalla pur maldestra edizione del 1580 (Venezia, Guerra), la fortuna di cui godette nel corso del secolo fu davvero notevole. Di grande interesse, in particolare, il gruppo di manoscritti che testimonia la volontà dell'autore di organizzare, nell'ultimo periodo della sua vita, il consistente *corpus* delle rime. Sulla scia di questa fama va quindi motivata la presenza di Beccuti nell'antologia di Domenichi, che non sembra avesse stabilito contatti diretti con il perugino. Suoi versi si trovano in diverse antologie, ad esempio nel *Libro quarto* (1) e nel primo libro *De le rime di diversi nobili poeti toscani* curato da Atanagi (30). [F.T.]

Giorgio Belmosto [XC]

Quasi nulla si sa di questo personaggio, che fu certamente in relazione con Domenichi nei primi anni Quaranta, stando a quanto si ricava da una lettera di Giovan Battista Susio a lui inviata da Padova nel marzo del 1542. A questa notizia, e alla presenza del suo nome nella Giolitina, rinviano in genere i repertori degli eruditi settecenteschi, che si occupano solo marginalmente di questo autore. [P.Z.]

Pietro Bembo [I]

Sul prestigio, non solo letterario, di Pietro Bembo (1470-1547) non è il caso di soffermarsi, come pure sul significato della sua presenza in apertura della Giolitina, di cui si è già detto nell'*Introduzione* (pp. XIV-XIX). Vale forse la pena di ricordare invece che gli ultimi anni della vita di Bembo sono fortemente segnati dalla nomina a cardinale ottenuta nel 1539, che comportò il suo definitivo abbandono del Veneto (a Venezia tornò solo nell'estate del 1543 per le nozze della figlia Elena con Pietro Gradenigo). Per la maggior parte degli anni seguenti Bembo risiedette a Roma, pur mantenendo stretti legami con l'ambiente padovano e lagunare. Ne sono testimonianza le vicende connesse alla pubblicazione di questo manipolo di rime nella Giolitina, di cui venne informato proprio dal genero Pietro Gradenigo.

Si tratta di testi per lo più inediti a quell'altezza cronologica, fatta eccezione per tre sonetti già apparsi nel volume *Opera nova nella quale si contiene uno Capitulo del signor Marchese del Vasto, Stanze del signor Alvise Gonzaga, Sonetti di monsignor Pietro Bembo e del divino Pietro Aretino*, Verona, Cremaschino, 1542 (sono i sonetti 7, 8 e 14 della presente edizione).

In ogni caso, le redazioni dei 17 componimenti offerte dal *Libro primo* si configurano in gran parte come stadi anteriori a quelli poi accolti nelle due edizioni postume delle rime di Bembo apparse entrambe nel 1548 (Roma, Dorico e Venezia, Giolito). G2 presenta inoltre per almeno tre sonetti (7: VARCHI, *le vostre carte pure e belle* ; 8: *Ben è quel caldo voler voi ch'io prenda* ; 16: *O Sol, di cui questo bel sole è raggio*) varianti consistenti rispetto a G1, che si elencano qui di seguito (insieme a un altro paio relative alla canzone 6 e al sonetto 15): 6, 18: *visse certo, e vivea > visse certo, o vivea* ; 7, 1: *le vostre carte pure > le vostre pure carte* ; 7, 8: *spero di viver molto ancho con elle > viver eterno anchor spero con elle* ; 7, 9: *dove indrizzano hora > dove indrizzan'hora* ; 7, 11: *i duo miglior* VITTORI *> i duo miglior* VETTORIO ; 7, 13: *o sfortunato choro > o fortunato choro* (variante accolta a testo nella presente edizione); 7, 14: *et tu Fiorenza, che nel centro l'hai > Fiorenza e tu, che nel bel cerchio l'hai* ; 8, 3: *che 'l Taro, il Sile, o l'Arno > che 'l Tebro, il Serchio, et l'Arno* ; 8, 5: *et poi convien, qual io mi sia, ch'intenda > et se vien che 'l mio stile ad altro intenda* ; 8, 6: *ad altra cura, e 'n ciò mi stempro, et scarno > qual egli sia di ch'io mi stempro, e scarno* ; 8, 7: *né quanto posso > né quanto basta* ; 8, 8: *che non adombran > cui non adombran* ; 8, 9: *chi vede il bel lavoro ultimo vostro > chi mira il sacro a lei poema vostro* ; 8, 12: *la quale hoggi risplende tra le prime > c'homai risplenderà tra le due prime* ; 8, 13: *per voi sì come nuovo > Lauretta e Bice, novo* ; 8, 14: *di beltà, di valor chiaro, et sublime > del ciel, come sol chiara, e pur sublime* ; 15, 8: *di foco in calce trita > come di foco in calce* ; 16, 1: *o Sol, di cui questo bel sole è raggio > Sol, del qual è questo gran Sole un raggio* ; 16, 2: *sol per lo qual visibilmente splendi > per cui visibilmente a noi risplendi* ; 16, 3: *se sovra l'opre tua giù ti stendi > con quella face, onde le stelle vceendi* (sic); 16, 5: *da l'alma, ch'a te fa verace homaggio > sgombra de l'alma, ch'a te rende homaggio* ; 16, 7: *sgombra l'antiche nebbie, e tal la rendi > l'antiche nebbie: e sì chiara la rendi*. [P.Z.]

Jacopo Antonio Benalio [X, 19; XXIX, 2]

Nato a Treviso fra il 1489 e il 1490 da famiglia bergamasca che proprio in quegli anni si era trasferita in Veneto, fu precoce poeta in volgare, forse anche per l'influsso esercitato da uno dei suoi maestri, il celebre Giovanni Aurelio Augurelli. Dal 1509 cominciò una lunga peregrinazione in varie città italiane (fu a Mantova, Roma, Napoli, Bari, Genova), in una sorta di esilio volontario cui si allude nel capitolo in terza rima sul Sile, il fiume che attraversa la città natale, testo in G1 attribuito erroneamente a Giovanni Muzzarelli (X, 19: *Scuopri del bel cristal l'umida testa*) e poi restituito all'autore in G2, con l'aggiunta del sonetto *Null'uom toccar ardisca i sacri ingegni* (XXIX, 2), in G1 stampato fra quelli di Gian Giorgio Trissino (cfr. scheda). Dopo vent'anni circa di lontananza rientrò in Veneto. Nel 1525 si addottorò in medicina a Padova e cominciò ad esercitare la professione medica a Treviso, dove rimase fino al 1549, anno della morte. Della sua fertile attività poetica restano due canzonieri probabilmente autografi, conservati alla Biblioteca Capitolare di Treviso (mss. I, 26 e I, 27), testimoni di una produzione lirica di buon livello, segnata in profondità dalla lezione del modello petrarchesco. Suoi testi si trovano anche in altre antologie cinquecentesche, che però fanno spesso confusione sul suo nome. Numerose anche le difficoltà per quanto riguarda le attribuzioni. Il caso della Giolitina è in tal senso emblematico: agli errori commessi circa i due testi sopra ricordati, va aggiunta infatti la scorretta attribuzione del sonetto *Il sepolcro di Caria e l'alta Faro* (XXIX, 3), che in G1 è l'ultimo dei tre attribuiti a Trissino, espunto poi in G2, mentre in realtà lo si legge di seguito al già ricordato *Null'uom toccar ardisca i sacri ingegni* nel ms. I, 26 della Capitolare di Treviso, entrambi con significative varianti di lezione. [P.Z.]

Gianluca Benedetto, vedi Giovanni Antonio Clario

Ercole Bentivoglio [XXVIII]

Nato a Mantova nel 1507 visse per lungo tempo presso la corte ferrarese di Alfonso I d'Este, dove poté formarsi e stringere amicizia, oltre che con gli altri letterati della corte, anche con Ariosto, il cui ascendente sarà decisivo nelle sue scelte letterarie. Dopo una parentesi militare al servizio di Ferrante Gonzaga, nel 1530 tornò a Ferrara e nello stesso anno pubblicò *Il sogno amoroso* (Venezia, Bindoni e Pasini), un acerbo poema in ottava rima, al quale aggiunse due egloghe (*Galatea* e *Argilla*), di un certo interesse per la sperimentazione dell'endecasillabo sciolto. La morte del duca Alfonso unita al disinteresse per la vita di corte lo allontanarono progressivamente dagli impegni pubblici, anche se rimase sempre attento alla vita culturale della città, in particolare al cenacolo formatosi attorno a Tullia d'Aragona. Dopo una serie di lutti familiari nei primi anni Quaranta Bentivoglio, anche sotto la spinta dell'amico Lollio, iniziò un'intensa attività letteraria: partecipò infatti alle attività dell'Accademia dei Filareti e strinse rapporti con il mondo culturale veneziano, in specie con l'ambiente della Libreria della Fenice, come testimoniano anche alcune lettere da lui indirizzate a Betussi e Domenichi, che nelle proprie *Rime* (1544) gli dedica il sonetto *L'empio destin, ch'ad honorate imprese*. Proprio per i tipi di Giolito nel '44 stampò le fortunate commedie *I fantasmi* e *Il geloso*, quest'ultima curata da Domenichi. Ancora per Giolito nel '46 furono stampate le *Satire,* una edizione gemella anche per caratteristiche tipografiche a quella delle satire di Ariosto. Forte delle relazioni allacciate e del successo delle sue opere dai primi anni Cinquanta si trasferì stabilmente a Venezia, dove partecipò alle discussioni culturali della città sino al 1573, anno della sua morte. I quattro sonetti editi in G1 fanno parte di una più ampia serie dedicata a Tullia d'Aragona. Altri suoi sonetti di corrispondenza furono editi sempre nel '45 in appendice all'edizione ferrarese della *Ninfa Tiberina* di Francesco Maria Molza (De' Sivieri). [F.T.]

Camillo Besalio [A 4-20]

Le scarse informazioni reperibili su questo personaggio lo ricordano come veneziano. Ricoprì probabilmente vari incarichi di secondo piano nell'amministrazione della Repubblica. Si sa che nel 1543 si trovava a Feltre come cancelliere del podestà e capitano Andrea Tiepolo; sempre da Feltre scrisse una lettera a Giovan Matteo Bembo, nipote del celebre Pietro, nel maggio del 1544. Morì entro il 1566. Besalio è inserito in G2 con 17 testi, un gruppo piuttosto consistente, che lo pone fra i poeti rappresentati dal maggior numero di componimenti nella Giolitina. La discreta perizia stilistica di questo autore è testimoniata dalla buona diffusione di suoi testi in altre sillogi cinquecentesche (nel *Libro terzo* del 1550 se ne leggono ben 36), come pure dalle dichiarazioni di stima di alcuni contemporanei, fra i quali Niccolò Franco e Lodovico Dolce. [P.Z.]

Giuseppe Betussi [LXXVIII]

Nato nel 1512 a Bassano del Grappa da una famiglia di notai si trasferì nei primi anni Quaranta a Padova, dove, grazie a Sperone Speroni, venne introdotto nell'Accademia degli Infiammati. Il fascino di Venezia lo spinse poi a rifiutare un impiego presso i Salviati e a trasferirsi nella città lagunare dove, già nel 1542, cominciò a partecipare ai cenacoli culturali, guadagnandosi in particolare la stima di Aretino. La pubblicazione di due trattati d'amore (*Dialogo amoroso* nel '43 e *Il Raverta* nel '44) e la frenetica attività di collaboratore editoriale (ad esempio, l'edizione dei madrigali di Cassola) ne fecero ben presto uno dei poligrafi più riconosciuti ed invidiati del panorama veneziano. Forse per potersi dedicare con maggior tranquillità agli studi entrò nel 1545 al servizio del conte Collaltino di Collalto, lavorando soprattutto ai volgarizzamenti delle opere latine di Boccaccio, che avranno uno straordinario successo ben oltre il Cinquecento. Dagli anni Cinquanta sino alla morte (1573) Betussi fu presso diverse famiglie nobili e confezionò alcune opere di carattere spiccatamente encomiastico: vanno ricordate le *Imagini del Tempio della Signora Donna Giovanna Aragona* (Firenze, Torrentino, 1556) e il *Ragionamento sopra il Cathaio* (Padova, Pasquati, 1573). Come per molti poligrafi del Cinquecento le sue liriche, circa una novantina, sono sparse in moltissime opere, magari anche solo a corredo di edizioni altrui, senza essere mai state raccolte in volume. La presenza di due soli sonetti nell'antologia non deve far dimenticare il ruolo di primo piano avuto da Betussi nell'organizzazione dell'intero libro, per il quale dovette suggerire molti autori, tutti amici o membri del suo *entourage*, e dovette inoltre contribuire al reperimento dei testi (cfr. *Introduzione*, pp. XII-XIII). Si ricordi che alcune testimonianze epistolari sembrerebbero indicare in Betussi il primo organizzatore scelto da Giolito¹ per compilare l'antologia, ruolo che in seguito dovette dividere o cedere all'amico Domenichi. [F.T.]

Anton Maria Bracciforti [LXXXVII]

Piacentino, fu membro dell'Accademia degli Ortolani, come Luigi Cassola, di cui era nipote, e quindi in contatto con Domenichi nei primi anni Quaranta. Poche le notizie precise a suo riguardo. Fu in rapporti anche con Anton Francesco Doni, conosciuto senza dubbio nel medesimo ambiente degli Ortolani: il fiorentino gli scrisse nel settembre del 1544, inviando anche un sonetto di risposta ad uno di Bracciforti a lui dedicato. Presente con quattro sonetti in G1, subisce la stessa sorte di Cassola in G2, con l'espunzione di tutti i suoi testi. [P.Z.]

Giovanni Brevio [L]

Non moltissime le notizie biografiche sicure su questo personaggio, nato a Venezia nella seconda metà del Quattrocento. Non è noto quando intraprese la carriera ecclesiastica: nel 1524 era canonico di Ceneda, in seguito divenne anche rettore della chiesa arcipretale di Arquà. A lui si deve l'iniziativa di collocare sul muro esterno della chiesa una lapide in onore di Dante, Petrarca e Boccaccio. Di Petrarca fu certamente lettore attento, come dimostra un postillato oggi alla Biblioteca Nazionale di Firenze (Stampe palatine E.6.6.38). Si tratta, con ogni probabilità, dello stesso esemplare che Brevio chiese a Giolito di restituirgli tramite la comune amica Francesca Baffo, come si ricava da una sua lettera a quest'ultima del 15 luglio 1545. La familiarità con l'ambiente in cui si realizza il progetto della Giolitina è del resto confermata dalle sue lettere a Giuseppe Betussi e Lodovico Domenichi scritte sempre nel 1545 da Roma, dove si era trasferito intorno al 1542. A Roma pubblicò nel 1545, per i tipi di Antonio Blado Asolano, un volume di *Rime e prose volgari*. La presenza di una ballata a lui attribuita in G1 (espunta in G2) va ricondotta evidentemente alla sua discreta celebrità in ambito veneto (fu in relazione, fra gli altri, con Bembo e Aretino), ma va detto che questo testo non si legge fra quelli dati alle stampe dall'autore nell'edizione romana. Morì probabilmente dopo il 1549, dato che nella dedicatoria di Bernardo Giunti all'edizione del *Belfagor arcidiavolo* di Machiavelli, apparsa in quell'anno, è ricordato come personaggio ancora vivente, oltre che accusato di plagio per aver incluso fra le sue prose del 1545 una novella palesemente ricalcata su quel testo. [P.Z.]

Antonio Brocardo [XXII]

Nato a Venezia nei primi anni del Cinquecento da famiglia non nobile ma di buona condizione, Brocardo fu indirizzato dal padre agli studi di giurisprudenza, cui si dedicò con scarso interesse fra Padova e Bologna. Molto più viva in lui era la passione per la letteratura e i classici, antichi e moderni, che studiò anche sotto la guida di personalità celebri quali Trifone Gabriele (delle cui letture petrarchesche ci restano ampie informazioni grazie ad un postillato di mano di Brocardo) e Pietro Bembo. Il suo nome, tuttavia, è legato proprio ad una famosa controversia con Bembo, una polemica che vide addirittura Pietro Aretino alleato del futuro cardinale in una vicenda tuttora abbastanza oscura quanto alle reali sue cause e che, stando alla ricostruzione vulgata, portò alla morte di crepacuore il più debole Brocardo nel 1531. Quali che siano stati gli autentici motivi di contrasto, non v'è dubbio che la produzione lirica di questo autore si distinse per la ricerca di una poco bembiana fusione fra tradizione volgare e tradizione classica, in particolare nei sonetti di ambientazione pastorale, accanto certo ad esercizi improntati ad un petrarchismo più diligente. In questa veste di sperimentatore Brocardo seppe stimolare ed influenzare anche altri poeti, primo fra tutti Bernardo Tasso, che proprio nel 1531 pubblicò il *Libro primo de gli Amori* dichiarando esplicitamente il suo debito nei confronti dell'amico da poco scomparso. Le rime di Brocardo uscirono nel 1538 a Venezia, per cura di Francesco Amadi, insieme a liriche di altri due autori, Francesco Maria Molza e Niccolò Delfino. Fra quei testi non si leggono i due sonetti inclusi nella Giolitina, che conferma quindi la propria tendenza all'inedito, convogliando inoltre nel sistema antologia esperienze poetiche di autori (Bembo, Brocardo, Aretino, Bernardo Tasso ed altri ancora) che solo una quindicina d'anni prima erano stati protagonisti di una delle più note polemiche letterarie cinquecentesche. [P.Z.]

Giulio Camillo [IX]

Conosciuto anche come Giulio Camillo Delminio, nacque intorno al 1480 in Friuli. Si formò probabilmente a Venezia, frequentando forse anche lo Studio di Padova, ma non si conoscono documenti che attestino il conseguimento di una laurea qui o in altra università italiana. Fu uno dei letterati più celebri e più discussi del Cinquecento, in relazione fra gli altri con Pietro Bembo, Trifone Gabriele, Marcantonio Flaminio, Francesco Maria Molza, Bernardo Tasso, Girolamo Muzio, Tiziano e molti letterati e artisti di primo piano del XVI secolo.

Fino agli anni Venti non sono molte le notizie biografiche sicure; è certo comunque che nei primi decenni del Cinquecento la sua attività principale fu l'insegnamento, soprattutto privato, esercitato anche fuori dalla sua patria, per esempio a Bologna e a Genova. I risultati del suo intenso lavoro sui testi dei classici antichi, ma anche sulle opere dei grandi modelli volgari, soprattutto Petrarca, confluirono in gran parte nei suoi scritti teorici di poetica e retorica, pubblicati tutti postumi. Notevole anche il suo commento al *Canzoniere* petrarchesco, per il quale ottenne dal Senato veneziano un privilegio di stampa nel 1533, senza riuscire tuttavia a portare a compimento l'edizione. Di questo lavoro ci restano ampie testimonianze in una serie di postillati manoscritti riconducibili con ogni probabilità proprio agli ambienti scolastici legati a Camillo. Nel 1530 si trasferì in Francia, alla corte di Francesco I, ottenendo un finanziamento per la realizzazione del celebre *Theatro della sapientia,* progetto di natura enciclopedica fondato sulle concezioni ermetiche e mnemotecniche che in quegli anni Camillo era andato sempre più approfondendo, con notevoli concessioni anche alle idee riformate. Rientrato definitivamente in Italia alla fine degli anni Trenta, fu in seguito al servizio di Alfonso d'Avalos e morì a Milano nel 1544. Dopo la morte furono molti gli editori interessati a pubblicare i suoi lavori: fra questi proprio Giolito cominciò a stampare dal 1552 una serie di volumi comprendenti molte delle sue opere, fra le quali anche le rime, riprendendo inizialmente il gruppo del *Libro primo,* cui se ne aggiunsero in seguito poche altre. Notevole comunque è il numero degli scritti camilliani rimasti inediti fino ad anni recenti. Va inoltre sottolineato che la *princeps* de *L'idea del theatro,* l'opera forse più nota di questo autore, fu curata da Lodovico Domenichi (Firenze, Torrentino, 1550) e dedicata a Don Diego Hurtado de Mendoza. Come poeta Camillo non spicca forse per quantità di testi prodotti, ma certo la sua lirica si distingue sul piano delle scelte tematiche, poiché concede spazio anche a motivi genericamente definibili come sapienziali, risolti in un dettato non privo di qualche oscurità. Ne sono esempio emblematico alcuni dei testi presenti nella Giolitina, come il sonetto sul mistero della transustanziazione (13: *Di ben mille mature bionde spiche*) e quello su un episodio della passione di Cristo (20: *Poi che l'alta salute d'ogni gente*). [P.Z.]

Andrea Campesano [A 62-65]

Nato a Bassano del Grappa nel 1521 da famiglia benestante, frequentò con grande profitto i corsi di diritto a Padova e a Bologna, facendosi anche conoscere per i suoi vivaci interessi letterari. A soli vent'anni era già lettore di diritto nell'università patavina, ma decise di abbandonare la carriera accademica per tornare nella natia Bassano, dove rimase per tutta la vita, diviso tra gli incarichi pubblici e la passione per le lettere. L'apparente isolamento geografico non gli impedì di rimanere in contatto con l'ambiente culturale veneziano e padovano; in particolare con il conterraneo Betussi che lo celebra in diverse sue opere, ed anche con Domenichi, Doni, Sansovino, Giovio e altri, come testimoniano le numerose sue lettere stampate nelle raccolte epistolari di diversi pubblicate da Gherardo (1544 e 1545) e da Pino (1574). Morì nel 1572 a Bassano. La produzione poetica di Campesano rimase per sua volontà confinata nell'ambito di un esercizio personale e di scambio sociale: non a caso i suoi componimenti editi nel Cinquecento figurano nelle diverse antologie (oltre a quella di Domenichi, nelle *Spirituali* del '50 e nel *Tempio a Giovanna d'Aragona* del '54); un nutrito numero di liriche è inoltre stampato in una antologia di autori bassanesi (*Rime di diversi autori bassanesi, raccolte dall'eccel. m. Lorenzo Marucini*, Venezia, Pietro de' Franceschi, 1576), volume già tipico di una editoria di respiro locale. I quattro sonetti presenti nella Giolitina furono inseriti solamente in G2 da Domenichi, probabilmente in nome dei rapporti molto stretti di Campesano con l'ambiente di Betussi, ed illustrano una discreta padronanza stilistica nel segno di un diligente petrarchismo. Il terzo sonetto è in morte del padre (A 64: *Tu, padre mio morendo teco hai spento*), mentre gli altri sono di corrispondenza (da ricordare *Qui dove bagna il mio patrio terreno* [A 63] in onore di Emanuele Grimaldi, membro dell'Accademia degli Infiammati e presente anch'egli in questa antologia). I testi A 63-64 si leggono, con significativi mutamenti di lezione, anche nell'antologia bassanese del 1576. [F.T.]

Paolo Canal [XX]

Nacque nel 1481 da una nobile famiglia veneziana e ricevette una formazione di ottimo livello, divenendo ben presto uno tra i più promettenti giovani dell'aristocrazia veneziana (a lui ed a Bembo Andrea Navagero dedica il carme *Canale optime, tuque Bembe nostri*). Legato a Bembo, a Vincenzo Querini e, in particolare, a Tommaso Giustinian, acquistò rapidamente fama di ottimo grecista, entrando a far parte dell'accademia filoellenica di Aldo Manuzio (per questi trascrisse e collazionò diversi manoscritti). Nel 1505 fece un viaggio con Bembo a Roma, sostando poi a Ferrara, come testimoniano le *Prose della volgar lingua* (II, 20). Mentre lavorava all'edizione della *Geografia* di Tolomeo, una improvvisa malattia lo costrinse a ritirarsi presso il convento di S. Michele a Murano dove, pochi giorni dopo la vestizione come camaldolese, morì nel 1508. La conversione precedente alla morte è tappa finale di un intenso percorso spirituale condotto assieme agli altri giovani del "circolo muranense", Querini e Giustinian. Verrà rimpianto da molti e ricordato come *juvenem summis rebus natum, nisi mors illud ingenium terris invidisset* da Erasmo, in quegli anni a Venezia. Alcuni suoi versi latini furono pubblicati in coda ad un'edizione parigina delle opere plautine (1512) e nell'edizione della commedia *Stephanium* di Giovanni Armonio (Venezia, 1500 ca.), mentre la produzione volgare, pur limitata ad un piccolo manipolo di liriche, rimase inedita sino all'edizione dell'antologia del '45 (un altro sonetto sarà poi edito nel *Libro secondo*), godendo però di una discreta fortuna manoscritta, soprattutto nelle miscellanee che testimoniano la produzione veneziana di primo Cinquecento (Giustinian, Bembo, ecc.), già orientata verso un petrarchismo scevro da regionalismi. I quattro sonetti editi da Domenichi, pur non uscendo dalla consueta topica amorosa, sono infatti gradevoli per la pulita e geometrica disposizione sintattica, nonostante siano stati composti nei primissimi anni del XVI secolo. [F.T.]

Lelio Capilupi [LXXX]

Appartenente a una famiglia di funzionari al servizio degli Este, nacque a Mantova nel 1497, e svolse una intensa attività diplomatica a Roma, come testimoniano numerosi dispacci politici. Verso i primi anni Cinquanta tornò a Mantova dove continuò a svolgere la sua attività di funzionario, assieme ai fratelli Ippolito, Camillo e Alfonso, anch'essi impegnati sul fronte letterario e tutti ricordati da Ariosto nel *Furioso* (XLVI, 12). Le sue numerose rime di corrispondenza dimostrano che fu in stretto rapporto con molti letterati dell'epoca e, in particolare, con Bernardo Tasso, al quale lo si avvicina anche per il raffinato alessandrinismo. Morì nella città natale nel 1560.

Nel corso del XVI secolo godette di notevole fortuna anche sul fronte latino, grazie alla sua specializzazione nella tecnica centonaria virgiliana (*Laelii Capilupi patritii Mantuani Centones ex Virgilio,* Roma, Dorico, 1555; *Capiluporum carmina,* Roma, Lilioti, 1590). Proprio l'ampia conoscenza del mondo classico e una spiccata vocazione al virtuosismo (nella sua produzione volgare si contano diverse sestine) sembrano avergli assicurato il successo, inaugurato dall'edizione delle sue rime nell'antologia giolitina e confermato da diversi altri volumi della serie (una lirica nel *Libro secondo* ; 17 nel *Libro terzo* di Cesano e ben 33 nella raccolta di Dionigi Atanagi), sino all'edizione postuma del suo intero *corpus* (*Rime del S. Lelio, e fratelli Camillo e Ippolito di Capilupi,* Mantova, Osanna, 1585), che testimonia il carattere prevalentemente encomiastico della sua poesia (ben oltre i due terzi delle quasi 90 liriche sono infatti d'occasione). Il primo sonetto edito in G1 (1: *Figlia di Giove e madre alma d'Amore*) è composto in seguito al Sacco di Roma, mentre il secondo (2: *Tutto il bel che già mai natura ed arte*) è dedicato a Ema, una damigella della regina di Francia Caterina de' Medici, come precisa la didascalia al componimento nell'edizione mantovana del 1585. [F.T.]

Francesco Capodilista [XIX]

Nato nel 1405 a Padova partecipò attivamente alla vita cittadina e ben presto tenne la cattedra di lettore di diritto presso l'università patavina. Fu spesso impegnato come ambasciatore del suo comune presso Venezia e, a tener fede alle notizie raccolte da Segarizzi, fu coinvolto nel '39 in una congiura per consegnare la città a Milano. Dopo un breve periodo di allontanamento fu riammesso alla vita pubblica, segno forse di una sua partecipazione poco fattiva al piano sovversivo, e, alcuni anni più tardi, ormai affermato e ricercato docente universitario, fu anche oratore per il Senato veneziano. Morì probabilmente nel 1460. La sua produzione poetica, di cui restano poco più di una decina di liriche, ebbe una discreta fortuna anche in sillogi manoscritte del XVI secolo, forse per l'imitazione spesso elegante ed equilibrata del Petrarca. Tra i manoscritti che contengono versi di Capodilista vanno ricordati, ad esempio, il ms. 91 della Biblioteca del Seminario di Padova e il Marciano IX, 103, poiché in essi si trova accomunato ad altri autori di primo Cinquecento presenti nella Giolitina, tra i quali Paolo Canal (XX), autore contiguo nella disposizione del libro organizzata da Domenichi. Forti dubbi restano però sul sonetto a lui attribuito nel *Libro primo* (*Se mai pianto o sospir d'afflitto core*), che non si ritrova tra i componimenti a suo nome nelle sillogi manoscritte citate; inoltre, Agostino Gobbi, nella sua edizione delle rime di Guidiccioni (Bologna, 1709), lo attribuì al lucchese, forse sulla scorta di materiali manoscritti a noi non noti; anche Chiorboli, il più recente editore delle rime di Guidiccioni, accetta l'attribuzione proposta da Gobbi. [F.T.]

Bernardo Cappello [LXVI]

Appartenente ad una famiglia nobile veneziana, Cappello nacque nel 1498. Venne avviato agli studi alla scuola del celebre Battista Egnazio, ma in realtà egli considerò come suo vero maestro Pietro Bembo, al quale fu legato da profonda amicizia. La stima di Bembo per le doti letterarie del più giovane amico è dimostrata dalla richiesta di un suo giudizio per alcuni sonetti e in generale da numerose dichiarazioni contenute nelle lettere a lui indirizzate. Il noviziato letterario di Cappello fu inoltre arricchito dalle relazioni con altri illustri esponenti dell'ambiente culturale veneto, quali Trifone Gabriele e Gasparo Contarini, e dall'amicizia più tarda con Bernardo Tasso. Il suo *cursus honorum* fu bruscamente interrotto nel 1540 da una condanna al confino perpetuo nell'isola dalmata di Arbe, con l'accusa di aver offeso i capi del Consiglio dei Dieci. L'episodio si collocava in un generale clima di insofferenza di una parte del patriziato veneziano verso lo strapotere sempre maggiore di alcune grandi famiglie all'interno delle istituzioni pubbliche della Serenissima. Nel settembre del 1541 riuscì a rientrare in Italia, giungendo a Roma, dove si mise al servizio del cardinale Alessandro Farnese, alle cui alterne fortune fu legata per parecchi anni la sua esistenza, dopo aver subito nel 1542 un'ulteriore condanna al bando perpetuo da parte del governo veneziano. Al seguito del cardinale Farnese fu nei primi anni Cinquanta a Firenze e poi in Francia. Rientrato in Italia nel 1555, fu prima a Roma per due anni, e quindi ad Urbino alla corte di Guidubaldo della Rovere, dove conobbe Dionigi Atanagi, curatore nel 1560 di una raccolta organica delle sue rime che può essere considerata un'edizione d'autore (Venezia, Guerra). Nel 1559 rientrò a Roma, dove trascorse gli ultimi anni della sua vita ritrovando anche alcuni amici di gioventù, Marcantonio da Mula (ambasciatore della Repubblica veneta) e Bernardo Navagero (creato cardinale nel 1561). I testi inclusi in G1 sono i primi di Cappello apparsi a stampa e costituiscono un campione eloquente del suo petrarchismo di forte ascendenza bembiana. Essi rivelano, anche nella scelta dei dedicatari, i saldi legami con l'ambiente veneziano negli anni immediatamente seguenti la condanna al confino, come ben dimostrano i due ultimi sonetti della serie (6: ZEN *mio gentil, se di saper hai voglia* ; 7: MULA, *le vostre prose dotte e pure*). Notevole, in tal senso, il fatto che a Cappello Lodovico Domenichi dedichi alcuni sonetti inclusi nell'edizione delle sue rime pubblicata a Venezia nel 1544. [P.Z.]

Bartolomeo Carli Piccolomini [XVII]

Nacque a Siena nel 1503 dal ramo Carli della nota famiglia nobile dei Piccolomini. Ebbe un'educazione letteraria comprensiva dello studio delle lingue classiche, ma si occupò anche di astrologia, cosmografia, matematica. Prese parte a Siena all'Accademia Grande e poi a quella degli Intronati, e fu apprezzato soprattutto per la sua vasta cultura umanistica (è ricordato con ammirazione da Alessandro Piccolomini nell'*Institutione di tutta la vita de l'homo nobile e in città libera nato. Libri X*, Venezia, Scotto, 1542). Compose una *Orazione in difesa di Claudio Tolomei*, col quale fu in stretti rapporti, realizzando fra l'altro personalmente una copia manoscritta del dialogo dello stesso Tolomei *Il Cesano*, uno dei testi più originali del dibattito cinquecentesco sulla lingua. Nei primi anni Trenta intraprese uno studio più approfondito della filosofia, e in particolare della dialettica, probabilmente con l'aiuto di Antonio Cataneo. Ricoprì anche incarichi pubblici e fu più volte inviato in qualità di ambasciatore presso la Curia romana. Morì nel 1537 o agli inizi del 1538. Fra le sue opere, un trattato di stretta imitazione valdesiana (*Regola utile e necessaria a ciascuna persona che cerchi di vivere come fedele e buon Christiano*, pubblicato postumo nel 1542 a Venezia), i *Trattati nove della prudenza* (di cui si conserva solo un esemplare manoscritto, autografo, ma incompleto), l'*Edera* (poemetto di ispirazione ovidiana apparso a Venezia nel 1543) e una traduzione del quarto libro dell'*Eneide*. Della sua produzione lirica in volgare sono noti pochi testi, che nelle antologie cinquecentesche furono spesso confusi con quelli di un altro poeta, Petronio Barbati, come già segnalava Dionigi Atanagi nel 1565. Alla produzione di ispirazione petrarchesca affiancò anche esperimenti nel campo della poesia bernesca. I testi stampati nella Giolitina, tuttavia, rientrano senza dubbio nel primo di questi due filoni e si caratterizzano per un ricorso massiccio al tema platonico della sublimazione spirituale attraverso l'esperienza amorosa, oltre che per un dettato sintatticamente complesso, in particolare nelle due lunghe canzoni. [P.Z.]

Annibal Caro [XXXIX]

Originario di Civitanova Marche, dove nacque nel 1507, si formò inizialmente in un ambiente provinciale. Nel 1525 fu invitato da monsignor Giovanni Gaddi a recarsi a Firenze in qualità di precettore. Nella città toscana frequentò Benedetto Varchi, intraprendendo anche uno studio più approfondito della tradizione classica, per il quale si avvalse del magistero di personalità di primo piano in campo filologico, in primo luogo Piero Vettori. Nel settore della letteratura in volgare i suoi interessi in questi anni si concentrarono soprattutto sulla produzione bernesca, alla quale si dedicò intensamente anche nel lungo periodo trascorso a Roma come familiare di Gaddi, dal 1529 al 1542. A Roma frequentò l'Accademia dei Vignaiuoli, divenendo intrinseco di Molza, per un capitolo del quale, la *Ficheide,* compose il *Commento di Ser Agresto,* testimonianza, insieme ad altre prose burlesche di Caro, dell'adesione di tutta l'Accademia alla maniera bernesca. Ancora con Molza partecipò poi all'accademia della Virtù, animata da Claudio Tolomei. Altro nume tutelare di Caro negli anni Trenta fu Giovanni Guidiccioni, cui sono dedicate ben tre delle liriche presenti nell'antologia, di cui due in morte (1: *Né veder basso altrui, né voi sì altero* ; 8: *"Questo al buon GUIDICCION solenne e sacro* ; 11: *Tu GUIDICCION sei morto? Tu che solo*). Proprio a Caro, fra l'altro, il lucchese inviò una copia manoscritta delle sue rime per una revisione complessiva dei testi (cfr. scheda). Guidiccioni morì nel 1541; a breve distanza di tempo scomparve anche monsignor Gaddi. Caro passò quindi al servizio di Pier Luigi Farnese, duca di Castro e figlio del papa Paolo III, per il quale compose nel 1543 la commedia *Gli straccioni.* Dopo la morte del nuovo signore nel 1547, restò comunque alle dipendenze dei Farnese, e in particolare del cardinale Alessandro, fino alla decisione di ritirarsi a vita privata nel 1563. Morì a Roma nel 1566. Alla vena satirica e polemica, cui va ricondotto anche il celebre scontro con Lodovico Castelvetro originato dalle critiche mosse da quest'ultimo alla canzone di Caro *Venite all'ombra de' gran gigli d'oro,* composta nel 1553 in lode della monarchia francese, si affiancò col tempo anche l'attività di traduttore, con risultati poetici notevoli nella versione in endecasillabi sciolti dell'*Eneide,* pubblicata postuma a Venezia nel 1581, e nel romanzo degli *Amori pastorali di Dafni e Cloe* di Longo Sofista. Eccellenti prove della vivacità e limpidezza della sua prosa sono anche le *Lettere familiari,* apparse sempre postume fra il 1572 e il 1575. Del rapporto privilegiato che ebbe con Molza, quasi di discepolato, è testimonianza un sonetto della Giolitina (10: *Non può gir vosco, altera aquila, a volo*) che risponde per le rime ad un altro del modenese presente nell'antologia (XVI, 5: *CARO, che quanto scopre il nostro polo*). [P.Z.]

Luigi Cassola [LXXXV]

Non si hanno notizie precise della formazione del piacentino Cassola, nato nel 1474. Già nel 1513 lo troviamo però tra i personaggi più in vista della città; nel 1527 ospita Pietro Aretino, all'epoca al servizio di Giovanni Dalle Bande Nere, e nel '28 Alessandro Farnese, futuro papa con il nome di Paolo III. Diverrà ben presto anche uno degli animatori e mecenati della vita culturale piacentina, ricordato con affetto e riconoscenza nelle loro opere da Domenichi, Doni, Betussi e altri. Morì probabilmente negli anni Sessanta. Il sodalizio molto stretto di Cassola con i poligrafi veneziani gli permise di stampare alcune sue opere, in particolare un libro di madrigali, curato da Betussi per Giolito (1544; con una ristampa nel 1545), significativamente dedicato da Betussi "insieme con la magnifica Baffa e co 'l virtuoso Domenichi" a Pietro Aretino, e ricco, almeno nella sua prima edizione, di un'appendice di sonetti in onore di Cassola a firma di Domenichi, Doni, Bracciforti (nipote del poeta) e di Francesca Baffo. Sempre nel 1544 Betussi chiese al Senato veneziano il privilegio per stampare un'altra opera di Cassola, l'*Urania,* che però non sembra essere mai stata pubblicata. Una sua ricca silloge di testi inediti si trova conservata nel manoscritto Vaticano Capponi 74, nel quale si leggono numerosi componimenti indirizzati a Domenichi, Betussi, Baffo e Doni. Difficile individuare le ragioni che spinsero Domenichi ad espungere i testi di Cassola in G2. [F.T.]

Tommaso Castellani [VII]

Non molte le notizie attorno alla nascita ed alla formazione di Castellani, nato presumibilmente a Bologna nell'ultimo quarto del XV secolo. Ebbe però ben presto notevole eco la sua fama di poeta e letterato, tanto sul fronte volgare quanto su quello latino. Forse proprio in virtù delle sue acclamate qualità letterarie fu al servizio del duca di Milano Francesco II sino al 1540, quando rientrò a Bologna su invito della città per partecipare alla vita politica. Morì però poco dopo, nel 1541. La notorietà che ebbe in vita Castellani contribuì alla fortuna delle sue opere, che egli scrisse "ad essercitatione di se stesso [...], e non con desiderio che giamai venire dovessero in luce", secondo le parole del fratello Bernardo che, nello stesso anno della stampa della Giolitina, curò una raccolta di poesie del fratello (*Rime di M. Thomaso Castellani,* Bologna, Zaccherelli). Tutti i componimenti presenti nell'antologia di Giolito, con l'eccezione dei sonetti *ANTONIO mio, s'a le pregiate carte* (6) e *Le caste Muse con le sante leggi* (8), sono presenti anche nel volume bolognese con minime varianti. La presenza di un numero così nutrito di liriche di Castellani si spiega con il rapporto molto stretto, quasi un sodalizio letterario, che questi aveva con Domenichi. Nell'edizione bolognese delle rime di Castellani si leggono infatti alcuni in corrispondenza tra i due e fra quelle del piacentino, edite da Giolito nel '44, c'è una corona di quattro sonetti in morte di Castellani. Il legame di stima è testimoniato anche dal sonetto *Le caste Muse con le sante leggi* (8) qui edito e dedicato esplicitamente a Domenichi. Il sonetto *Se 'l sesto in mezzo d'alcun spazio un piede* (10) nella ristampa G2 è stato erroneamente sostituito con il sonetto *O stelle, o cielo, o fiero mio pianeta,* già stampato tra le rime di Gesualdo (IV, 4), come viene segnalato negli *errata corrige* di G2. Il sonetto *Non è nel giardin vostro erba né legno* (7) nell'edizione bolognese è stampato come risposta al sonetto *Quanto più s'affatica il rozzo ingegno* di Armodio. [F.T.]

420   BIOGRAFIE

Baldassar Castiglione [XXIII]

Nato a Casatico di Marcaria, presso Mantova, nel 1478, si formò a Milano, seguendo le lezioni dei maestri Giorgio Merula e Demetrio Calcondila. Nel '99 lasciò la città lombarda e, in seguito alla morte del padre, entrò al servizio di Francesco Gonzaga, presso il quale rimase sino al 1504, quando passò alla corte urbinate di Guidubaldo da Montefeltro. Qui ebbe modo di stringere importanti relazioni con la corte nella quale sarà poi ambientato il trattato del *Cortegiano*. Succeduto Francesco Maria della Rovere a Guidubaldo, Castiglione continuò il suo servizio e, dal 1513, svolse il ruolo di ambasciatore presso la corte pontificia. Presi i voti nel 1524, venne nominato nunzio apostolico in Spagna per informare Roma dei disegni imperiali. Morì in Spagna nel 1529. Il piccolo *corpus* di rime del Castiglione godette di una certa fortuna nelle miscellanee manoscritte; a stampa si trovano suoi componimenti nelle diverse raccolte antologiche seguite al primo libro di Giolito. La ballata *Queste lagrime mie, questi sospiri* (1) fa parte dell'egloga *Tirsi* (la canzone di Jole), rappresentata alla corte di Urbino nel 1506, e andò a stampa come pezzo sciolto nel *Libro undecimo* delle *Frottole* di Ottaviano Petrucci (Fossombrone, 1514). I tre testi riprodotti da Domenichi illustrano un'ariosità nello stile non comune nel panorama del petrarchismo cinquecentesco: questo doveva essere anche il giu-dizio dei contemporanei, ad ascoltare quanto si dice nelle *Inscrittioni poste sotto le vere imagini de gli uomini famosi* [...] *nel museo del Giovio* (Firenze, Torrentino, 1552): "compose poche rime volgari, nelle quali però mostrando che per gli altri alti e soperbi rivali non superava mai il fine del suo amoroso dolore, si giudica ch'ei meritasse il nome d'ottimo poeta". Si ricordi tuttavia che il terzo sonetto edito nella Giolitina venne da Giraldi Cinzio nel *Discorso intorno al comporre dei romanzi* rivendicato alla penna di Ercole Strozzi [F.T.]

Camillo Caula [LXXIII]

Nato a Modena negli ultimi anni del Quattrocento, Caula fu fedele militare al servizio di Guido Rangone, che seguì in Francia nei primi anni Quaranta, dopo una breve prigionia in campo turco. Già in contatto con Pietro Aretino fin dal 1538, come testimoniano alcune lettere scrittegli da questi, giunse a Venezia, ormai al servizio degli Estensi, e si mostrò particolarmente curioso delle discussioni in-tellettuali, guadagnandosi la stima di Betussi, che spesso lo cita nei suoi trattati d'amore, e di Domenichi, al quale Caula indirizza alcune lettere di sapore rifor-mato. Negli anni successivi continuò a svolgere con fortuna il suo servizio presso gli Estensi, che prima lo fecero capitano della cavalleria leggera e poi governatore di Brescello. Morì nel 1571. Le tre ottave edite nell'antologia, non ineleganti, sono l'unica testimonianza della sua attività poetica. Il *Parere del capitan Camillo Caula come padrino del Sig. Riccardo di Merode* (Mantova, 1557), operetta che si inse-risce nella copiosa letteratura sul duello, aiuta ad inquadrare meglio la figura di Caula, intellettuale e militare attento alle discussioni ed ai temi maggiormente in voga nel corso del secolo. [F.T.]

Antonio Cavallino [XXXIV]

Di Cavallino si conoscono, oltre ai sonetti apparsi in G1, solo due lettere pubblicate nel primo volume delle *Lettere scritte a Pietro Aretino* (Venezia, Marcolini, 1552). Una di queste, del gennaio 1536, sembra confermare le scarse notizie fornite dagli studiosi, che ne parlano come di un padovano, giovane studente di diritto nei primi anni Trenta. I rapporti con il celebre poligrafo aiutano a comprendere le ragioni della sua presenza nella Giolitina, fra l'altro in posizione immediatamente successiva ai testi aretiniani e con un sonetto (1: *Mentre ad onor de l'immortal SIRENA*) scritto per elogiare le *Stanze in lode di Madonna Angela Sirena* (Venezia, Marcolini, 1537). Proprio Aretino consegnò a Domenichi i due testi di Cavallino dopo averli rivisti, come si evince da una lettera aretiniana del settembre 1544 (*Libro terzo*, n. 78). A Cavallino si tende attualmente ad attribuire la composizione della *Tariffa de le puttane di Vinegia*, scritto pubblicato senza note tipografiche nel 1535 e più volte erroneamente attribuito ad Aretino. Sono infine da registrare due sonetti a lui dedicati da Lodovico Domenichi, il primo (*Tu Cavallin, che ne begli occhi chiari*) incluso nell'edizione veneziana delle rime del piacentino apparsa nel 1544, il secondo accolto nella Giolitina (XCI, 7: *Lungo le rive tue canti ogni cigno*), a ulteriore riprova dei legami del padovano con l'ambiente in cui fu allestita l'antologia. I testi di Cavallino accolti in G1 sono tuttavia espunti in G2, come pure quello di Domenichi a lui indirizzato, il che fa ipotizzare l'insorgere di qualche dissapore fra i due nel periodo intercorso fra la prima e la seconda edizione della silloge. [P.Z.]

Marco Cavallo [VIII]

Nato probabilmente nella seconda metà del Quattrocento ad Ancona, Cavallo fu allievo di Matteo Bonfini, del quale curerà più tardi l'edizione delle lettere. Frequentò nei primi anni del Cinquecento le corti di Ferrara, di Urbino e di Roma, dove risiedette per lungo tempo alla ricerca di una sistemazione presso una *familia* cardinalizia. Era al servizio di Marco Cornaro da una decina d'anni quando, per ragioni rimaste oscure, morì suicida nel 1526. Per lungo tempo si è discussa la paternità di un *Rinaldo furioso* uscito a suo nome a Venezia nel '26, quasi sicuramente contraffazione di Francesco Tromba di Gualdo. In vita godette di grande fama come poeta volgare e latino, spesso ricordato, ad esempio da Ariosto e da Valeriano, anche se non diede mai alle stampe raccolte complete delle sue rime, limitandosi a pubblicare qualche lirica nelle miscellanee di primo Cinquecento (un sonetto in morte dell'Aquilano nelle *Collettanee grece & latine e vulgari ...*, Bologna, Bazaliero, 1504; altri componimenti in *Opera nuova de Vincentio Calmeta ...*, Venezia, Zorzi di Rusconi, 1507). I quattro sonetti raccolti da Domenichi sono quindi, assieme ad un sonetto pubblicato nel *Libro quarto* da Giaccarello, tra i pochissimi componimenti andati a stampa nel XVI secolo. [F.T.]

Pier Antonio Chiocca [XLIV]

Davvero difficile reperire notizie su questo poeta del quale sembrano tacere anche tutti i repertori eruditi e che, almeno stando alle ricerche compiute, non diede alle stampe nessun altro componimento nel corso del XVI secolo; Bongi negli *Annali di Gabriel Giolito* (vol. I, p. 193, n.2) avanza l'ipotesi, pur con grande prudenza, che si trattasse dello "scalco del cardinal Cornaro", come si potrebbe dedurre dal testamento di Tullia d'Aragona nel quale si ricorda Celio, un giovane "in protettione di messer Piero Chiocca". Altri possibili indizi per un'identificazione del personaggio possono provenire dalla presenza in Verona di una famiglia Chiocco, che annovera tra i suoi membri almeno due poeti attivi nella seconda metà del secolo, e di una famiglia Chiocco a Como (si ricordi che Chiocca è presente con i suoi testi all'inizio di una serie di autori comensi legati alla famiglia

Giovio). I quattro sonetti dimostrano comunque una discreta disciplina formale, pur se ingessati in schemi sintattici davvero monotoni, tipici del petrarchismo più galante e frivolo. [F.T.]

Giovanni Antonio Clario [LXXXVIII; e LXVIII-LXXI]

Proveniente dalla natia Eboli, Clario arrivò a Venezia nei primi anni Quaranta nella speranza, rivelatasi vana, di entrare nel circolo di Aretino per compiere una missione segreta per conto del principe Sanseverino. Grazie alla collaborazione e all'aiuto di Domenichi si inserì nel mondo editoriale veneziano, curando alcuni volumi, tra cui, probabilmente, la seconda edizione del *Novo libro di lettere* di Gherardo (nel quale si trovano 24 sue lettere). Dopo la rottura con Domenichi nei primi mesi del '46 (cfr. *Introduzione*, p. XXXV-XXXVI), con il quale qualche anno più tardi sembrò riconciliarsi, continuò a lavorare a Venezia per Vincenzo Valgrisi, editore di ispirazione erasmiana, esponendosi alle condanne, sembra lievi, del tribunale dell'Inquisizione. Vanno segnalate le sue edizioni, nelle quali spesso appare sotto curiosi pseudonimi, delle *Rime spirituali* di Vittoria Colonna (1546 e 1548) e delle lettere di Bernardo Tasso (1549), uno dei suoi primi protettori. Successivamente fu costretto ad abbandonare Venezia: restano inoltre oscuri data e luogo della morte. I 13 sonetti stampati da Domenichi, non indimenticabili, sono tra le poche testimonianze dell'attività poetica di Clario; sempre a lui dovrebbero essere attribuiti i testi comparsi nell'antologia a nome di Giulio Roselli Acquaviva (2), Antonio e Giovambattista Corradi (2) e Gianluca Benedetto (1), personaggi dell'ambiente ebolense a nome dei quali Clario aveva scritto diverse lettere raccolte nel *Novo libro*. Le rime edite in G1 sono prevalentemente di carattere encomiastico e non nascondono una certa rigidità stilistica e sintattica, al punto che l'interesse principale sta nelle ragioni dell'esclusione di queste da G2, che sono comunque da ricercare nel litigio avvenuto all'inizio del 1546 con Domenichi, del quale Clario nel '44-'45 era ancora un protetto. Alla sua scarsa produzione lirica va forse aggiunta un'egloga inclusa nell'*Opera nova* edita a Venezia da Bindoni nel 1548. [F.T.]

Francesco Coccio [LXXIX; A 58-60]

Di origini umbre (Giano), poco si conosce della sua vita sino al suo approdo a Venezia, nella metà degli anni Trenta, quando entrò nel gruppo di Aretino, al nome del quale si legano molte delle testimonianze su Coccio. Fu precettore in diverse famiglie (Contarini, Badoer) e mise a frutto la sua grande padronanza nelle lettere classiche, per la quale è spesso ricordato in virtù dei diversi volgarizzamenti, come la *Tavola* di Cebes Tebano (Venezia, Marcolini, 1538), l'*Institutio principis Christiani* di Erasmo (Venezia, Marcolini, 1539) e *I fatti di Leucippe e Clitofonte* (Venezia, da Sabbio, 1551), destinata a grande fortuna. Più incerta è l'attribuzione della traduzione del trattato *Della Nobiltà et eccellenza delle Donne*, stampato, per le cure di Domenichi, da Giolito nel 1544. Si hanno ancora notizie di lui negli anni Cinquanta come membro dell'Accademia dei Pellegrini prima e poi di quella della Fama. La sua attività di rimatore è testimoniata quasi per intero dai sei testi editi da Domenichi in G1, cui se ne aggiungeranno altri tre in G2 (A 58-60); altri due sonetti si trovano nel *Libro sesto* curato da Ruscelli. Con l'eccezione del sonetto *Cinta di allori la famosa testa* (1) in onore dei reali francesi, tutti gli altri svolgono con grazia alcuni tipici luoghi della poesia d'amore. [F.T.]

Collaltino di Collalto [LXXXIII; A 21-28]

Nato nel 1523 a San Salvatore di Collalto, nel territorio della Marca Trevigiana, fu uomo d'armi, ma fin dalla giovinezza ricercò l'amicizia dei letterati, sperimentando anche in proprio la scrittura lirica, con risultati per lo più di scarso livello. La sua fama è legata soprattutto alla relazione con Gaspara Stampa, che di quella vicenda amorosa fece il perno del suo canzoniere. Ma già prima Collaltino di Collalto si era fatto conoscere negli ambienti del petrarchismo veneto, facendosi apprezzare da personaggi come Aretino, Dolce e Domenichi, più per la sua propensione al mecenatismo che per le doti di verseggiatore. A questo giro di conoscenze, e in particolare all'amicizia con Betussi, che nel 1545 entrò al suo servizio, e Domenichi, va ricondotta la presenza delle sue poesie nella Giolitina (cfr. *Introduzione*, pp. XXXI-XXXII). Negli anni seguenti fu spesso lontano dal Veneto: si ricordano suoi viaggi in Inghilterra, in Francia e molti altri spostamenti legati all'attività militare. Nel 1558, un anno dopo il suo matrimonio con la marchesa di Cassei Giulia Torelli, fu condannato come traditore dal governo della Repubblica veneta e trovò rifugio presso i Gonzaga a Mantova. Scarse le notizie sugli anni successivi, come pure è incerta la data di morte, da collocare probabilmente alla fine degli anni Sessanta. I tre sonetti inseriti in G1, che denunciano tutte le incertezze stilistiche di questo poeta dilettante, furono espunti in G2 e sostituiti da altri otto, di qualità non superiore; fra questi, uno in lode di Domenichi (A 22: *DOMENICHI gentil, s'il ciel vi dona*), a conferma dello stretto legame di Collaltino con il curatore della raccolta. [P.Z.]

Vittoria Colonna [LIII; A 55]

Discendente di una delle più antiche e potenti famiglie romane, nacque a Marino nel 1490. Per consolidare l'alleanza dei Colonna con la famiglia Avalos, partigiana degli Aragonesi nel Regno di Napoli, fu fidanzata a soli sette anni con Ferrante Francesco d'Avalos, marchese di Pescara, che sposò nel 1509. In questi anni la sua vita si svolse tra Ischia e Napoli, dove frequentò i circoli culturali più attivi, conoscendo letterati di fama come Iacopo Sannazaro e Galeazzo di Tarsia. La morte del marito nel 1525 segnò una svolta decisiva nella sua vita: accantonato il proposito di ritirarsi a vita monacale, condusse un'esistenza sempre più ispirata ad istanze spirituali, caratterizzata, oltre che dal culto della memoria dell'amato marito, da lunghi periodi trascorsi in convento e dalla frequentazione di circoli intellettuali fortemente coinvolti nei dibattiti religiosi degli anni precedenti il Concilio di Trento. Decisivi furono i suoi rapporti con esponenti del movimento riformatore italiano (Juan de Valdès, Bernardino Ochino e Pietro Carnesecchi fra questi), come pure l'intensa amicizia con Michelangelo Buonarroti negli ultimi anni di vita trascorsi a Roma, dove morì nel 1547. La sua produzione lirica si contraddistingue per uno stile sempre impostato su registri sostenuti ed austeri, sia nelle numerose rime dedicate al marito sia in quelle genericamente riconducibili alla vena spirituale. L'attenzione per la sua poesia fu notevole nel Cinquecento: numerose le edizioni a partire dalla fine degli anni Trenta, fra le quali vanno segnalate almeno quelle arricchite dal corposo commento di Rinaldo Corso (nel 1543 fu pubblicata a Bologna un'esposizione parziale, mentre il commento completo apparve a Venezia nel 1558 a cura di Girolamo Ruscelli). La presenza di rime di Vittoria Colonna nella Giolitina (tre sonetti in G1, cui se ne aggiunse uno in G2) si spiega senza dubbio con la fama di cui già in vita godeva la poetessa, anche se probabilmente l'esistenza di precedenti edizioni in volume suggerì ai curatori di limitare il numero dei testi accolti a poche liriche allora inedite. Di Vittoria Colonna è poi anche il primo sonetto stampato nella sezione dedicata a Veronica Gambara (LIX, 1: *Vinca gli sdegni e l'odio vostro antico*). [P.Z.]

Francesco Coppetta, vedi Francesco Beccuti

Antonio e Giovanbattista Corradi, vedi Giovanni Antonio Clario

Scipione Costanzo [LXXII]

Poche le notizie biografiche su questo personaggio veneziano, che fu legato alla nobile ed influente famiglia dei Donà. Fu uomo d'armi, come altri autori presenti nell'antologia, ma evidentemente non privo di un'educazione letteraria di buon livello. In relazione con Pietro Aretino, come attestano un discreto numero di lettere scambiate fra i due a partire dagli anni Trenta, conobbe anche Lodovico Domenichi, che scrivendogli nell'ottobre del 1544, nel pieno quindi dei lavori di preparazione della Giolitina, ne loda sia i meriti in campo militare sia le qualità letterarie. Il sonetto di Costanzo, del resto, dedicato a Francesca Baffo, conferma la sua familiarità con il circolo di letterati più direttamente coinvolti nell'allestimento della raccolta, dimostrando una certa dimestichezza dell'autore con la prassi compositiva, almeno nel genere del sonetto di corrispondenza. [P.Z.]

Giovanni Cotta [XXVI]

Nonostante le origini non nobili Cotta, grazie alle promettenti doti, ebbe un'ottima educazione umanistica. Lasciata Legnago, dove nacque nel 1480, continuò gli studi a Verona, dove conobbe Marin Sanudo, e si trasferì poi a Lodi per svolgere il lavoro di insegnante. Nel 1503 andò a Napoli, attratto forse dal fascino della cerchia di umanisti partenopei, ed entrò a servizio della famiglia Guevara. Qualche anno più tardi divenne segretario di Bartolomeo d'Alviano e raggiunse Pordenone, dove Alviano cercava di costituire un'accademia formata da brillanti studiosi del mondo classico, fra i quali Girolamo Fracastoro e Andrea Navagero. La rotta di Agnadello e il conseguente imprigionamento di Alviano segnarono l'inizio di un travagliato periodo per Cotta, che si prodigò instancabilmente per liberare il suo signore. Morì a Viterbo nel 1510, mentre tentava di persuadere papa Giulio III ad intercedere per la salvezza del suo protettore. Cotta perse buona parte dei suoi manoscritti a Ghiera d'Adda ma, nonostante ciò, suoi componimenti latini furono pubblicati nella fortunata antologia *Carmina quinque illustrium poetarum* (Venezia, Valgrisi, 1548), assieme a testi di Bembo, Flaminio, Navagero e Castiglione. Della produzione volgare restano invece alcune testimonianze in manoscritti miscellanei; la ballata edita da Domenichi è quindi una delle poche rime di Cotta andate a stampa nel Cinquecento. [F.T.]

Paolo Crivelli [A 29-34]

Nonostante le poche notizie esistenti si sa con sicurezza che Crivelli fu protagonista della vita editoriale veneziana degli anni Quaranta e Cinquanta, in stretta relazione soprattutto con Lodovico Dolce, del quale divenne un vero e proprio agente letterario, ma anche con Domenichi e con altri poligrafi. Dall'epistolario di Orazio Brunetti possiamo inoltre conoscere il forte interesse che Crivelli condivise con altri letterati, tra i quali Dolce, per le idee e le discussioni filoriformate. Sul finire degli anni Cinquanta intraprese un viaggio verso Ragusa; si perdono le tracce di Crivelli negli anni successivi, per cui resta ignoto l'anno della morte. L'introduzione di sue rime nella ristampa è facilmente spiegabile grazie al legame di amicizia con Domenichi e con tutto l'ambiente della Libreria della Fenice. I sonetti illustrano i diversi interessi di Crivelli, da un lato inserito nei cenacoli letterari (ad esempio, il sonetto dedicato a Marmitta, A 29: *Al poco lume e molto spazio d'ombra*), dall'altro attirato dalle tematiche "spirituali", venate da idee riformate (particolarmente A 34: *Padre, se membri le mie antiche offese*). Suoi componimenti si trovano anche nel *Libro secondo* di Giolito e nelle *Rime spirituali* del 1550. [F.T.]

Cornelio da Castello, vedi Cornelio Frangipane

Bernardino Daniello [LXI]

Nato a Lucca sul finire del Quattrocento da famiglia di origine pisana, si trasferì in Veneto intorno al 1525. A Padova si inserì nel circolo legato a Trifone Gabriele, del cui insegnamento si dichiarerà sempre debitore. Negli anni Trenta si collocano le sue prime prove poetiche, di cui restano poche tracce oltre ai testi pubblicati nella Giolitina. La prima opera data alle stampe è il trattato in forma di dialogo *Della poetica,* stampato a Venezia nel 1536. Al magistero trifoniano si deve anche molto di quanto Daniello include nel suo commento al Petrarca, apparso per la prima volta nel 1541, sempre a Venezia, e poi in una seconda edizione, arricchita da un importante campione di varianti d'autore, nel 1549. Nei primi anni Quaranta diede avvio ad una rilevante attività di traduttore, che portò nel 1545 alla pubblicazione della sua versione delle *Georgiche* e dell'undicesimo libro dell'*Eneide*. Postuma invece l'edizione del commento alla *Commedia,* ancora una volta fortemente segnato dalla lezione del suo maestro padovano. I contatti con i curatori della Giolitina sono ben documentati: basterà ricordare il sonetto dedicato a Lodovico Domenichi, stampato nell'edizione delle *Rime* di quest'ultimo del 1544, in cui l'amico è fatto oggetto di grandi lodi e addirittura paragonato a Petrarca. Le liriche di Daniello presenti nella raccolta sono in gran parte percorse da un'ispirazione politica, che si risolve talvolta in toni encomiastici e in uno stile austeramente impostato, minato tuttavia da un ricorso eccessivamente fiducioso agli strumenti della retorica. [P.Z.]

Giovanni Della Casa [LV]

Nacque in Mugello da una famiglia nobile fiorentina nel 1503. Ad una giovinezza trascorsa fra Firenze, Bologna e Padova, seguirà dal 1529 una carriera ecclesiastica finalizzata al conseguimento della porpora cardinalizia, meta tuttavia mai raggiunta. Tappe importanti di questo percorso furono la nomina a vescovo di Benevento, ottenuta nel 1544 grazie alla mediazione del cardinale Alessandro Farnese, e l'incarico di nunzio apostolico a Venezia affidatogli nell'agosto dello stesso anno, con il compito, fra l'altro, di combattere l'eresia nel territorio veneto, esercitando anche un controllo sulla produzione editoriale. Nei mesi in cui si stava allestendo la Giolitina Della Casa giunse quindi a Venezia, forte di amicizie importanti, come quella di Pietro Bembo e di altri esponenti dell'ambiente letterario veneto conosciuti al tempo del giovanile soggiorno padovano. In quegli stessi anni cominciò ad allestire il suo canzoniere, lasciando filtrare all'esterno solo pochi testi. Il sonetto sulla gelosia, pubblicato nella raccolta, è uno di questi, ed era ben noto ai circoli letterari padovani e veneziani: pochi anni prima era infatti stato oggetto di una lettura di Benedetto Varchi tenuta all'Accademia degli Infiammati, pubblicata poi a Mantova nel 1545 da Francesco Sansovino con una dedica a Gaspara Stampa. Il testo, quindi, era conosciuto da molti dei personaggi che a vario titolo risultano coinvolti nella preparazione dell'antologia ed è facile ipotizzare che proprio per tali canali sia giunto nelle mani dei curatori (in una redazione più vicina a quella che si legge nell'edizione mantovana della lettura di Varchi che a quella definitiva della *princeps* delle rime dellacasiane, apparsa postuma a Venezia nel 1558). Dopo la morte di Paolo III Farnese nel 1549 le speranze di Della Casa per una brillante carriera ecclesiastica furono quasi del tutto vanificate. Seguì un periodo di ritiro dagli impegni ufficiali, trascorso in parte ancora a Venezia e poi, dal 1553, a Nervesa, nel Trevigiano, ospite della Badia dei conti di Collalto, dove continuò fra l'altro a lavorare alle rime e compose il celebre *Galateo*. Nel 1555 tornò a Roma, con rinnovata fiducia nella possibilità di ottenere il cardinalato, che tuttavia non gli venne concesso. Morì nel novembre del 1556. In G1 oltre al citato sonetto sulla gelosia a Della Casa ne è attribuito un secondo (2: *O d'Invidia e d'Amor figlia sì ria*), che non è suo; l'errore è solo parzialmente corretto da G2 che assegna il testo ad Antonio Mezzabarba, letterato di origine lombarda, ma vissuto a lungo a Venezia, dove diede alle stampe le sue rime nel 1536 per i tipi del Marcolini. In realtà si tratta di un sonetto di Luigi Tansillo. [P.Z.]

Gian Battista Della Torre [XV]

Membro di un'importante famiglia veronese, discendente dai Torriani di Milano, nacque nella seconda metà del Quattrocento. Il padre Girolamo insegnava medicina allo Studio di Padova e anche il figlio si distinse negli studi scientifici. È ricordato con ammirazione da Girolamo Fracastoro per le sue ricerche in campo astronomico, che influenzarono la stesura dei suoi *Homocentrica*, soprattutto per il tentativo di armonizzare la prospettiva scientifica con quella filosofica. Anche l'attività letteraria di Della Torre, probabilmente piuttosto marginale, conobbe comunque una discreta fama. Dopo la sua morte, avvenuta intorno al 1534, Gian Giorgio Trissino compose un idillio latino in lode del valore poetico dell'amico veronese. Nella novella decima del secondo libro di Matteo Bandello, dedicata al fratello di Gian Battista, Francesco, è rievocata una visita veronese di Andrea Navagero e Pietro Bembo, ospiti anche dei Della Torre. L'episodio, collocabile tra la fine del 1528 e il gennaio del 1529, conferma la familiarità con nomi di primo piano dell'ambiente culturale veneto, e può quindi in parte testimoniare un'attenzione per la produzione poetica di questo autore nei circoli letterari di Padova e Venezia, magari con la mediazione di Fracastoro. Nient'altro si sa della sua attività di poeta in volgare, che a giudicare dai sonetti accolti nella Giolitina (tutti giocati sull'ambientazione di genere mitologico-pastorale) sembra fortemente influenzata dalla formazione classica dell'autore. [P.Z.]

Lodovico Dolce [LXIV]

Appartenne ad una famiglia di magistrati veneziani ma, poco dopo la nascita (1508), rimase orfano e fu accolto dalla famiglia Corner. Dopo aver svolto gli studi universitari a Padova, fece rientro a Venezia, dedicandosi da subito ad una infaticabile attività di collaboratore editoriale, specie per Giolito, in veste di autore, volgarizzatore e curatore (anche di volumi collettanei di rime, tra cui va ricordato, almeno, il *Libro quinto* edito nel 1552). Passò buona parte della sua vita nella città lagunare, sino al 1568, anno della sua morte. Rappresentò forse nel modo più emblematico la nuova figura di operatore culturale all'interno della moderna industria tipografica, capace di produrre rapidamente edizioni o opere creative, mai insuperabili nei risultati, per rispondere velocemente alla concorrenza ed alle esigenze di mercato, non senza esporsi per questo a dure critiche. I generi nei quali ebbe maggior fortuna furono comunque la dialogistica ed il teatro, in specie quello comico. La consolidata collaborazione con Giolito, presso il quale per un periodo visse, dà conto del ruolo di primo piano occupato da Dolce in questa antologia (è tra gli autori con il maggior numero di liriche), nonostante i sonetti appaiano davvero incolori, tutti caratterizzati da una passiva e monotona imitazione di luoghi petrarcheschi. [F.T.]

Lodovico Domenichi [XCI; A 66-75]

Nacque nel 1515 a Piacenza, dove compì gli studi universitari, completati poi a Pavia ed a Padova. Tornato a Piacenza si divise tra l'attività forense e la passione per le lettere, che lo aveva spinto qualche anno prima a cercare l'amicizia di Pietro Aretino. Assieme a Doni, Gottifredi ed altri nei primi anni Quaranta fu attivissimo membro dell'Accademia degli Ortolani, caratterizzata da un irridente spirito anticortigiano, sino al 1543 quando lasciò Piacenza, per motivi non precisati, raggiungendo Venezia. Grazie alla sua versatilità tanto come autore quanto come collaboratore editoriale, soprattutto per Gabriel Giolito, acquistò rapidamente una grande fama nell'ambiente veneziano. Nel marzo del '46, forse a causa delle invidie suscitate, raggiunse a Firenze l'amico Doni per collaborare alla stamperia di questi, ben presto chiusa a causa dell'insostenibile concorrenza dei Giunti. Dopo la rottura con Doni, implacabile negli attacchi a Domenichi negli anni successivi, collaborò con diversi editori fiorentini, in particolare con Lorenzo Torrentino, per il quale curò edizioni nelle quali si manifestarono esplicitamente i suoi interessi eterodossi, che già venavano la sua attività precedente. Fu quindi condannato al carcere a vita, mutato poi in un anno di confino nel convento di S. Maria Novella, anche per l'intercessione di Renata di Francia. Negli ultimi anni si dedicò ancora all'attività editoriale e fu nominato da Cosimo I storiografo ufficiale di Firenze. Morì nel 1564 a Pisa. Poligrafo tra i più affascinanti del suo secolo, Domenichi esordì come autore con un volume di *Rime* edite da Giolito nel '44; suoi versi si trovano però anche negli apparati di corredo di diverse edizioni di quegli stessi anni, come ad esempio i *Madrigali* di Luigi Cassola, curati dall'amico Betussi per Giolito, o le *Rime* di Castellani (1545). Ai 7 componimenti presenti in G1, se ne aggiungono altri 10 in G2, anche se viene però espunto fra i primi il sonetto *Lungo le rive tue canti ogni cigno* (7). Le rime presenti in G1 sono di carattere epistolare (ad Ortensio Lando un sonetto che denuncia interessi eterodossi [1] e ad Antonio Cavallino [7]), amoroso o politico, secondo una suddivisione tematica già presente nel volume del '44. I sonetti aggiunti in G2, oltre a rendere più significativa la presenza di Domenichi in chiusura del libro (che in G1 era affidata ad un capitolo e ad un sonetto di Aretino, cassati in G2), testimoniano i rapporti di familiarità tra Domenichi ed alcuni autori presenti nell'antologia (Paolo Crivello [A 69]; Laura Terracina [A 74]; Lancillotto Gnocco [A 75]). [F.T.]

Anton Francesco Doni [LXXXI]

Nato a Firenze nel 1513, Doni entrò nell'Ordine dei Serviti presso il convento dell'Annunziata, abbandonandolo tuttavia nel 1540 per trasferirsi a Genova. Dopo vari soggiorni in città dell'Italia settentrionale, giunse nel 1543 a Piacenza, forse per studiare diritto, ma senza alcuna convinzione. Si avvicinò invece all'ambiente letterario e mondano piacentino, divenendo un membro importante dell'Accademia degli Ortolani, di cui fecero parte Domenichi e molti altri letterati inclusi nella Giolitina (cfr. *Introduzione*, p. XII). Grazie anche alla mediazione di Domenichi e Betussi riuscì a farsi conoscere nei circoli letterari veneziani, pubblicando proprio a Venezia nel 1544, per i tipi dello Scotto, un volume di *Lettere* (ripubblicato l'anno seguente come *Libro I*) e il *Dialogo della musica*. Tornato a Firenze, prese parte all'Accademia degli Umidi e poi all'Accademia Fiorentina. Nella primavera del 1546 aprì una tipografia, alla quale collaborò anche Domenichi, impresa destinata a breve esistenza per la politica di sempre più rigoroso controllo editoriale messa in atto da Cosimo I, oltre che per l'agguerrita concorrenza dei Giunti. Abbandonata Firenze nel 1547, dopo aver rotto anche con Domenichi, si recò a Venezia, dove riuscì a collaborare con due dei maggiori editori del momento, Marcolini e Giolito. Negli anni Cinquanta uscirono le sue opere maggiori: fra il 1550 e il 1555 le due parti de *La libraria*, nel 1551 la prima parte della *Zucca*, la cui edizione definitiva apparirà nel 1565, nel 1552 e nel 1553 le edizioni definitive dei *Marmi* e dei *Mondi*. Scarse le notizie biografiche successive al 1555, anno in cui abbandonò Venezia. Dopo diversi trasferimenti, dal 1567 si ritirò a Monselice. Morì nel 1574, forse a Venezia. Nella sua multiforme attività letteraria la lirica non costituisce una parte rilevante, fatta eccezione forse per quanto rientra nel settore della poesia per musica. La sua presenza tra gli autori della Giolitina è il frutto di amicizie e contatti che proprio in quel giro d'anni egli seppe coltivare con estrema attenzione, ponendo le basi delle future collaborazioni con l'editoria veneziana. [P.Z.]

Giovangiorgio Dressino, vedi Gian Giorgio Trissino

Bartolomeo Ferrini [V]

Bartolomeo Ferrini nacque nel 1508 a Ferrara e, grazie all'interessamento del suo maestro Pistofilo, divenne, nonostante le origini umili, personaggio di spicco tra i funzionari degli Estensi, ricoprendo la carica di segretario sia per Alfonso I (per il quale recitò l'orazione funebre ufficiale), sia per Ercole II. Incaricato di numerose ed importanti ambascerie per conto di questi, morì improvvisamente nell'ottobre del 1545. Nell'orazione funebre recitata ad Alberto Lollio viene lodata, tra le altre cose, la sua grande conoscenza delle lettere latine e dei testi sacri. Partecipò attivamente alla vita culturale della città e fu membro dell'Accademia degli Elevati, nella quale recitò una orazione sulla virtù (edita in *Diverse orationi volgarmente scritte da molti huomini illustri de tempi nostri*, Venezia, Sansovino, 1569); restano inoltre una ventina di liriche, testimoni di un raffinato esercizio cortigiano: un piccolo nucleo, rappresentato dalle prime due presenti in questa raccolta, non si allontana da una pur piacevole *variatio* del mito dafneo; un secondo è invece di rime d'occasione (per Enrico II di Francia, la terza lirica di questa antologia, e ancora in morte di Molza, di Calcagnini e di altri); e un terzo, infine, di poesie religiose (un sonetto fu stampato nel *Libro primo delle rime spirituali...*, Venezia,

Al segno della Speranza, 1550). Lo stretto legame tra Alberto Lollio, Ercole Ben-
tivoglio e Giolito, che pubblicò l'orazione di Lollio in morte di Ferrini nel '47
(*Oratione di M. Alberto Lollio ferrarese, nella morte del...giovane M.
Bartolomeo Ferrino*, Venezia, Giolito, 1547), spiega la sua presenza nell'antologia; nel *Libro
secondo* di Giolito (1547) saranno poi presenti altre 8 sue liriche (l'intero *corpus*
di Ferrini edito da Giolito in questi due primi volumi è presente nelle *Rime di
diversi* curate nel 1553 da Lodovico Dolce). [F.T.]

Laodomia Forteguerri [A 35]

Alla città di Siena, dove nacque nel 1515, è legata la vita culturale e politica di
Laodomia Forteguerri. Sposatasi nel 1530, fu per lungo tempo al centro delle at-
tenzioni poetiche del concittadino Alessandro Piccolomini, che a lei dedicherà
moltissime delle sue opere erudite e liriche. Si risposò dopo la morte del marito
nel 1544; negli anni dell'assedio di Siena si rese celebre alla testa di un gruppo
di donne decise a partecipare attivamente alla difesa della città. Si hanno notizie
di lei ancora verso il 1556. Non fu solo lodata dalle poesie di Alessandro Picco-
lomini, di Benedetto Varchi e di altri, ma fu anche poetessa. Il sonetto qui edito
da Domenichi, aggiunto in G2, era stato oggetto di una raffinata esegesi da parte
di Piccolomini in una lezione tenuta nell'Accademia degli Infiammati nel febbraio
del '41. Probabilmente proprio dal testo di quella lezione (poi andato a stampa:
Bologna, Bartolomeo Bonardi e Marcantonio da Carpi, 1541) dovette essere ripreso
il sonetto, poiché esso venne aggiunto in G2 assieme ad uno di Piccolomini pre-
sente in appendice all'edizione bolognese della lezione citata (A 36: *Donna, che
con eterno alto lavoro*). Altre sue rime si trovano nella raccolta *Rime diverse d'al-
cune virtuosissime e nobilissime donne*, curata da Domenichi nel 1559. [F.T.]

Girolamo Fracastoro [LXIII]

Veronese, nato tra il 1476 e il 1478, studiò a Padova conseguendo la laurea *in
artibus* nel 1502. Negli anni 1508-1509 fu membro dell'Accademia Alviana, fondata
a Pordenone dal comandante in capo delle truppe veneziane Bartolomeo d'Al-
viano, cui aderirono personaggi importanti come Pietro Bembo, Andrea Navagero
e Giulio Camillo. Dopo la disfatta di Agnadello del maggio 1509, seguì per breve
tempo l'Alviano, rientrando quindi a Verona, dove risiedette poi per il resto della
sua vita. Importanti furono nell'ambiente veronese i rapporti con Giovan Matteo
Giberti, datario di Clemente VII e vescovo di Verona dal 1524, del quale Fracastoro
divenne medico personale, come pure con alcuni esponenti della famiglia Della
Torre, soprattutto Gian Battista (cfr. scheda), ammirato per le sue ricerche in cam-
po astronomico. Nel 1545 fu nominato medico ufficiale del Concilio di Trento.
Proprio a causa del suo referto su alcuni casi di tifo petecchiale verificatisi in
quella città, nel 1547 il Concilio fu trasferito a Bologna. Morì pochi anni dopo,
nel 1553, nella sua villa di Incaffi, località appartata della Val d'Adige, nella quale
sono ambientati i suoi dialoghi filosofici. Fra le opere stampate in vita, una certa
fama ebbe il poema *Syphilis sive de morbo Gallico,* apparsa prima a Venezia nel
1530 in edizione non autorizzata, poi a Verona nello stesso anno. Nel 1538 pub-
blicò il trattato astronomico *Homocentricorum sive de stellis liber unus,* per il
quale aveva chiesto anche il parere del celebre Gasparo Contarini. Altri scritti di
argomento medico uscirono negli anni successivi, raccolti poi nell'edizione po-
stuma degli *Opera omnia* del 1555. In campo letterario, notevole è il trattato *Nau-*

gerius sive de poetica, fondato sul concetto di *furor poeticus* e della poesia come itinerario di progressivo avvicinamento alla bellezza assoluta. Qualche rilievo nella sua produzione in versi rivestono i *Carmina*, mentre del tutto marginale appare la composizione di testi in volgare. Le liriche pubblicate in G1 (poi espunte in G2) risalgono agli anni Venti; il sonetto *Tosca città, che su la riva amena* (2) non può essere precedente al 1524, poiché vi si allude a Giberti come vescovo di Verona. [P.Z.]

Cornelio Frangipane [XXXVIII]

Nato a Tarcento, nei pressi di Udine, nel 1508, da una famiglia che fin dal sec. XIII era titolare dei feudi di Castello (Castelporpetto) e di Tarcento, dagli anni Trenta cominciò ad assumere il cognome Frangipane, derivato dall'antica *gens* romana di cui i Castello si ritenevano discendenti. Si formò a Udine, ed ebbe occasione di seguire anche le lezioni del celebre Giulio Camillo, che lo ricorda come suo allievo. Nel 1527 si trasferì a Padova per studiare giurisprudenza, addottorandosi nel 1534. Datano a questa altezza cronologica le sue prime prove letterarie, in versi e in prosa. Cominciò quindi l'attività di avvocato in patria, ricoprendo inoltre cariche pubbliche che motivarono i suoi frequenti viaggi a Venezia, nel corso dei quali ebbe modo di fare amicizia con personalità di primo piano come Trifone Gabriele e Sperone Speroni. In questi anni fu anche in corrispondenza con Pietro Aretino, al quale chiese fra l'altro un parere su alcune proprie liriche volgari. Nel 1545 si fece notare con l'orazione da lui pronunciata a nome della sua provincia per l'elezione alla carica dogale di Francesco Donà (il testo fu pubblicato a Venezia nello stesso anno per i tipi di Vincenzo Valgrisi). Della sua attività forense va ricordata almeno la difesa di Matthias Hofer, signore di Duino, accusato alla fine degli anni Quaranta di omicidio, per il quale ottenne la completa assoluzione. Frangipane aveva conosciuto Matthias Hofer nel 1539, in occasione di un viaggio a Trieste, e per la sorella di lui, Orsa Hofer, compose un canzoniere di stampo petrarchesco che non diede alle stampe. Il primo dei due sonetti pubblicati nella Giolitina (1: *L'ORSA, che già da la Iapidia venne*) è proprio uno dei testi dedicati alla nobildonna, a cui morte Frangipane fece costruire nel giardino del suo palazzo di Tarcento una fontana chiamata Elice (dal nome classico della costellazione dell'Orsa), invitando una schiera di oltre sessanta autori friulani a comporre poesie in onore della fontana, raccolte poi nel volume *Helice. Rime e versi di vari compositori del Friuli sopra la fontana Helice*, stampata a Venezia nel 1566. Continuò quindi ad esercitare come avvocato, impegnandosi anche in cause delicate come il processo per eresia contro Isabella Frattina, nobile di Portogruaro, tenutosi nel 1569 presso l'Inquisizione di Venezia, causa che attirò su di lui i sospetti dell'autorità ecclesiastica. Morì a Tarcento nel 1588, e dopo soltanto due giorni l'Inquisizione udinese pose sotto sequestro la sua ricchissima biblioteca. [P.Z.]

Trifone Gabriele [XXVII]

Nato nel 1470 in un piccolo paese nei pressi di Treviso, ma figlio di un patrizio veneziano, Trifone Gabriele seguì inizialmente il *cursus honorum* consueto per un giovane rampollo della nobiltà lagunare. Ben presto, tuttavia, decise di abbandonare la carriera pubblica e di prendere gli ordini minori ecclesiastici, probabilmente intorno al 1498. Da questo momento trascorse un'esistenza piuttosto appartata, per quanto arricchita da numerose relazioni con personalità di primo piano della prima metà del Cinquecento: fra i suoi amici Pietro Bembo, che richiese nel 1512 il suo parere sui primi due libri delle *Prose della volgar lingua*, Giovanni Aurelio Augurelli, Andrea Navagero, Bernardino Daniello. Quest'ultimo, in particolare, risulta strettamente legato all'insegnamento di Gabriele, dalle cui lezioni ricava, per sua esplicita ammissione, molti dei materiali poi utilizzati nei suoi commenti al *Canzoniere* di Petrarca e alla *Commedia* dantesca. Ma l'impegno esegetico di Gabriele va oltre Petrarca e Dante, e si rivolge anche ai classici latini, nell'ambito di una intensa attività didattica svolta sempre al di fuori delle istituzioni e limitata a cerchie ristrette di amici fra Padova e Venezia, fino alla morte nell'ottobre del 1549. Scarsissime le testimonianze della sua produzione lirica, fra le quali i due sonetti della Giolitina sembrano costituire i primi pezzi apparsi a stampa, forse per la mediazione proprio di Bernardino Daniello, suo devoto allievo, come si è detto, e in ottimi rapporti in quegli anni con Domenichi (ma certo le poche rime di Trifone Gabriele avevano anche una discreta circolazione manoscritta in ambiente veneto ed erano quindi facilmente reperibili in qualche codice miscellaneo). [P.Z.]

Veronica Gambara [LIX]

Nata nel 1485 a Pralboino, nei pressi di Brescia, antico feudo della famiglia Gambara, fu avviata ad una educazione letteraria di buon livello. Precoce il suo interesse per la poesia volgare, che risale ai primi anni del Cinquecento, come pure il rapporto di stima reciproca con Pietro Bembo, assiduo lettore delle sue rime, delle quali diede anche giudizi lusinghieri. Nel 1509 si trasferì a Correggio dopo il matrimonio con il conte Giberto X. Alla morte del marito, nel 1518, decise di non risposarsi e di curare personalmente l'amministrazione del piccolo Stato, compito che svolse con non comune fermezza e intelligenza politica. La sua fama, anche letteraria, giunse al culmine in occasione dell'incontro a Bologna tra il papa e l'imperatore avvenuto nel 1529-30. La sua casa bolognese in quei mesi fu frequentata da molti dei letterati più celebri del tempo, giunti in città per assistere all'importante evento. Fra i più noti, oltre a Pietro Bembo, furono suoi ospiti Bernardo Cappello, Gian Giorgio Trissino, Francesco Maria Molza. Degli anni seguenti va ricordata almeno la sua coraggiosa ed efficace difesa di Correggio dall'aggressione di Galeotto Pico della Mirandola nel 1538. Dopo che il governo della contea fu assunto dal figlio Ippolito, si dedicò ad una vita più ritirata, continuando a coltivare i suoi interessi letterari e avviandosi anche ad una più intensa riflessione religiosa. Morì a Correggio nel 1550. Le sue rime non furono raccolte in volume, ma si leggono in molte antologie cinquecentesche. I testi inclusi nella Giolitina erano all'epoca inediti e confermano quindi la buona circolazione manoscritta dei suoi materiali e la fama di cui godeva nei circoli letterari. Il primo sonetto (1: *Vinca gli sdegni e l'odio vostro antico*) secondo il suo moderno editore Alan Bullock è in realtà di Vittoria Colonna: la circostanza, com'è ovvio, non depone a favore di un suo coinvolgimento diretto nell'edizione. [P.Z.]

Giovanni Andrea Gesualdo [IV]

Nato a Traetto (l'attuale Minturno) nel 1496, Gesualdo fu legato, anche da vincoli di parentela, ad Antonio Minturno, il cui magistero risulta evidente nel suo importante e ponderoso commento al *Canzoniere* di Petrarca pubblicato a Venezia nel 1533, ma composto entro il terzo decennio del secolo. A Napoli frequentò l'Accademia Pontaniana, partecipando alle discussioni sulla lirica volgare e seguendo le lezioni di Minturno sulla poetica. Ebbe anche incarichi ufficiali da Isabella d'Aragona, ma in generale le notizie biografiche sono scarse e si collocano quasi esclusivamente intorno agli anni di pubblicazione del commento petrarchesco. Ignota è la data di morte. La scelta di stampare il commento a Venezia, dovuta probabilmente alla crisi dell'editoria napoletana alla fine degli anni Venti, determinò senza dubbio una sua discreta fama anche nell'ambiente veneto, tanto più che a visionare il manoscritto per la concessione della licenza di stampa fu lo stesso Pietro Bembo, insieme a Federico Vallaresso. Si spiega forse così la sua presenza nell'antologia con un gruppo non troppo esiguo di rime, dalla cui lettura si ricava comunque l'impressione di una pratica di scrittura del tutto passiva e appiattita su soluzioni stilistiche di matrice petrarchesca (in particolare le figure di ripetizione) su cui Gesualdo insiste fino all'eccesso. [P.Z.]

Alessandro Giovio (Abate) [XLVII]

Figlio di Benedetto, fratello maggiore del celebre storiografo Paolo Giovio, nacque a Como tra il 1502 e il 1503. Sembra che nel 1520 si trovasse a Roma presso lo zio. Studiò in diverse università italiane, fra le quali Bologna, dove dalla relazione con una donna di quella città ebbe un figlio (Paolo Giovio il giovane). Nel 1541 lo zio rinunciò in suo favore alla Badia di San Giuliano, che nel 1561 egli stesso donerà al figlio. Di lui si ricordano gli interessi scientifici e geografici, accompagnati da una certa facilità nelle composizioni poetiche. Morì nel 1564. In G1 viene indicato solo come "Abbate Giovio", mentre in G2 è aggiunto il nome Alessandro, forse per evitare fraintendimenti nell'individuazione del personaggio. Considerata la sua appartenenza all'ambiente comasco di cui fanno parte anche gli autori che lo precedono e seguono immediatamente nella Giolitina, non è difficile ipotizzare che i suoi testi giungessero a Domenichi grazie ai contatti che il curatore dell'antologia aveva con alcuni di questi personaggi, in particolare con Giovanni Antonio Volpi. Alessandro Giovio era del resto in contatto con Anton Francesco Doni, a sua volta molto vicino a Domenichi in quel giro d'anni, come dimostra una lettera di Doni indirizzata "Al Reverendo Abbate il Signor Alessandro Giovio" scritta da Venezia nell'aprile del 1544. A lui si fa riferimento anche in una lettera di Luigi Raimondi spedita da Como allo stesso Doni pochi mesi dopo, in settembre, nella quale lo si saluta anche a nome "delli Signori Abbate, et Commendatore Giovii". Quanto ai testi pubblicati nella raccolta, si tratta in gran parte di sonetti di genere encomiastico, che rivelano una certa scaltrezza stilistica e sembrano dimostrare i contatti di questo letterato di provincia con alcune personalità di primo piano, come Vittoria Colonna e Bernardo Tasso. [P.Z.]

Lancillotto Gnocco [A 48-50]

Quasi nulla si sa di questo personaggio, del quale in G2 sono accolti tre sonetti. Doveva essere ancora piuttosto giovane intorno alla metà degli anni Quaranta, dato che Anton Francesco Doni, scrivendogli da Firenze nell'ottobre del 1545, si rivolgeva a lui chiamandolo "giovane nobile et discreto". La lettera di Doni consente fra l'altro di sapere che a quella data Gnocco si trovava a Venezia ed aveva contatti con Domenichi e Parabosco, che il fiorentino chiede al giovane amico di salutare a suo nome. D'altra parte in G2 Domenichi stesso aggiunge nella sua

sezione personale proprio un sonetto indirizzato a Gnocco (A 75: *Poi che 'l ciel,*
LANCILOTTO, a voi concesse), cui si rivolge con toni quasi paternalistici, sollecitan-
dolo a seguire la via della virtù e non quella del vizio. [P.Z.]

Bartolomeo Gottifredi [XL; A 39-47]

Nacque a Piacenza nei primi anni del XVI secolo e nel 1531 conseguì il diploma
di notaio. Compì diversi viaggi a Venezia, entrando così in contatto con il mondo
culturale della città veneta (sarà per questo ricordato da Betussi nel *Dialogo amo-*
roso), per divenire poi uno dei personaggi più attivi dell'Accademia degli Ortolani.
Compose nei primi anni Quaranta due trattati di materia amorosa, giocati in chiave
comica: lo *Specchio d'amore* (forse Piacenza, 1543 e poi Firenze, Doni, 1547) e
Dell'amor santo delle monache, che però non andò a stampa (ne dà notizia Doni
nella *Libraria*). Nel '43 fu per un periodo in Ungheria, forse al seguito di una
missione diplomatica. Si perdono poi le tracce di Gottifredi che quasi sicuramente
entrò a servizio dei Farnese, lasciando in secondo piano i suoi interessi letterari.
Lo stretto legame di Domenichi con Gottifredi motiva la nutrita presenza di sue
rime nell'antologia; ai 9 componimenti editi in G1 se ne aggiungeranno altrettanti
in G2, conferendo in questo modo un ruolo di spicco all'autore all'interno del
libro. L'aggiunta di testi fu accompagnata da una revisione di quelli già presenti
in G1, come testimoniano le minime varianti introdotte (1, 1: *Tra l'herbe a piè*
d'un pin, che lo copriva > *Tra l'herbe a piè d'un mirto, che 'l copriva* ; 6, 10:
drizzando nel mio cor ogni saetta > *drizzando nel mio cor la sua saetta*). Altre
sue rime si trovano nel *Libro secondo* di Giolito (13), nel *Libro terzo* di Andrea
Arrivabene (4) e nell'edizione dei *Tre libri di lettere* di Anton Francesco Doni
(Venezia, Marcolini, 1552). [F.T.]

Emanuele Grimaldi [XXXVI]

Non si conoscono dati biografici precisi su questo autore di origine genovese.
Nei primi anni Quaranta era attivo in ambiente veneto e a Padova partecipò al-
l'Accademia degli Infiammati. La circostanza consente di giustificare la sua inclu-
sione nella Giolitina, come per gli altri autori che presero parte a quella Accademia
e dei quali Domenichi decise di accogliere testi poetici nell'antologia. Liriche di
Grimaldi si leggono anche in altre raccolte cinquecentesche (14 sonetti sono stam-
pati ad esempio nel *Libro quarto* del 1551); il Quadrio cita una presunta edizione
genovese delle rime di Grimaldi pubblicata nel 1549 senza darne ulteriori indi-
cazioni tipografiche, edizione che tuttavia non si è riusciti a reperire. Da segnalare,
inoltre, la presenza di un suo sonetto di proposta nel volume *Cento sonetti* di
Alessandro Piccolomini (Roma, Valgrisi, 1549), altro accademico Infiammato, a
sua volta tra gli autori aggiunti in G2. Ad uno dei testi di Piccolomini inclusi nella
Giolitina, composto in occasione di una visita alla tomba di Petrarca ad Arquà
(A 37: *Giunto Alessandro a la famosa tomba*), si riferisce un sonetto di Grimaldi
indirizzato a Benedetto Varchi (*Poi ch'Alessandro la famosa tomba*), al quale il
fiorentino rispose per le rime con il sonetto *Avventurosa e ben gradita tomba*
(entrambi i testi furono pubblicati nel volume *De sonetti di m. Benedetto Varchi*
colle risposte e proposte di diversi. Parte seconda, Firenze, Torrentino, 1557). Ciò
conferma la familiarità di Grimaldi con molti degli autori della Giolitina, ai quali
si può aggiungere Andrea Campesano, presente nella silloge anche con un sonetto
dedicato al genovese (A 63: *Qui dove bagna il mio patrio terreno*). [P.Z.]

Giovanni Guidiccioni [XXI]

Nato a Lucca nel 1500 da una nobile famiglia, si avviò presto alla carriera ecclesiastica. Nel 1525 si laureò in legge, entrando poi al servizio del cardinale Farnese. Per volontà del suo protettore, divenuto papa col nome di Paolo III, nel 1534 fu nominato governatore di Roma e in seguito vescovo di Fossombrone. Svolse molti incarichi ufficiali per conto della Curia pontificia, ricoprendo fra l'altro la carica di presidente della Romagna e quella di governatore della Marca. Morì a Macerata nel 1541. Celebre la sua *Orazione ai nobili di Lucca*, pronunciata nel 1533 in difesa dei cosiddetti "straccioni", protagonisti di una rivolta contro l'oppressione del patriziato lucchese, e pubblicata per la prima volta proprio da Lodovico Domenichi in un un volume che comprende anche alcune rime (Firenze, Torrentino, 1557). L'attività di poeta volgare fu per lui certo marginale, ma è comunque particolarmente interessante perché caratterizzata da una ricerca di compostezza stilistica che risente molto dell'influsso esercitato dalle tendenze classiciste dell'ambiente romano, e in particolare dell'insegnamento di Claudio Tolomei. Nella Giolitina Guidiccioni è l'autore rappresentato dal maggior numero di testi: Domenichi non si lasciò sfuggire l'occasione di mettere a stampa un gruppo così nutrito di liriche di un personaggio già molto celebre e stimato in vita e da poco scomparso, mettendo a segno in tal modo un fortunato colpo editoriale (cfr. *Introduzione*, pp. XXI-XXIV). Va inoltre osservato che i testi si presentano in una seriazione molto vicina a quella testimoniata da una parte della tradizione manoscritta delle liriche di Guidiccioni, ad esempio dal ms. 982 (H 139) della Biblioteca Trivulziana di Milano e anche, stando alle più recenti ipotesi avanzate sulla sua originaria fascicolatura, dal ms. 344 della Biblioteca Palatina di Parma, copia fatta realizzare dallo stesso Guidiccioni e inviata ad Annibal Caro per una revisione dei testi (cfr. *Introduzione*, p. XXIV n. 46). La seriazione della Giolitina sarebbe quindi in sostanza riconducibile alla volontà dell'autore, nonostante qualche inversione nell'ordine dei testi e qualche assenza. Da notare poi la presenza, nella zona conclusiva, di liriche di pentimento o genericamente ispirate a motivi spirituali, come i tre sonetti indirizzati al predicatore Bernardino Ochino prima della sua definitiva presa di posizione in favore delle idee riformate (70: *O messaggier di Dio, che 'n bigia vesta* ; 71: *A quei ferventi spirti, a le parole* ; 72: *O sante figlie de l'eterno Sire*). [P.Z.]

Marchese del Vasto, vedi Alfonso d'Avalos

Jacopo Marmitta [XIII]

Molto scarse le notizie biografiche su questo poeta, nato a Parma nel 1504. Di lui si sa che fu segretario del cardinale Ricci da Montepulciano e che a Parma fu membro dell'Accademia degli Innominati. Divenne seguace e amico intimo di San Filippo Neri, che fu presente al momento della sua morte, avvenuta nel 1561. Le sue rime, pubblicate postume (Parma, Viotto, 1564), sono in genere giudicate favorevolmente dalla critica, come esempio di un petrarchismo pacato, non privo di approfondimenti, anche in senso morale. Forti risultano, soprattutto nelle sue prove più tarde, le suggestioni dellacasiane, come pure un influsso notevole sembra essere esercitato, per altri aspetti, dalla lezione oraziana. Qualche sua lirica fu inclusa anche in antologie successive; nel 1565, ad un anno dalla pubblicazione delle sue rime in volume, Dionigi Atanagi ne colse il valore, includendo una quindicina di sue poesie in entrambi i libri di rime di diversi da lui pubblicati per i tipi di Lodovico Avanzo. I rapporti di Marmitta con l'ambiente in cui fu realizzata la Giolitina sono testimoniati anche da un paio di sonetti a lui dedicati e inclusi nella raccolta, entrambi di autori veneziani: Paolo Crivello (A 29: *Al poco lume e molto spazio d'ombra*) e Lodovico Dolce (LXIV, 21: *O per cui i dianzi dì turbati e neri*). I due testi editi nella Giolitina celebrano, con rilevante enfasi, il suicidio di Filippo Strozzi. [P.Z.]

Nicolò Martelli [LXXXIV]

Nato a Firenze nel 1498, fu per tutta la vita un mercante, ma con profondi interessi letterari. In contatto con personaggi importanti del panorama culturale non solo fiorentino, si dedicò anche alla poesia, con una produzione di qualche interesse, sia sul versante lirico che burlesco. Un piccolo canzoniere autografo, che l'autore tentò invano di far pubblicare, è conservato alla Biblioteca Nazionale di Firenze (ms. VII, 245). Nel 1543 cercò di intraprendere una carriera cortigiana in Francia, anche con la mediazione di Luigi Alamanni, ma il tentativo fallì, e fu quindi costretto a rientrare nella sua città. Qui fu tra i fondatori dell'Accademia degli Umidi, all'inizio degli anni Quaranta, e poi membro importante dell'Accademia Fiorentina. In contatto anche con l'ambiente veneto, e in particolare con il circolo legato agli Infiammati di Padova, ebbe fra i suoi corrispondenti Pietro Aretino. Da segnalare l'amicizia con Anton Francesco Doni, editore nel 1546 del primo libro delle sue *Lettere* (il secondo libro è invece rimasto inedito ed è trasmesso da un codice approntato in vista della stampa, conservato nella Biblioteca Nazionale di Firenze, ms. Magl. VIII, 1447). Morì a Firenze nel 1555. L'unico testo a lui attribuito in G1 verrà espunto in G2. [P.Z.]

Ugolino Martelli [LXXIV]

Nato a Firenze nel 1519, già nel 1531 prese i primi ordini religiosi, dando avvio ad una carriera ecclesiastica che solo molti anni più tardi lo vedrà pienamente coinvolto. Fin da giovanissimo, invece, la sua attenzione fu tutta rivolta agli studi letterari, sotto la guida esperta di due illustri concittadini, Benedetto Varchi e Piero Vettori. Dal 1536, anche grazie alla mediazione dei due protettori, entrò in contatto con molte personalità di spicco del panorama letterario e artistico italiano, da Bembo ad Aretino, da Cellini a Molza. Nel 1537 si trasferì per studiare diritto a Padova, raggiungendo Varchi, e vi rimase fino al 1542. Nella città veneta, oltre alle lezioni universitarie, frequentò il circolo legato a Pietro Bembo e prese parte attiva alle sedute dell'Accademia degli Infiammati. Proprio in quella Accademia il 19 settembre del 1540 Martelli tenne una notevole lezione sul sonetto bembiano *Piansi e cantai lo strazio e l'aspra guerra*. Rientrò a Firenze nel 1542, a causa di problemi di salute e per le difficoltà economiche in cui versava al momento la sua famiglia. Nella città natale fu tra i membri dell'Accademia Fiorentina, al cui interno si impegnò attivamente negli anni successivi, fino al 1548, rivestendo anche la carica di console nel 1544. Nel 1548 lasciò nuovamente Firenze per recarsi prima a Roma e poi, al servizio di Lorenzo Strozzi, in Francia, dove nel 1568 raggiunse il vertice della sua carriera ecclesiastica con la nomina a vescovo di Glandèves, località nelle Alpi Marittime nei pressi di Entrevaux. Rientrò definitivamente in Italia nel 1588, installandosi nella sua proprietà di Vitiana, dove morì nel 1592. Il sonetto pubblicato nella Giolitina, dedicato a Varchi e scritto poco dopo la partenza dell'amico per il Veneto, fa esplicito riferimento a due dei personaggi con cui Martelli sarà in stretto rapporto nel suo soggiorno padovano, Pietro Bembo e Lorenzo Lenzi (un fiorentino che già dal 1535 si trovava a Padova), e si colloca nell'ambito di un'intensa attività di corrispondenza in versi che lega tutti questi personaggi fra la fine degli anni Trenta e i primi anni Quaranta. [P.Z.]

Vincenzo Martelli [II]

Nato a Firenze, entrò ben presto al servizio del principe Sanseverino, che servì a lungo, seguendone le alterne fortune. In particolare rimase celebre la disputa tra lui e Bernardo Tasso, testimoniata da diverse lettere dei due, avversari nel consigliare il principe sull'opportunità di accettare l'incarico di farsi portavoce della città di Napoli presso l'imperatore, quando nel 1547 la città insorse contro il tentativo di introdurre l'Inquisizione da parte del viceré don Pedro de Toledo: il parere di Martelli, che invitava il principe a tenersi lontano dalla rivolta, non fu ascoltato. In seguito, forse a causa dei sospetti nutriti da Sanseverino verso il suo segretario, fu imprigionato per qualche anno. Morì, pare dopo aver compiuto un pellegrinaggio a Gerusalemme, nel 1556. Nel 1563 uscì, postuma, un'edizione delle sue rime a cura di Baccio Valori (Firenze, Giunti), tra le quali si trovano, con numerose varianti di lezione, i quattro sonetti qui editi. A suo nome si trovano svariate poesie anche in altri volumi miscellanei. Nonostante la lunga serie di imprecisioni tipografiche, parzialmente corrette dalle notizie aggiunte negli *errata corrige*, vanno attribuiti a lui solo i primi quattro componimenti stampati a suo nome in G1, mentre gli ultimi due appartengono a Pietro Barignano. [F.T.]

Ippolito de' Medici [XXIV]

Nacque a Urbino nel 1511, figlio illegittimo del Duca di Nemours, e fu educato alla corte di Leone X a Roma. Da questi fu inviato nel 1524 a Firenze per reggere la città sotto la tutela del cardinal Passerini, che risultò inviso alla città al punto che furono cacciati entrambi nel 1527. Creato cardinale nel 1529 dallo zio Clemente VII, Ippolito tentò di svestire la porpora non appena Firenze tornò sotto la signoria medicea, infaustamente assegnata al cugino Alessandro. Falliti i primi tentativi di riprendere possesso della città, il Medici fu poi legato papale durante la spedizione imperiale contro i Turchi in Ungheria nel 1532. La grande audacia mostrata in questa occasione, soprattutto nel tentativo di porsi a capo di un moto insurrezionale dei soldati italiani militanti nell'esercito di Carlo V, tentativo che gli costò anche l'arresto, alimentò le speranze italiane di una ripresa della lotta contro gli invasori. In effetti già nel 1533 il Medici partecipò a Marsiglia agli incontri segreti tra Clemente VII e Francesco I per rinnovare la strategia anti-imperiale in Italia e l'anno seguente prese accordi con i fuorusciti fiorentini capeggiati da Filippo Strozzi per rovesciare in Firenze il governo del cugino Alessandro ben visto dall'imperatore; nel contempo intrattenne rapporti, via via più stretti, con la Duchessa di Fondi Giulia Gonzaga. Nell'agosto del 1535, mentre preparava un viaggio a Tunisi ufficialmente per unirsi alla spedizione imperiale, ma in realtà per costringere Carlo V a reintegrarlo nel governo di Firenze, morì improvvisamente, quasi certamente avvelenato da un sicario inviato da Alessandro de' Medici. La sua scomparsa fu pianta come un'autentica sciagura per le sorti d'Italia, non soltanto da Molza, suo principale sostenitore, ma da gran parte dei letterati italiani, dall'Aretino al Varchi, come anche testimoniano nella stessa Giolitina i testi di Coppetta e di

Bernardino Daniello. Ai progetti politici e militari e al generoso mecenatismo che fece della sua corte romana un vivo centro di produzione letteraria e artistica, accompagnò anche un'attività poetica che, oltre a pochi testi lirici, annovera un elegante volgarizzamento del secondo e del quarto libro dell'*Eneide*, (il secondo edito: Roma, Blado, 1538). [F.T.]

Lorenzo de' Medici [XLI]

La presenza di un sonetto di Lorenzo de' Medici (1449-1492) fra i testi della Giolitina è per certi versi riconducibile al criterio base cui si ispirò Domenichi nella selezione dei materiali, vale a dire la ricerca dell'inedito. Va detto tuttavia che a quell'altezza cronologica il *Canzoniere* del Magnifico non era ancora stato pubblicato; il curatore della silloge, quindi, avrebbe potuto approfittare della circostanza per arricchire la sezione a lui dedicata con altri testi. In ogni caso, il sonetto accolto (il n. 155 delle moderne edizioni critiche) è il primo componimento del *Canzoniere* laurenziano dato alle stampe, per quanto in G1 in una redazione fortemente approssimativa e scorretta, il che spiega probabilmente i numerosi interventi operati sul testo in G2, in qualche caso decisamente più conformi alle lezioni offerte dai testimoni più autorevoli della tradizione manoscritta. Qui di seguito si elencano le varianti più consistenti fra G1 e G2: 1, 1: *che acque tenere fur quelle* > *che belle lagrime fur quelle*; 1, 6: *le lattee guancie* > *le guancie bianche*; 1, 7: *come un bel rio faria* > *come chiar rio faria*; 1, 8: *fior bianchi e gialli* > *fior bianchi e rossi*; 1, 9: *E Amor si stava in la vezzosa pioggia* > *Stavasi Amor ne la soave pioggia*; 1, 10: *quasi augel* > *come augel*; 1, 12: *Così nel vago albergo, ov'egli alloggia* > *Et piangendo ne gli occhi, ov'egli alloggia*; 1, 13: *facea del caro, e angoscioso pianto* > *facea col bello, e doloroso pianto.* [P.Z.]

Girolamo Mentovato [A 52-54]

Fu insegnante di diritto a Piacenza e vivace animatore della vita culturale della città, membro anche dell'Accademia degli Ortolani promossa, tra gli altri, da Domenichi e Doni. Partecipò inoltre con ruoli di primo piano alla gestione politica della città; in particolare fece parte del consiglio di Pier Luigi Farnese, che lo nominò poi governatore di Parma. Gli stretti legami con il curatore della Giolitina, testimoniati da alcune lettere e dai sonetti di corrispondenza tra i due editi nelle rime di Domenichi (Giolito, 1544), danno ragione dell'inserimento dei tre sonetti di Mentovato in G2, non privi di una composta eleganza. Altre sue rime si trovano nel *Libro terzo* di Arrivabene (2) e nel *Libro quarto* di Giaccarello (6). [F.T.]

Francesco Maria Molza [XVI; A 1-3]

Nacque a Modena nel 1489; dopo aver iniziato gli studi a Bologna nel 1505 si trasferì a Roma presso la corte di Giulio II. Rientrato nel 1512 a Modena per sposare Masina Sartori, vi restò sino al 1516 quando tornò a Roma, dove visse una felice stagione al centro della vita culturale della corte papale. Negli anni del pontificato di Adriano VI raggiunse Bologna; qui entrò in contatto con Camilla Gonzaga e, dopo l'elezione di Clemente VII, tornò a Roma al servizio di Ippolito de' Medici. Nel 1535 la morte del Medici gettò nello sconforto Molza. Di questi anni è il famoso poemetto *La ninfa tiberina*, nel quale celebra la nobile romana Faustina Mancini; nello stesso periodo fu uno dei membri più attivi, assieme ad

Annibal Caro, dell'Accademia romana dei Vignaiuoli. Fattasi difficile la sua situazione economica, nel 1538 entrò al servizio di Alessandro Farnese; nello stesso tempo si manifestò però anche il mal francese, che lo costrinse ad alternare la partecipazione alla vita pubblica al ritiro, fino al definitivo rientro nella natia Modena, dove, trascorsi pochi mesi confortato dalla compagnia dell'amico Trifone Benci, la morte lo colse il 28 febbraio del 1544. La grande fama di cui godette in vita Francesco Maria Molza è documentata dalle moltissime testimonianze manoscritte delle sue opere latine e volgari. Poche però furono quelle pubblicate in vita, in specie per quanto attiene alla vastissima produzione volgare: nel 1538 apparve un gruppo di sue rime in una piccola antologia, accanto a quelle di Brocardo e Delfino (*Rime del Brocardo e d'altri autori*, Venezia, 1538); mentre nel 1539 uscirono alcuni capitoli, ancora una volta in una raccolta collettanea di grande fortuna editoriale (*Terze rime del Molza, del Varchi, del Dolce, et d'altri*, Venezia, Curzio Navò, 1539). Il cospicuo numero di testi pubblicati da Giolito pare provenire da blocchi omogenei di componimenti: ad esempio i tre sonetti iniziali dedicati al rossore dell'amata, o quelli in morte di Ippolito de' Medici (17-19), o in morte di Faustina Mancini (22-24). I tre sonetti aggiunti in G2 sono invece encomiastici e restano estranei alla suddivisione di G1. Del sonetto dedicato a Caro (5: *CARO, che quanto scopre il nostro polo*) si legge nella Giolitina la risposta nella sezione a questi dedicata (XXXIX, 10: *Non può gir vosco, altera aquila, a volo*). [F.T.].

Girolamo Muzio [LVII]

Nacque a Padova nel 1496 ma trascorse la sua giovinezza a Capodistria, dove ricevette la sua prima formazione. Morto il padre, Muzio cominciò dal 1515 una carriera di cortigiano che lo vedrà impegnato, al servizio di diversi signori, per tutta la vita. Nel 1528, dopo essere stato per qualche anno alla corte cesarea di Vienna, entrò nell'*entourage* di Claudio Rangoni, con il quale fu in Francia, in compagnia di Giulio Camillo. Ormai noto, soprattutto per la sua competenza in materia cavalleresca, passò un periodo presso la corte ferrarese e, in seguito, fu richiesto dal marchese Alfonso d'Avalos. Alla morte di questi lavorò per Ferrante Gonzaga e, verso i primi anni Cinquanta, infittì i rapporti con la corte romana, sostenendo con vivacità le posizioni antiriformate. Proprio in questo periodo pubblicò svariate opere: tra queste saranno i trattati cavallereschi ad assicurargli un successo europeo. Trascorse gli ultimi anni a Roma, ancora molto attivo sul fronte letterario con scritti di carattere linguistico, sino al 1572, anno della sua morte. I testi editi da Domenichi vennero ristampati negli anni successivi nelle raccolte di Muzio edite da Giolito: l'egloga *Il pastor Aristeo pensoso e solo* (1) si trova tra le *Egloghe del Mutio* (Venezia, Giolito, 1551) con qualche variante; i sonetti *Non ha la nostra età sì altiero core* (2) e *Se 'l barbarico indomito furore* (3) sono una doppia risposta per le rime al sonetto - edito in G1 - del Marchese del Vasto *MUZIO, che resti ove restò il mio core* (XLVIII, 1) e si trovano nelle *Rime diverse del Mutio Iustinopolitano* (Venezia, Giolito, 1551); la canzone *Donne gentili, Amor vuol ch'io favelle* (4) è anch'essa presente nelle *Rime diverse* con significative varianti di lezione. Va inoltre segnalato che tre sonetti attribuiti nell'antologia a Giovanni Muzzarelli, *Aere sereno, aperte piaggie apriche* (X, 11), *Ninfe, che i verdi colli e l'acque vive* (X, 12), *Occhi vaghi, amorosi, ove risplende* (X, 15), sono da attribuire a Muzio: i tre testi si trovano infatti stampati tra le sue rime nell'edizione del '51, il primo dedicato al "Christianissimo re Francesco" e il terzo a Tullia d'Aragona. La sua fortuna nella serie di libri antologici è testimoniata dall'alto numero di testi (23) presenti nel *Libro secondo* di Giolito (1547). [F.T.]

Giovanni Muzzarelli [X]

Nacque nella provincia mantovana verso il 1486, entrando ben presto al servizio di Ludovico Gonzaga, vescovo di Mantova, e poi presso i signori di Sabbioneta. Compose tra il 1505 e il 1510 un gradevole prosimetro, l'*Amorosa opra*, dedicato ad Elisabetta Gonzaga; ottenuta da questa una commendatizia per Leone X si trasferì a Roma, godendo dell'amicizia e della stima, tra gli altri, di Pietro Bembo. Nel 1514 il papa gli affidò il controllo della Rocca di Mondaino, presso la quale morì di morte violenta poco più che trentenne. La facilità dei versi di Muzzarelli, unita al suo precoce adeguamento all'ortodossia bembesca (Dionisotti lo definisce uno dei primi allievi di Bembo al di fuori del Veneto), ne garantirono una discreta fortuna nei manoscritti e nelle antologie a stampa del Cinquecento. Accade spesso che gli vengano attribuiti versi di Girolamo Muzio, a causa del nome latineggiante da lui assunto, Muzio Aurelio. Anche Domenichi dovette appoggiarsi ad un testimone malfido, poiché tre sonetti stampati a suo nome appartengono in realtà a Muzio (e si trovano infatti tra i suoi versi editi proprio da Giolito nel '51; anche Ruscelli nei *Fiori* li attribuisce a Muzio). Si tratta dei tre sonetti *Aere sereno, aperte piaggie apriche* (11), *Ninfe, che i verdi colli e l'acque vive* (12), *Occhi vaghi, amorosi, ove risplende* (15). Il capitolo in terza rima *Scuopri del bel cristal l'umida testa* (19), stampato come ultimo componimento di Muzzarelli in G1, viene correttamente restituito a Jacopo Antonio Benalio in G2 (cfr. scheda). Inoltre il sonetto *Quei leggiadri d'amor pensier ardenti* (4) verrà stampato anche nel *Libro secondo* di Giolito (1547) come di "incerto autore". [F.T.]

Andrea Navagero [XII]

Nacque a Venezia nel 1483 da famiglia patrizia; frequentò lo Studio di Padova dove poté incontrare, tra gli altri, Giulio Camillo e Giovanni Cotta, con i quali, sotto la protezione di Bartolomeo d'Alviano, fondò intorno al 1508 una Accademia a Pordenone. Terminati gli studi universitari, Navagero rientrò a Venezia e collaborò con Aldo Manuzio alla curatela di importanti edizioni di autori classici, guadagnandosi la stima e l'affetto dell'editore. La crescente considerazione nei confronti di Navagero, autore anche di importanti orazioni pubbliche, è testimoniata dall'incarico di storiografo affidatogli dal Senato veneziano nel 1516. Fu impegnato poi come ambasciatore a Madrid, per la complicata stipulazione della pace tra Carlo V e Francesco I, e in Francia, dove morì nel 1529. Se la produzione latina di Navagero godette di un notevole successo nel corso dell'intero secolo (basti ricordare le numerose ristampe dell'antologia *Carmina quinque illustrium poetarum*, Venezia, Valgrisi, 1548), il piccolo gruppo di rime volgari non fu da meno, poiché è testimoniato da un folto numero di manoscritti miscellanei. L'eleganza delle rime edite, in specie i madrigali per i quali sarà ricordato da Ruscelli nel suo *Del modo di comporre in versi* (Venezia, Sessa, 1558), sarà da ascrivere ad una imitazione petrarchesca più libera rispetto ai canoni bembeschi, cui si aggiunge una preziosa sensibilità, affinata dalla sicura conoscenza del patrimonio classico. [F.T.]

Leone Orsini [LXXXVI]

Nacque nel 1512 e già nel '33 succedette allo zio Francesco nel vescovado di Fréjus, pur non recandosi in terra francese se non parecchi anni dopo l'investitura.

Giunto a Padova si trovò al centro di un vivace cenacolo letterario, tutto ben rappresentato nell'antologia di Giolito, e fu tra l'altro mecenate di Nicolò Franco, che a lui dedicò le sue prime opere, e del tipografo Antonio Gardane, che gli rese omaggio nelle sue prime edizioni musicali stampate a Venezia. Nel 1540 fu tra i fondatori dell'Accademia padovana degli Infiammati, esperienza decisiva anche per la sua produzione poetica, ricca soprattutto di rime di corrispondenza. Nonostante il suo nome ricorra spesso come dedicatario di opere o come destinatario di versi, ben poche sono le sue rime stampate nel Cinquecento (un altro sonetto si trova nel primo libro De le rime di diversi nobili poeti toscani di Atanagi), anche se a lui sembra possa essere attribuito un nutrito numero di rime contenute in un manoscritto conservato alla Biblioteca Nazionale di Parigi (ms. it. 1535). [F.T.]

Pierfrancesco Orsini, detto Vicino [LXV]

Figlio di Gian Corrado, duca di Bomarzo (località nei pressi di Viterbo), e pronipote di Leone Orsini (cfr. scheda), fu uomo d'armi, categoria ben rappresentata nella scelta di Domenichi. Probabilmente proprio tramite Leone, uno dei fondatori dell'Accademia degli Infiammati, frequentò nei primi anni Quaranta numerosi personaggi legati a quella istituzione culturale, come pure l'ambiente della Libreria della Fenice, dimostrandosi particolarmente curioso delle novità editoriali. A lui Giuseppe Betussi dedicò i suoi primi trattati, il Dialogo amoroso (1543) e Il Raverta (1544), il che conferma la sua contiguità coi circoli letterari fortemente implicati nella realizzazione della Giolitina. Nell'estate del 1543 fu protagonista di una aggressione nei confronti del nobile veneziano Benedetto Corner, episodio che ne determinò il bando dai territori della Serenissima. Di poco posteriore è il suo matrimonio con Giulia Farnese, nipote del papa Paolo III, grazie al quale ottenne un notevole innalzamento del suo prestigio sociale. La sua fama è legata soprattutto all'ideazione del progetto del Sacro Bosco di Bomarzo, per il quale probabilmente compose anche le iscrizioni associate alle monumentali statue scolpite nella roccia poste lungo il labirintico tracciato che si snoda nel parco. Scarse invece le notizie sulla sua attività di rimatore, che a quanto è dato di comprendere dai tre sonetti accolti in G1 (tutti espunti in G2) sembra tendere a soluzioni stilistiche anche non banali (si noti l'uso abbastanza insistito dell'enjambement), per quanto al di fuori di un sicuro controllo complessivo del testo. [P.Z.]

Vicino Orsino, vedi Pierfrancesco Orsini

Tiberio Pandola [LVI]

Svolse a Piacenza la professione di notaio dal 1530 sino al 1575, probabile anno della sua morte, stando alle scarse notizie che su di lui si ritrovano. Il suo vero nome era probabilmente Tiberio Francesco Maruffi, che mutò quando subentrò al notaio piacentino Giulio Cesare Pandola. Fu un attivo membro dell'Accademia degli Ortolani e mantenne rapporti con Domenichi e con Doni, come testimonia un sonetto di scambio con quest'ultimo edito nella Zucca (Potevi ritrovar più degno altrove). Oltre ai pochi sonetti editi da Domenichi è ricordato nelle storie

letterarie anche per le descrizioni di avvenimenti pubblici nella città di Piacenza.
Difficile individuare le ragioni che spinsero Domenichi ad escludere in G2 i quattro
sonetti, che comunque denunciano una imperizia tale da rendere non facile la
piena comprensione del loro significato, a meno di dover ipotizzare una trascri-
zione scorretta degli antigrafi. [F.T.]

Girolamo Parabosco [LXII; A 56-57]

Nacque a Piacenza nel 1524 e, trasferitosi assai giovane a Venezia, divenne ben
presto noto per la sua attività di musicista e madrigalista. Fu entusiasta seguace
della maniera di Willeart e dal 1551 divenne primo organista di San Marco. A
Venezia fu assai noto anche nella società letteraria e nel mondo dell'editoria per
le sue qualità di scrittore, capace di provarsi nei generi più diversi, come l'epi-
stolografia, il teatro e la narrativa breve (*I Diporti*). Come documentano numerose
testimonianze epistolari, fu al centro di molte iniziative editoriali della città lagu-
nare. Morì a Venezia nel 1557, a soli trentatré anni. L'origine piacentina e l'ap-
partenenza alla più quotata società letteraria veneziana ne facevano un candidato
ideale per l'antologia curata da Domenichi; basti, a testimonianza del sodalizio
con questi, la presenza di un sonetto di corrispondenza del Parabosco nell'edizione
delle *Rime* di Domenichi, edita nel '44 da Giolito. Forse per la sua prolificità,
unita ad una eleganza formale non comune, il Parabosco è presente in altre an-
tologie cinquecentesche, comprese quelle musicali, e ha diverse edizioni personali,
a partire da quella del '46 per i tipi di Giovanni De Farri. Del componimento *Chi
vuol veder tutta raccolta insieme* (4) gli *errata corrige* segnalano la lacuna di due
versi, integrati nella presente edizione (4, 15-16: *Occhi beati, più che 'l sol lucenti,
/ che dirò io di voi, che non sia poco?*). [F.T.]

Marcantonio Passero [LXVII]

Libraio napoletano attivo almeno dalla fine degli anni Trenta del Cinquecento, il
suo nome compare più volte in relazione alle antologie di lirica del tempo, sia
come poeta in proprio sia come fornitore di testi di petrarchisti dell'area campana
da inserire nelle raccolte a stampa. Lodovico Dolce, nella dedicatoria a Matteo
Montenero del *Libro settimo* (Venezia, Giolito, 1556), afferma di avere ricevuto le
liriche incluse nel volume proprio da Passero. Anche Girolamo Ruscelli, nell'epi-
stola *Ai lettori* premessa a *I fiori delle rime de' poeti illustri* da lui pubblicati
(Venezia, Sessa, 1558), dice di aver ricèvuto da Passero un libro "con una molto
leggiadra schiera di Cigni nuovi, de' quali quel felice sito è fecondissimo per ogni
tempo", per i quali progetta la pubblicazione di un nuovo volume miscellaneo,
in realtà mai realizzato. Si può anche ipotizzare che a fare da tramite fra Passero
e Domenichi sia stato Giovanni Antonio Clario, con il quale sono documentati
rapporti epistolari. I due sonetti del libraio napoletano, infatti, precedono imme-
diatamente la sezione che comprende testi di autori i cui nomi molti indizi fanno
pensare essere pseudonimi di Clario stesso, e subiscono inoltre la medesima sorte
di questi ultimi, l'espunzione cioè in G2, come conseguenza dei forti contrasti
sopravvenuti fra Domenichi e il letterato ebolense (cfr. *Introduzione*, pp. XXXV-
XXXVI). Passero dovette inoltre far conoscere a Domenichi le rime di Laura Ter-
racina, che verrà inclusa in G2 con alcune stanze·indirizzate al piacentino (cfr.
scheda Terracina). [P.Z.]

Alessandro Piccolomini [A 36-38]

Nacque a Siena nel 1508 da una famiglia nobile. Partecipò giovanissimo alle discussioni della vivace Accademia degli Intronati, cimentandosi con successo nel genere della commedia (*Amor costante*) e nel volgarizzamento dei classici latini. Nel '38 si trasferì a Padova per completare gli studi universitari e trovò nell'Accademia degli Infiammati il luogo ideale per stabilire importanti relazioni e porre le basi del suo orientamento culturale, indirizzato alla divulgazione in lingua volgare delle discipline filosofiche e scientifiche, come testimonia, tra le altre opere, l'*Institutione di tutta la vita de l'homo nobile e in città libera nato. Libri X*, Venezia, Scotto, 1542. Tra il '42 e il '43 fu a Bologna per seguire le lezioni del Boccadiferro, e poi a Siena, dove compose la commedia l'*Alessandro*. Dopo un decennale soggiorno a Roma, nel 1556 tornò a Siena dove visse sino alla morte (1570), lavorando in particolare alle *Annotationi alla poetica* (1575). Dei tre sonetti editi in G2, *Donna, che con eterno alto lavoro* (A 36) era apparso in appendice alla lezione sul sonetto *Ora ten vai superbo, or corri altiero* di Laodomia Forteguerri (Bologna, Bartolomeo Bonardi e Marcantonio da Carpi, 1541), stampato anch'esso in G2 da Domenichi (A 35); *Giunto Alessandro alla famosa tomba* (A 37), che trae ispirazione dalla visita di Piccolomini alla tomba del Petrarca ad Arquà (agosto 1540), ebbe grande fortuna manoscritta, tanto da muovere diversi a rispondere con rime sullo stesso argomento (oltre ad alcune donne senesi, anche gli Infiammati Emanuele Grimaldi, Benedetto Varchi e Leone Orsini); *La vergin cui servì la prima gente* (A 38) fu dedicato ad Ottaviano Scotto "sopra un sogno fatto da l'Autore essendo infermo nel mese d'Agosto in Roma", come si apprende dall'edizione dei *Cento sonetti* da lui curati nel 1549 (Roma, Vincenzo Valgrisi). In questa edizione, dichiaratamente mirata ad illustrare la dignità della lingua lirica italiana in grado di affrontare "materie morali e piene di gravità", troviamo, sensibilmente corretti nelle lezioni, i sonetti A 37-38. [F.T.]

Bartolomeo Carlo Piccolomini, vedi Bartolomeo Carli Piccolomini

Gandolfo Porrino [LXXVI]

Modenese, nacque verso la fine del Quattrocento. Appartenne alla cerchia dei letterati al servizio del cardinale Ippolito de' Medici e alla morte di questi divenne segretario di Giulia Gonzaga, contessa di Fondi e animatrice di uno dei più attivi circoli della Riforma italiana (a lei Juan de Valdès dedicò, nel 1536, l'*Alfabeto cristiano*, testo fondamentale per la diffusione della religione spirituale in Italia). Fu grande amico del più celebre concittadino Francesco Maria Molza: ambedue scrissero fra l'altro, in una sorta di certame poetico, delle stanze in lode di Giulia Gonzaga. Fu anche al servizio del cardinale Alessandro Farnese, che seguì nel 1551 a Firenze quando il suo protettore fu costretto ad abbandonare Roma per l'ostilità del papa Giulio III. In quello stesso anno pubblicò a Venezia un volume di rime per i tipi di Michele Tramezzino. Morì nel 1552 a Roma. La sua attività di rimatore si svolse in gran parte sotto il segno dell'omaggio encomiastico (moltissime sono le liriche dedicate alla Gonzaga). Suoi testi furono stampati anche in altre antologie cinquecentesche: un gruppo piuttosto consistente di poesie di Porrino si legge in particolare nel *Libro terzo* curato da Andrea Arrivabene nel 1550. [P.Z.]

Vincenzo Querini [XXV]

Nacque da un'importante famiglia del patriziato veneziano intorno al 1479. Fece studi universitari a Padova, dove ebbe fra i suoi amici Paolo Canal e Gasparo Contarini. Nei primi anni del Cinquecento svolse importanti incarichi diplomatici per conto della Repubblica. In questo periodo fu anche tra gli amici più cari, insieme a Niccolò Tiepolo e Trifone Gabriele, di Pietro Bembo, con i quali diede vita a quella Compagnia degli Amici, sorta di piccola società letteraria, delle cui 'leggi' ci resta una redazione autografa dello stesso Bembo databile agli anni 1502-1503. Fu uomo di vasta cultura umanistica e uno dei protagonisti del petrarchismo veneto dei primi decenni del secolo, rappresentato da alcuni dei suoi maggiori esponenti nella scelta di Domenichi (cfr. *Introduzione*, p. XXVI). Le sue poche liriche volgari note si leggono in diversi manoscritti, spesso associate a quelle degli amici veneziani, e in alcune delle principali antologie cinquecentesche. La sua vita mutò radicalmente nel 1511, con la scelta di ritirarsi nell'eremo di Camaldoli, seguendo l'esempio dell'amico Tommaso Giustiniani. Nel 1513 si recò a Roma, dove si guadagnò la stima di Leone X. La morte, avvenuta nel 1514, non permise al papa di portare a compimento l'intenzione di nominarlo cardinale, progetto che aveva fra l'altro suscitato l'ostilità del suo vecchio compagno Pietro Bembo, in quegli stessi anni divenuto segretario pontificio. La Giolitina costituisce l'*editio princeps* per le stanze di Querini, che furono poi ripubblicate a Venezia nel 1548 in una scarna edizione, oggi assai rara, per i tipi di Bernardino Bindoni milanese e poi, nel 1556, nella raccolta di *Stanze di diversi illustri poeti* pubblicata da Lodovico Dolce per Giolito. [P.Z.]

Luigi Raimondi [XLV]

Su Luigi Raimondi, di famiglia nobile comasca, si sa poco. Fu uno stimato notaio nella sua città natale e seppe coniugare gli impegni professionali con l'interesse per gli studi letterari, distinguendosi soprattutto, stando alle testimonianze raccolte dagli eruditi locali, nella composizione di versi in volgare, per i quali era apprezzato nei circoli più raffinati della città. Fra gli altri incarichi si ricorda anche il suo servizio in qualità di copista per Benedetto Giovio, fratello del celebre storiografo Paolo. Di lui non ci resta quasi nessun'altra informazione, se non una lettera ad Anton Francesco Doni scritta da Como nel settembre del 1544 ed una successiva di Doni a lui, che documenta anche lo scambio di testi poetici fra i due. La presenza di suoi sonetti nella Giolitina va con ogni probabilità ricondotta proprio ai contatti di Doni e Domenichi con alcuni esponenti dell'ambiente letterario comense (i due fratelli Volpi, Alessandro Giovio), i cui testi costituiscono un gruppo compatto e ben definito all'interno dell'antologia (cfr. *Introduzione*, pp. XXVII-XXVIII). [P.Z.]

Giulio Roselli Acquaviva, vedi Giovanni Antonio Clario

Cosimo Rucellai [XLII]

Nato nel 1495 a Firenze, animò, assieme a Giovanni e Bernardo Rucellai, le discussioni negli Orti Oricellari. Quasi paralizzato da una malattia che lo colse in giovane età, fu comunque al centro del gruppo di coetanei, come Luigi Alamanni e Zanobi Buondelmonti, che lo ricorderanno con grande affetto nelle loro opere dopo la sua precoce scomparsa (1519). Nonostante le grandi manifestazioni di stima, fra le quali andranno ricordate quelle di Machiavelli e di Varchi, nel corso del Cinquecento sembra che solo la canzone presente nell'antologia di Giolito sia stata edita. La canzone e altri testi editi nell'Ottocento illustrano una discreta felicità ed una padronanza tecnica collocabili nell'alveo di un petrarchismo non ancora pedissequamente limitato alle regole dell'ortodossia bembesca. La contiguità con il componimento di Lorenzo de' Medici all'interno dell'antologia, con il quale Cosimo Rucellai sembra formare una piccola cellula di fiorentini, spinge ad ipotizzare la presenza di un antigrafo comune per i due autori. Va segnalata una minima variante introdotta in G2, (1, 17: *quando io ti rimirai? > quando in te rimirai?*). [F.T.]

Jacopo Salvi [XXXI]

Personaggio poco noto, il cui nome frequentemente si alterna con lo pseudonimo Sellaio (non solo in G1 e G2, ma anche in altre antologie liriche cinquecentesche a stampa e in miscellanee manoscritte), Jacopo Salvi ebbe probabilmente umili origini (l'appellativo *Sellaio* sarà da ricondurre al mestiere esercitato a Bologna). Dovette essere in rapporto con Benedetto Varchi, dato che nella seconda parte dei sonetti del fiorentino (Firenze, Torrentino, 1557) furono pubblicati alcuni suoi testi. Contatti con l'ambiente fiorentino sono testimoniati anche da un capitolo autobiografico in terza rima indirizzato a Matteo Franzesi, conservato nel ms. Magliabechiano VII, 877 della Biblioteca Nazionale di Firenze, preceduto dalla rubrica: *Di Jacopo Salvi sellajo bolognese a Mattio Franzesi fiorentino, il quale aveva detto che desiderava conoscere il detto sellajo.* I repertori eruditi settecenteschi ricordano la sua partecipazione all'Accademia degli Elevati di Ferrara, per il cui tramite forse giunsero a Domenichi o a Giolito i testi accolti nell'antologia (si ricordi infatti che a quella Accademia collaborarono anche letterati in stretto rapporto con la Libreria della Fenice proprio in quegli anni, fra i quali Ercole Bentivoglio, Bartolomeo Ferrini e Alberto Lollio). Le tre canzoni in lode degli occhi della donna amata sono composte sul modello delle *cantilene oculorum* petrarchesche (*R.v.f.* LXXI-LXXIII), ma non ne riprendono lo schema metrico, pur adottando altri schemi di canzone utilizzati da Petrarca. Nella loro piana cantabilità dimostrano una discreta perizia stilistica, che non sfigura rispetto alle rime di altri minori inclusi nella raccolta. L'origine bolognese sembrerebbe giustificare la presenza di quindici poesie di Salvi nel *Libro quarto*, pubblicato proprio a Bologna nel 1551. [P.Z.]

Ottaviano Salvi [LVIII]

Non si è riusciti a reperire alcuna informazione su questo autore, di cui non parlano i repertori eruditi settecenteschi più noti e neppure le fonti cinquecentesche consultate per lo studio delle relazioni tra i responsabili della raccolta e gli autori in essa presenti. Nulla si ricava sul piano biografico neppure dalle liriche, che non forniscono alcun dato preciso per avanzare ipotesi sulla sua identità, delineando solo l'immagine di un poeta abbastanza raffinato ed elegante. [P.Z.]

Francesco Sansovino [XXXII]

Nacque a Roma nel 1521, secondogenito del celebre architetto Jacopo Sansovino. A causa del sacco di Roma (1527) la famiglia si trasferì a Venezia, dove finì per stabilirsi. Deludendo i progetti del padre, che lo spingeva verso gli studi legali, Francesco ben presto mostrò uno spiccato interesse per le lettere e la filosofia, tanto che negli anni universitari padovani alle lezioni di diritto preferì le riunioni dell'Accademia degli Infiammati. Rientrato a Venezia compose le prime opere (*La retorica, Le lettere sopra le dieci giornate del "Decamerone"*) e si dedicò con impegno crescente all'attività di curatore editoriale; in particolare, le edizioni dell'*Ameto* (1545) e del *Decameron* (1546), entrambe per i tipi del Giolito, contribuirono a consolidarne la fama. Frustrate le sue ambizioni cortigiane presso Giulio III, dalla metà degli anni Cinquanta si dedicò esclusivamente al mestiere di editore e di scrittore, cimentandosi nella trattatistica (*Il secretario*, 1564) e nella storiografia (*Historia universale dell'origine et imperio dei Turchi*, 1560; *Venetia città nobilissima et singolare*, 1581); continuerà sino alla morte, avvenuta nel 1583, anche la sua attività di curatore di testi (fra gli altri, un'antologia di satire cui premise un interessante *discorso*). La sua presenza nell'antologia è facilmente spiegabile in virtù dei rapporti con il gruppo veneziano di Betussi (che lo elegge a personaggio del *Raverta*) e di altri collaboratori editoriali e, in particolare, per lo stretto legame con Giolito, per il quale proprio negli anni '45-'46 curò le edizione boccacciane. Sue stanze di carattere amoroso (dedicate al doge Andrea Gritti) erano state edite in un piccolo volumetto in quarto nel '37, poi ristampato l'anno successivo. Nel 1540, inoltre, alcuni suoi capitoli furono inseriti in una fortunata antologia (*capitoli del sig. Pietro Aretino, di Lodovico Dolce, di Francesco Sansovino, et di altri acutissimi ingegni*, Venezia, Navò), silloge che dimostra la sua familiarità con alcune personalità di spicco della città, su tutti Aretino. Il primo sonetto presente in G1 è una risposta a Benedetto Varchi, conosciuto a Padova nei primi anni Quaranta, mentre gli altri tre sono di argomento amoroso e non escono da un convenzionale e diligente esercizio stilistico. [F.T.]

Jacopo Sellaio bolognese, vedi Jacopo Salvi

Aurelio Soligo [LIV]

Discendente di una nobile famiglia trevisana, nacque probabilmente nei primi decenni del Cinquecento. Addottoratosi in giurisprudenza, lavorò a Treviso come avvocato, attività di cui resta qualche traccia documentaria a partire dagli anni Quaranta. Morì intorno al 1575, secondo quanto si ricava dalla lapide fatta apporre dal fratello Luigi, nella cattedrale di Treviso, di cui era canonico. Personaggio piuttosto oscuro, Soligo dovette godere di qualche amicizia nell'ambiente letterario veneziano, dato che suoi testi si leggono anche nella celebre raccolta poetica in morte di Irene di Spilimbergo pubblicata nel 1561 a Venezia. I due sonetti inclusi in G1 furono poi espunti in G2. [P.Z.]

Fortunio Spira [XXX]

Nacque a Bomarzo, località nei pressi di Viterbo, ma non se ne conosce la data di nascita. Fu al servizio di Livio e poi di Cesare Podocataro, vescovi di Nicosia. Negli anni Trenta giunse a Venezia, entrando in relazione con Pietro Aretino, che ne parlò sempre con grande stima, nonostante proprio a Spira sia oggi attribuita la pseudobernesca *Vita di Pietro Aretino del Bernia* apparsa a Perugia nel 1538, testo diffamatorio che divenne arma fondamentale per i nemici del poligrafo. Il viterbese si fece apprezzare a Venezia per una cultura assai vasta e per la conoscenza delle lingue classiche e dell'ebraico. Fu in contatto con molti letterati e artisti di fama, quali Bernardo Tasso, Benedetto Varchi, Claudio Tolomei, Tiziano.

Stretti furono anche i rapporti con Gaspara Stampa, per la quale fu certo revisore di molti testi poetici. Attivo e ben conosciuto nell'ambiente letterario veneziano, è ricordato come "lume di tutte le scienze" nel dialogo *Il Raverta* di Giuseppe Betussi (1544). Morì a Venezia nel 1560. Alcune delle sue non moltissime rime furono incluse in altre antologie cinquecentesche. I sonetti stampati nella raccolta dimostrano una buona padronanza stilistica, ma risultano piuttosto schematici e appiattiti sul repertorio topico più trito ricavato dal modello petrarchesco. È comunque significativo che tra essi ve ne siano quattro dedicati ad altrettanti protagonisti dell'ambiente letterario veneziano e padovano tra la fine degli anni Trenta e i primi anni Quaranta: Bernardo Cappello (7: *Quante gocciuole d'acqua ha questo mare*), Lodovico Dolce (9: *Io sento ad or ad or sì fieri morsi*), Sperone Speroni (10: SPERONE, *ond'è che d'una in altra pena*) e Benedetto Varchi (13: VARCHI, *il famoso giovinetto ebreo*). [P.Z.]

Baldassare Stampa [XI]

Fratello della ben più celebre Gaspara, Baldassare Stampa morì giovanissimo, nei primi mesi del 1544, all'età di diciannove anni. Nel corso della sua breve esistenza ebbe modo di conoscere molti illustri personaggi dell'ambiente letterario veneziano. Dopo la morte del padre, nel 1530, la famiglia si era infatti trasferita da Padova a Venezia, città natale della madre Cecilia, la cui casa divenne presto luogo di ritrovo per letterati e artisti, fra i quali alcuni dei poeti inclusi nella Giolitina, come Fortunio Spira e Francesco Sansovino, quest'ultimo intimo amico di Baldassare. Anche Lodovico Domenichi fu in contatto con lui, per cui la presenza di tre sonetti di Stampa si configura soprattutto come un omaggio alla memoria del giovane poeta. Nella raccolta, fra l'altro, Domenichi accoglie anche un suo sonetto composto per la morte dell'amico (XCI, 4: *Correndo il giorno tuo verso l'occaso*). Negli anni seguenti le poche rime di Baldassare Stampa ebbero una certa fortuna e furono incluse in altre antologie liriche (il gruppo più consistente di 19 testi si legge nel *Libro terzo* del 1550). [P.Z.]

Giovan Battista Susio [LXXVII]

Nacque a Mirandola da una famiglia cortigiana nel 1519. Studiò medicina a Ferrara e a Bologna, svolgendo poi la professione di medico in varie città d'Italia prima di stabilirsi definitivamente a Mantova. Nei primi anni Quaranta fu a Padova e a Venezia, in contatto anche con il circolo di letterati legati a Lodovico Domenichi (del marzo del 1542 è una sua lettera scritta da Padova a Giorgio Belmosto, a sua volta incluso nella Giolitina, al quale chiede di salutare Domenichi a suo nome). Morì a Mantova nel 1583. Oltre ad opere di medicina, scrisse anche un trattato sull'ingiustizia dei duelli (Venezia, Giolito, 1555), che fu all'origine di un'accesa polemica con Girolamo Muzio. Quanto alla produzione lirica, sue rime si leggono in varie antologie cinquecentesche, ma la maggior parte restò confinata alla circolazione manoscritta. La canzone pubblicata nella Giolitina è in morte del vescovo Marco Grimani, patriarca di Aquileia, al servizio del quale Susio fu negli anni trascorsi in territorio veneto, e in G2 presenta poche varianti (1, 77: *tanto vi duol, che tardi* > *tanto vi duol che tarda* ; 1, 78: *se ben poi mille ei n'ardi* > *se ben poi mille ei n'arda*). [P.Z.]

Bernardo Tasso [LXXXIX]

Nato a Venezia nel 1493 da una nobile famiglia bergamasca, dovette formarsi in terra veneta, dove strinse amicizia con Bembo, Speroni e Brocardo. Verso il 1525 cominciò la sua carriera, che sarà assai travagliata, di cortigiano, dapprima al servizio di Giulio Rangone, poi, dopo una periodo presso gli Estensi, con il conte Ferrante Sanseverino, che seguirà nelle missioni diplomatiche ed anche nel rovinoso esilio. Dal 1558 il rapporto con Sanseverino, ormai logorato, si interruppe e Bernardo passò alla corte del duca di Urbino. La vivace attività diplomatica che lo portò a frequentare molte corti europee non gli impedì di dedicarsi con passione alle lettere ed alla curatela delle sue opere, in particolare alle rime ed alla poesia epico-cavalleresca. Dopo aver passato qualche anno a Venezia, membro dell'Accademia della Fama, nel 1563 prese servizio presso Guglielmo Gonzaga, che nel 1569 lo nominò governatore di Ostiglia. Morì quello stesso anno. L'interessante esperienza lirica di Bernardo Tasso ebbe una notevole fortuna editoriale nel corso del secolo, per merito dello stesso poeta che curò svariate edizioni delle sue rime (dal primo libro degli *Amori* per i tipi di Niccolini da Sabbio nel '31, sino all'edizione dei *Cinque libri,* edita da Giolito nel 1560). [F.T.]

Laura Terracina [A 51]

Nacque a Napoli nel 1519 da un'importante famiglia di quella città. Grazie alla fama acquistata con la sua attività poetica entrò in contatto con molti letterati di spicco del panorama italiano cinquecentesco, fra i quali Luigi Tansillo, Galeazzo di Tarsia, Pietro Aretino, Lodovico Dolce e lo stesso Lodovico Domenichi, che curò la prima edizione delle sue liriche (Venezia, Giolito, 1548). A questa ne seguirono molte altre nel corso del Cinquecento, che fanno di Laura Terracina forse la più prolifica delle poetesse italiane del secolo. Celebre anche il suo *Discorso sopra tutti li primi canti di Orlando Furioso* (Venezia, Giolito, 1549). Morì a Napoli intorno al 1577. Domenichi entrò in relazione con la poetessa probabilmente fra il 1545 e il 1546, forse grazie alla mediazione del libraio napoletano Marcantonio Passero (cfr. scheda): in G1 non si leggono testi della scrittrice napoletana, mentre in G2 sono inserite alcune stanze dedicate proprio a Domenichi, poi ripubblicate nell'edizione veneziana delle rime del 1548 con numerose varianti. Si noti inoltre che in G2 Domenichi aggiunse alla sua sezione personale un sonetto indirizzato alla poetessa (A 74: *Lauro gentil, le cui leggiadre frondi*) preceduto dalla didascalia "Alla S. Laura Terracina", uno dei rari casi in cui il dedicatario di un testo della raccolta viene esplicitamente segnalato. [P.Z.]

Claudio Tolomei [LXXXVIII; A 61]

Nato ad Asciano, nei pressi di Siena, nel 1491, studiò legge a Bologna. Da Siena dovette allontanarsi per motivi politici nel 1518. Si trasferì quindi a Roma, inserendosi negli ambienti curiali medicei; nel 1528 entrò al servizio di Ippolito de' Medici. Fu uno degli animatori della vita culturale romana degli anni Trenta e diede vita alla celebre Accademia della Virtù, caratterizzata da un forte classicismo e dal tentativo di promuovere una poesia volgare in metrica 'barbara', i cui frutti furono poi esemplificati nell'edizione antologica di *Versi et regole della nuova poesia toscana* (Roma, Antonio Blado d'Asola, 1539). Dopo la morte di Ippolito, passò al servizio dei Farnese, ricoprendo per conto di vari esponenti di questa importante famiglia numerosi incarichi politici e diplomatici. Morì a Roma nel

1556. La sua intensa attività letteraria e i suoi contatti con i protagonisti della vita culturale italiana sono ben documentati dalle sue lettere, pubblicate già nel Cinquecento, e da una serie di scritti di argomento linguistico, fra i quali *Il Polito* e *Il Cesano*, che lo pongono fra i più intelligenti protagonisti del dibattito cinquecentesco sulla lingua. Sul versante poetico, accanto alle sperimentazioni metriche in direzione classica, va ricordata una nutrita serie di prove di imitazione petrarchesca: Tolomei è senza dubbio uno degli autori più rappresentati nelle antologie liriche del Cinquecento, a partire dal *Libro secondo* (1547) che si apre proprio con una sezione di 29 testi del senese. In G1, invece, è accolto un solo sonetto (*S'io il dissi mai, che l'onorata fronde*), che già nel *Libro terzo* curato da Andrea Arrivabene nel 1550 viene restituito a Giovanni Guidiccioni, come fanno le moderne edizioni del poeta lucchese; in G2 sono poi aggiunte alcune stanze di argomento amoroso (A 61). [P.Z.]

Bernardino Tomitano [LI]

Nato a Padova nel 1517, studiò filosofia e medicina presso la celebre università patavina, addottorandosi nel 1538. Già l'anno seguente gli fu affidato un insegnamento universitario, il primo di una carriera importante che si concluderà nel 1563 per volontaria rinuncia. A Padova, oltre all'attività di docente, Tomitano partecipò anche alla vita delle Accademie, a cominciare da quella degli Infiammati fondata nel 1540. Numerose furono le amicizie autorevoli nei circoli letterari padovani e veneziani, da Sperone Speroni a Pietro Aretino, da Benedetto Varchi a Daniele Barbaro, rievocate nei *Ragionamenti della lingua toscana* (Venezia, Farri, 1545). A questi stessi anni data l'inizio dell'attività poetica di Tomitano, che si dedicò ai versi in volgare con una certa costanza almeno fino al 1550, con numerose apparizioni nelle raccolte cinquecentesche di lirica a partire proprio dalla prima Giolitina. Nel 1555 Tomitano fu oggetto dell'interessamento del tribunale veneziano dell'Inquisizione a causa della sua *Espositione letterale del testo di Mattheo evangelista* (Venezia, Grifio, 1547), vicenda che si concluse l'anno seguente con la composizione di un'*Orazione* indirizzata allo stesso tribunale, in sostanza una confutazione delle tesi erasmiane secondo le indicazioni fornite dagli Inquisitori. Dopo la rinuncia all'insegnamento nel 1563, divise i suoi impegni fra l'esercizio della professione medica e gli studi filosofico-letterari fino al 1576, anno della sua morte. I rapporti con il gruppo degli Infiammati consentono di giustificare la presenza di Tomitano fra gli autori della raccolta con un manipolo di sonetti che dimostrano buone doti di verseggiatore. [P.Z.]

Annibale Tosco [LII]

Fu uomo di legge e svolse la sua professione nella natia Cesena. Le poche notizie rintracciabili sulla sua vita lo mostrano intimo di diversi letterati attivi nella penisola italiana tra gli anni Quaranta e Sessanta del XVI secolo. In particolare fu assai legato a Giuseppe Betussi, che lo ricorda in una delle dedicatorie che accompagnano il volgarizzamento delle *Genealogie* (1547) come "dottore di legge" e "canoro cigno" della poesia e lo colloca poi in un ideale Parnaso contemporaneo ne *Le imagini del tempio della signora donna Giouanna Aragona* (Firenze, Torrentino, 1556). Nel duraturo legame con il poligrafo bassanese andranno quindi ricercate le ragioni della presenza di Tosco all'interno dell'antologia. I suoi rapporti con la contessa Silvia Somma da Bagno, alla quale sono dedicate le stanze edite in G1 (con una delle poche esplicite didascalie di tutto il volume), sono testimoniati anche da una lettera, databile agli ultimi anni Quaranta, scritta da Tosco a Petronio Barbati, che a lui aveva spedito un sonetto per la contessa, pregandolo di fare da tramite con la nobildonna. Le stanze furono nuovamente edite nell'antologia *Stanze di diversi illustri poeti* curata da Lodovico Dolce (Venezia, Giolito, 1553). [F.T.]

Gian Giorgio Trissino [XXIX]

Nato da una famiglia nobile vicentina nel 1478, si formò inizialmente nella città natale, trasferendosi nel 1506 a Milano, dove studiò sotto la guida di Demetrio Calcondila. Rientrato in seguito a Vicenza, nel 1512 dovette abbandonarla per l'appoggio dato al partito imperiale. Si recò prima a Ferrara e poi a Firenze. Qui frequentò fra il 1513 e il 1514 le riunioni degli Orti Oricellari, entrando così in contatto, fra gli altri, con Iacopo Diacceto, Niccolò Machiavelli e Luigi Alamanni. Nel 1514 si trasferì a Roma e fu negli anni seguenti uno dei protagonisti della vita culturale della Curia pontificia, stringendo amicizia con Pietro Bembo, Angelo Colocci, Bernardo Dovizi da Bibbiena. Nel 1524 pubblicò la *Sofonisba* (Roma, Lodovico degli Arrighi), il primo esempio di tragedia regolare in volgare delle letterature moderne, composta in endecasillabi sciolti. Nello stesso anno, e per i tipi dello stesso editore, uscì anche l'*Epistola de le lettere nuovamente aggiunte ne la lingua italiana,* scritto che inaugurò una vivace polemica sul problema dell'ortografia del volgare. Pochi anni più tardi Trissino pubblicò una nuova serie di opere, fra le quali *Il Castellano,* un importante dialogo sulla questione della lingua, le prime quattro divisioni della *Poetica* e le *Rime* (tutti a Vicenza, Gianicolo, 1529). Nel 1547 uscì *L'Italia liberata da Gothi,* esperimento di poema eroico sul modello omerico in endecasillabi sciolti (Roma, Dorico) che non ebbe il successo sperato dall'autore. Trissino morì a Roma nel 1550. Alle *Rime* pubblicate nel 1529, episodio importante nel panorama della lirica dei primi decenni del secolo, vanno aggiunti alcuni testi apparsi in varie antologie cinquecentesche (dove spesso compare la denominazione Dressino, come nella Giolitina). Dei tre sonetti presenti in G1, solo il primo è attribuibile al vicentino; e infatti in G2 il secondo viene correttamente assegnato a Jacopo Antonio Benalio, mentre il terzo, dello stesso autore, viene espunto (cfr. scheda Benalio). [P.Z.]

Benedetto Varchi [XXXVII]

Nacque a Firenze nel 1503 e compì gli studi universitari di diritto a Pisa; entrò al servizio del cardinale Gaddi, con il quale fu in diverse città italiane, e nel '29 fece ritorno in patria per partecipare alla difesa della repubblica. A seguito della caduta di questa tornò al servizio del Gaddi sino al '37, quando seguì Filippo Strozzi nella disastrosa sconfitta di Montemurlo. Fu poi precettore dei figli dello Strozzi a Padova, dove rafforzò l'amicizia con Bembo e, soprattutto, divenne uno dei più vivaci animatori dell'Accademia degli Infiammati. Nel '43, a causa delle crescenti difficoltà economiche, chiese aiuto a Cosimo I che lo invitò a tornare a Firenze: qui fu al centro della vita culturale, in specie dell'Accademia Fiorentina, non senza subire attacchi e umiliazioni, e dal 1546 divenne storiografo ufficiale di Firenze, in sintonia con la politica culturale promossa da Cosimo I. Negli ultimi anni della sua vita fu impegnato soprattutto nelle discussioni linguistiche che raccolse, pur non rimandone pienamente soddisfatto, nel trattato l'*Ercolano,* pubblicato postumo nel 1590. Il carattere epistolare dei sei sonetti editi da Domenichi testimonia la fama di Varchi come intellettuale al centro della vita culturale, in particolare padovana e veneziana. Varchi sarà uno dei nomi più rappresentati nelle antologie cinquecentesche (17 nel *Libro secondo* ; 9 nel *Libro terzo* ; 3 nel *Libro quarto* ; 5 nel primo libro di Atanagi e 7 nei *Fiori* di Ruscelli), nonostante le numerose edizioni personali nel corso del Cinquecento (*De sonetti ... parte prima*, Firenze, Torrentino, 1555; *I sonetti*, Venezia, Pietrasanta, 1555; *De sonetti ... parte seconda*, Firenze, Torrentino, 1557; *Sonetti spirituali*, Firenze, Giunti, 1573). [F.T.]

Giovanni Antonio Volpi [XLIX]

Nacque da una delle famiglie più nobili di Como nel 1515; fratello di Girolamo, anch'egli presente nell'antologia di Domenichi, si addottorò in legge a Pavia ed esercitò l'attivita forense nella sua città natale. Fu un protetto di Benedetto Giovio, che lo spinse agli studi umanistici e lo fece partecipare al suo cenacolo letterario, come testimonia Doni in una sua lettera. Andò poi in missione diplomatica presso l'imperatore, probabilmente dopo aver cercato, invano, di entrare nelle grazie dei Farnese. Dopo un breve periodo a Roma, ritornò a Como in qualità di segretario del vescovo Bernardino Della Voce. Morì nel 1558. I rapporti del Volpi con Domenichi e Doni sono ampiamente testimoniati da frequenti scambi epistolari; proprio alcune di queste lettere documentano la richiesta fatta da Domenichi a Volpi di spedirgli dei testi da inserire nell'antologia: Volpi inviò due sonetti ed una "elegia", che corrispondono ai componimenti editi in G1. Successivamente Volpi dovette proporre a Domenichi una revisione dei testi, poiché in G2 la canzone *S'un-qua vestita a panni or verdi or gialli* (2) presenta diverse varianti: 2, 51: *che i rami sferza* > *che i rami sforza* ; 2, 63: *piansero i colli intorno; e il verde anchora* > *piansero i colli; e fu di verde priva* ; 2, 64: *spogliar le piante del Signor di Delo* > *vista la selva del signor di Delo* ; 2, 66: *quel Dio, che 'l Lario tempra, e regge ogn'hora* > *il Dio del Lario: usciro i pesci a riva* ; 2, 67: *et s'udir voci fuora* > *et s'udì voce viva* ; 2, 68: *uscir de l'acque, che crudeli i fati* > *salir de l'acque, che crudeli fati* ; 2, 69: *chiamar* > *chiamò*. [F.T.]

Girolamo Volpi [XLVI]

Nato nel primo decennio del XVI secolo a Como partecipò al cenacolo letterario di Giovio assieme al fratello Giovanni Antonio e fu impiegato presso la corte dei Farnese. Come illustrano diverse testimonianze epistolari fu in contatto nei primi anni Quaranta con Anton Francesco Doni e con Domenichi, che avevano stretto rapporti con tutto l'ambiente comense (cfr. *Introduzione*, pp. XXVII-XXVIII). Di lui si conoscono anche delle composizioni latine; scrisse inoltre un trattato di cosmografia dedicato a Carlo V (che non sembra essere andato a stampa), per il quale fu lodato da Francesco Maria Molza nell'elegia *Ad Carolum V Imperatorem de Vulpii Cosmographia*. Altri suoi sonetti si trovano nel *Libro secondo* di Giolito (1) e nell'edizione della *Zucca* di Anton Francesco Doni (1). [F.T.]

Gabriele Zerbi [LX]

Non sono molte le notizie circa la vita di Gabriele Zerbi, un padovano, probabilmente nipote dell'omonimo professore di medicina presso la Studio di Padova, autore di importanti trattati di anatomia editi nel primo Cinquecento. Dopo aver trascorso parte della vita tra Padova a Venezia, si trasferì al seguito dello zio Fedruzzi a Martorano, quando questi divenne vescovo. Nel 1560, alla morte dello zio, raggiunse Napoli, dove si dedicò all'attività forense. Testimonianze della sua appartenenza alla società letteraria veneziana e padovana nei primi anni Quaranta si ricavano dalle lettere di Varchi e Piccolomini, edite da Gherardo nel *Novo libro* del 1544, che lo mostrano in stretto contatto anche con Lodovico Dolce. Sembra che i due sonetti di G1 siano gli unici componimenti di Zerbi andati a stampa; entrambi sono di carattere pastorale ed animati da uno spirito quasi teatrale. È probabile che siano parte di un ciclo più ampio. Difficile individuare i motivi della cassatura dei due sonetti in G2. [F.T.]

INCIPITARIO

INDICE

Volumi pubblicati

Parthenias – Collezione di poesia neolatina

P. BEMBO, *Carmina*	Lit. 35.000
G. COTTA / A. NAVAGERO, *Carmina*	Lit. 35.000
M. FLAMINIO, *Carmina*	Lit. 50.000
F. BERNI / B. CASTIGLIONE / G. DELLA CASA, *Carmina*	Lit. 30.000
F. M. MOLZA, *Elegiae et alia*	Lit. 44.000

Feronia – Collezione di poesia

B. ROTA,	*Egloghe pescatorie*	Lit. 23.000
G. PRETI,	*Poesie*	Lit. 27.000
B. BALDI,	*Egloghe miste*	Lit. 22.000
B. TASSO,	*Rime*	Lit. 50.000

Echo – Collezione di traduttori

L. LAMBERTI, *Poesie di greci scrittori*	Lit. 38.000
R. NANNINI, *Epistole d'Ovidio*	Lit. 38.000
D. STROCCHI, *Poesie greche e latine volgarizzate*	Lit. 38.000
L. ALAMANNI, *Tragedia di Antigone*	Lit. 22.000

Alethes – Collezione di retorica

G. CAMILLO, *L'idea del Teatro e altri scritti di retorica*	Lit. 50.000
F. CASSOLI, *Ragionamento sulle traduzioni poetiche / Discorsi d'un pappagallo e d'una gazza*	Lit. 32.000
G. MUZIO, *Battaglie per difesa dell'italica lingua*	Lit. 44.000
M. PEREGRINI, *Delle acutezze*	Lit. 32.000

Edizioni Res
C. P. 74 – 10099 SAN MAURO TORINESE
Tel. (011) 8226316 – Fax (011) 2238164

Scrinium
Preziosità letterarie
proposte da Giorgio Bárberi Squarotti

S. ERRICO, *Sonetti e Madrigali*	Lit. 20.000
L. LEPOREO, *Leporeambi*	Lit. 28.000
G. A. SCHIOPPI / A. F. RAINERI, *Commedie*	Lit. 24.000
A. TESAURO, *La sereide*	Lit. 25.000
G. FONTANELLA, *Ode*	Lit. 32.000
G. SALOMONI, *Rime*	Lit. 38.000
G. CASABURI URRIES, *Le Sirene*	Lit. 30.000
A. PIGNATELLI, *Rime*	Lit. 24.000
P. G. ORSINI, *Rime diverse*	Lit. 24.000
R. NANNINI, *Rime*	Lit. 23.000
L. MARTELLI, *Tullia*	Lit. 20.000
A. ONGARO - G. VIDA, *Favole*	Lit. 32.000
A. BASSO, *Poesie*	Lit. 30.000
BECCARI - LOLLIO - ARGENTI, *Favole*	Lit. 38.000
BASILE - BRACCIOLINI - TESTI - ETC., *Idilli*	Lit. 24.000
F. SASSETTI, *Vita di Francesco Ferrucci*	Lit. 20.000
D. ERASMO DA ROTTERDAM, *Tragedie di Euripide*	Lit. 30.000
G. CORTESE, *Prose*	Lit. 30.000

Edizioni Res

C. P. 74 – 10099 SAN MAURO TORINESE
Tel. (011) 8226316 – Fax (011) 2238164

Stampato da Sarnub - Torino
Carta *acid free* delle Cartiere Fabriano